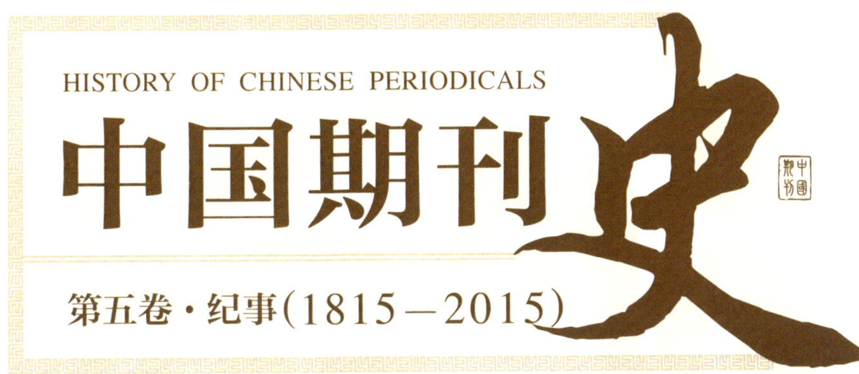

石　峰 主编　段艳文 编著

人民出版社

编撰说明

本卷以条目形式系统翔实载录了1815—2015年二百年间我国期刊出版业发展的历程和状况，客观呈现我国期刊出版事业发展轨迹和脉络，供国内外相关机构、个人了解研究中国期刊出版史参考。

本卷主要内容分为正文、附录两个部分。正文部分：选载与期刊相关的法律法规及重要文件的颁布，主要期刊创办情况，期刊业的重大事件及重要活动，期刊发表的有特别影响的文章和主要期刊学术论著，主要期刊出版人的逝世消息等内容。附录部分：刊登获得国家期刊奖、“中国出版政府奖”等全国性奖项的精品期刊，入选全国百种重点期刊、百强期刊、中国期刊方阵的优秀期刊名单；荣获历届“韬奋出版奖”“中国出版政府奖”“全国百佳出版工作者”等全国性奖项的优秀期刊出版人，以及获得中国期刊协会颁发的“从事期刊工作30年”荣誉证书和纪念章的人员。

在编撰过程中，始终注意以下几点要求：

一、严格按照党的路线、方针、政策和有关规定，坚持历史唯物主义的观点，坚持实事求是的原则；

二、为保持历史原貌，酌情保留了一些过去的用语；

三、采用公元纪年顺序编排，所列条目有明确日期者标明年、月、日，日不清者附于月末，月不清者附于年末；同一时间由两条或两条以上条目时，在首条开头写明时间，其余条目则用“△”表示。

本卷资料主要来源于公开出版的图书、报刊，以及现存档案等。由于资料收集的限制，书中未收录同时期香港、澳门、台湾地区的期刊出版情况。

由于年代跨度大，限于资料的掌握和编写者的水平，书中仍有疏漏和不妥之处，恳请期刊界同人和读者批评指正。编撰过程中得到期刊界前辈、专家、学者的指导帮助，谨表衷心感谢。

目 录

1815—2015 年纪事

1815—2015年纪事

1815 年

8 月 5 日　我国第一本中文期刊《察世俗每月统记传》在马来半岛马六甲创刊，月刊，雕刻印版。至 1821 年停刊共出版 7 卷，累计 574 页。其中，有数期由英国基督教传教士马礼逊、麦都思编辑，其余均出自英国人米怜之手。广东省高明县刻工梁亚发（一译梁发）担任雕版和撰写部分文稿。该刊在广东和东南亚各地华侨聚居区赠阅发行。该刊宣称："以阐发基督教义为惟一急务"，所载内容以宗教为主，也刊登新闻、政治评述、伦理道德和科学知识等。《察世俗每月统记传》的创刊揭开了中国近代期刊出版业发展的第一页。

1823 年

本年　英籍传教士麦都思在马来半岛雅加达创办中文月刊《特选撮要每月纪传》。该刊以宗教、时事、历史及杂俎为主要内容，用木刻竹纸印、雕版印刷，序言中自称是《察世俗每月统记传》的续刊。1826 年停刊，共出版四卷。

1827 年

11 月 8 日　《广州纪录报》在广州创刊，双周刊。该刊是中国境内出版的第一份英文期刊，后迁香港出版。

1828 年

本年 《天下新闻》在马来半岛马六甲创刊，月刊。英籍传教士吉德主编。该刊是最早用活版印刷的中文报刊，内容为中外新闻、科学、历史和宗教等。1829 年停刊。

1832 年

5 月 英文月刊《中国丛报》在广东创刊。美国公理会裨治文主编。该刊内容包括政治、经济、军事、文化等方面，其中大部分是关于中外关系、第一次鸦片战争的资料。1851 年停刊，共出版 20 卷。

1833 年

8 月 1 日 《东西洋考每月统记传》在广州创刊。英籍传教士马礼逊、郭士立（一译郭实腊）、麦都思历任主编。该刊内容为宗教、政治、科学、商业等，是在中国境内出版的第一份中文期刊。1834 年 1 月，该刊刊载《新闻纸论略》一文共 331 字，简要介绍报纸的产生、当前状况和出版自由的问题，同时还介绍了英美法三国新闻纸的整体情况。这是中文报刊第一次有条理地介绍西方报刊的情况。

1838 年

10 月 《各国消息》在广州创刊，16 开本，木版雕刻。英籍传教士麦都思主编，奚礼尔和理雅参加编辑。该刊内容介绍各国商业情况较多，对一些地区的物价表、物价涨跌也加以报道。该刊是外国人在中国境内创办的第二份中文期刊，1939 年 5 月停刊。

1850 年

8 月 3 日 英国人奚安门在上海创办英文周报《北华捷报》（又名《华北先驱周报》）。该报刊主要刊载广告、行情和船期等商业内容，同时也刊有言论、中外新闻和英国驻沪外交、商务机关的文告，并转载其他报刊的稿件，供外国侨民阅览。

1854 年

本年 《中外新报》在浙江宁波创刊，中文出版，半月刊。美籍传教士玛高温、应思礼主编。该刊旨在广见闻、寓劝诫，内容为宗教、科学、文学、新闻等类。曾休刊，1858 年重起期号续出，1861 年 2 月 10 日停刊。

1857 年

1 月 《六合丛谈》在上海创刊，月刊。英籍传教士伟烈亚力、廉臣主编，中国学者王韬参与编辑工作，墨海书店印行，铅印，16 开本，每册 16 页。该刊以“通中外之情，载远近之事，尽古今之变”为办刊宗旨，内容包括宗教、商业贸易、科技知识、地理知识、各国近况等，是上海最早出版的中文期刊，也是最早被译成外文的期刊。1858 年 1 月 15 日停刊，共出版 13 期。

1859 年

2 月 《上海纪事》创刊，月刊，英文出版。由英商字林洋行创办。

1860 年

本年春 美国北长老会派遣传教士范约翰在上海创建清心书院及清心

堂，同时还管理北京路美华印书馆。之后，范约翰在上海又创办《圣书新报》《小孩月报》《画图新报》等期刊。

1862 年

7 月 29 日 清政府奕訢、李鸿章、曾国藩奏准在北京设立京师同文馆，附属于总理衙门，亦称“同文馆”，先后开设英文、法文、俄文、德文、日文、算学、天文等馆，曾出版《万国公报》《政治经济学》《富国策》《格物入门》等数十种书刊。1902 年并入京师大学堂。该馆是清末最大的官办翻译出版机构。

本年 英国传教士麦嘉湖在上海创办《中外杂志》，月刊。该刊所载内容除新闻报道外，还有关于宗教、科学与文艺方面的文章，是在中国最早以“杂志”命名的中文期刊。1868 年停刊。

1865 年

2 月 2 日 《中外新闻七日录》在广州创刊。英国伦敦布道会传教士湛约翰（一译查美司）创办，英国人湛约翰、丹拿，美国人丕思业历任主编。该刊主要报道新闻和介绍科学知识。

本年 美国长老会传教医生嘉约翰在广州创办中文版《广州新报》，周刊。该刊主要刊载中外新闻、西医西药等科学知识及奇闻趣事。1871 年停刊。

1868 年

9 月 5 日 《中国教会新报》在上海创刊。由美籍传教士林乐知创办并主编，上海林华书院出版，参加编撰的外国传教士有慕维廉、艾约瑟和李提摩太，中国有沈毓桂、蔡尔康、范祎等人。该刊在宣传宗教、介绍西方的政治学说和文化科技的同时，曾介绍过西方社会主义思潮。1872 年 8 月 31 日，从第五年的第二〇一卷起改为《教会新报》，册次续前。1874 年

9 月 5 日，从第三〇一卷起，改为《万国公报》出版，1883 年 7 月出版至第七五〇卷停刊。1889 年 2 月复刊，改为月刊，1907 年年底终刊，共出版 221 期。该刊首次报道马克思及其著作《资本论》。

1870 年

8 月 13 日　《七日镜览》在上海创刊，周刊，每期 9 页。该刊内容辑录一周内各地船期、广告、奏稿、新闻等，形式仿照清代末年的《京报》。停刊日期不详。

12 月　《上海新闻》（法文版）创刊。由法租界公董局支持创办，比埃主笔。该刊是上海最早出版的法文期刊，也是中国出版的第一份法文期刊。

1871 年

11 月　《圣书新报》在上海创刊，周刊。美北长老会传教士范约翰主笔。该刊内容以传教为主，以上海方言撰写出版，免费赠送。1874 年停刊。

1872 年

8 月　《中西闻见录》月刊在北京创刊。美籍传教士丁韪良，英籍传教士艾约瑟、包尔腾主编。该刊内容包括科学技术、政治、哲学、医学、文学、新闻、宗教等，是北京近代第一份期刊，1875 年 8 月后停刊。1876 年迁往上海，同年 2 月 17 日改为《格致汇编》出版。英国人傅兰雅主持编辑。该刊内容主要译自英国《幼学格致》，以数学、物理、化学、生物、天文学、地质地理学、医学、工业、农业、商业等各学科及各行业的理论、方法、技术和应用为主，在机械工程类文后常附有插图，偶有科学家传记和少量各国新闻。该刊是中国最早的科学期刊，曾数次休刊，1892 年冬停刊。

11 月 《申报》副刊《瀛寰琐记》在上海创刊，月刊。申报馆印行。该刊载表诗词、骈文、散文、小说、翻译等文艺作品，也刊有少量时论和知识小品。1875 年后更名《四溟琐记》和《寰宇琐记》出版，1877 年停刊。

本年 伦敦布道会英国传教士杨格非在汉口创办《阐道新编》（又称《谈道新编》），月刊。沈子星、杨鉴堂主笔，初为手抄本，后改木活字印。该刊是以“劝集、阐道、良朋”为办刊宗旨的传教刊物。1876 年停刊。

△ 路透通讯社在上海设立远东分社，是第一个在中国境内向报刊载稿的外国通讯社。

1873 年

1 月 16 日 《上海信使》法文周刊在上海创刊。原《法国七日报》职工弗迈德瑞主持，出版 3 期即停办。

7 月 20 日 《申报》发表《论各国新报之设》一文，专门论述报刊作用和办报思想。

本年 《西国近事》在上海创刊。由江南制造局主办，金楷理、林乐知、姚棻、蔡锡龄等编译。该刊每日或数日从当时外文报刊中摘译要闻十余条，内部印送清廷在上海的有关官绅阅看，后公开发行。1875 年 4 月，又出版了汇订本《西国近事汇编》。1899 年停刊。

1874 年

2 月 美以长老会传教士嘉约翰在广州创办《小孩月报》，后转手范约翰，1875 年 5 月 1 日复刊。该刊传播文化科学知识，图文并茂、生动鲜明，是我国最早的儿童报。《小孩月报》曾连载有《略论地球》《论日蚀月蚀》《潮汐》《论彗星流星陨石》《紫禁城》《上海》等专题。

11 月 11 日 美以美会传教士在福州创办《郇山使者报》，月刊。黄乃裳主编。该刊承《兴华报》的传教外，也刊载时事新闻。1977 年改为《闽省会报》，后又更名为《华美报》。

本年 《福音新报》由美华书馆经理费启鸿夫人费琪在上海创办。该刊为用上海方言撰写之布道期刊。1876 年休刊。1878 年由中国圣教书会复刊。1879 年停刊。

1876 年

本年冬 《侯鲭新录》由沈饱山在上海创办，文学期刊，上海机器印书局印行。该刊体例效仿申报馆印行的《瀛寰琐记》《四溟琐纪》《寰宇琐纪》三刊，但有些作品又是前后连续，内容除文史之外兼及诗词、戏曲，刊有《林则徐传》《周天爵传》《潘世恩传》和戏曲《青衫泪》等。

本年 《益智新录》在上海创刊。艾约瑟、慕维廉、林乐知等主笔，万国公报馆编辑、发行。该刊主要以宣扬《圣经》教义、报道教会事务为主，兼及译载西方科技与新闻。

1877 年

6 月 6 日 《瀛寰画报》由上海申报馆创办，不定期出版，随《申报》附出。该刊利用从英国进口的有关外国景物之铜版画页，附以蔡尔康编写之中文说明，在上海印刷发行。1880 年 5 月停刊。

1878 年

3 月 16 日 《益闻录》在上海创刊。华人神父李杕（问渔）主编。该刊主要刊登国内外时事新闻，以及奇闻逸事、诗文等，对戊戌维新运动多有报道；设有《谕旨恭录》《论道》《宫廷要闻》《通信摘译》《教事登录》《摘译泰西各报》《社会新闻》《科学论说》《京报选录》《诗赋》等栏目。1899 年 8 月与《格致新报》合并，改出《格致益闻汇报》。该刊是法国天主教会在上海最早创办的期刊。

1879 年

本年 清代出版机构点石斋石印书局由英国商人美查在上海创办。点石斋石印书局亦称“点石斋石印局”“点石斋印书局”，隶属申报馆，但独立经营，在北京、杭州、重庆、苏州、汉口等地设有二十多处批销分店。曾聘用中国人邱子昂为石印技师，主要采用石印技术照相翻印刻本，后期也采用铅印技术，曾印行许多西文书籍、汉文小说、中外地图、碑帖画谱，并于 1884 年出版《点石斋画报》。

1880 年

6 月 8 日 《花图新报》在上海创刊。美国人范约翰、斐有文历任主编，清心书院、圣教书会先后发行。该刊以图片为主，着重刊载合于耶稣教义之新闻逸事、天文地理、格致化学等。第二卷起更名《画图新报》。1921 年 12 月停刊。

本年 基督教美国长老会传教医生嘉约翰在广州创办《西医新报》，广州博医局发行。该刊用简洁文言阐明杂志的办刊宗旨，是我国最早的西医药刊物。其创刊号载文 14 篇：《论医院》《中国行医传道会》《内科新说》《方便医院之情况》《烫伤之治法》《真假金鸡纳霜》《初起之眼炎》《大腿截除术》《上臂截除术》《肉瘤奇症略述》《论血瘤》《癫狂之治法》《论内痔》《论外痔》。

1883 年

本年 基督教伦敦会传教士主办的《武汉近事编》在汉口创刊，周刊。1887 年更名为《益文月报》。

1884 年

5 月 8 日　《点石斋画报》在上海创办，旬刊。由申报馆主办，点石斋印书局印行，除随《申报》附送外，也单独出售。吴友如主编，田子琳、金蟾香、周暮桥等参加作画。该刊内容以时事画为主，兼刊载人物、风俗画及铜版照片。1898 年停刊，开启画报出版先声。

1886 年

本年　《训蒙画报》在上海创办。由基督教教会主办，韦廉臣主编。该刊以儿童为读者对象，不定期出版。

△　《孩提画报》由福斯特夫人在上海创办。该刊以北京话行文，以儿童为读者对象，不定期出版。

△　英籍传教士布德主办《厦门新报》在厦门创办。该刊内容以一般新闻及教会新闻为主，数期即停。

1887 年

2 月　《益文月报》在汉口创办，月刊，木版印刷。该刊以天文、地理、格物之学、新机械、新技术等自然科学报道为主，也报道各省近事，末录诗词、歌赋及医学常识。

7 月 21 日　《圣心报》在上海创刊。由耶稣会主办，李杕、徐元希等历任主编。该刊以教务为主，内容有祈祷会略解、祈求神效、耶稣故事、神父传略、教会新闻、来信等，卷首绘耶稣像。1949 年 5 月停刊。

11 月 1 日　英国基督教（新教）在上海成立“同文书会”，1888 年则改称“广学会”，创办人是英国长老会传教士韦廉臣。“同文书会”是英国基督教（新教）在中国设立的最大的编译出版机构，曾编印了《万国公报》《孩提画报》《训蒙画报》等期刊。

1888 年

本年 由博医会馆主办的《中国博医汇报》在上海创刊。1907 年更名为《China Medical Jour》，1932 年与中华医学会《中华医学杂志》（《National Medical Journal of China》）英文部分合并组成《Chinese Medical Journal》（《中华医学杂志》英文版）在北平出版，伍连德主编。1934 年迁上海，1953 年随中华医学会迁回北京，1966 年起更名为《China's Medicine》。1969 年停刊，1975 年复刊，1978 年改为月刊出版。该刊百年来在世事变迁中坚持出版并不断发展，是我国医学发展和进步的见证和记录。

1889 年

1 月 《成童画报》在上海创办。由同文书会主办，墨海书局出版，墨累主笔。该刊图文并茂，设《要志》《要事》《阅历》《要闻》《问答》等栏目。1890 年 1 月更名为《日新画报》出版，内容有时事述闻、英国新式铁路略、论证真道、知足常乐等。1891 年停刊。

1890 年

8 月 23 日 《直报》在天津创刊，周刊。李提摩太主编。该刊内容主要选载《时报》一周中的重要谕旨、论说与新闻。

1891 年

2 月 13 日 《华洋日报集成》在上海创刊，旬刊，原为文摘报。毕以谔主笔。该刊内容有谕旨、奏议、中外各日报中紧要之事。

2 月 20 日 上海养正学堂主办的《中西文报》在上海创刊，月刊，文摘性刊物。该刊分奏议、文钞、诗钞、赋钞、词钞、制艺、试帖、格言、尺牍、联语、验方、勾股、笔算、英文、英语、搿拉卖、新闻、告白十八类。

2 月 《中西教会报》在上海创刊。同文书会主办，林乐知为首任主笔。该刊的办刊宗旨是："将基督教在全世界推行的情况，特别是在中国教会的工作情况，提供给传教士，使分散在各地的传教士，得以了解别人是怎样在帮助中国摆脱愚昧、无知、迷信、贫困和绝望，从而改善处境的"。1893 年 11 月停刊，共出版 35 期。

1892 年

2 月 28 日 《海上奇书》在上海创刊，初为半月刊，第十一期起改为月刊。由韩邦庆（又名韩奇）创办，点石斋石印局印行，申报馆代售。该刊设《海上花列传》《太仙漫稿》《卧游集》栏目，分期连载形式刊出。1893 年 1 月 2 日，共出版 15 期。该刊是我国最早的图文并茂的文学期刊，鲁迅称赞该刊之《海上花列传》"平淡而近自然"，胡适称其为"吴语文学的第一部杰作"。

1893 年

2 月 17 日 《新闻报》在上海创刊。由英商丹福士、斐礼思与华商张叔和合办，丹福士任总管，斐礼思任总理，蔡尔康主笔。1899 年由美国人福开森接盘，1916 年改组为美国公司，1929 年出售给华商股份有限公司。

1894 年

本年 《新闻报馆画报》在上海创刊，周刊。由《新闻报》主办。该刊主要刊载接财神、加官晋爵等小品画。

△ 《天津时报》发表了在华英籍神父李提摩太《中国各报馆始末》一文，文章称 1815—1894 年间中国共出版 76 种报刊，其中中文报刊 68 种（包括新加坡、海外等地）。

1895 年

8 月 17 日 清末维新派政治团体强学书局分别在北京、上海成立。为宣传维新思想，该书局译印图书，创办报刊，兼售同文馆和上海江南机器制造总局所译书籍。康有为筹资在北京创办《万国公报》，由他的学生梁启超、麦孟华编辑。后因上海《万国公报》李提摩太提出意见，为避免版权纠纷，1895 年 12 月 16 日，北京的《万国公报》更名为《中外纪闻》。1896 年 1 月 20 日，清政府将其封禁，导致《中外纪闻》出版第十八册后被迫停刊，仅存一个月零五天。《万国公报》是在北京由中国人自己创办的第一种期刊。两刊的办刊宗旨都是宣传“变法自强”，为推进变法维新的政治运动做舆论准备。

10 月 由强学会主办的《万国公报》第六十九卷至七十卷连载孙中山的《上李鸿章书》一文，署广东香山来稿。文章称：“窃尝深维欧洲富强之本，不尽在于船坚炮利、垒固兵强，而在于人能尽其才，地能尽其利，物能尽其用，货能畅其流——此四事者，富强之大经，治国之大本也。我国家欲恢扩宏图，勤求远略，仿行西法以筹自强，而不急于此四者，徒惟坚船利炮之是务，是舍本而图末也。”其意在拓展洋务领域，推进洋务运动。

△ 圣约翰大学校刊《约翰声》在上海创刊。该刊分中英文两部分，中文部分设《论说》《译丛》《文苑》《杂俎》《小说》《纪事》等栏，所载文章多源自该校学生。

△ 《大观报》在杭州创刊。陈蝶仙主编。该刊内容以消闲性文字为主，提倡维新学识。之后，陈蝶仙又主编了《游戏杂志》《女子世界》《上海机制国货联合会会刊》等刊。

1896 年

1 月 12 日 强学会会刊《强学报》在上海创刊。由康有为等创办，徐勤、何树龄主编。该刊以“广人才、保疆土、助变法、增学问、除舞弊、达民隐”为办刊宗旨，主要刊载论说及强学会文件。免费送阅。1896 年 1 月 20 日随上海强学会解散停刊，共出版 3 期。

3 月 4 日 《官书局报》在北京创刊。由清政府官书局主办。该刊内容包括谕折、以路透社电讯为主的国内外新闻、译自外报的有关西方新事新艺，宣称：“各路电报只选择有用者，照录原文，不加议论，凡有关涉时政、臧否人物者，概不登载”。同时，官书局还出版《官书局汇报》，为《官书局报》的汇编。由沈曾桐、汪大燮负责。丛报，形式同《官书局报》。1898 年戊戌政变后，两刊随清政府官书局裁撤而停刊。

8 月 9 日 《时务报》在上海创刊，旬刊。由黄遵宪、汪康年、梁启超等创办，梁启超主笔，麦孟华、徐勤、章太炎参加编撰工作。该刊以“启发民智，开风气，助变法”为办刊宗旨，设《论说》《恭录谕旨》《奏折录要》《京外近事》《域外报译》《西电照译》等栏目。1898 年 8 月 8 日出版 69 期后，8 月 17 日汪康年将该刊改为《昌言报》出版。

1897 年

1 月 20 日 《利济学堂报》在浙江温州创刊，半月刊。由瑞安利济医院学堂主办，陈虬主编。该刊内容刊载了部分医学讲义和论文，开展中医理论研究和学术交流，在全国各大城市如上海、北京、杭州以及港澳台都有销售点。戊戌政变后停刊。利济医学堂是我国第一所中医学校。

2 月 11 日 夏瑞芳等在上海创办商务印书馆。初以印刷为主，后兼营出版。1902 年张元济加入，创建编译所，开始编纂学校用书和翻译出版外国著作，还出版各类辞书和期刊，并逐步出版学术著作和影印善本古籍。曾附设东方图书馆，1932 年一・二八淞沪抗战中被日军炸毁。抗战时期总馆迁重庆，抗战胜利后迁回上海。1954 年迁北京后，主要出版中外语文辞书、各学科读物和外国学术名著中译本等。此外，我国香港、台北地区及新加坡也有商务印书馆。该馆曾创办《绣像小说》《东方杂志》《小说月报》《政法杂志》《自然杂志》《教育杂志》等期刊。

2 月 《通学报》在上海创刊，初为旬刊，后改月刊。任仲甫主编。该刊设有《史地》《理化》《英语》《世界语》等栏目。

3月12日 《苏海汇报》(又名《苏海汇编》)在上海创刊。由翁萃甫、沈敬学、邹绶生等合股创办。1897年12月23日停刊。

3月23日 《中国商务报》在上海创刊。该刊由沈祖荣等招股创办。该刊以"振兴中国商务藉开风气而挽利权"为办刊宗旨,设《谕旨邸抄》《中国商务》《各国商务》《洋务》等栏目,共出版65期。

4月15日 《广仁报》在桂林创刊。康有为及其弟子创办,曹硕、龙朝辅、赵廷飏等人主笔。初为两日刊,后改为周刊、旬刊、半月刊,最后为月刊。该刊鲜明地提出资产阶级民主思想,内容多议论时政,宣传变法图强。1898年9月停刊。

4月22日 《湘学报》在长沙创办,初名《湘学新报》,旬刊。江标、徐仁铸先后督办,唐才常、陈为镒等主笔。该刊以"体用赅贯之学,导湘人士"为办刊宗旨,设《史学》《时务》《舆地》《算学》《商学》《交涉》等栏目。1898年8月28日停刊,共出版45期。该刊是戊戌变法运动期间维新派在湖南长沙创办的重要期刊之一。

5月6日 《集成报》在上海创刊。由陈念萱倡办。该刊主要刊载谕旨、章奏及采录中外各报之论说、时事、新闻、各国杂电等内容。1898年4月停刊,共出版34期。

5月21日 《富强报》在上海创刊,5日刊,册报。休宁程(甘园)主编,该刊主要译载"西报所登讲求中外利权之处"的材料,也载有关于富强的"朝廷诏谕以及大小臣章奏条陈",刊出鼓吹变法维新的论说。出版15期后停刊。

5月 《尚贤堂月报》在北京创刊,月刊。由美国人李佳白倡设的尚贤堂主办,美国长老会传教士丁韪良主笔。该刊以"阐发格致名理"为办刊宗旨,设《论说》《科学》《文牍》《中外采风》《摘译》《要电》《谕折摘抄》等栏目。同年6月改名为《新学月报》,1898年4月停刊,共出版12期。

△ 《农学报》(又称《农会报》)在上海创刊。由上海农学会主办,罗振玉、蒋伯斧等主编。旨在以农立国,内容涉及农、林、牧、副、渔、农业教育等各个方面,除了运用通俗易懂的文字语言来传播国外先进的农业科技知识和经验外,还采用了许多图表,以图文并茂的形式宣传先进的

农作物品种、农机具，分析不同农产品的构成和不同地区农产品价格的差异。1906 年 1 月停刊，共出版 315 期。该刊是我国最早出版的农业科学专业期刊。

7 月 《算学报》在浙江温州创刊，第 2 期起迁至上海出版，月刊。黄庆澄编撰。该刊以介绍数学知识为主，提倡新学，如加减乘除、命分、约分、通分之理，论开方、论代数、论几何、论九章、论算理等。该刊戊戌政变后停刊，是中国最早的数学月刊。

8 月 2 日 《经世报》在杭州创刊，旬刊。由胡道南、董学琦创办，章太炎、宋恕、陈虬等撰稿。该刊托古言政，以宣传变法、介绍西学为主，设《皇言》《论说》《学政》《庶政》《农政》《工政》《商政》《兵政》《交涉》《中外近事》《格致》《通人著述》《本馆论说》等栏目，著译兼收。1897 年 8 月 2 日停刊，共出版 16 期。

8 月 22 日 《萃报》在上海创刊，后迁至武汉出版，周刊。周克柔主笔。该刊以辑录中外各报文字为主，设《谕旨恭录》《中外交涉条则》《中国要务》《外国要务》《中事新闻》《外事新闻》《路透电音》《中外通论》《本馆文编》等栏目。

8 月 28 日 《实学报》在上海创刊，旬刊。王仁俊任总理，章炳麟等撰述。该刊以译述外报论著为主，设《谕旨敬纪》《章奏汇编》《英报辑译》《东报辑译》《法文书译》等栏目。

8 月 《新学报》在上海创刊，半月刊。叶耀元任总撰述。该刊是维新派所办以综合自然科学为主，设有《算学》《政学》《医学》《博物学》等栏目。1898 年 12 月停刊。

10 月 26 日 《译书公会报》在上海创刊。由译书公会主办，恽积勋、陶湘任总理，章炳麟、杨模等主笔。该刊设有《东报汇译》《西报汇译》《外交纪事》《外国史》《随笔》《论说》等栏目。

11 月 7 日 《演义白话报》（又名《白话演义报》）在上海创刊。章伯初、章仲和等主编。该刊每期刊载的都是长篇连载白话演义小说。该报积极宣传爱国思想，是中国人自办的第一份白话报刊。

11 月 24 日 《秦中书局汇报》在西安创办。由陕西布政使李有芬主办。该刊分《谕旨》《明理》《理财》《治兵》《商务》《洋情》等六类，选录官书局汇报、宫门钞、科钞和各报之相关内容，从谕折到经学、史学、自然科学、国课、交通及制造、外报论说、路透电报等。

△ 《蒙学报》在上海创办。由蒙学公会主办，叶瀚主编。该刊分上、下编，各设《文学》《数学》《智学》《舆地》等栏目，分别面向初小、高小之教与学；主要译介日本、西方小学教育术与课本，图文并重。第二十六期起改为上、中、下编，增加面向中学之部分。之后更名为《蒙学书报》。1899 年停刊，共出版 72 期。

11 月 《渝报》在重庆创刊，旬刊。由宋育仁、杨道南、潘清荫、梅际郇等创办。每期二十余页，木活字印刷。该刊是四川最早的报刊。

12 月 8 日 《国闻汇编》在天津创刊，旬刊。严复、夏曾佑主编。该刊内容以“足备留存考订”的“重要之事”为主，也发表了不少外国论著的译文，曾连载过严复翻译的赫胥黎的《天演论》，译文宣传了达尔文关于“物竞天择，适者生存”的生物进化规律，呼吁民族要“自强保种”，产生了广泛深远的影响。1898 年 2 月 15 日停刊。

12 月 《青年》在上海创刊，月刊。由中华基督教青年会主办。该刊以“联络基督教徒，同心同德，阐发基督教主义，并扩张其范围，作育人才”为办刊宗旨，设《论说》《灵训》《会务》《智砺》《卫生》《传记》《处世》《护教》《经课》等栏。

1898 年

2 月 10 日 《岭学报》在广州创刊，旬刊。由潘衍桐、黎国廉等主办，朱淇、康伟奇、谭汝俭等主笔。该刊以“考据西学西政之源流与得失”为办刊宗旨，除自撰外，间刊译文；设《谕旨》《奏疏》《国政》《邦交》《文教》《武备》《史学》《民事》等栏目。

3 月 13 日 《格致新报》在上海创刊，初为旬刊，后改月刊。由朱云佐主办。该刊以“增进国民知识与学业”为办刊宗旨，提出一种崭新的包含人文社会科学和自然科学的大科学范畴的科学观，并且注重科学作用于社会之后所引发的工业革命与社会革命。

3 月 《湘报》在长沙创刊。由清末维新派谭嗣同、唐才常创办，熊希龄主编，湖南中华书局出版。该刊以“开风气拓见闻”为办刊宗旨，宣传维新变法、主张实行宪政。1898 年 10 月 15 日停刊。

5 月 5 日 《蜀学报》在成都创刊，初为半月刊，后改旬刊。由蜀学会主办，尊经书院出版。宋育仁任总理，杨道南协理，吴之英主笔。该刊以“昌明蜀学，开通邻省”为办刊宗旨，设《谕折》《论撰》《近事》《官、士、农、工、商五门成就》等栏目。1898 年 8 月停刊，共出版 13 期。

5 月 11 日 《无锡白话报》在无锡创刊，五日刊。由裘廷梁（又名可桴）、裘毓芳等共同创办。从第 5 期起，更名为《中国官音白话报》，每两期合出一册，为书本形式，木刻活字毛边纸印。该刊有《五大洲邮电杂录》《中外纪闻》《无锡新闻》《海国丛谈》《史地知识》《政论》等主要栏目，兼载工商情况和一些小品文。

5 月 《工商学报》在北京创刊，周刊。由北京工商学报馆主办。该刊是北京最早的经济类期刊。

7 月 24 日 《女学报》上海在创刊，旬刊。由上海女学会主办。薛绍徽、康同薇、裘梅侣、潘璇等二十多位女士主笔。该刊以“宣传变法维新、提倡女学、争取女权”为办刊宗旨，主要内容包括女学、修身、教育、家事、体操、官话、汉文、洋文、史学、地理、算学、格致、习字、绘画、裁缝、音乐等，是我国最早的妇女期刊。

9 月 16 日 《菁华报》在江西萍乡创刊，文摘性半月刊。顾燮光主编。该刊以持论明通，关系中外交涉，以及新政、新学、新艺为选辑标准，设《谕旨》《奏疏》《中外近事》《东西洋情》《实学汇要》《经济文萃》《课士新艺》《观学篇》等栏目。

12 月 23 日 《清议报》在日本横滨创刊，旬刊。康有为、梁启超编辑。该刊以“主持清议，开发民智”为办刊宗旨，鼓吹保皇立宪、抵制革命，同时宣传爱国救亡、提倡民权。1901 年 12 月 2 日停刊，共出版 100 期。

本年 《广智报》在广州创刊，周刊。倚剑生主编。该刊设《论说》《学术》《掌故》《交涉》《兵防》《农事》《工艺》《矿务》等栏目，言论倾向于维新派。1899 年更名为《中外大事报》。

1899 年

2 月 《万国公报》第一二一卷期发表英籍传教士李提摩太译、中国人蔡尔康撰写的《大同学》第一章《今世景象》一文，首次将马克思的名字介绍到中国。

本年 清政府第一次修订颁布了《大清邮政章程》，规定办理信函、明信片、新闻纸类、印刷类、货样、挂号邮件、快递邮件、保价信函、保价箱匣、包裹等十三项邮政业务。国内期刊由报社委托邮政局办理期刊寄送业务，始于《北洋官报》。

1900 年

2 月 14 日 清政府通缉康有为、梁启超，以“开设报馆，发卖报章”罪，下令“如有购阅前项报章者，一律严拿惩办”，对康有为、梁启超所著“严查销毁”。

11 月 29 日 《亚泉杂志》在上海创办。杜亚泉编辑，商务印书馆印刷，亚泉学馆发行。该刊内容涉及数学、物理、化学、生物、地学等领域，尤以化学为最多，其中绝大部分由杜亚泉一人编写或翻译。该刊率先介绍了门捷列夫的化学元素周期律，多次介绍各国科学家在化学领域的新成就，对多个化学元素给予了中文命名，其中有的沿用至今。1901 年 6 月停刊，1901 年 10 月更名为《普通学报》出版，仍由杜亚泉编辑。1905 年 5 月终刊。该刊是中国人最早自办的科学杂志。

12 月 6 日 中国留日学生在日本东京成立译书汇编社，雷奋、杨廷栋等主持创办《译书汇编》。该刊首先译载卢梭的《民约论》，以及孟德斯鸠、约翰·穆勒、斯宾塞等的外国名著，译笔流利典雅，风行一时，对当时中国青年思想之进步影响较大。到 1903 年 4 月 27 日改为《政法学报》为止，共出版 29 期。该刊是中国留日学生最早创办的期刊。

12 月 22 日 日本留学生郑贯公、冯自由、冯斯栾在日本横滨创办《开智录》，初为油印，接受孙中山的资助出版，蔡锷、秦力山等参与撰稿，其宗旨为“倡自由之言论，伸独立之民权，启上下之脑筋，采中、东(指日本)、西之善法”。其内容有译、有论，栏目分为《本会论说》《言论自由录》《杂文》《译书》《小说》《词林》《时事笑谭》《粤讴解心》等。该刊载表的《民约论》《自由略论》《民权真义》《法国革命史》以及《义和团有功于中国说》《论帝国主义之发达及二十世纪世界之前途》等颇具影响的文章。1901 年春停刊。该刊出版意味着 20 世纪初学生期刊的创办进入了一个新时代。

1901 年

1 月 20 日　《上海青年》创刊，周刊。由中华基督教青年会主办。该刊以刊载基督教教务活动为主。

3 月 5 日　《译林》在杭州创刊，月刊。林纾、林长民、魏易主编，上海商务印书馆印行。出版 12 期后停刊。

5 月 10 日　秦力山、沈翔云等人在日本东京创办《国民报》月刊。该刊宣传反帝爱国、鼓吹革命排满，最早提出颠覆清朝，为中国留日学生中革命刊物的先驱。1901 年 8 月 10 日停刊。

5 月　《教育世界》在上海创刊，初为旬刊，后改为半月刊。由罗振玉发起，王国维主编，张元济、高风谦、樊炳清等人参加编撰，张之洞、刘坤一曾资助。该刊是我国最早的教育专业期刊，致力于译介外国资产阶级的教育理论和制度，对推动我国教育改革起了积极作用。1908 年 1 月停刊，共出版 166 期。

6 月 20 日　《杭州白话报》创刊，旬刊，毛边纸木刻印刷。全年共出版 33 期。

9 月 4 日　《开元报》在上海创刊，1902 年 1 月 4 日更名为《外交报》。由蔡元培与张元济等人创办，张元济主编，上海普通学书室发行，出版 29 期后改由商务印书馆发行。该刊内容有论说、文牍、外交大事记、世界大事记、国际法等，是中国第一份以研究国际问题为主的期刊，也是近代中国颇具影响的专门性外交报刊。1911 年 11 月停刊，共出版 300 期。

11 月 11 日　《选报》在上海创刊，初为旬刊，后改周刊。蒋智由、王论士等历任主编，蔡元培、蒋智由、蒋方震、杜亚泉、王抚士等撰稿。该刊的选材、栏目设置和论说，都以“爱国救亡”为办刊宗旨。出版至第五十六期后停刊。

12 月 21 日 《清议报》第 100 期发表梁启超撰写的《中国各报存佚表序》，记录了当时报刊发展的基本情况。

本年 《启蒙通俗报》在成都创刊，初为半月刊，自第 14 期改为月刊，木刻印版，线装。傅樵村、史隽峰主持，成都图书局刊行。该刊是综合类白话文期刊，主要内容是关乎普通老百姓的办学、科普、教育等。1904 年改在成都文伦书局用铅字排印。

△ 《励学译编》在苏州创刊。由包天笑主办。该刊依靠苏州留日学生杨廷栋、杨荫杭等人译介日文的书刊，将国外的新思想、新技术向中国传播。由于印刷成本高、销量小，出版 12 期后停刊。

1902 年

2 月 8 日 《新民丛报》在日本横滨创刊，半月刊。由保皇派所办的文理综合类期刊，编辑、发行署名为冯紫珊，实为梁启超负责，韩文举、蒋知启、马君武、康有为、章太炎、欧榘甲、徐勤、杨度等为撰稿人。该刊刊载了梁启超的《舆论之母与舆论之仆》，是我国近代舆论研究中的第一篇专论。

2 月 22 日 《政艺通报》在上海创刊，初为半月刊，后改为月刊。邓实、马叙伦历任主编。该刊以“救国救民”为办刊宗旨，主要通过讨论时政、研究社会病状、探讨救国图存的方案，以期使“老大之帝国，东方之病夫”于 20 世纪勃然兴旺；同时以研究学术为途径，借学术思想开通民智、强壮民力、潜移默化，普及政治思想于全国，以实现其救国救民之理想。1908 年 3 月停刊，共出版 146 期。

6 月 23 日 《启蒙画报》在北京创刊，月刊，后改为半月刊。由启蒙画报馆创办，彭翼仲、彭谷生主编，刘炳堂绘画。该刊以“对青少年进行启蒙教育”为办刊宗旨，参考当时中西教育课程，设置《伦理》《地舆》《掌故》《格致》《算术》等栏目。1904 年 6 月出版第二卷第十期后停刊。

9 月 2 日 《新世界学报》在上海创刊。由赵祖德创办，陈黻宸主编，马叙伦、汤尔和、杜士珍、黄群、黄式苏、陈怀、陈侠等参与编辑撰稿。该刊以“通古今中外学术”为目的、“取学界中言之新者”为主义，内容参照近代学科体系分为 18 个栏目。1903 年 4 月停刊，共出版 15 期。

9 月 29 日 《佛学丛报》在上海创刊。由普陀山法雨寺主办，徐蔚如主编，上海有正书局出版。

9 月 梁启超在《新民丛报》第十八号上发表《进化论革命者颉德之学说》一文。该文是中国人创办的报刊上首次介绍马克思和社会主义的文字记载。

10 月 2 日 《新民丛报》第十七期发表梁启超撰写的《敬告我同业诸君》一文，文中提出报馆有两大天职：“监督政府”“向导国民”。

11 月 14 日 《新小说》在日本横滨创刊。赵毓林为编辑兼发行人，实为梁启超主编。第一年以横滨新小说社名义发行，第二年起改由上海广智书局发行。该刊以小说为主，并刊有诗歌、传奇、戏曲、歌谣、文艺理论、图画、灯谜等。吴沃尧（趼人）的《痛史》《二十年目睹之怪现状》《九命奇冤》《电术奇谈》等，皆在此刊载表。1906 年 1 月停刊，共出版 24 期。该刊在我国小说期刊方面具有开创性，起了示范和奠基的作用。

12 月 9 日 《大陆》在上海创刊，初为月刊，两年后改为半月刊。秦力山、杨廷栋、雷奋等人担任笔政。该刊内容包括政治、军事、经济、哲学、历史、教育、文艺、自然科学各个方面，设有《社说》《论说》《学术》《史传》《军事》《实业》《小说》《纪事》等栏目。因其不遗余力鼓吹改革、排斥保皇，“实为国民报之变相”。1906 年 1 月停刊，共出版 47 期。

12 月 14 日 《游学译编》在日本东京创刊。湖南留日学生蔡锷、黄兴、杨毓麟等编辑。该刊以“专以输入文明，增益民智为本”为办刊宗旨，所译“以学术、教育、军事、理财、时事、历史、地理、外论为主，其余如中外近事、各国现今之风俗、才技艺能”。

12 月 25 日 在袁世凯的推动下，北洋督署的《北洋官报》在天津创刊。该刊以“讲求政治学理，破痼习，浚智识，期于上下通志，渐致富强”为办刊宗旨，推动了各省清末官报兴办高潮的到来。

本年 《真光月报》在广州创刊，1906年改为《真光报》，1907年更名为《真光杂志》，1925年迁到上海出版。虽由美籍传教士湛落弼创办，但中国人张亦镜主持刊物长达35年。与其他教派刊物不同，该刊不以刊载本会情况为主，而是针对整个中国基督教的问题阐发意见。

1903年

1月29日 《湖北学生界》在日本东京创刊，月刊。由湖北留日学生刘成禺、李书城等创办，后更名为《汉声》出版。

2月17日 《浙江潮》在日本东京创刊。由浙江留日学生孙翼中、蒋智由、蒋方震创办，浙江同乡会杂志部编辑，上海中外日报馆发行。该刊以“输入文明”“眷念故国”“发其雄心”“养其气魄”“汹涌革命潮”“着眼国民全体之利益”为主旨，设有《社说》《论说》《时评》《政治》《经济》《哲理》《军事》《教育》《历史》《传记》《文学》《杂文》等栏目，详细记载了留日学生的抗俄运动，并陆续发表了几十篇调查报告，涉及政治、经济、国防、交通、教育、物产、税收、商业、出版、农业、宗教、风俗、人物、自然地理等。鲁迅的第一篇小说《斯巴达之魂》就发表在此刊。共出版12期停刊。

2月27日 《女学报》在上海创刊，月刊。陈撷芬主编，苏报馆发行。出版至第四期后迁日本东京出版，委托国民日报馆代发行。

2月 《湖北学报》在武汉创刊，旬刊。该刊以“激发忠爱、开通智慧、振兴实学”为办刊宗旨，卷首刊载有关教育的谕旨、文牍和学堂章程等，卷末杂录外国关于教育、历史、地理等方面的学界动态，反映了清政府推行“新政”时期在教育方面的改革情况，也反映了当时一些“新政大员”的教育思想。1904年停刊，共出版24期。

3月29日 《科学世界》在上海创刊，月刊。由上海科学仪器馆主办。该刊是继《亚泉杂志》后，中国人自己创办的有重要影响的科技期刊；内容涉及数学、物理、化学、地学、气象学、生物学、教育学以及生产技术，还刊登过科幻小说。1904年一度停刊，1921年7月复刊。1922年再度停刊，前后共出版17期。

4 月 6 日 《童子世界》在上海创刊，石印、铅印。由上海爱国学社主办，何梅士等主编。该刊的办刊宗旨为："以爱国之思想，曲述将来之凄苦，驱吾心血而养成夫童子之自爱爱国之精神。"该刊注意儿童特点，坚持"童子导童子"的原则，文字内容浅显，较适合于儿童阅读。共出版 33 期。该刊是我国最早的一份少年儿童报刊。

4 月 27 日 《江苏》在日本东京创刊。由中国留日学生江苏同乡会创办，秦毓鎏、张肇桐、黄宗仰等主持，柳亚子、金一等人撰稿。该刊设有《社说》《政治》《教育》《哲理》《历史》《传记》《实业》《译篇》和《小说》等栏目，发表《政体进化论》《革命其可免乎》《新政府之建设》《中国立宪问题》等文，公开宣传革命，确立共和宪章，建立民主共和，批判保皇立宪，也曾提出过地方自治的主张。

5 月 27 日 《绣像小说》在上海创刊。半月刊，铅印线装本。李宝嘉（伯元）主编，商务印书馆发行。该刊因所刊小说均配有绣像插图而得名，曾发表李宝嘉的《文明小说》、刘鹗的《老残游记》等著名小说。该刊在当时同类刊物中出版时间最长、影响最大，被称为"晚清小说的宝库"。1906 年 4 月因李宝嘉逝世而停刊，共出版 72 期。

7 月 《北洋官报》与天津邮政总局达成协议，初期签订合同如下：一、邮政局情愿承寄官报局各报分送各处邮局转发，并不取资；二、邮政局令各处邮局经理人代售官报，所收报资并不受应得几成之费；三、各处邮局代售官报所收报资，全数汇至天津邮政总局转交官报局查收，毫无使费；四、嗣后，邮政局如在官报内登各项告白、示谕以备各处咸知邮政一切定章，官报局亦不收费。

12 月 北京商务报馆创办《商务报》。吴桐林编辑。该刊旨在于启浚商智、提倡改良农工商事业；积极主张振兴商务，呼吁"无论何项商人，亟宜各思振奋尽力，讲求广集公司以筹抵制，速联商会以通知识，多制机器以代入口，亟开矿产以兴地利"；设有《上谕》《公牍》《论说》《译述》《实业》《丛谈》《小说》等栏目，内容以报道经济方面的消息和刊载有关商业发展的论说、译述为主，也有文艺作品。1906 年 1 月停刊，共出版 70 期。

△ 《中华白话报》在上海创刊，初为半月刊，从第十三期起改为旬

刊。林獬主编。该刊以“主要用文学作品鼓吹民族民主革命”为办刊宗旨，设有《论说》《历史》《地理》《新闻》《实业》《小说》《戏曲》《歌谣》《传记》《谈苑》《选录》等栏目。1904年10月停刊，共出版24期。该刊是我国较早的鼓吹民族民主革命的期刊之一。

本年 《广益丛报》在重庆创刊，旬刊。杨庶堪、胡树枬主持。该刊旨在树新风、振民气，主要转载报刊中的重要新闻、政论，宣传维新变法和改革，反对专制，主张民主立宪，积极倡导孙中山的“三民主义”，反对袁世凯复辟帝制；内容广泛，设《政事》《学问》《文章》《丛录》等栏目。1912年停刊。

△ 上海县知县汪懋琨发布查禁革命书报的告示，攻击革命党人“散布谣言”“诬谤政府”，禁止商人出资附股，私相传阅革命书报。1904年年底，清政府发布“通谕”，把《支那革命运动》《革命军》《新广东》《新湖南》等大量革命派和改良派出版的政治宣传品列为禁书禁刊，声称这些宣传品“骇人听闻”，要“严行查禁”。革命派在《苏报》上发表大量谴责清朝反动统治、批驳保皇党人谬论的文章，引起了清廷的恐惧和忌恨。清廷于1903年6月29日勾结上海租界巡捕房封闭了苏报馆，逮捕了章太炎等有关人员，制造了当时震惊中外的“苏报案”。

1904年

1月17日 中兴通讯社在广州创建，骆侠挺为发行人兼编辑，通讯社以广州和香港地区的报刊为发稿对象。该通讯社是中国人创办最早的民营通讯社。

1月 《女子世界》在上海创刊，月刊。由丁初我创办，柳亚子、许觉我、沈同午、蒋维乔、丁幕卢等编辑并为主要撰稿人。该刊设有《社说》《演坛》《科学》《实业》《译林》等栏目，提倡资产阶级自由民主，宣传妇女戒缠足、受教育、争取经济独立和婚姻自主，抨击压制妇女的封建伦理道德。1906年停刊。该刊是最早采用白话文的妇女期刊。

3月11日 《东方杂志》在上海创刊，月刊，32开本，从第八卷起改为16开本，从第十七卷起改为半月刊。由夏瑞方主办，徐珂、孟森、陈仲逸、杜亚泉、钱智修、胡愈之、李圣五、郑允恭等先后主编。商务印书馆出版，抗战期间先后迁至长沙、香港、重庆出版。该刊以“启导国民、联络东亚”为办刊宗旨，先后辟有《社说》《时评》《选论》《谕旨》《内务》《外交》《军事》《教育》《财政》《实业》《交通》《商务》《宗教》《小说》等栏目。1948 年 12 月停刊，共出版 44 卷 819 期。该刊是商务印书馆的标志性刊物，历经清末、辛亥革命、五四运动、抗日战争、解放战争等各个重大历史时期，忠实地记录了我国近现代历史发展的轨迹，被称为“中国近现代史的资料库”和“杂志界的重镇”。

3 月 《安徽俗话报》在安徽芜湖创刊，半月刊。由安徽俗话报社创办，陈独秀主持。该刊以“救亡图存、开通民智”为办刊宗旨。1904 年 11 月一度停刊。1905 年 3 月复刊，9 月被清政府勒令停刊，共出版 23 期。另在安徽各府、州、县和上海、保定、北京、南京、长沙、南昌等地设代派处 58 个，向全国发行。该刊是安徽地区资产阶级革命派的重要期刊。

4 月 上海中国医学公报社创办《医学报》。由蔡小香、丁甘仁主办，后由周雪樵（维翰）、王问樵续办，并更名为《医学公报》。上海中外报馆代为发行。该刊设有《论说》《文编》《译编》《章程》《笔记》《新知识》《会友题名录》《医人档案》《纠正》《专件》《雪樵医案》《答问》《书札》《本社启事》《杂俎》《公牍》等栏目，内容包括疾病和药物研究、病例报告、西医学说介绍等。

△ 《武备杂志》在河北保定创刊。贺忠良主编，武备学堂北洋武备研究所编辑发行。该刊设有《谕牍》《论说》《学说》《叙事》《格言》《记录》等栏目，广泛介绍外国军事制度、练兵方法、作战方略等内容。1936 年 3 月停刊。

9 月 10 日 《新新小说》在上海创刊，月刊。龚子英等主编，新小说社发行。该刊曾发表《中国兴亡梦》《新党现形记》《虚无党奇话》《巴黎之秘密》等译著。

10 月 《二十世纪大舞台》在上海创办。由陈去病、汪笑侬等发起创办。该刊设有《图画》《论著》《传记》《传奇》《班本》《小说》《丛谭》《诙谐》《文苑》《歌谣》《批评》《纪事》等栏目，是我国第一份以戏曲为主的文艺期刊，鼓吹民族主义，提倡改良戏剧。

1905年

1月 《教育杂志》在天津创刊。直隶学务处编辑发行。该刊内容有关于教育的诏令、章奏、论说、文牍、报告、学制、学术等，主张教育救国、逐步实施义务教育，抨击了当时官报学校的落后与腐败，对于当时的教育制度和教育理论等问题均有所论述。

2月1日 清政府邮政总办帛黎第一二〇号通令：凡经核准在国内出版的被称为新闻纸或期刊的出版物，不论中文或外文，由设在中国境内知名的出版机构发行，每发行期不超过一个月，印有发行日期和连续期数，全部为印刷纸张组成，无板纸、布、皮革或其他物质装订其上的，都可在出版地之总局申请作为新闻纸挂号。此规则4月1日起生效。

2月23日 《国粹学报》在上海创刊，月刊。邓实任总编。该刊设有《社说》《政篇》《史篇》《学篇》《文篇》《丛谈》等栏目。1912年初停刊，共出版82期。

6月24日 湖南华兴会会刊《二十世纪之支那》在日本东京创刊，初为月刊，后未按月出版。田桐、宋教仁、黄兴、陈天华、仇式匡、白逾恒等人编辑。该刊设有《图画》《论说》《学说》《政法》《历史》《军事》《理科》《实业》《丛录》《文苑》《时事》《时评》等栏目。8月26日，该刊第2期刊载《日本政客的支那经营谈》一文，揭露日本侵略中国的野心，被日本政府查禁停刊。

8月20日 《北京女报》在北京创刊，旬刊。张筠卿主编。该刊以激励妇女爱国、提倡男女平权、宣传妇女自由、提倡女子教育、推动移风易俗为主要内容，设有《论说》《女界新闻》《时事要闻》《京外新闻》《西学入门》《家政学》《小说》等栏目。1909年1月15日停刊。

8月 《时事画报》在广州创刊，旬刊。该刊以“开启民智、振发精神”为办刊宗旨，用图画纪事，宣传新学。

9月 同盟会会员雷铁崖与四川籍留日学生邓絜、董修武、李肇甫等人在日本创办《鹃声》杂志。雷铁崖主笔。该刊旨在唤起四川及全国同胞，挽救民族危亡，建设一个新的中国；设有《社说》《论说》《宗教》

《政治》《军事》《经济》《记事》《小说》《文苑》《时评》等栏目。

△ 《醒狮》在日本创刊。李昙编辑，无畏、马君武、柳亚子等执笔。该刊共出版 5 期。

11 月 26 日 《民报》在日本东京创刊，其前身为《二十世纪之支那》，同盟会成立后，将其改为《民报》，成为中国同盟会的机关刊。张继、胡汉民、章炳麟、陶成章、汪精卫历任编辑。孙中山为该刊撰写《发刊词》，提出了“三民主义”，即“民族主义、民权主义、民生主义”。该刊的创办壮大了革命派的声势，也壮大了同盟会的队伍，成为进步舆论的中心。1912 年停刊，共出版 26 期。

12 月 《北直农话报》创办，半月刊。由直隶高等农业学堂主办。该刊集学术性和科普性于一体，按农学学科创设栏目，是学堂、农会、农务局三种办刊角色为一体的一份农林科技期刊。

1906 年

1 月 22 日 朱执信署名蛰伸在《民报》第二号发表《德意志社会革命家小传》一文，介绍了马克思、恩格斯，翻译了《共产党宣言》中的十大纲领和《资本论》的部分内容。这是中国报刊译介《共产党宣言》的开端。

2 月 13 日 李叔同在日本创办《音乐小杂志》，32 开本，26 页，仅出版 1 期。该刊介绍乐理知识、开展音乐启蒙，设有《图画》《插画》《社说》《乐史》《乐典》《乐歌》《杂纂》《词赋》等栏目，所刊各种文章皆短小精悍。该刊是我国第一本音乐期刊。

4 月 商务官报局创办《商务官报》，旬刊。章宗祥编辑。该刊以“发表商部之方针，启发商民之知识，提倡商业之前途，调查中外之事务”为办刊宗旨，设有《公牍》《论说》《译稿》《法律章程》《调查报告》《事件》《记事》等栏目。1911 年 8 月停刊。该刊是清末第一份部一级的政府公报类期刊。

5 月 广东南海县率先颁布了南海县报律，报律从论说、公件、驳议、实事、访闻、传疑、录报、来函等 8 个方面对报刊登载内容作了具体规定，主要是针对当地报刊刊载的内容而没有规定出版手续和惩罚办法。该报律是中国近代史上第一个管理报刊的地方性专门法规。

6月 东吴大学学报《东吴月报》创刊，并将创刊号取名为《学桴》，1907年11月起恢复原名《学桴》，并改为双月刊，共出版12期。祁天锡主编，黄振元撰写《学桴发刊词》。该刊设有《论说》《学科》《时事》《译丛》《杂志》及《各类告白》等栏目，编辑部设置论说部、学科部、时事部、译学部、丛录部等部门。该刊的创刊，揭开了中国大学学报的序幕。

△ 《农桑学杂志》在日本东京创刊。杜用选主编，留日的农科学生组成的日本京群益书社编辑出版和发行。该刊以“宣传农桑教育、增进国家富强”为办刊宗旨，重点刊载有关农桑科学，如气象学、土壤学、植物营养学、桑树栽培学、蚕体解剖学、蚕体病理学以及生物学、农桑经济等方面的论述、译文和报告。

7月1日 《天津日日新闻》《大公报》《北洋时报》《北支那每日新闻报》四家联合倡议成立天津报馆俱乐部。该俱乐部以“研究报务，交换知识”为宗旨，是我国第一个报刊团体。

7月 清政府颁布《大清印刷物专律》，设立京师印刷总局。《大清印刷物专律》六章四十一条，第一次对印刷物的记载、发行、送审等活动予以规范，明确规定印刷物必须事先登记注册，刊载违禁内容将受处罚。中央一级为新设立而隶属工商部、巡警部、学部的京师印刷总局（亦称京师印刷注册总局），地方一级为京师巡警总厅。期刊出版的直接管理机构规定为警察机构，这是期刊出版早期管理体制中的一个重要特点。

△ 《上海书业商会图书月报》创刊。由上海书业商会主办，陆费逵主编。该刊设有《社说》《出版界》《谭丛》《教育界》《专件》《杂录》《本会纪事》《小说》等栏目，是我国出版业最早的专业期刊，仅出版3期即停刊。

8月 《学部官报》在北京创刊，月刊，从第三期起改为旬刊。由清政府学部图书局主办，戴展诚编辑。该刊旨在效仿西方兴学以强国，主要登载有关教育的谕旨、呈文、章奏和论著，发表研究西方教育的译著等；设有《谕旨》《章奏》《文牍》《译著》等栏目。1911年7月停刊，共出版

183 期。

9 月 17 日 《粤东小说林》创刊，旬刊。由黄伯耀、黄世仲主办。1907 年 5 月 9 日停刊，共出版 26 期。

9 月 《南洋兵事杂志》在南京创刊，月刊。兵事杂志社编辑，两江总督练总所教练处总发行。该刊是综合类军事技术期刊，设有《诏令》《公牍》《通论》《学术》《经历》《诗歌》等栏目，其中《学术》一栏中又分为《步兵之学术》《炮兵之学术》《骑兵之学术》《辎重之学术》《卫生之学术》等子目。

10 月 清政府以巡警部名义颁布《报章应守规则》，规定："不得诋毁宫廷""不得妄议朝政"。

10 月 15 日 《云南杂志》在日本创刊。李根源、罗佩金等主办，吴琨、张榕西等负责编辑工作。该刊以"宣传资产阶级民主主义，反对法、英帝国主义侵略云南"为办刊宗旨，设有《时评》《小说》《评述》《历史》《传记》《调查》《访函》《文苑》等栏目。其曾两次被迫停刊，两次复刊，直到 1911 年武昌起义爆发后才停办。该刊是辛亥革命前以省命名的刊物中存刊时间较长、出版期数较多、影响较大的期刊。

11 月 1 日 《月月小说》在上海创刊，月刊。汪惟父、吴趼人、许伏民等编辑，上海群乐书局发行。该刊强调文学对社会变革的影响，主张文学参与政治和社会生活；曾发表历史小说《两晋演义》，社会小说《上海游骖录》，言情小说《恨海》，讽刺小说《光绪万岁》《庆祝立宪》等，还刊载过法国作家大仲马的《基度山恩仇记》（片段），以及外国著名文学家的传记。1908 年年底停刊，共出版 24 期。该刊是中国近代重要的文学期刊之一。

12 月 留法学生张静江、吴稚晖、李石曾等人在法国巴黎创办世界社，旨在向国人传播西方先进的文化。该社陆续编辑出版了 7 种丛书及《新世纪》周刊、《世界》画报等期刊。这些期刊传播革命思想，在国内知识界及欧美留学生中产生了很大影响，也成为推动辛亥革命的重要思想武器。

1907 年

1 月　《中国女报》在上海创刊，月刊。女革命家秋瑾主编兼发行人，陈伯平编辑，主要撰稿人有黄公、钝夫、燕斌、陈志群、徐寄尘（自华）、吕碧城等。该刊设有《社说》《论说》《演坛》《译编》《传记》《小说》《文苑》《新闻》《调查》等栏目。共出版 2 期。

2 月　《小说林》在上海创刊。月刊。由曾朴、徐念慈、黄人等创办，徐念慈主编。该刊载表过有一定影响的小说如《孽海花》《碧血幕》等，注重作品的艺术性，曾宣传和介绍过西方的美学思想，并发表过一些小说评论与文艺批评文章；主要栏目有《图画》《论说》《小说》《文苑》《评林》《新书介绍》等。1908 年 10 月停刊，共出版 12 期。该刊是中国近代重要的文艺期刊之一。

4、5 月间　《西藏白话报》在拉萨创刊，旬刊。由清政府驻藏大臣联豫于拉萨创办。该刊主要刊登清政府及西藏的公牍、各省官报与中外报刊文章摘要，还有自行撰写的政论文等，是中国近代第一份少数民族文字白话报刊。

6 月　刘师培在日本东京创办《天义报》。该刊宣扬无政府主义，声称："以破坏固有之社会，实行人类之平等为办刊宗旨，于提倡女界革命外，兼提倡种族、政治、经济诸革命，故名曰天义。"自八、九、十卷合册开始，办刊宗旨改为："破除国界、种界，实行世界主义；抵抗世界一切之强权；颠覆一切现近之人治；实行共产制度；实行男女绝对之平等。"设有《论说》《学理》《时评》《记事》《译丛》《杂记》等栏目。

△　《新世纪报》在法国巴黎创刊。张静江、吴稚晖、李石曾等编辑。该刊是宣传无政府主义的周刊，最初为单张报纸形式，共四版，自第 53 号起改为刊型出版，每册 14 页。

9 月　景定成、景耀月、谷思慎、荣炳等同盟会会员在日本创办《晋乘》。不定期出版。该刊设有《论著》《文艺》《杂俎》《图画》《附录》等栏目，其中以《论著》栏为重点，主张实业救国、开通民智、挽救危亡。共出版 3 期。

10 月 7 日　《政论》在日本东京创刊，月刊，第二期后迁到上海发行。由马相伯等发起组织的政闻社创办，蒋智由主编。该刊宣传保皇立宪思想，反对暴力革命，主张地方自治。1908 年 8 月停刊，共出版 5 期。

10 月 26 日　《政治官报》在北京创刊。由清政府政治官报局主办，考察政治馆（后改为宪政编查馆）主编。该刊专门刊载国家政治文牍，分为谕旨、批折、宫门抄、电报、奏咨、奏折、咨札、法制章程、条约合同、报告书谕、外事、广告、杂录、评书等类。1911 年 8 月 22 日停刊，共出版 1370 期。

11 月　《四川》在日本东京创刊。由吴玉章主持，雷铁岩、邓洁、龙鸣剑等编辑。该刊在《发刊词》中，吴玉章宣称“本社同仁，以中夏阽危，乡邦锢蔽，爰推爱四川以爱中国之义，创办本志，专为西南半壁警钟”，设有《论著》《译丛》《时评》《杂俎》《文苑》《演说辞》《小说》《大事记》等栏目。1908 年被日本政府查封。

12 月　同盟会河南分会创办《河南》，作为会刊。委派刘积学任总编辑，张钟端为发行人。该刊设有《社说》《政治》《地理》《历史》《教育》《军事》《实业》《时评》《译丛》《小说》《文苑》等栏目。

1908 年

年初　陕西、甘肃留日学生在日本创办《关陇》。由白毓庚等部分陕西籍同盟会员主持。该刊旨在唤起广大群众，传播新知识，抨击清政府，鼓吹救亡图存。

本年　《中华圣公会报》在北京创刊，月刊，北京中华圣公会的会刊。1916 年 8 月停刊。该刊是北京第一份宗教类期刊。

1909 年

2 月 15 日　《教育杂志》在上海创刊。由商务印书馆主办，陆费逵、李石岑、唐钺、何炳松、黄觉民历任主编。该刊以“研究教育，改良学务”为办刊宗旨，内容分为论说、学术、教授管理、史传、教育人物、教育法令、纪事、调查、评论、文艺、诗话、杂纂、质疑、问答、介绍评论、名家著述等。1948 年 12 月停刊。该刊是我国期刊史上历史久、影响大的教育刊物之一。

4 月 20 日 《体育界》在上海创刊。由中国体操学校主办，徐一冰、王均卿主编。该刊以“为在备广长之舌，振如椽之笔，举我所经验而心得，以播种而远行”“互相讨论，亦足为临证指南一助，他日万本万遍，风行远地，广播种子”为办刊宗旨，设有《论文》《专著》《体育史》《体育教授法》《体育资料》《游技资料》《生理卫生》《译文》《文苑杂谈》《体育新闻》等栏目，开创了中国体育期刊的先河。

4 月 商务印书馆创办《儿童教育画》，初为不定期，1911 年 2 月改为月刊。该刊是面向低幼儿的彩色画刊。1921 年前后停刊。

5 月 19 日 《扬子江小说报》在汉口创刊，月刊。胡石庵主编，汉口中西日报馆出版发行。该刊是纯文学期刊，设有《图画》《社文》《小说》《文苑》《词林》《杂录》等栏目。

1910 年

3 月 《地质杂志》在天津创刊，月刊。由张相文、白毓崑、白月恒等人主持，中国地学会编辑出版和发行。该刊以“研究中国地学”为办刊宗旨，其目的则“注重于民生之消长，物产之丰盈，疆域之沿革，国际为尚，教材次焉”，其文章则“恢奇博丽，不限一格，撷精味腴者取之，追幽凿险者取之，崇论宏议者取之”，其内容涉及经济地理、政治地理、人口地理、自然地理等诸方面。该刊是中国现代地理学萌芽时期的重要地学期刊。

4 月 15 日 中西医学研究会会刊《中西医学报》创刊，半月刊，每月合订为一册，大 32 开。丁福保主编。该刊以“研究中西医药学，交换智识，振兴医学”为办刊宗旨，主要内容为中西医学研究方面的论文、大众医学保健知识等。1930 年 6 月停刊。该刊是清末至民国前期中西医汇通派的重要期刊。

6 月 南洋群岛商业研究会会刊《南洋群岛商业研究会杂志》在日本

东京创刊，季刊。该刊内容以经济、工商业、反映南洋群岛的华侨经济活动为主，兼及时事政治、教育、地理风俗等，设有《论说》《译著》《文牍》《传记》《调查报告》《侨音》《录报》《访问》《会员通讯》《来稿》《汇录》等栏目。1911 年 1 月迁至北京，同年 11 月出版第三、四期合刊后停刊。

8 月 29 日 《小说月报》在上海创刊。恽铁樵、王蕴常、沈雁冰、郑振铎、叶绍钧历任主编，商务印书馆出版。该刊设有《图画》《长篇小说》《短篇小说》《译丛》《笔记》《文苑》《新知识》《改良新剧》等栏目。该刊为近代中国刊行时间最长、影响最大的文学期刊之一。

12 月 18 日 清政府正式公布《大清著作权律》，分为五章、五十五条。第一章为《通例》。第二章为《权利义务》，共二节：第一节“年限”，规定：作者身故后，保留著作权三十年；第二节“计算”。第三章为《呈报义务》。第四章为《报刊限制》，分为“权限”“禁例”“法例”三节。第五章为《附则》。至 1911 年清王朝结束，其著作权律实际上并未正式执行。《大清著作权律》的诞生为我国积累了丰富的立法经验与教训，也为完善著作权保护制度提供了宝贵财富及启示。

本年 《中国国民禁烟总会杂志》在北京创刊，年刊。由中国国民禁烟总会主办。该刊宣传禁烟，认为“所有强种富国政策无不基础于是”，内容分为八类：谕旨、章奏、法制、论说、文牍、调查、译丛、本会纪事。1911 年出版第二期后停刊。

1911 年

2 月 《国学丛刊》在北京创刊，双月刊。由北京国学研究会主办。该刊内容侧重于对中国古代典籍的辑佚、校勘、考证和注疏。

3 月 1 日 《少年杂志》在上海创刊，月刊。由商务印书馆主办，孙毓修、林润田、殷佩斯历任主编。1931 年停刊。

3 月 《政法杂志》在上海创刊，月刊。由商务印书馆主办，陶保霖主编，沈钧儒、林长民等编辑。1915 年 12 月停刊。

4 月 《法政浅说报》在北京创刊，旬刊。由北京法政浅说报社创办。

该刊是北京地区最早的法律类期刊。

5 月 19 日 《新世界》在上海创刊。由中国社会党绍兴部主办。该刊第二期发表译述文章，对马克思的生平、《共产党宣言》（译为《共产主义宣言》）作了介绍。

6 月 《法学会杂志》在北京创刊，月刊。由北京法学会主办。该刊旨在研究法学、赞助立法司法事业，设有《论说》《社会政策》《各国法制史》《监狱协会报告》《专件》《法学会会报》《判决录》《杂录》《公牍》《法律解释》《外国法制》《中国法制》《译丛》《问答录》《外论》《法规》《法案》等栏目。1923 年 1 月停刊，共出版 10 期。

7 月 《军华》在北京创刊，月刊。由北京军国学社主办。该刊以“研究军事学问、鼓吹军国主义”为办刊宗旨，得到清政府一些高级将领的赞助，是北京最早的军事学术期刊。

△ 《留美学生年报》在上海创刊。胡彬夏任总编辑。上海中国留美学生会编辑发行，在上海出版，总发行所设在美国哥伦比亚大学和上海图书公司。每册约百页，共出版 3 册。1914 年 3 月更名为《留美学生季报》，卷期另起。朱起蛰、任鸿隽等主编，仍在上海出版，改由中华书局发行。

10 月 16 日 辛亥革命时期湖北军政府机关刊《中华民国公报》在武昌创刊。1912 年年初成为拥护黎元洪的政治团体民社的机关刊。该刊是民国出版的第一份政府公报，1913 年停刊。

10 月 《进步》杂志在北京创刊。由中华基督教青年会主办，范子美主编。该刊旨在宣传西方文明。1917 年 3 月，该刊与《青年》合并成《青年进步》。

1912 年

1 月 1 日 中华书局在上海成立，由陆费逵、戴克敦、陈寅三人合资成立，陆费逵任局长。中华书局创办之初出版发行的《中华教育界》《中华小说界》《中华实业界》《中华童子界》《中华儿童画报》《大中华》《中华妇女界》和《中华学生界》风行一时，号称“八大杂志”。1954 年 5 月中华书局实行公私合营，总部迁至北京。

3 月 4 日 中华民国临时政府内政部颁布《中华民国暂行报律》，但因其内容多承袭清政府的《大清报律》，反对者众多，3 月 9 日，民国临时大总统孙中山下令取消。

3 月 11 日 中华民国临时政府颁行《中华民国临时约法》。第二章第六条第四款中规定，人民有言论、著作、刊行及集会、结社的自由。第二章第十五条规定，人民享有的包括言论、著作、刊行等各项自由权利。

3 月 25 日 《中华教育界》在上海创刊，月刊。中华书局编辑出版。该刊以“为民国服务，研究教育，促进文化”为办刊宗旨，对于社会上发生的重大事件颇为关注，态度鲜明。1937 年八一三事变后停刊。1947 年 1 月复刊，陶行知、张宗麟、戴白韬等编辑。1950 年 12 月停刊，共出版 322 期。

6 月 5 日 《真相画报》在广州创刊。高奇峰编辑，广州真相画报社出版，上海商文印刷所印刷发行。该刊内容以时事写真画、新闻摄影、时事评论为主，以历史画、美术画、滑稽画为副，发表了一系列抨击时政的新闻图片与漫画。1913 年 3 月停刊，共出版 17 期。

11 月 《中国学报》在北京创刊，月刊。由北京中国学报社主办，王闿运、郑沅、刘师培等编辑。该刊以“保存国粹，瀹发新知”为办刊宗旨，刊首多为名人遗像、大学者手迹字画、古董文物图片等，设有《论著》《经说》《史传》《政治》《掌故》《金石》《舆地》《文学》等栏目。1913 年 7 月停刊。1916 年 1 月复刊，1916 年 5 月再次停刊。

△ 《军事月报》在北京创刊。陆军学会编辑出版和发行。该刊以“联络全国军界，研讨军学，发扬戎政，以图举国军政一致进步”为办刊宗旨，设有《图画》《论说》《学术》《战史》《译丛》《调查》《杂俎》《文苑》《法制》《命令》《公牍》《会史》等栏目。

12 月 《庸言》在天津创刊。梁启超为主笔，吴贯因协助编辑，严复、林纾、夏曾佑、陈家麟、丁世峰、周善培、蓝公武、麦孟华、黄为基等为主要撰稿人。该刊栏目重点在《政治》《经济》方面，《学术论文》也占相当篇幅。1914 年 6 月停刊。

本年 《益智杂志》月刊在北京创刊。梁启超题字，清华学校达德学会主办。油印本。该刊侧重于科技的文理综合性杂志。主要刊载政论文以及较多的科技论文。1913 年 12 月改为铅印本，至 1914 年 6 月止，共出版 4 期。

1913 年

1 月 26 日　中国社会党上海支部机关刊《人道周报》创刊。安真编辑。该刊曾发表江亢虎的《中国社会党请愿国会书》，后期宣传无政府主义。

1 月　《白话报》在北京创刊。由民国政府蒙藏事务局主办。用汉、蒙古、回、藏四种文字出版，免费寄赠，发行范围较广。该刊在灌输共和理念、笼络和威慑少数民族上层、增加其向心力、巩固民国的统治等方面起了相当的作用。

2 月 28 日　《孔教会杂志》在上海创刊。陈焕章主编，第 2 卷起由纪景福主编，孔教会杂志社发行。该刊设有《图画》《论说》《讲演》《学说》《政术》《专著》《传记》《译件》《丛录》《文苑》《孔教新闻》《本会纪事》等栏目，是当时宣传“孔教”的主要刊物，出版 3 期后停刊。

2 月　《不忍》杂志在上海创刊。康有为主撰。该刊以“见诸法律之蹂躏，睹政党之争乱，慨国粹之丧失，而皆不能忍，此所以为不忍杂志”为办刊宗旨，认为“共和政体不能行于中国”，鼓吹尊“孔教”为国教，复辟清室，实行君主立宪；设有《政论》《教说》《艺林》等栏目。

4 月 1 日　《言治》在天津创刊。由天津北洋法政学会主办，李大钊、郁嶷编辑。该刊体现“兼容开放、言论自由”的指导思想，着重于对时政的揭露、批判，广泛介绍近代西方文明。1913 年 11 月停刊，共出版 6 期。

4 月 5 日　国民党驻日各支部机关刊《国民杂志》在日本东京创刊。夏之时任社长，邓泽任总编辑。该刊以“发扬党纲，阐明平民政治原理”为办刊宗旨，国内在上海、南京、汉口、衡阳、北京、天津、奉天、大连等地均有代派处。1913 年 7 月 15 日停刊，共出版 5 期。

5 月 20 日　国民党上海交通部机关刊《国民》月刊创刊。孙中山、黄兴分别为该刊撰写《出世辞》。孙中山在《出世辞》中勉励全党：“以进步思想，乐观精神，准公理，据政纲，以达巩固中华民国、图谋民生幸福之目的”。出版 2 期后停刊。

7 月 1 日　《学丛》在西安创刊。西北大学出版部编辑出版和发行。该刊以“求实用，祛清谈；化党见，谋公益。改良社会，毋泥古而不通今，宏济时艰，毋见小而失大体，绵文武之遗泽，宏汉京之雅化”为办刊宗旨，对树立理论联系实际的文风，以及承担起光大汉唐文化的历史使命等提出了明确的目标。

7 月 31 日　《良心》月刊在上海创刊。由社会党主办，重忧（吕大任）主编兼发行人，愤愤（沙淦）等编辑。该刊标榜“四大主义”，即“改良人群心理，废除社会之恶制，联合全球之民党，建造大同之世界”，出版 2 期后停刊。

10 月　《中国商会联合会会报》在北京创刊。由中国商会联合会事务所主办，胡瑞霖主笔。该刊以“灌输商业知识，交通商界声气，藉促商务之发达”为办刊宗旨，刊有商法、商情、调查报告、涉外商贸及各地商会联合会通报等内容，记载全国商会联合会及全国各地商会的活动和主张，集中反映民国初年中国民族资产阶级的政治态度和经济要求；主要栏目有《论说》《讲演》《报告》《纪事》《法令》《文牍》《来件》《谈薮》《商业补习会讲义》等。出版 3 期后，中国商会联合会改名为中华全国商会联合会，1914 年 1 月更名为《中华全国商会联合会会报》出版，卷期连续。

11 月　中华工程师会会刊《中华工程师会会报》在汉口创办。该刊以“统一工程营造规定，正则、制度，使无参差格轩之患；发达工程事业，增进社会之幸福；日新工程技术；力求自辟途径，不致囿于成法”为办刊宗旨，设有《论说》《著作》《翻译》《报告》《条陈》《批判》《本会纪事》等栏目。中华工程师学会会长詹天佑曾在该刊载表多篇文章，如《京张铁路工程纪略》等。1915 年第二卷第六期起更名为《中华工程师学会会报》，1916 年第三卷第八期起迁至北京出版。

△　《滑稽杂志》在苏州创刊，月刊。由江家桢（荫香）创办并主编，吴度（生花）任副主编。该刊以“上讽国家，下同社会，守和平之宗旨，启黎庶之庸愚。载笑载言，可使消融党见；亦风亦雅，由能体贴人情”为主旨；设有《论说》《文萃》《诗词》《小说》《新剧》《笔记》《五洲趣闻》《滑稽杂著》等栏目，以杂文、小品、诗词为主，或针砭官场腐

败，或感叹国事衰微，或同情民众疾苦。出版 3 期后停刊。

12 月　《孔社杂志》在北京创刊。该刊主要刊登阐扬、诠释孔子学说，提倡传统儒学道德，改良风俗等内容，是北京创办最早的哲学思想理论期刊。1915 年 1 月停刊，共出版 5 期。

本年　《中国红十字》在上海创刊。由中国红十字会总会主办。该刊的办刊宗旨和任务是：宣传红十字精神，交流国内外红十字活动情况，向广大红十字会会员和群众介绍一般卫生急救和献血、输血等知识。1950 年中国红十字会改组后，同年 9 月在北京复刊，更名为《新中国红十字》。1956 年恢复《中国红十字》，1966 年停刊，1980 年 7 月复刊。

1914 年

1 月　《中华小说界》在上海创刊，月刊。沈瓶庵编辑，中华书局出版发行。该刊以“转移风俗，针砭社会”为主旨，分言情、侦探、滑稽、社会、寓言、科学、历史等小说十余类，附新剧、传奇、笔记、文员丛谈等。1916 年 7 月停刊。

△　《中华实业界》在上海创刊。由陆费逵创办，张謇、穆湘彧、杨荫樾等撰稿。该刊以“振兴实业”为主旨，宣扬实业救国思想；内容包括工商业者应备的知识、道德，商店、工场的建设、管理、营业方法，中外实业状况、中外实业家传记，有关实业的制度、法令、思想学说等。1916 年 6 月停刊，共出版 30 期。

4 月 16 日　《中华杂志》在北京创刊。由进步党本部中华杂志社主办，丁世峄（丁佛言）编辑，李素、凌文渊、张东荪、汪馥炎等撰稿。该刊主要反映进步党对当时国内政局所持的立场和态度。其主要栏目有《论著》《译述》《记载》《评论》《杂录》《文苑》《小说》《党务报告》等。1915 年 1 月出至第二卷第一期停刊。

4 月　袁世凯政府颁布《报纸条例》，但实际上各省都督均根据自身的利害关系来处理报纸舆论，各地封报捕人的事件不断发生。

5 月 10 日　国民党第一份机关刊《民国》在日本东京创刊。胡汉民主编，戴季陶、廖仲恺、汪精卫等人撰稿，居正为发行人。该刊明确表示拥护孙中山，反对袁世凯；主张维护辛亥革命成果，维护民主共和。

5 月 《甲寅》在日本东京创刊，因 1914 年为中国农历甲寅年，故以“甲寅”为刊名。章士钊主编，陈独秀、杨永泰等协办，章士钊、李大钊、陈独秀、胡适等撰稿。该刊以“条陈时弊、朴实说理”为办刊宗旨，主张社会革新，反对封建专制，批评袁世凯独裁统治，但力主调和，反对使用暴力；主要发表政论文章，设有《时评》《通信》《文艺》等栏目。1915 年 5 月改在上海出版，出版 10 期后停刊。1925 年章士钊任北洋政府教育总长时，《甲寅》复出，宣传复古和尊孔读经，反对人民群众的革命斗争，曾遭到以鲁迅为代表的进步力量的抨击。后迁天津出版。1927 年 2 月停刊，共出版 45 期。

6 月 6 日 《礼拜六》在上海创刊，周刊。周瘦鹃、王钝根编辑，上海中华图书馆印刷发行。该刊设有《谈丛》《琐记》《闲话》《杂说》《笑话》《漫言》《游记》《格言》《怪问答》等栏目。1916 年 4 月一度停刊，1921 年 3 月续出，1923 年再次停刊，共出版 200 期。该刊是近代“鸳鸯蝴蝶派”的代表刊物，在市民阶层有较大影响，拥有大量读者。

8 月 《学生杂志》在上海创刊，月刊。朱天民、杨贤江、陈功甫历任主编，学生杂志社编辑，商务印书馆发行。该刊主要介绍各种科学知识和世界知识。1931 年 11 月第十八卷第十一期出版后停刊，12 月 10 日续出版第十八卷第十二期，1932 年一·二八淞沪抗战时停刊。1938 年 12 月在香港复刊，1941 年太平洋战争爆发时又停刊。1944 年 12 月 15 日自第二十二卷第一期起在重庆复刊，由重庆商务印书馆出版发行，1947 年 8 月停刊。

10 月 南开学校敬业乐群会会刊《敬业》在天津创刊。由周恩来主持编辑，共出版 6 期。该刊创刊号上发表周恩来的诗作《春日偶成》，表达了他对黑暗时政的忧愤之情。南开学校敬业乐群会是周恩来和同学发起组织的学生团体。

11 月 《眉语》月刊在上海创刊。由俪华馆主办，徐啸天夫人高剑华主编，撰稿者以女性为多。该刊以“雅人韵士花前月下之良伴”为主旨，借“游戏文章，荒唐演述”，以“谲谏微讽，潜移默化于消闲之余”。1916 年 4 月停刊，共出版 18 期。

12 月 4 日 中华民国第一部《出版法》出台，规定出版物在发行或散布之前，必须送呈一份给当地警察机关备案。《出版法》规定民众有言论及出版自由，而早些时候颁布的《戒严法》和《治安警察法》则授予警察机关可以随意停止报纸出版的权力，法律之间互为矛盾，所谓“言论及出版自由”的规定形同虚设。

1915 年

1 月 20 日 《大中华》杂志在上海创刊。梁启超主编，中华书局发行。该刊以“养成国民世界知识，增进国民人格，研究事理真相，以为朝野上下之南针”为宗旨。1916 年出版至第二卷第十二期后终刊。

1 月 《科学》月刊在上海创刊。由在美国康奈尔大学的中国留美学生任鸿隽、杨铨主持编辑，中国科学社主办，上海商务印书馆印刷发行。该刊“以传播世界最新科学知识为职志”。100 年里，《科学》曾两次停刊，1985 年在中国科学技术协会、中国科学院和国家科委的帮助下，组成了《科学》杂志编委会，《科学》再次复刊。该刊是我国现代期刊史上创刊最早、出版时间最长、影响最大的综合类科学期刊。

7 月 15 日 《观象丛报》在北京创刊。高鲁主编，民国政府教育部中央观象台编辑。该刊以“力矫前弊，凡有所得，愿与当世天学巨子共讨论之，且研究象术，参究天人。浅之，可以破除社会之一切迷信；深之，可以养成人群超逸之遐思。为普通、专门各教育树基础，亦救时之一术也”为办刊宗旨，设有《图画》《论说》《著译》《报告》《历象》等栏目，主要刊登天文、气象及地球物理学方面的论文和译著，乾象、历象推算表，并逐月刊登北京及全国各地的气象观察记录，还发表科学小说和随笔、杂谈等。1921 年 9 月出版第七卷第三期后停刊。1922 年因各学科发展需要，改为《气象月刊》出版。

8 月 《船山学报》在长沙创刊。由船山学社主办，刘人熙创办并组织湘籍学者共同编写。该刊以“船山思想研究为核心，以倡扬湖湘文化”为主旨，同时兼容儒、佛、道及中国传统学术文化研究。新中国成立后曾两度停刊。1990 年恢复出版更名为《船山学刊》，由湖南省哲学社会科学学会联合会（今湖南省社会科学界联合会）主办，全国政协副主席赵朴初题写刊名。该刊是我国现存刊出历史最久的一份思想文化学术期刊。

9 月 15 日 《青年杂志》在上海创刊。陈独秀主编，群益书社出版。自第二卷更名为《新青年》，1917 年 1 月编辑部由上海迁到北京。自 1918 年 1 月出版第四卷起改为同人刊物，由陈独秀、钱玄同、高一涵、胡适、李大钊、沈尹默等编辑。自 1920 年 9 月 1 日第八卷起，成为上海共产主义小组的刊物。从 1919 年下半年到中国共产党成立之前，该刊刊登的关于马克思主义、十月革命和工人运动的文章达一百三十多篇。它与当时秘密编辑发行的《共产党》月刊互相配合，为中国共产党的成立做了理论上的准备。1922 年 7 月停刊，1923 年 6 月在广州复刊，改为季刊。该刊成为中国共产党中央委员会的理论性机关刊，瞿秋白主编，出第四号后再次停刊。1925 年 4 月又复刊，为不定期刊，出版第五号，次年 7 月停刊。该刊于后期介绍了大量马列主义著作和国际无产阶级革命运动的经验，是五四时期和新文化运动中著名刊物。共出版 9 卷 54 期。

11 月 《中华医学杂志》在上海创刊，月刊。由中华医学会主办，伍连德医师任总编辑。创刊之初是中、英文双语期刊。其主要内容包括医学基础理论、预防医学、临床及医学边缘学科综合研究、重要书刊评介、国内外研究进展等。1924 年起改为双月刊，1928 年 10 月第十四卷第五期起由上海迁至北京编印。1932 年起英文部与《中国博医汇报》合并编印，每月一册；中文部与《齐鲁医刊》合并编印，改为横排，双月刊。1934 年起移至上海编印，至 1948 年共出版 34 卷。1953 年随中华医学会迁至北京，时主编伍连德，1959 年曾与《医学史与保健组织》《中华卫生》杂志合并，更名为《人民保健》，同年年底又独立出刊，恢复原名。1960 年 7 月停刊，1961 年 6 月复刊为季刊。1966 年停刊，1973 年复刊。2001 年 1 月起由月刊改为半月刊，2005 年开始改为周刊。该刊是我国在国内外医学界最具权威和影响的医学期刊之一。

12 月 1 日 《复旦》在上海创刊，初为半年刊，1920 年改为季刊。唐绍仪题写刊名，复旦公学编辑发行。该刊设有《言论》《译著》《文苑》《演讲》《小说》《纪事》《通讯》《社会调查》等栏目。

12 月 《清华学报》在北京创刊，月刊，中、英文版。由北京清华学校创办，杨仲达、梅贻琦、王文益、唐崇慈等先后主持编辑工作。该刊内容以人文社会科学和自然科学各科的学术论文为主，设有《介绍与批评》《书籍评论》等栏目，介绍近世新思想、新学说、新知识、新技术。1919年12月停刊，1924年复刊。1934年第九卷起改为季刊，1937年7月出版第十二卷第三期后，因抗日战争全面爆发迁至云南昆明出版，1941年第十三卷起改为半年刊。1945年抗战胜利后迁回北平出版。1915—1948年，先后共出版20卷九十余期。1955年清华大学重新出版了《清华大学学报》(自然科学版)。该刊是以清华学校名义创办的第一份文理综合类的学术月刊。

本年 迫于美国、日本的压力，北洋政府公布《北洋政府著作权法》。该法共五章、四十五条，是在1910年清政府颁布的《大清著作权律》基础上增删修改而成。

1916年

6月15日 五四时期的大型综合类刊物《民铎》在日本东京创刊，初为季刊，后改为月刊、双月刊。由中国留日学生组织的学术研究会主办。自1918年12月1日第一卷第五号起，迁至上海出版。该刊宣称“本志今后之责任，纯以阐扬平民精神，介绍现代最新思潮为主”。1931年1月停刊，共出版10卷52期。

本年 《护国军纪事》在上海创刊。该刊详细登载有关护国战争的函电、文告、战况等，及时报道国内外有关护国军与袁世凯敌对双方的评论，对中国时局及前途的看法与推测，为蔡锷领导的护国军做宣传。该刊是护国战争期间的重要期刊。

1917年

1月1日 《交通月刊》在北京创刊。由民国政府交通部主办，编辑处编辑出版。该刊是交通运输综合类技术期刊，刊载交通部的命令、章程、法规，以及总务、路政、航政、邮政、电政等方面的呈文、公函、工作报告，发表交通方面的学术著作、论文、演说、译述，报道中外交通纪事和新闻；设有《命令》《法规》《公牍》《专件》《报告》《选论》《译丛》《佥载》《杂件》等栏目。1920 年 2 月第三十八期起改为《交通公报》，1922 年 9 月 9 日起改为日刊，1927 年 12 月迁南京出版后改为旬刊，1929 年起改为三日刊，卷数另起。抗战时期迁重庆出版，抗战胜利后迁回南京。

1 月　《新青年》第二卷第五号刊载胡适的《文学改良刍议》。该文首举文学革命的旗帜，提出“八大主张”，强调“言文合一”。

△　《道德学志》在北京创刊，旬刊。由北京道德学社创办，杨三生、陈景南编辑。该刊以“阐明圣学，熟崇道德，实行修身”为主旨，解释《道德经》《中庸》，宣扬封建伦理道德，在道德层面上对抗当时蓬勃兴起的反封建礼教的运动；主要设有《讲学》《述古》《论著》《艺文》等栏目。

2 月　《新青年》第二卷第六号刊载陈独秀的《文学革命论》。该文提出“三大主义”，主张从思想内容上进行革命，打倒“文以载道”“代圣贤立言”的旧文学，建设人民大众的新文学。

3 月 1 日　《太平洋》在上海创刊，月刊。李剑农、杨瑞六历任主编，泰东图书局发行。第二卷起改双月刊，由商务印书馆发行。1924 年 3 月编辑所迁至北京。1925 年 6 月停刊，共出版 4 卷 10 期。

3 月　《矿业杂志》在长沙创刊，季刊，后改为双月刊。中华矿业杂志社编辑出版，中华矿学研究会发行。该刊以“贡献于一般社会而改良之期，维护祖国固有之命脉”为宗旨，并将改变“祖国矿业之发达迟滞、方术之采用劣窳”作为“应尽之天职”；设有《论说》《学术》《译述》《调查》《记录》《杂俎》《矿产时价》等栏目。1923 年 10 月停刊，共出版 5 卷 69 期。

4 月 1 日　毛泽东以“二十八画生”为笔名，在《新青年》第三卷第二号上发表他的著名体育论文《体育之研究》。该文是毛泽东在报刊上公开发表的第一篇著作，以近代科学的眼光，就体育的概念、目的、作用，以及体育与德育、智育的关系，体育锻炼的原则和方法等问题，均作了详尽的论述。文章除前言外共分 8 节：释体育，体育在吾人之位置，前此体育之弊及吾人自处之道，体育之效，不好运动之原因，运动之方法贵少，运动应注意之项，运动一得之商榷。

4 月　《学艺》杂志在日本东京创刊，为留日学生所办的文理综合类月刊。文元模编辑，周昌寿发行。1920 年第二卷起改由上海商务印书馆出版，自 1923 年第五卷第二期起由学艺杂志社出版。抗战时期一度停刊，1947 年 1 月在上海复刊，卷期续前，并改由中华学艺社出版。

9 月 1 日　《电界》在北京创刊，半月刊。邓子安主编，邓子安电气工程师事务所编辑。该刊以"普及电气知识、发展电气事业、报告电业近况、发表电气学理、提倡电气应用、研究电器制造"为办刊宗旨，是我国私人创办的第一份电气杂志。

10 月 25 日　《滇潮》月刊创刊。由杨青田主办。该刊主要介绍新思想，反对封建文化、复古保守，反帝反军阀，提倡科学民主和文化革命。1926 年停刊。

10 月　《农学杂志》在上海创刊，季刊。罗士嶷主编，商务印书馆印刷、发行和分售。该刊旨在提倡农学，振兴实业。

11 月　《教育与职业》在上海创刊。由中华职业教育社主办，黄炎培创办，蒋梦麟、邹韬奋历任主编。该刊以"同人鉴于方今吾国最重要、最困难问题，无过于生计，根本解决，唯有沟通教育与职业，同人认此为救国家、救社会唯一办法"为办刊宗旨。从 1940 年第一九二期起迁至重庆出版，1946 年第二〇一期起复迁回上海，1949 年 12 月停刊。1985 年 5 月复刊，1988 年 2 月迁至北京。该刊复刊后旨在倡导、促进、繁荣我国职教事业，是我国最早的职业教育期刊之一。

本年　沈知方在上海创办世界书局，1921 年改为股份公司，设编辑所、发行所和印刷厂，并在各大城市设分局三十多处。世界书局也出版《红杂志》(周刊)、《快活》(旬刊)、《红玫瑰》(周刊)、《家庭杂志》(月刊)、《侦探世界》、《世界月刊》、《世界农村月刊》、《世界交通月刊》等期刊；从 1924 年起，编辑出版中小学教科书，与商务印书馆、中华书局出版的教科书呈三足鼎立之势。1950 年宣告结束营业。世界书局是民国时期重要的民营出版机构之一。

1918 年

1 月　《数理杂志》在北京创刊，半年刊。由北京高等师范学校数理学会主办。该刊以“阐发数学、物理学之知识”为主旨，刊登数理教授法、数理之根本问题、数理界新闻、初等数理资料、名人讲演、数理研究法、最近数理新学说及其倾向、数理的发展沿革、名人著作、研究报告、实验记录、国外科学文献译述等内容。

3 月 20 日　《劳动》月刊在上海创刊。吴稚晖主编。该刊在《发刊词》中提出：提倡“劳动主义”的口号，宣传无政府主义和工读主义，提倡勤工俭学，报道国内外工人劳动生活状况和工人运动，并首次刊登了一篇介绍五一劳动节的文章。1918 年 7 月停刊，共出版 5 期。

3 月　《江苏水利协会杂志》在上海创刊。郑立三主编，江苏水利协会编辑发行。该刊以“谋水利联合统一之言论与规划”为主旨，倡导水利政策暨林水工程各学术，以冀社会事业发展。

5 月 15 日　《狂人日记》在《新青年》第四卷第五号上发表。该文是中国思想界先驱者周树人的第一篇白话文小说，同时首次使用“鲁迅”这一笔名。

9 月 15 日　《农学月刊》在天津创刊，月刊。由直隶公立农业专门学校编辑出版和发行。

9 月　《上海泼克》在上海创刊。沈伯尘主编。该刊主要刊登反对军阀、反对帝国主义、反对官僚资本主义危害国计民生、反对贩卖鸦片的漫画。

10 月 14 日　北京大学新闻学研究会成立，蔡元培当选会长。该会以“研究新闻学理，增长新闻经验，以谋新闻事业之发展”为宗旨，进行听课、练习、研究、议事等项活动。该会是中国第一个系统讲授并集体研究新闻学的团体。

11 月 15 日　《新青年》第五卷第五号发表李大钊的《庶民的胜利》和《布尔什维主义的胜利》。文章指出，十月革命的胜利，不仅是俄国无产阶级革命的胜利，而且是世界无产阶级的胜利。该文为中国最早的马克思列宁主义文献。

11 月 《美术》杂志在上海创刊。由上海图画美术学校校长张力光、副校长刘海粟创办。该刊以刊登中外古今美术史、画家论、画派论、美术教学与研究为主，辅以登载美术作品。在它的影响下，北京、上海分别出版了《绘学》杂志、《美育》杂志，美术研究之风蔚然而起。

12 月 22 日 《每周评论》在北京创刊。由陈独秀、李大钊等创办并主编，胡适、周作人、高一涵、王光祈、张申府等撰稿。该刊以“主张公理，反对强权”为主旨，积极宣传新文化、猛烈批判旧文化，反对军阀统治和日本帝国主义，也刊登了一些宣传无政府主义的文章，对社会主义和俄国十月革命亦有所介绍，并对五四运动的过程进行了详细的报道和评论。第二十六期以后，胡适主编，开始偏向社会改良，要求“多研究些问题，少谈些主义”，引发“问题与主义”之争。1919 年 8 月被北洋军阀查禁，共出版 37 期。

1919 年

1 月 1 日 《国民》杂志在北京创刊。由北京国民杂志社主办，邓中夏、黄日葵、高君宇、马骏、许德珩等发起和编辑。该刊以“增进国民人格、灌输国民常识、研究学术和提倡国货”为办刊宗旨，反对日本帝国主义对中国的侵略扩张政策，具有鲜明的爱国反帝色彩；设有《政治》《经济》《思想》《社会》《哲学》《历史》《教育》《通讯》《国内外大事记》《马克思主义与苏联》《其他社会主义流派》等栏目。

△ 《新潮》在北京创刊，月刊。由北京大学学生组织的新潮社编辑出版，傅斯年、罗家伦、杨振声、周作人、顾颉刚、叶绍钧、毛子水等编辑，蔡元培、鲁迅、陈独秀、李大钊、胡适等曾发表过文章。该刊猛烈抨击封建礼教，主张男女平等、婚姻自由，提倡新文化和文学革命，鼓吹个人自由与个性解放；是五四时期的重要刊物，五四之后逐渐转向右翼。

1 月 20 日 《进化》在上海创刊。由进化社主办，黄凌霜主编。该刊以“鼓吹无政府主义、工团主义及联合主义，以倡导人类进化”为办刊宗旨。1919 年年底被北洋政府查封。

1 月 《中华农学会丛刊》在北京创刊，月刊。由中华农学会主办。

该刊主要刊登农作物改良、病虫害防治、农业技术改良、森林利用与防护、土壤合理利用与开发等方面的研究论文和调查报告，并报道农界消息、中华农学会的组织与活动等。1919 年自第一卷第五期起改为《中华农林会报》，1920 年第二卷第一期起更名为《中华农学会报》。自第四十三期起迁至上海出版，第一一九期起迁南京出版，抗战期间在重庆出版，抗战胜利后迁回南京出版。1950 年迁回北京，再次更名为《中国农业研究》。

△ 《北京大学月刊》创刊。由北京大学主办，北京大学校长蔡元培倡导创办并主编。他在该刊上发表了著名的“思想自由、兼容并包”之主张。该刊是社会科学和自然科学结合的综合类学术刊物，是当时及以后一个时期在中国有很大影响和代表性的学报。

2 月 《新教育》月刊在上海创刊。由新教育共进社主办，蒋梦麟、陶行知历任主编。新教育共进社由北京大学、江苏教育会、南京高等师范学校、暨南学校、中华职业教育社五个单位组成，之后北京高等师范学校、东南大学相继加入。该刊旨在通过“宣传教育思想和教育事业、讨论教育问题、传播教育消息”的方法，推行“养成健全之个人，创造进化的社会”的新教育主张。其内容侧重于宣传资产阶级教育思想和教育制度，改良中国教育；通过教育的改革来改良中国社会，并积极提倡平民教育。1925 年 10 月出版第十一卷第三期后更名为《新教育评论》。

4 月 1 日 《教育潮》在杭州创刊。由浙江教育会主办，沈忠九、夏丏尊、刘大白等编辑。该刊在新文化、新思想的传播方面起到了一定的作用。

4 月 15 日 全国报界联合会在上海成立，推举上海《民国日报》创办人叶楚伧为主席，制定会章，通过“维护言论自由案”“拒登日商广告案”等 14 项决议。

4 月 20 日 《新闻周刊》在北京创刊。由北京大学新闻学研究会主办。北京大学新闻学研究会由蔡元培发起组织，校长室秘书徐宝璜主持。该刊以“便会员之练习，便新闻学识之传播，便同志之商榷”为办刊宗旨，主要刊登有关新闻学知识和新闻学研究的文章。共出版 3 期。该刊是我国新闻学和我国报刊教育之发端的标志之一。

5 月 15 日 大型综合类月刊《新中国》在北京创刊。邵飘萍、孙少少是主要撰稿人，胡适、瞿秋白也曾为之撰稿。1920 年 8 月停刊，共出版 2 卷。

5 月下旬 北京政府内务部先后通令查禁上海发行的《进化》《清华杂志》《民生》《新中国》等期刊。

6 月 8 日 《星期评论》周刊在上海创刊。由中华革命党主办，戴季陶、沈玄庐编辑。该刊侧重研究、介绍社会主义与劳工运动问题，反映中国工人的生活、劳动、工资、工时和罢工斗争，介绍欧美、日本的劳工运动，对提高中国工人觉悟、促进中国工人运动的发展起到积极作用，并对马克思和马克思主义做了大量宣传和评介。1920 年 6 月 6 日终刊，共出版 53 期。

6 月 9 日 《痛言月刊》在上海创刊。由上海励志爱国宣讲团主办。该刊揭露了日本企图强占中国胶东半岛的罪行，并号召国人起来反对曹汝霖的卖国行径。

7 月 14 日 《湘江评论》在长沙创刊。由毛泽东发起并主编，以湖南学联名义出版。该刊采用白话文，以“宣传最新思潮”为主旨，倡导民主和科学，富有批判精神；内容以评论见长，并提供国内外最新思想及形势的消息、报道。1919 年 8 月遭军阀张敬尧查封，共出版 4 期与临时增刊 1 期。

7 月 15 日 《少年中国》在北京创刊，月刊。由少年中国学会主办。第一卷第一期至七期主要由王光祈负责编辑，从第八期起采用编辑部负责制，由编辑部集体审查稿件，以合议制形式决定稿件的选择编排，李大钊、康白情、苏演存、黄日葵、左舜生等历任编辑部主任；主要作者均为少年中国学会会员。该刊以“本科学的精神，为文化运动，以创造‘少年中国’”为办刊宗旨，注重文化运动，阐发学理和纯粹科学；曾出版《妇女号》《诗学研究号》《少年中国学会问题号》和《宗教问题号》等专刊。1924 年 5 月终刊，共出版 4 卷 48 期。

7 月 20 日 《湖南》在上海创刊，月刊。该刊是一份反对军阀统治和倡导民主主义的杂志。1920 年 2 月停刊，共出版 4 期。

7 月 21 日 《天津学生联合会报》创刊。由天津学生联合会主办，周恩来主编。该刊设有《主张》《要闻》《时评》《新思潮》《来件》《文艺》

《演说》《翻译》等栏目，对组织联络京津等地广大学生的革命斗争、推动全国反帝反封建斗争运动的发展起到了重要作用，在全国有较大影响。

8 月 1 日　《建设》杂志在上海创刊。胡汉民、汪兆铭（汪精卫）、朱执信、廖仲恺、戴传贤（戴季陶）为建设社社员，以及刊物主笔。孙中山撰写的《发刊词》提出，该刊以“广传吾党建设之主义，成为国民之常识，使人人知建设为今日之需要，人人知建设为易行之事功”为办刊宗旨，设有《论说》《记事》《通信》《杂录》等栏目，以《论说》为主；曾刊载孙中山的《实业计划》，李大钊的《“五一”May Day 运动史》，德国 K. 考茨基撰写、戴季陶译的《马克思资本论解说》等文章。

8 月　《平民周刊》在太原创刊。由山西省立一中主办，王振翼主编。该刊以“抱定为人民奋斗”为主旨，不断以山西实况报告世界，代人民呼号，且不断地将世界新思潮输入娘子关内，供给晋民以奋斗有效的径途。1922 年 5 月停刊。该刊是山西传播马克思主义和发挥思想引领作用的重要创举，以此为阵地，团结吸收一大批青年志士投身革命洪流，对山西早期革命的发展起了重要作用。

9 月 1 日　《解放与改造》在北京创刊。由新学会主办，中华书局负责出版，张东荪、俞颂华主编。从 1920 年 9 月第三卷起改为《改造》出版，梁启超主编。该刊主张社会革新，反对封建文化和军阀统治；设有《社论》《评坛》《论说》《读书录》《思潮》《世界观》《社会实况》《译述》《文艺》《杂载》等栏目。1922 年 10 月停刊，共出版 46 期。

9 月 15 日　《博物杂志》在北京创刊。由北京高等师范学校博物学会主办。该刊以“阐发博物知识技术学理”为主旨，发表新学说、新研究成果、调查报告、旅行日记、博物趣谈等方面的文章，设有《论说》《演讲》《报告》《译著》《杂纂》等栏目。

10 月　《女界钟》在长沙创刊。由长沙周南女校学生自治会主办，周南女校学生周敦祥任总编辑。该刊以“传播新文化、新思潮”为主旨，发行量最多时达到 5000 册。

11 月 1 日　《新社会》在北京创刊，旬刊。瞿秋白、郑振铎、耿济之、许地山、瞿世英等编辑和撰稿，以北京社会实进会名义发行。该刊主要讨论社会改造、妇女解放、劳动问题和知识分子前途等内容。1920 年 5

月被反动当局查封，共出版19期。该刊是研究五四新文化运动和瞿秋白早期思想的重要期刊。

△ 《曙光》月刊在北京创刊。宋介主编，郑振铎、耿济之、瞿世英等参与编辑。该刊以“本科学研究以促进社会改革”为主旨，初期广泛宣传科学救国思想，1921年后刊载了大量介绍苏俄的文章，表现出社会主义倾向，推动马克思主义在中国的广泛传播。1921年7月停刊，共出版2卷15期。

11月1日 《国民杂志》从第二卷第一号起，连载李泽彰翻译的《共产党宣言》(第一章)。

12月1日 毛泽东在《湖南教育月刊》的第一卷第二号上发表《学生之工作》一文，为新文化运动和五四运动摇旗呐喊。

本年 《新青年》第六卷第五期和第六期集中宣传马克思主义，相继发表李大钊的《我的马克思主义观》《马克思学说》《马克思学说批评》《马克思研究》《马克思传略》等文章，全面、系统、深入地介绍了马克思主义的基本理论和主要观点。

△ 《医药学》在上海创刊。黄胜白任总编辑，黄兰孙为发行人，由设在上海的中国科学图书仪器公司印刷。该刊设有《社论》《专著》《专件》《医药杂识》《医药学》《别录》《来件》等栏目。1952年10月停刊。

1920年

1月1日 《少年世界》在南京创刊。由少年中国学会主办，张闻天、沈泽民等负责编辑。该刊以“做社会的实际调查，谋世界的根本改造”为办刊宗旨，专载各种调查和关于应用科学方面的文章，其内容以世界为范围，注重社会实践，贴近生活，为当时青年了解世界、了解社会提供了丰富的材料。1920年12月终刊，共出版1卷12期。

1月4日 《北京大学学生周刊》创刊。由北京大学学生会主办。主要撰稿人包括黄凌霜、朱谦之、吴康、缪金源等。该刊以“做全体同学共同发表思想的机关”“本互助之精神，谋学术之发展与社会之改造”为办刊宗旨，“不赞成数千年遗传下来的那些虚伪、束缚、阶级因袭、争权的道德和制度”，提出“要创造一个新道德、新教育、新经济、新文学、愉快美满的社会”；以“兼容并包”“广纳众流”为方针，着重探讨政治和社会问题，经常公开批评和揭露军阀政府，鼓吹改变社会制度，在各地尤其是北京青年学生中有很大影响。1920 年 5 月停刊，共出版 17 期。

1 月 20 日　《觉悟》周刊在天津创刊。由天津学生团体觉悟社主办，周恩来主编。觉悟社由周恩来、马骏、郭隆真、刘清扬、邓颖超等二十多名青年在天津成立。

2 月　恽代英在武昌创办利群书社。该书社是以“宣传新文化”为宗旨的书刊载行机构，曾出版发行五四时期的革命进步刊物《武汉星期评论》。1921 年 6 月 7 日毁于战火。

3 月　《音乐杂志》在北京创刊。由北京大学音乐研究会主办。蔡元培撰写《发刊词》，提倡“输入、借鉴西方乐器、曲谱及西方音乐理论，以促进本国音乐的改进”，以期“使吾国久久沉寂之音乐界，一新壁垒，以参加于世界著作之林”。该刊除介绍中西音乐知识、探讨音乐理论外，还刊载一些中西曲谱、词谱等。

5 月 1 日　《新青年》出版《劳动节纪念专号》庆祝五一国际劳动节。这是马克思主义同中国工人运动相结合的一次较大规模的尝试。

5 月 4 日　《解放画报》在上海创刊。由周剑云主持出版。该刊提倡妇女解放，内容从爱情婚姻、妇女经济独立、妇女参政、妇女教育、妇女与男子的关系等多方面，探讨了什么才是真正的妇女解放。该刊是我国第一份妇女画报。

5 月　《航空》月刊创刊。该刊登载关于航空方面的论文、专著、译文、杂俎，以及世界各国在飞行方面的新闻趣事，每期均有照片、图片。1925—1926 年曾用刊名《航空月刊》。

6 月 9 日　《图画周刊》在上海创刊，1924 年 2 月 17 日更名为《图画时报》。该刊是我国第一份用铜版纸印刷的画报。

7 月　傅立鱼创办大连地区中国人第一个爱国团体——大连中华青年会，并被选为会长。1923 年 2 月创办该会会刊《新文化》，孙中山为创刊号书写“宣传文化”的题词。该刊是五四运动后东北地区最早创办、最具影响的宣传新思想、新文化的进步刊物。

8月15日　《劳动界》周刊在上海创刊。陈独秀主编，李汉俊、沈玄庐、吴芳、李少穆等主要编辑，新青年社发行。该刊以“改良劳动阶级境遇”为主旨，是中国共产党在上海发起主办的宣传马克思主义的工人刊物，是中国共产党创办的第一份通俗工人读物，也是上海最早创办的向工人宣传马克思主义、引导工人运动的工人刊物。1921年1月23日停刊，共出版24期。

8月　毛泽东在长沙创办长沙文化书社。该书社是以“宣传新文化”为宗旨的书刊载行机构，主要销售马克思主义书刊和其他革命书刊；中国共产党成立后，又大量发行党、团、工会机关刊物。1927年被查封。

10月1日　《电气工业杂志》在北京创办，月刊。邓子安任总经理，马子安任编辑部主任，京师电气工业学校杂志编辑部编辑出版和发行。1922年5月停刊，共出版2卷16期。

10月3日　《劳动者》在广州创刊。由广东共产主义小组主办。该刊向工人宣传只有组织起来、推翻现有制度、实现社会主义，才能得到解放；以《劳动歌》为题最早译载了《国际歌》。1921年1月2日停刊，共出版8期。

11月7日　《共产党》在上海创刊，月刊，铅印，16开。由上海共产主义小组主办，李达主编，李达、沈雁冰、李汉俊、施存统等主要撰稿。该刊积极宣传共产主义和共产党的知识，大量介绍马克思列宁主义学说和国际共产主义运动经验，探讨中国革命问题，报道国内工人运动的发展情况，批驳社会改良主义和无政府主义思潮，在革命群众中影响很大。1921年7月7日停刊，共出版6期。

△　《劳动音》周刊在北京创刊。由北京共产主义小组主办，邓中夏、罗章龙等编辑。该刊以“阐明真理，增进一般劳动同胞的知识，提高工人的觉悟，促进工人的团结，推动工人运动的发展”为办刊宗旨，结合具体事实宣传马克思主义基本观点，指导工人的罢工斗争。1920年12月5日出版第五期后，因遭北洋政府查禁而更名为《仁声》。

本年　上海圣约翰大学在普通文科中增设报学系，聘请《密勒氏评论报》主笔毕德生主持系务，利用晚间授课。选读的学生达四五十人，并出版英文《约大周报》。1924年，美国人武道来华任系主任。该系用英语授课，设有新闻、编校、社论、广告以及新闻原理、新闻史等课程。该校奠定了中国高等新闻教育的基础。

1921 年

3 月 1 日　《飞行杂志》在北京创刊，初为月刊，后改为季刊。由刘佐成创办，飞行杂志社编辑出版和发行。该刊是综合类航空技术期刊，以登载有关飞机制造、航空技术、飞行战术及国内外航空事业方面的论著为主，也介绍有关航空知识、报道航空消息，并刊有大量与航空有关的插图；设有《插画》《论说》《学术》《译述》《杂录》栏目。1931 年 3 月停刊。

4 月 1 日　《影戏杂志》在上海创刊。顾肯夫、陆洁、张光宇编辑，中国影戏研究社出版发行，第二期改用上海影戏杂志社之名，后因经济原因难以维持，明星影片公司出资买下版权，故第三期改由“明星”发行。该刊基本上以刊载外国电影的内容为主，而使电影从业人员感到最不方便的是电影术语的不统一。1921 年 5 月 25 日出至第三期后停刊，共出版 3 期。

5 月　《哲学》杂志在北京创刊。由傅铜等创办。该刊曾刊载《科学的非宗教运动与宗教的非宗教运动》的文章。1926 年停刊，共出版 9 期。

7 月 31 日　《工人周刊》在北京创刊。罗章龙主编，李大钊、高君宇、何孟雄等参加编委；之后，吴汝铭、李菩亢历任主编。初由北京长辛店工会创办，以工人周刊社的名义出版发行；10 月以后，该刊成为中共北方区委的党刊和中国劳动组合书记部北方分部的机关刊。1922 年 8 月中国劳动组合书记部由上海迁至北京后，又成为其指导工人运动的机关刊。1924 年 2 月，改为中华全国铁路总工会的机关报。1926 年年底停刊，共出 150 期。

7 月　《医学杂志》在太原创刊。由太原中医改进研究会主办。该刊重点研究针灸技术，介绍中医秘方。

△　中国新文学社团创造社在日本东京成立，由郭沫若、郁达夫、成仿吾等人发起。随后，创造社又在上海设立了创造社出版部，由周全平、

叶灵凤、潘汉年负责经营。创造社出版部先后出版《创造月刊》《洪水》《文化批判》等18种期刊。1929年2月，创造社出版部被国民政府当局查封后另成立了江南书店。

10月　陈独秀在《新青年》第九卷第六号发表《马克思学说》，介绍马克思的剩余价值理论。

12月10日　《妇女声》在上海创刊，半月刊。由中国共产党中央以中华女界联合会名义创办，李达、王剑虹、王会悟参加编辑，陈独秀、李达、沈雁冰等为主要撰稿人。1922年6月停刊。

1922年

1月1日　《诗》杂志在上海创刊。由中国新诗社主办，朱自清、俞平伯、刘延陵、叶圣陶等主编，中华书局印行。该刊是中国新文学史上第一个诗刊。1923年5月停刊。

1月7日　《儿童世界》在上海创刊。由商务印书馆主办，郑振铎主编。该刊《宣言》指出："以前的儿童教育是注入式教育，只要把种种的死知识、死教训装入他头脑里，就以为满足了……儿童自动的读物，实在极少。我们出版这个《儿童世界》，宗旨就在于弥补这个缺憾。"1937年8月停刊。

1月15日　《先驱》在北京创刊，半月刊。第一期至第三期在北京出版，施复亮主编，邓中夏、刘仁静编辑。该刊主要内容是研究中国的客观的实际情形，介绍各国社会主义运动的成绩和失败之点，等等。从第四期起迁至上海，由青年团的临时中央局主办；从第八期起改由团中央执行委员会编辑出版，成为中国社会主义青年团中央机关刊，由施存统、蔡和森、高君宇、寄吾等主编。1923年8月15日停刊，共出版25期。

1月　《学衡》在南京创刊，初为月刊，自第六十一期起改为双月刊。由胡先骕、梅光迪、吴宓、马宗霍（承堃）等人主办，上海中华书局发行。该刊旨在昌明国粹、融化新知，以中正之眼光、行批评之职事；内容是：研究学术、阐求真理，反对新文化运动。1933年停刊，共出版79期。

2月15日　《今日》月刊在北京创刊。胡南湖主编。该刊大量登载马克思列宁主义学说文章，创刊号刊登了列宁的《论粮食税》的部分译文，由邝摩汉译，标题是《俄国现时经济的地位》。

2 月　《社会学杂志》在北京创刊。余天休任总编辑，社会学者许仕廉、朱友渔、黄文山、胡鉴民、李剑华、陈达，以及美国社会学者 J. S. 伯吉斯（又译步济时）等二十多人参与编辑，中国社会学会编辑出版。自 1922 年 3 月至 1925 年 8 月共出版 2 卷计 8 册，由上海商务印书馆出版，为双月刊。1930 年 1 月由中山大学出版第三卷第一期至三期，以后则由齐鲁大学出版。1933 年 3 月停刊，共出版 5 卷 7 期。

3 月 15 日　《创造》在上海创刊，季刊。郁达夫、郭沫若、成仿吾等编辑，泰东图书局发行。该刊以创作为主，兼顾评论和译文，有《创作》《评论》《杂录》三个栏目。1924 年 2 月停刊，共出版 6 期。

4 月 6 日　《小朋友》在上海创刊。由中华书局主办，黎锦晖主编。该刊以“陶冶儿童性情、增进儿童智慧”为主旨，读者以中年级为主，照顾低幼。1937 年因抗日战争而休刊，1945 年在重庆复刊，1952 年宋庆龄题写刊名，1953 年改由少年儿童出版社出版。

8 月 1 日　《少年》月刊在法国巴黎创刊，1924 年 2 月 1 日更名为《赤光》半月刊，油印。初由周恩来主编，邓小平、李富春等参加编辑和刻印工作。该刊主要宣传共产主义，论证中国走共产主义道路的必要性和必然性，捍卫无产阶级专政的理论，批判无政府主义、改良主义等资产阶级思潮，报道世界工运、青运的消息。1930 年 3 月停刊，共出版 55 期。

9 月 13 日　中国共产党中央委员会机关刊《向导》周刊在上海创刊。陈独秀、蔡和森、瞿秋白、彭述之等主编。最初主要编撰人员是中国共产党早期领导人，后来发展到近百人。除了陈独秀、蔡和森、瞿秋白、彭述之都先后负责过编辑工作外，高君宇、张太雷、向警予、罗章龙、郑超麟、赵世炎等也参与撰稿、编辑、组稿、通讯和联络工作。该刊的分销处初有上海、北京、广州、长沙等四处，后来发展到全国的二十几个大中城市，在国外如法国巴黎、德国柏林也设有分销处。其最初发行量是 3000 册，后来最多时近十万册，并远销海外。该刊始终本着马克思主义的观点，忠实地记录中国共产党人在第一次国内革命战争时期领导中国人民展开反帝反封建斗争的艰苦卓绝的历程，反映了中国共产党人努力运用马克思主义的基本原理探索中国革命道路的光辉历程。1927 年 7 月在武汉被迫停刊，共出版 201 期。

10 月 《陇秦豫海铁路公报》在北京创刊。由北京陇秦豫海铁路总公所主办。该刊内容包括命令、营业概况、法制章程、研究资料、公文、调查报告、图表、铁路员工须知，以及通告等。

11 月 《社会科学季刊》在北京创刊。由北京大学主办，《社会科学季刊》编委会编辑。该刊旨在成为校内外研究社会科学者讨论学理、发挥心得之公共机关，内容涉及政治、经济、法律、教育、伦理、史地以及其他社会科学，除《论著》外，还设有《学术书籍之介绍与批评》《特载》等栏目。1936 年 12 月停刊。

本年 《中国地质学会志》（《Bulletin of the Geological Society of China》）在北京创刊，以英、德、法三种文字出版。丁文江主编。1952 年更名为《地质学报》，中文出版。1966 年停刊，1973 年恢复出版。1986 年因改革开放、对外科技交流的需要，出版了中英文对照的《地质学报》英文版（《Acta Geologica Sinica – English Editon》）。自此，《地质学报》（中文版）与《Acta Geologica Sinica》（英文版）独立出版发行。

1923 年

1 月 8 日 《南洋周刊》在上海创刊。由南洋公学主办。该刊以“南洋大学思想的表现、南洋大学事业的先声”为办刊使命。

1 月 《国学季刊》在北京创刊。由北京大学主办，蔡元培题写刊名，鲁迅设计封面，由胡适、沈兼士、周作人、顾孟余、单不庵、马裕藻、刘文典、钱玄同、李大钊、朱希祖、郑奠等组成编委会。该刊揭开了“整理国故”运动的大幕。

3 月 《中外经济周刊》在北京创刊。由中华民国工商部经济讨论处主办。该刊登载中外经济总形势、中外各国经济对比、市场供求对比等文章，用大量图表说明中国各种经济产品的数量及市场需求状况，还介绍欧美等国关税制度及招商情况。1927 年 11 月更名为《经济半月刊》，卷期另起。1928 年 10 月迁上海出版。

4 月　《女星》在天津创刊。由天津女星社主办。该刊以天津《新民意报》副刊的形式出版，初为旬刊，后改周刊。1924 年 10 月停刊，共出版 57 期。

△　《新时代》在长沙创刊。由湖南自修大学主办，李达主编，毛泽东、李维汉、罗学瓒为主要撰稿人。该刊是理论刊物，在《发刊词》中明确阐明其任务和特点："有一定主张和一定宗旨，有独立自强精神，有艰苦不屈的志气……努力研究致用的学术，实行社会改造的准备。"该刊以译文、政论、专题研究、形势分析等方式，系统地介绍马克思主义理论，阐述唯物主义思想，研究和探讨中国革命的问题，还着重宣传了反对帝国主义和军阀的意义，认为只有推翻帝国主义和军阀的统治，才能建立独立自主的中国。1923 年 11 月被迫停刊。

6 月　《侦探世界》在上海创刊，半月刊。严独鹤、陆澹安、程小青、施济群、赵苕狂编辑。1924 年 5 月终刊，共出版 24 期。该刊是我国第一份以侦探小说为主的杂志，对 20 世纪 30 年代侦探小说的创作发展具有推动作用。

7 月 1 日　《前锋》在广州创刊，初为月刊，后改为不定期出版。瞿秋白主编，第二期起在上海编辑出版。该刊是第一次国内革命战争时期中国共产党中央委员会机关刊，主要任务是宣传党的三大确立的统一战线策略方针，揭露帝国主义侵略中国的事实，论述中国革命的实际问题，主张用革命手段推翻帝国主义及北洋军阀政府的统治。1924 年 2 月 1 日停刊，共出版 3 期。

9 月　邵飘萍著作《实际应用新闻学》由北京京报馆出版。该书是我国第一本采访学著作。

10 月 20 日　中国社会主义青年团中央的机关刊《中国青年》在上海创刊。恽代英、萧楚女、林育南、任弼时、邓中夏、张太雷、李求实等先后担任主编。1927 年 11 月更名为《无产青年》，翌年 10 月又改为《列宁青年》，1932 年停刊。1939 年 4 月 16 日在延安复刊，毛泽东题写刊名。该刊积极鼓励广大青年参加抗战，是党指导青年工作的重要渠道。毛泽东、周恩来、朱德、张闻天、任弼时等党的领导人都曾为其撰稿。1941 年 3 月因经济困难而停刊，共刊出 27 期。1948 年 12 月 20 日，在解放战争进入决战阶段的新形势下，该刊在河北平山西柏坡第二次复刊，毛泽东再次题写刊名并题词：“军队向前进，生产长一寸，加强纪律性，革命无不胜。”1949 年 1 月北平解放后，该刊迁至北平继续出版，4 月中国新民主主义青年团成立后成为机关刊，直至 1966 年 8 月停刊。1978 年 9 月该刊第三次复刊出版至今。

10 月 21 日 《红灯》周刊在南昌创刊。由袁玉冰、赵醒侬等创办。该刊是中国社会主义青年团南昌地方委员会的机关刊，只出版一期而停刊。1927 年 2 月 13 日复刊，作为共青团江西省委机关刊。袁玉冰、崔豪、徐先兆、吴季冰、邹努、汪群等参与编写。该刊的出版在江西青年中引起了强烈反响，成为全省青年追求真理、投身革命的行动指南。1927 年 7 月 16 日停刊，共出 15 期。

11 月 1 日 中国共产党在上海创办上海书店，《向导》《新青年》《前锋》均由该店印行。1926 年 2 月被查封，转至武汉再办长江书店。

本年 《政治书报指南》在北京创刊。由清华大学政治学会主办。该刊汇录了有关政治学书籍及论文，是中国近代最早的报刊索引。

1924 年

1 月 1 日 《东北》在奉天创刊。奉天教育厅编译处编辑出版。该刊称：“本杂志以介绍东西各国对于中国东北部之调查研究，以供社会之借鉴，并转输最近世界学术之成绩，以诱起公众学术上的兴味为主旨。”

4 月 1 日 《蒙族旬刊》在奉天创刊。东北政务委员会蒙族处编辑发行。张学良题写刊名。该刊以“牖启蒙民知识、促进蒙旗文化，和蒙古民族与政府同事合作、共同奋进，警惕日本帝国主义侵略”为办刊宗旨，以实现“五族一家，天下为公，和衷共济，促进大同”；辟有近十个栏目，着重报道各蒙古族改良事宜，蒙古族教育设施，办实业、办交通，启发民智、兴修寺庙，保护宗教信仰自由等蒙古族同胞关心的重大事件。1931 年停刊。

4 月 27 日 《政治生活》在北京创刊。原是中国共产党北京区委机关刊，1925 年秋改为中国共产党北方区委机关刊。初由赵世炎编辑，恽代英、高君宇、刘仁静、陈为人、陈独秀、李大钊和共产国际代表维经斯基等为之撰稿。该刊主要刊载述评国内外大事，特别是指导国民革命的政论文章，政治色彩浓厚，理论性、战斗性强。

5 月 26 日　《中国学生》在上海创刊。该刊是中华民国学生联合会会刊，报道该会的活动情况，揭露帝国主义侵略中国的罪行，宣传反帝运动。1926 年 11 月停刊，共出版 41 期。

5 月　中国共产党中央委员会召开第三届第三次扩大执委会议，决定在上海设立中央出版部，由张伯简任出版部书记。1925 年 1 月中共四大之后，改称中央出版发行部；同年秋，张伯简调广东工作后，中共中央秘书长王若飞兼任出版发行部部长，毛泽民任经理，具体主持该部日常工作。1927 年 5 月中共五大之后，郑超麟任出版发行部部长。1928 年 7 月中共六大之后，毛泽民、李子英历任出版发行部部长。

6 月　《摄影学月报》在上海创刊。王凡青主编，上海摄影学报社出版发行。该刊普及摄影科学技术知识，以“促进中国摄影事业之商权”。

7 月　《少年共产国际》在武汉创刊。由中国社会主义青年团主办。该刊以指导共青团组织和行动，介绍国际少年共产主义运动状况，传播马克思理论为主要内容。

8 月 3 日　《国闻周报》在上海创刊。由国闻通讯社主办，胡政之创办，张季鸾、吴鼎昌等人参与编辑和撰稿。该刊设有《新闻》《时评》《一周述评》《一周日志》《新闻照片》等栏目，是当时影响较大的政论性新闻周刊。

10 月　中国共产党指导工人运动的刊物《中国工人》在上海创刊。邓中夏、罗章龙历任主编，李大钊、邓中夏、刘少奇、林育南、任弼时、赵世炎等为主要撰稿人。1925 年 5 月改为全国总工会机关刊，先后在上海、广州出版，1927 年 7 月停刊。1928 年 12 月 1 日秘密复刊，曾用《红拂夜奔》《爱的丛书》等伪装封面印行，1931 年停刊。该刊引导工人参加当时的政治斗争，把工人争取当前利益的斗争和国民革命结合起来，把斗争的矛头指向帝国主义和军阀，有力地揭发工贼的破坏活动。

11 月 17 日　语丝社的《语丝》周刊在北京创刊。最初发起人有周作人、孙伏园、钱玄同、李小峰、章廷谦、江绍原、顾颉刚等，之后，鲁迅、刘半农、林语堂、俞平伯、章衣萍等加入。该刊以文艺短论和随笔体散文为主要形式，采用风格幽默泼辣的“语丝文体”。1927 年 10 月 15 日被北洋政府查封，同年 12 月在上海复刊。1930 年 3 月停刊，共出版 260 期。

12 月 13 日　《现代评论》周刊在北京创刊。由北京现代评论社主办，主要撰稿人有胡适、陈源、王世杰、高一涵、周鲠生、张慰慈等。该刊被留学英美的学者称为“现代评论派”，内容包括政治、经济、法律、哲学、教育、科学、文艺诸方面，西方资产阶级自由主义思想倾向比较浓厚。自 1927 年 7 月第六卷第一三八期起迁至上海出版。1928 年 12 月停刊，共出版 209 期。

本年　商务印书馆出版《中国年鉴》（第一回）。阮湘主编，李希贤、吴秉钧、章于田等编辑。该刊是第一部由中国学者自己编纂、以反映中国情况为内容的中文版综合类年刊。

1925 年

2 月 20 日　《中国军人》在广州创刊，初为旬刊，后改为月刊。王一飞主编，周逸群、李富春、蒋先云等为主要撰稿人。该刊是周恩来在黄埔军校创建的中国青年军人联合会的会刊，以“鼓吹革命精神，团结革命军人，唤醒全国军人，促起全国军人的觉悟”为办刊宗旨；主要内容是揭露军阀摧残、压制士兵的罪行，从实际出发组织引导读者讨论具有深刻意义的问题，以启发军人的阶级觉悟，宣传马克思主义，指引打倒帝国主义、打倒封建军阀的解放道路。该刊除以军校师生为主要对象外，还向各军寄送，影响较大。1926 年 3 月停刊，共出版 9 期。

3 月 1 日　《影戏春秋》在上海创刊。程步高、周世勋、何味辛、汤笔花等编辑，郑正秋、陈寿荫、徐琥、卜万苍等为特约撰稿人，丁悚、黄文农、胡亚光等绘图，影戏春秋社出版，平民书局发行。该刊以影评和影讯报道为主，旨在对于中国电影界下深切的批评，施见血的针砭，以改变中国影坛听不见一句合乎艺术的批评的现状；内容侧重于电影界的宏观透视和影片的具体点评。1925 年 5 月 16 日出版至第十二期后停刊。

3月 综合类工程技术季刊《工程》在上海创刊。中国工程学会编辑出版和发行。1931年8月主办者改为中国工程师学会，自第7卷起更名为《中国工程师学会会刊》。自1933年第8卷起改为双月刊。抗日战争爆发后相继迁至香港、重庆出版，自1948年迁回上海出版。

4月24日 《莽原》周刊在北京创刊。鲁迅主编，该刊附于《京报》发行。至1925年11月27日出版第三十四期后休刊。1926年1月10日复刊，改为半月刊，独立出版，由未名社主办，鲁迅主编。1926年8月，鲁迅因北洋军阀迫害离京赴厦门，改由韦素园主编。该刊以“率性而言，凭心立论，忠于现世，望彼将来”为宗旨，着重于社会批评和文明批评，揭露黑暗和腐朽。鲁迅的《朝花夕拾》及一些小说和杂文曾发表于该刊，主要作者还有林语堂、杨丙辰、韦素园、许钦文等。1927年12月25日停刊。

5月20日 《蒙古农民》在北京创刊。由1923年冬在北京蒙族学校成立的中国共产党第一个蒙古党支部主办，内蒙古土默特旗人多松年负责编辑发行。该刊以辛辣、通俗、流畅的文笔向广大蒙古族同胞宣传党的民族政策，指出蒙古民族求解放的正确道路。

5月26日 《中国学生》在上海创刊，初为半月刊，1925年8月1日改为周刊。中华民国学生联合总会编辑发行。该刊设有《评论》《报告》《消息》《通告》《大事记》等栏目，主要刊载揭露帝国主义压迫中国人民的罪状、各地学生会活动的消息、总会的各项重要通告等。

6月14日 《京报》副刊之一《国语周刊》在北京创刊。钱玄同、黎锦熙编辑，吴稚晖、胡适、林语堂、魏建功、黎锦熙等为主要撰稿人。该刊以“推翻古文，建立国语”为主旨，刊登有关论述、教学方法，以及少量的通俗文学作品。

6月24日 《工人之路》在广州创刊，周刊。由中华全国总工会省港罢工委员会主办，邓中夏主编，邓中夏、苏兆征、兰裕业等主要撰稿。该刊辟有《短评》《论文》《专载》《罢工消息》《劳动消息》《政治要闻》《工人俱乐部》等栏目，以登载省港及各地反抗帝国主义运动的消息为主。1927年广州四一五政变前期被迫停刊。

6月 《东方杂志》编印《五卅事件临时增刊》，该号登载五卅事件之责任与善后、五卅惨杀事件事实之分析与证明、五卅事件纪实、会审公堂记录摘要等等内容。肯定五卅前后游行示威的正义性质，赞颂五卅运动的历史意义，把争取胜利的希望寄托于人民群众的斗争，对运动的开展起了重要的推动作用。

△ 《中华图书馆协会会报》创刊。由北京中华图书馆协会主办，袁同礼等编辑。该刊旨在研究图书馆学术，发展图书馆事业，促进图书馆之间的交流和协作，每期除刊登学术论著外，还介绍国内外图书馆情况、书评及图书等。1937 年 6 月出版第十二卷第六期后，因七七事变爆发而停刊。1938 年在昆明复刊，以后曾迁至成都、重庆出版。1946 年起迁至南京，1948 年 5 月出版第二十一卷第四期后停刊。

8 月 《战士》在长沙创刊，初为旬刊，自第十四期改为周刊。湖南战士社编辑，长沙文化书社发行。该刊是第一次国内革命战争时期中共湖南区委的机关刊，对当时湖南的革命运动，特别是农民运动起了重要的宣传、指导作用。1927 年 4 月停刊，共出版 42 期。

9 月 1 日 中国共产党豫陕区执委和共青团执委联合机关刊《中州评论》在开封创刊。萧楚女主编。该刊宣传中国共产党在大革命时期反帝反封建的政治主张，动员人民群众积极投入民主革命运动。

9 月 11 日 瞿秋白在《向导》第一二九期上发表《五卅运动之国民革命与阶级斗争》一文指出，五卅运动表明：中国工人阶级要求自己的政治权利和经济权利，不能容忍以牛马一般的劳动条件和困苦的经济状况。

9 月 《同济医学月刊》在上海创刊，中、德文出版。由同济大学医科主办，费尼煦、柏德、洛尔、顾慎基等编辑，德国原汉堡大学主任教授普老尔和诺固德博士资助。该刊以介绍西方医学研究成果及医学教育动态为主，也将本校的医学研究成果译述介绍给国外。1941 年 8 月出版至第十六卷第八期停刊。

10 月 11 日 《生活》周刊在上海创刊。由中华职业教育社主办，杨卫玉任社长，王志莘主编。1926 年 10 月第二卷起，邹韬奋主编，胡愈之、王志莘、俞子夷、李公朴、毕云程、艾寒松等为主要撰稿人。该刊以“启迪理智能力，增富知识见闻”为办刊宗旨，主要刊载职业教育和职业消息。1931 年九一八事变后，该刊以宣传抗日救亡为中心，反对国民党当局的不抵抗政策，呼吁抗日、反对内战。1932 年其发行量曾高达二十万册左右，成为当时全国发行量最多的期刊。国民党当局曾下令禁止该刊在全国邮寄。1933 年 7 月 8 日，该刊与中华职业教育社签订脱离契约；7 月 14 日，邹韬奋被迫流亡国外，由胡愈之、艾寒松负责编辑。1933 年 12 月 16 日出至第八卷第五十期，被国民党当局查封。该刊以“反对内战、团结抗敌御侮”为根本目标，成为国内媒体抗日救国的一面旗帜。

10 月　《黄埔潮》在广州创刊。黄埔同学会以该刊为旗帜，推动国民革命运动的发展，随后共产党人逐渐掌握了该刊的话语主导权，使之成为宣传“联俄、联共、扶助农工”三大政策的舆论阵地。大革命失败后，该刊沦为新军阀争权夺利的工具，丧失了革命色彩。该刊是第一次国共合作时期黄埔军校创办的一份重要期刊。

12 月 5 日　《政治周报》在广州创刊。由中国国民党中央宣传部主办。前四期由时任国民党中央代理宣传部部长的毛泽东主编，以后由沈雁冰、张秋人历任主编，每期印数达 4 万册。毛泽东创办该刊的目的是为了打破“西山会议派”等国民党右派的联合进攻。该刊以“用事实反击国民党右派背叛孙中山三大政策的言论”为办刊宗旨，在打破反革命的宣传、巩固广东革命根据地、指导革命斗争等方面起了重大的作用。1926 年 6 月停刊，共出版 14 期。

12 月　《紫罗兰》在上海创刊，半月刊。由作家周瘦鹃创办，梅兰芳题写刊名。该刊是一份流行于 20 世纪二三十年代的都市时尚类通俗文学期刊。1930 年 6 月终刊，共出版 96 期。

本年　中国气象学会会刊《气象学报》在南京创刊，季刊。彭济群主编。该刊以“促进国内外学术交流，提高气象科学的理论研究水平，加速气象现代化建设”为办刊宗旨。1935 年 7 月更名为《气象杂志》，1941 年再改为《气象学报》。抗战爆发后迁四川北碚，1947 年迁回南京，1952 年 6 月迁至北京出版，赵九章任编委会主任。1966 年 6 月停刊，1979 年 6 月复刊。1987 年 8 月创办《Acat Meteorologica Sinica》（《气象学报》英文版）。

1926年

1月1日 《中国农民》在广州创办。由国民党中央农民部主办，实际上是中国共产党领导下出版的刊物。该刊的撰稿人大多是共产党人，如毛泽东、李大钊、林伯渠、彭湃、阮啸仙、李立三、谭平山等，以及国民党左派人士廖仲恺、邓演达等。该刊的主要任务是：宣传联苏、联共和扶助农工的新三民主义和国民革命的意义，唤醒农民参加国民革命；创刊号发表了毛泽东的《中国农民中各阶级的分析及其对于革命的态度》、李大钊的《土地与农民》等，对指导当时的农民斗争起了重要作用，也为中国革命指出了正确的方向。1926年12月停刊，1927年6月在汉口复刊。1927年8月停刊，共出版11期。

1月29日 冯玉祥所控制的北洋政府召开国务会议，通过了废止《出版法》的决议。与此同时，北洋政府还继续沿用袁世凯政府时期含有管理新闻事业条款的法律《戒严法》《治安警察条例》《预戒条例》《著作权法》等。遭到新闻界的反对。

1月 《新女性》在上海创刊。章锡琛、周建人主编，妇女问题研究会编辑出版，鲁迅、叶圣陶、巴金、茅盾、周作人、陈望道、陈学昭、曹聚仁、夏衍、赵景深等为之撰稿。该刊宣传妇女解放、主张男女平等，大力提倡提高妇女的社会地位。1929年12月停刊。

△ 《自然界》在上海创刊。周建人主编，商务印书馆编印发行。该刊首次明确提出“科学的中国化”口号，并以此为办刊宗旨，秉持科学本土化的理念，进行了科学本土化传播的实践。1932年1月停刊，共出版61期。

2月7日 大革命时期中共广东区委机关刊《人民周刊》在广州创刊。由陈延年、张太雷、任卓宣历任主编，邓中夏、恽代英、阮啸仙、张国焘、彭述之、周恩来、彭湃等撰稿。该刊以“反对帝国主义及其一切依附帝国主义或帝国主义所赖以生存的军阀、官僚、买办阶级、地主”为办刊宗旨，设有《社论》《述评》《论文》《报告专载》等栏目，在宣传马克思主义、指导革命运动、评论斗争形势、反对国民党右派和巩固广东革命根据地的宣传中起了很大作用。1927 年 4 月 10 日停刊，共出版 50 期。

2 月 15 日　《良友》画报在上海创刊，月刊。由伍联德创办，伍联德、周瘦鹃、梁得所、马国亮、张沅恒等历任主编。该刊内容丰富、印刷精良，曾以大量图片及时反映九一八事变、一·二八事变、狱中“七君子”、江西苏维埃政府、抗日战争和第二次世界大战等重大政治时事，以及孙中山、周恩来、朱德、彭德怀、冯玉祥、鲁迅、蒋介石等人的活动情况；也刊出孙中山、于右任等人的墨迹，以及徐悲鸿、齐白石、张大千、刘海粟、高奇峰等著名书画家的作品；还刊登文艺创作和名家回忆录，如冯玉祥的《我的入伍前后》、戈公振的《报业回忆》、徐悲鸿的《悲鸿自述》等。1945 年 10 月停刊，共出版 172 期。

3 月 1 日　《青年工作》在广州创刊。国民党中央执行委员会青年部编辑。该刊宣传民族解放运动，号召青年投身于工农运动之中，努力于国民革命之中。

3 月　《中国青年》第一一六、一一七期刊载毛泽东的《中国社会各阶级的分析》。该文运用马克思主义的阶级分析方法，将中国社会各阶级分为五种情况：地主阶级和买办阶级、中产阶级、小资产阶级、半无产阶级、无产阶级；集中当时党内的正确主张，回答了中国革命提出的许多重大问题，辨明了中国革命的敌人和朋友。

△　《哲学月刊》在北平创刊。由中国大学哲学教育系读书会主编。该刊以哲学为主并兼顾教育学内容，以“在灌输新知、阐发东西哲理，以不偏不倚之态度批评讨论，以期新思日浚，真理日张”为办刊宗旨。1930 年 11 月停刊。

△　《图书馆学季刊》在南京创刊。由中华图书馆协会主办，图书馆学季刊编辑部编辑。该刊登载梁启超、章炳麟、胡适、马叙伦、林语堂、刘国钧、杜定友等名家的撰述及大量译著，设有《论著》《序跋》《调查》《书目》《书评》《杂俎》《索引》《讨论》《时论撮要》《文艺》等栏目。

△　《创造月刊》在上海创刊。郁达夫、成仿吾、王独清、冯乃超等创造社成员编辑，创造社出版部发行，撰稿者也以创造社成员为主。该刊率先倡导无产阶级革命文学运动，发表郭沫若的《英雄树》、诗《瓶》和

《一只手》，郁达夫的《过去》，张资平的《苔莉》，蒋光赤的《鸭绿江上》，成仿吾的《从文学革命到革命文学》等重要文章和文学作品，并与鲁迅、茅盾等展开革命文学论争，还对“新月派”的文学主张进行了批判。1929 年 1 月因创造社被查封而停刊，共出版 2 卷 18 期。该刊是现代文学发展史上具有较大影响的文学期刊之一。

4 月　《真理与生命》在北京创刊，半月刊，后改为月刊。由北京基督教社团期刊《生命》月刊与《真理周刊》合并而成。赵紫宸任总编辑，真理与生命社编辑，主要撰稿人多为基督教社团生命社和真理社的社员，大多是清华大学、燕京大学等高等院校的教授。该刊内容涉及宗教、政治、教育、文化、青年运动等多方面。抗战全面爆发后迁上海出版。1941 年 7 月出版第十三卷第七、八期合刊后终刊。

7 月　中共中央成立党报编辑委员会，由《向导》《新青年》《中国青年》《中国工人》等的主要负责人组成。

8 月 1 日　《农民运动》在广州创刊。由中国国民党中央农民部主办，最初由中国共产党人和国民党左派共同编辑。该刊主要刊载有关农民运动的政论文章，以及国民党中央农民部、省农民协会的宣传材料。

9 月　《一般》在上海创刊。方光焘、夏丏尊历任主编，叶圣陶参与编辑。该刊以“给一般人的指导，救济思想混乱的现状”为主旨，内容为哲学、时事、政治和文艺等方面。1929 年 12 月终刊，共出版 36 期。

10 月 10 日　《东北大学周刊》在奉天创刊。东北大学周刊编辑部编辑，东北大学南北校印刷所发行。该刊以“成为东北大学全体的发表言论、学术，交换意见的机关”为宗旨。至 1931 年年初，共出版 110 期后更名为《东北大学校刊》，1937 年又改为《东北大学周刊》。

11 月　中国共产党早期的出版机构长江书店在汉口创办。曾出版过斯大林的《列宁主义概论》、毛泽东的《湖南农民革命》（即《湖南农民运动考察报告》）等革命图书，发行了《向导》《中国青年》《群众》周刊等革命刊物。1927 年 3 月底设立上海长江书店，在四一二反革命政变和七一五反革命政变中，于 7 月 20 日因大革命失败而遭封闭。

1927 年

1 月 1 日 《中国电影杂志》在上海创刊。伦德、周观、周有琳编辑，自第 5 期起改由郑漱芳编辑，郑漱芳、陈趾青、周剑峰、陈大悲、黄嘉谟、晨光、爱华等撰稿。该刊为画报性质的电影出版物，装帧精美、图片丰富、资料充实，内容侧重于对国外影坛的报道，兼顾国内电影动态。1929 年 2 月 1 日停刊，共出 15 期。

1 月 《中国生理学杂志》在北京创刊。林可胜编辑。该刊国际化办刊，所刊论文以英文为主，并附中文提要。抗战期间出至第十六卷时被迫休刊，战后续出，至 1952 年出至第十八卷停刊。1953 年更名为《生理学报》，以中文版继续出版。该刊是我国的第一本生理学杂志，在国内外获得极高的声誉。

2 月 《新闻学刊》在北京创刊。黄天鹏主编，北京新闻学会编辑出版，徐宝璜、戈公振等撰稿，北京新书林发行。该刊刊登过邵飘萍的遗著，是我国第一份新闻学研究期刊。1928 年年底停刊，共出版 2 卷 8 期和 4 期增刊。1929 年 3 月改为《报学月刊》出版。

4 月 6 日 中国共产党的主要创始人之一、杰出的无产阶级革命家李大钊被奉系军阀张作霖逮捕，4 月 28 日被敌人迫害，时年 38 岁。李大钊曾参与编辑《新青年》《每周评论》《少年中国》等杂志，发表了《法俄革命之比较观》《庶民的胜利》《布尔什维主义的胜利》《我的马克思主义观》《再论问题与主义》等大量宣传十月革命和马克思列宁主义的著名文章和演说，阐述十月革命的意义，讴歌十月革命的胜利，旗帜鲜明地批判改良主义，积极领导和推动五四运动的发展。

6 月 《燕京学报》在北京创刊，半年刊，16 开本。燕京大学国学研究所、燕京学报编委会编辑出版，赵紫宸、冯友兰、谢婉莹、吴雷川、许地山、黄子通、洪煨莲等参与编辑。该刊主要刊登文学、史学、哲学等方面的学术论文。

10 月 24 日 中国共产党中央理论刊物《布尔什维克》在上海创刊，初为周刊，后改为半月刊、月刊和不定期刊，铅印，16 开。瞿秋白、蔡和森、李立三历任总编辑。该刊是在四一二反革命政变后，党中央机关刊《向导》周刊停刊的情况下创刊的；以共产党独立的政治态度和以注重理论问题宣传为特色，全力揭露和打击叛变革命的国民党。后从上海迁到中央苏区继续出版。该刊秘密发行，曾用《新时代国语教授书》《中国文化史》《中国古代史考》《平民》《虹》等书刊名伪装封面。1932 年 7 月停刊，共出版 5 卷 52 期。

11 月　戈公振撰写的《中国报学史》由上海商务印书馆出版。该书是中国最早系统叙述中国报刊史的专著。

1928 年

1 月 1 日　《太阳月刊》在上海创刊。由太阳社主办，蒋光慈、钱杏邨等人编辑。该刊是中国共产党领导下的主要刊物，作者以太阳社成员为主，主要有蒋光慈、钱杏邨（阿英）、孟超、杨邨人、林伯修（杜国庠）、夏衍等。该刊主要刊载文艺创作和评论，同时登载翻译作品和理论文章，探研文学理论，提倡革命文学。1928 年 7 月被查禁停刊，共出版 7 期。

1 月 15 日　《文化批判》在上海创刊。由左翼文化团体创造社主办。出至第 5 期被国民党政府查禁，更名为《文化》，旋即停刊。该刊以批判资本主义文化、宣传马克思主义为主，用大量篇幅全面介绍马克思主义的基本知识，内容包括哲学、政治经济学以及文艺理论等各个方面；积极倡导无产阶级的革命文学，发表了李初梨、冯乃超、成仿吾等人宣传、讨论革命文学的文章，为推动无产阶级的革命文学运动作出了积极的贡献。该刊也发表过一些有“左”倾错误观点的文章，对五四以来的文学创作，包括鲁迅的创作，作出了错误的评价，受到鲁迅的反驳、批评。为此，双方曾展开过论争。

1 月 20 日　《上海漫画》创刊。黄文农、叶浅予、张正宇历任主编，上海漫画会编辑，上海美术刊行社出版发行。1930 年 6 月 7 日停刊，共出版 110 期。

3 月 10 日　《新月》在上海创刊，月刊。由新月社主办，徐志摩、梁实秋等历任主编。该刊主要刊载文艺作品与评论，也刊载一些时事政治评论；以抽象的人性论作为理论武器，反对革命文学运动、鼓吹超阶级的文学，其中以徐志摩的《“新月”的态度》，梁实秋的《文学是有阶级性的吗?》《论鲁迅先生的“硬译”》等文章为突出代表。对于该刊的反动观点，鲁迅和革命文学阵营曾予以深刻的揭露和批判。1933 年 6 月终刊，共出版 43 期。

3 月　《自然科学》（又名《国立中山大学自然科学季刊》）在广州创刊，季刊。国立中山大学自然科学院编辑，中山大学出版部发行。该刊旨在建筑科学上稳固的基础，由基本的纯粹科学，逐渐发展而扩大之，使成为实用科学。其设有《论著》《译述》《插图》《演讲录》《转载》《附录》等栏目，包括数学、物理学、化学、生物学、天文学、地质学、矿产制造、造纸、制革等内容。第七卷第四期后停刊，1948 年 3 月复刊，卷期另起。1948 年 3 月停刊，共出版 7 卷 29 期。

5 月 14 日　国民政府发布《中华民国著作权法》及《中华民国著作权法施行细则》。该《著作权法》分为《总则》《著作权之所属及限制》《著作权之侵害》《罚则》《附则》等五章，共四十条，对享有著作权保护的著作物的范围、取得保护的手续、转让和继承、保护期限、雇佣作品的归属、合理使用、侵犯著作权的诉讼及处罚等，均作了具体规定。

6 月 20 日　《奔流》月刊在上海创刊。鲁迅、郁达夫主编，北新书局出版。郁达夫在提到出版《奔流》的主旨时说：“用意是想介绍一些真正的革命文艺的理论和作品，把那些犯幼稚病的左倾青年稍稍纠正一点”。该刊主要登载翻译论著，从创刊号起连载了鲁迅翻译的苏联《文艺政策——关于文艺政策评论会速记录》（原名《俄国共产党的文艺政策》），这是鲁迅系统介绍苏联革命文艺理论的开始。1929 年 12 月 20 日停刊，共出版 15 期。

6 月　《北京画报》在北平创刊。该刊以“提倡保存北平固有的文明，反对破坏北平的一切文物”为办刊宗旨，连续刊载北平故宫博物院馆藏和民间收藏的作品。1932 年 9 月停刊。

9 月 15 日　《思想》月刊在上海创刊。朱镜我、彭康、李初梨、冯乃超等为主要撰稿人。该刊着重介绍马克思主义理论和苏联情况。出版至第五期后停刊。

9 月 20 日 《大众文艺》月刊在上海创刊。第一卷由郁达夫、夏莱蒂编辑，第二卷由陶晶孙、龚冰庐编辑。该刊以发表创作小说、散文和外国文学译文为主，同时注重介绍各国新兴文艺。第二卷起设有《大众文艺小品》《各国新兴文学》《创作》《音乐》《漫画》《杂要》《木人戏》《少年大众》《理论》《论文》等栏目，开辟专栏讨论文艺大众化问题，鲁迅、郭沫若、沈端先、郁达夫、冯雪峰等发表了文章或谈话。该刊是左联成立前重要的进步刊物，其倡导的文艺大众化导向与中国共产党的文艺主张有不少一致之处。1930 年 6 月 1 日终刊，共出版 2 卷 12 期。

10 月 《东北新建设》在沈阳创刊。东北新建设杂志社出版发行。该刊以"发展本国实业经济、交通"为主旨，介绍东西物质文明，调查东北实业状况，讨论东北物质建设等。

11 月 20 日 中国共产党中央政治局机关刊《红旗》周刊在上海秘密创刊。谢觉哉主编。第一期至第四期为 16 开，第五期至第二十三期改为 32 开，第二十四期再改为 4 开小报。1930 年 8 月 2 日停刊，共出版 128 期。1930 年 8 月 15 日与江苏省委主办的《上海报》合并，更名为《红旗日报》。

12 月 辅仁大学辅仁学志编辑委员会编辑的《辅仁学志》在北平创刊。陈垣编辑。该刊旨在研究中国学术凡关于历史、语言、文学、宗教、哲学、美学、金石等著作或译文。

△ 上海民治新闻学院在上海成立，后改名为民治新闻专科学校。创办人是顾执中。1954 年停办。该校是我国历史最长的新闻职业学校。

本年 广州设立中国新闻学院，后改名为中国新闻学校。创办人是谢英伯。该校是我国最早的新闻专科学校。

1929 年

1 月 1 日 《党的生活》在上海秘密创刊。向忠发、李立三、刘少奇、陈潭秋等撰稿。该刊主要刊载有关大革命失败后中国共产党党内对中国革命的形势和道路的不同认识和争论的文章，最早提出党报、党刊的喉舌作用。1930 年 6 月终刊，共出版 11 期。

1 月 19 日 中国近代思想家、政治家、教育家、史学家、文学家、编

时，被国民党政府查禁，后改为《海燕》出版，共出版 5 期。该刊主要介绍马克思主义的文艺理论和苏联作家的作品，发表左翼作家的创作，批判资产阶级的文艺理论。

1 月 30 日 《东北丛刊》在沈阳创刊，前身是《东北》。辽宁省教育厅编译处出版发行。该刊以“赓续前刊东北杂志未竟之绪，以发扬东北文化，振导学术之研究”为主旨，设有《通论》《学术》《专著》《文苑》《佥载》《纪事》《通讯》《书评》《别录》等栏目。

1 月 《中学生》在上海创刊。由夏丏尊、叶圣陶创办。该刊从创刊到 1937 年 6 月，共出版 76 期。1939 年迁至桂林改为半月刊，刊名依旧，另加“战时半月刊”字样。1944 年因战乱撤往重庆，1945 年 12 月迁回上海。1949 年 10 月与开明书店创办的《进步青年》合并，更名为《进步青年》(原《中学生》)，在北京出版。1952 年 3 月与开明书店出版的《开明少年》合并，恢复《中学生》刊名。1953 年 4 月作为共青团的刊物，由中国青年出版社出版，1956 年 6 月改由中国少年儿童出版社出版，1960 年停刊。1965 年 1 月复刊时毛泽东为其题写刊名，1966 年 7 月停刊。1980 年复刊后，继承和发扬老《中学生》的光荣传统，同时密切联系当代中学生的特点，使刊物办出自己的风格和特色。毛泽东、董必武、叶圣陶等先后为该刊撰文、题词。

3 月 15 日 《沙仑》月刊创刊。夏衍主编。该刊是中国共产党主办的第一本和电影有关的刊物，在封面上印有“新兴戏剧、美术、电影、音乐、文学的综合杂志”的字样，主要作者有叶沉、冯乃超、沈起予等。第一期出版后即被查禁。

4 月 《交大季刊》在上海创刊。上海交通大学出版委员会编印。该刊有论著、编著、译著、讲述、转载等内容。1937 年 6 月停刊。

9 月 15 日 中共满洲省委机关刊《满洲红旗》在沈阳创刊。陈潭秋、赵毅敏主编。该刊使用了《国民必读》《工商周刊》封面做伪装。1932 年改为《东北红旗》出版，1933 年 6 月改为《东北民众报》出版。1935 年 4 月停刊。

10 月 30 日 中国共产党中央委员会在土地革命战争时期的机关刊《实话》在上海创刊，五日刊。瞿秋白、张国焘、李维汉、王明、王稼祥等撰稿，随《红旗日报》秘密发行。该刊主要刊登中共中央决议、宣言、通告，并发表对中国共产党的路线、方针、政策等的研究性文章，介绍国外有关情况。1931年3月8日，随《红旗日报》停刊而同时停刊，共出版13期。

10月　《齐大月刊》在济南创刊。齐鲁大学编印，老舍是主要撰稿人。1932年6月停刊。

△　《现代学生》杂志在上海创刊。刘大杰编辑，胡适、徐志摩、郁达夫、陈望道、章衣萍、谢冰莹、沈从文、赵景深等撰稿。该刊有丛书特点，每一卷有所侧重，如第一卷偏重于文艺，第二、三卷则偏重于哲学与科技，以后又出了《体育专号》《学生生活专号》《现代学术与现代思潮专号》等。

11月1日　《读书月刊》在上海创刊。由读书月刊社主办，顾凤城主编，上海光华书局发行。该刊偏重于书籍的评介和学习方法的辅导，同时用较多篇幅刊登文学作品；设有《作品评论》《作家论》《作家传略》《作家访问记》等栏目，出版《文坛动态专号》《出版消息专号》《文学研究专号》。1944年10月20日终刊，共出版18期。

12月26日　国民政府公布《出版法》，共六章、四十四条，对报刊等各类出版物及其发行人、著作人、编辑人作了明确的法律界定，对报刊的创办、报纸的出版、报刊的禁载事项，以及违反《出版法》行为的行政处分和法律惩罚，均作了详细的规定。

1931年

1月　著名报刊活动家及作家李求实（李伟森）、柔石、胡也频、冯铿、殷夫被国民党非法逮捕。宋庆龄、何香凝、杨杏佛等领导的保障民权大同盟向国民党当局抗议，要求释放，但国民党当局不顾社会舆论的谴责，在一无所获后2月7日在上海仍将他们集体枪杀。烈士们牺牲后，鲁迅发表了《中国无产阶级革命文学和前驱的血》，事隔多年以后，又写下《为了忘却的纪念》，表达对烈士的深切怀念和对国民党暴行的强烈抗议。

3月10日　《青年界》创刊。北新书局出版，赵景深、石民、李小峰、袁嘉华、姜亮夫、杨晋豪编辑，郁达夫、冰心、戴望舒、老舍、刘大杰、周作人、阿英等撰稿。该刊共出版了 12 卷，抗战时停刊，后复刊直至新中国成立。

3 月 16 日　《文艺新闻》在上海创刊，周刊。由袁殊创办并主编。该刊是综合类文艺刊物，以对文化艺术的批判和报道为主要内容，偶尔也刊登短小作品、时事新闻，注重报道进步文艺运动、文化界动态，批判反动文艺思想。1931 年 5 月，该刊成为左联的外围刊物。1932 年淞沪抗战时，该刊自 2 月 3 日起改出战时特刊《烽火》，宣传抗日、报道战事实况，共出版 13 期，至 3 月 28 日恢复出版《文艺新闻》。1932 年 6 月 20 日出至第六十期，被国民党政府查禁。

4 月 25 日　左联机关刊《前哨》秘密在上海创刊。鲁迅、茅盾、冯雪峰等组成的编委会编辑出版，瞿秋白也参与了编委会工作。创刊号是《纪念战死者专号》，即纪念左联五烈士和剧联烈士宗晖，刊有左联的《为国民党屠杀大批革命作家宣言》《为国民党屠杀同志致各国革命文学和文化团体及一切为人类进步而工作的著作家思想家书》等，以及鲁迅的《中国无产阶级革命文学和前驱的血》、冯雪峰的《我们同志的死和走狗们的卑劣》等文章，因此遭国民党政府查禁。从第二期起更名为《文学导报》。该刊更名后，仍以发表左联有关文件为主，还刊登了瞿秋白的《大众文艺和反对帝国主义的斗争》、鲁迅的《“民族主义文学”的任务和命运》等重要文章。1931 年 11 月 15 日停刊，共出版 8 期 7 册。

5 月　《中华季刊》在武昌创刊。武昌大学编辑出版。该刊以“介绍学术与发表师生相互研讨之结果”为主旨，是以文科为主，兼刊理科论著的综合类学术刊物。其内容有论著、研究、评述、调查、文艺、杂著等，时而登载诗歌、小说、文艺作品。1936 年 11 月停刊。

7 月 1 日　中国共产主义青年团苏区中央局机关刊《青年实话》在江西永丰创刊，初为半月刊，后改旬刊、周刊、五日刊，初为 32 开，后为 8 开 4 版。由共青团苏区中央局主办，陆定一、魏廷群历任主编，总发行所设在福建长汀，1934 年 5 月都迁至瑞金。该刊《发刊词》提出：“力求文字作风的青年化大众化”，共出版 3 卷 113 期。

9 月 20 日　左联的机关刊之一《北斗》在上海创刊，月刊。丁玲主编。该刊以创作与理论并重，也刊载译文，设有《批评与介绍》《世界名著选译》《文艺随笔》等栏目。鲁迅和瞿秋白曾用笔名在该刊载表了多篇杂文和译文。该刊还刊登了许多左翼作家及评论家的文学作品及评论文章，具有强烈的时代气息，第二卷第三、四期合刊的“文学大众化问题征文”，推进了当时文艺界关于文艺大众化问题的讨论。在当时严重的白色恐怖下，该刊为联系和团结作家、培养文艺青年、促进文学反映现实生活、表现工农群众的斗争等方面作出了贡献。1932 年 7 月被国民党政府查禁，共出版 2 卷 8 期。

10 月 1 日 《中华摄影杂志》在上海创刊。朱寿仁编辑，中华艺学社出版。该刊旨在介绍国外摄影学艺，表彰真正的摄影艺术，使国民艺术有时代精神与民族特性。1936 年 6 月停刊，共出版 11 期。

10 月 21 日 中国左翼新闻工作者在上海成立中国新闻学研究会，该会是中国第一个研究无产阶级新闻学的群众团体。致力于以社会主义为根据的科学的新闻理论之阐扬，并创办了新闻学刊物《集纳批判》。该刊是中国进步新闻工作者为建立马克思主义新闻学所作的最早尝试。

11 月 7 日 红色中华通讯社在瑞金成立。该社首任负责人周以栗、后由王观澜、李一氓、沙可夫、谢然之、瞿秋白等继任，该社是中国共产党领导下成立最早的新闻通讯社。自诞生之日起，发挥着在党中央直接领导下的喉舌耳目作用，为中国革命胜利作出了重要贡献。

12 月 11 日 《红色中华》在瑞金创刊，初为周刊，自第五十期起改为三日刊，第一四八期起改为双月刊。该刊初创是中央工农民主政府的机关刊，后改为中国共产党、中央工农民主政府、中华全国总工会和中国共产主义青年团的联合刊物。1934 年红军长征后坚持出版，至 1935 年 1 月 21 日停刊。1935 年 11 月 25 日在陕北瓦窑堡复刊，1937 年 1 月 29 日更名为《新中华报》。该刊在中央革命根据地是创刊最早、影响最大的刊物。

△ 《红星》在瑞金创刊。张如心、邓小平、陆定一历任主编。该刊宣传马克思列宁主义路线，宣传红军战士波澜壮阔的战斗生活，教育红军战士积极做好群众工作和努力做好红军内部团结工作。在中央苏区以及长征环境极其艰苦的征途中，该刊成为广大红军战士的良师益友，起了“宣言书”“播种机”“宣传队”的作用。1935 年 8 月，红军长征进入川陕甘

地区后终刊，共出版 129 期。

本年底 苏维埃区的出版领导机构中央出版局在江西瑞金叶坪村成立。朱荣生任局长。1932 年 7 月由张人亚继任。该局下设编审、出版、发行、财务等部室。1933 年 1 月，中国共产党临时中央政治局被迫从上海迁入中央苏区后，苏区中央出版局实际上成为中国共产党中央和苏区临时中央政府的出版领导机构。该局主管苏区各类出版物的审核、出版、发行等管理工作和出版方针的检查监督，包括对下级省、县苏维埃出版机构的业务领导。

1932 年

1 月 《体育》月刊在北平创刊。沈维周主编，北平市国术馆出版。该刊旨在宣传体育学术，主张通过积极开展国民体育运动，达到强身救国的目的。其主要内容有：探讨中国体育历史、现状及改进问题，研究各种拳术、剑术的技术、教学、教材及体育设施的管理，介绍武术界名师、刊载拳谱，报道国术馆组织、规章及工作情况，刊登体育消息等；设有《言论》《专著》《教材》《译述》《纪事》《通讯》等栏目。第一卷第九期为《第一次全国体育会议特刊号》。1939 年 8 月停刊，出版至第六卷第四期。

△ 《清华大学气象季刊》在北平创刊。由清华大学气象台主办。该刊刊登清华大学气象站自 1932 年 1 月 1 日起观察气象的记录，全部以图表形式列出。

△ 中央革命军事委员会出版局成立于瑞金叶坪乡洋溪村。中央革命军事委员会出版局隶属于军委总政治部，是军委领导红军中出版工作的机构，后迁沙洲坝乡乌石垅村。中革军委出版局除领导红军出版工作外，也出版书刊。

3 月 20 日 左翼新闻记者联盟成立。它是在“左翼社会科学家联盟”的“集纳协会”基础上成立起来的。“记联”成立后，努力通过各种方式，团结进步的新闻界，开展革命宣传活动；同时对国民党的反动新闻统治及其御用的反动新闻事业进行斗争。“记联”成立不久，就创办了国际新闻社。该社以报道革命抗日活动为主，稿件为国内外报刊所采用。

4 月 12 日 中国工农红军总政治部出版的《政治工作》创刊。该刊的任务是:“为了指导红军中的政治工作的进行,为了供给政治工作人员的材料,为了讨论政治工作的一切问题。”

5 月 1 日 《现代》在上海创刊。上海现代书局出版。该刊每月 1 日出版,半年为 1 卷,每卷 6 期,第一、二卷共 12 期,施蛰存主编;从第三卷第一期起至第六卷第一期,共 19 期,施蛰存、杜衡(苏汶)主编,至 1934 年 11 月。1935 年 4 月停刊,共出版 31 期。

5 月 《独立评论》周刊在北平创刊。胡适编辑,胡适、丁文江、翁文灏、傅孟真、叔永、徐志摩、杨振声、衡哲等撰稿。创刊号所刊登的胡适所撰的《引言》,标榜所谓“独立精神”:“我们叫作这个刊物《独立评论》,因为我们都希望永远保持一点独立的精神,不依傍任何党派,不迷信任何成见,用负责任的言论来发表我们各人思考的结果。这是独立的精神”。1936 年停刊。

6 月 5 日 《党的建设》在江西瑞金创刊。由中共苏区中央局组织部主编、出版,为不定期刊物。

6 月 20 日 《文学月报》在上海创刊。上海文学月报社出版,上海光华书局发行。第一卷第一、二期由姚蓬子编辑,其余各期由周起应(周扬)编辑;茅盾、鲁迅、宋阳(瞿秋白)、田汉、丁玲、巴金、蓬子、张天翼等为撰稿人。该刊重视文艺理论建设,开展文艺大众化问题的讨论;重视苏联文学的翻译介绍;开辟《文艺情报》专栏,介绍革命文学运动的情况。其主要刊登论文、翻译小说、诗歌、戏剧、书评、文艺情报、通讯等内容,为推动无产阶级文学创作和运动作出了贡献。1932 年 12 月 15 日遭国民政府查禁停刊,共出版 6 期。

7 月 8 日 左翼电影工作者理论批评刊物《电影艺术》在上海创刊。该刊以“公开的斗争,客观的批判,理论的研究,学术的介绍”为宗旨,是我国电影界唯一的理论期刊。

7 月 生活书店在上海创办,其前身是 1925 年 10 月创办的生活周刊社。邹韬奋、胡愈之、徐伯昕等主持。生活书店先后在武汉、广州、西安、重庆、长沙、成都、桂林、香港和新加坡等地设立 56 处分店,出版《生活》《世界知识》《文学月刊》等刊物,马列主义经典著作和其他理论著作，以及“世界文库”“世界学术名著译丛”等多种丛书。抗战期间，总店先后迁武汉、重庆；抗战后迁回上海；1947 年又迁香港。1948 年 10 月与读书出版社、新知书店全面合并，在香港成立生活·读书·新知三联书店总管理处。1949 年 3 月，总管理处迁到北平。

8 月 1 日 红军军事政治理论刊物《革命与战争》创刊。由中国工农红军总政治部、中国革命军事委员会和中国工农红军学校政治部分别编印出版。该刊旨在提高红军的军事素质和作战能力。

△ 《工业中心》在南京创刊。民国政府实业部中央工业试验所工业中心社出版发行，孔祥鹅编辑。该刊宗旨是：“促工业中心政策之实行”“公开讨论学术及倡导本国工业”“树立生产之基础，促进全国工业之发展”，并提出“国难当前，毋忘工业救国，生产落后，尤须注重民生”的口号。自 1938 年第七卷起迁至重庆出版，改为季刊；抗战胜利后迁回南京。1949 年 1 月停刊，出版至第十二卷第二期。

9 月 16 日 《论语》在上海创刊，半月刊。林语堂主编。该刊提倡幽默，倡言“不谈政治”，自命“言志派”，反对涉及“党派政治”的“载道派”；初期文章尚多对国民党统治下黑暗社会的讽刺。1937 年 8 月出至第一一七期后，因抗日战争爆发而停刊。抗战胜利后，1946 年 12 月复刊，期号续前。1949 年 5 月停刊，共出版一七七期。该刊是我国 20 世纪 30 年代影响较大的刊物之一。

10 月 24 日 “伪满洲国”公布《出版法》，于 1932 年 11 月 1 日起施行。1934 年 3 月修订后重新公布。根据伪满《出版法》的规定，报纸、期刊的创办，实行严格的登记审核制度，即批准制度。

11 月 1 日 《建筑月刊》在上海创刊。上海市建筑协会编辑出版和发行。该刊主要登载建筑类著述与建筑艺术作品，设有《插图》《专著》《建筑章程》《建筑材料》《建筑法规》《居住问题》《通信》等栏目。

11 月 《青鹤》半月刊在上海创刊。青鹤杂志社编辑。该刊文化倾向上是保守的，提倡国学研究，使用文言文；设有《论评》《专载》《名著》《丛录》《文荟》《词林》《考据》《小说》等栏目，刊载清末名家的遗作较多。1937 年 8 月停刊，共出版 116 期。

△ 《国医杂志》在上海创刊，季刊。上海国医学会同人编辑发行。

该刊旨在交流中医界学术，反映中医界动态，指导规范中医界从业人员的职业行为，具有较高的学术价值和中医史料价值。1935 年 6 月停刊。

△ 《科学世界》在南京创刊。南京中华自然科学社编辑、发行。该刊以中小学师生为主要阅读对象，以通俗有趣为特点，发表通俗文章，并配合科学演讲和展览来普及科学知识；为适应抗战需要，抗战期间着重介绍各种军事技术和防空、防毒、防疫、救护的知识，刊载资源调查报告等。

12 月 1 日 《北平》半月刊创刊。由北平研究院史学研究会主办，瞿宣颖编辑。该刊第一期刊登瞿宣颖的《北平志编纂通例》《北平史表长编序列》、奉宽的《吴天塔》、李玄伯的《北平旧闻琐记》等文章。1932 年 12 月 15 日停刊。

12 月 4 日 《自然》周刊在北平创刊。由北平自然周刊社主办，杨钟健主编。该刊旨在灌输给一般人应备的自然常识，并使专业人员于专门工作之外有交换常识的机会；内容侧重于自然科学史、生物学、古生物学、考古学、地理学、优生学、史前学、动物学、矿物学、地质学、海洋学、气象学、人类学等，也刊载谈论自然科学与艺术关系的文章，以及游记、杂谈等。

12 月 《红星画报》创刊。由中国工农红军总政治部红星社编辑出版，邓小平主编。32 开版石印，不定期出版。该刊以“要成为启发教育红色战士的良好材料，要成为宣传苏维埃一切策略主张的喇叭”为宗旨，设有《马列理论及党的方针政策》《战况报道》《国际共运》《军事技术》《生活小常识》等栏目，是土地革命时期我军发行的第一份全军性的画报。

1933 年

1 月 10 日 《新中华》在上海创刊。中华书局编辑出版，周宪文、钱歌川、倪文宙等编辑，巴金、郁达夫、丰子恺、宗白华、熊佛西、舒新城、李石岑等撰稿。该刊在《发刊词》中开宗明义地称：“本志定名为《新中华》，冀其对于‘现代的中国’有所贡献，故敢揭橥‘灌输时代知识，发扬民族精神’之两义，以为主旨。”抗战时期迁至重庆出版。1951

年年底停刊。

2 月 4 日 中共苏区中央局机关刊《斗争》（苏区版）在瑞金创刊，由当时苏区中央局主办的《实话》和《党的建设》两刊合并更名而成，旬刊。该刊主要内容是中共中央和中共苏区中央局的重要决议、指示、政策条例和主要领导人的报告，共产国际有关的决议、总结和重要报告，以及苏区党、政、军，苏区工运、青运、妇运等方面的文章。张闻天、李维汉、博古、刘少奇、杨尚昆、陈云等中共领导人都曾为其撰稿。

2 月 11 日 《新诗歌》月刊在上海创刊，月刊。由蒲风、杨骚等发起并主编，中国诗歌会编辑出版。该刊创刊号发表了以中国诗歌会同人名义写的《关于写作新诗歌的一点意见》，向诗人们提出中国新诗歌的时代任务："他们必须要站在被压迫者的立场，反对帝国主义的第二次世界大战，反对帝国主义侵略中国，反对不合理的压迫，同时走大众的正确的道路。"1934 年 12 月 1 日出版至第二卷第四期后停刊，共出版 11 期。

2 月 《安徽大学月刊》在安庆创刊。安徽大学编译委员会编辑出版。该刊以"为促进自由研究之精神，有编辑委员会之组织，以为本校介绍学术之总机"为办刊宗旨，内容有论著、译述、札记、文艺作品等。1935 年 5 月停刊。

△ 《现代父母》在上海创刊。由中华慈幼会主办，陈征帆主编。1937 年停刊，共出版 5 卷 6 期。

3 月 《中国化学会会志》在北平创刊。曾昭抡任总编辑。该刊主要刊载化学各学科领域基础研究和应用基础研究的原始性、首创性的成果，涉及物理化学、无机化学、有机化学、分析化学和高分子化学等。从创刊至新中国成立初期，为便于国际学术交流，论文均用英文发表。1952 年更名为《化学学报》，编辑部设在中国科学院上海有机化学研究所，并从英文版改成中文版，一直延续至今。该刊是我国创刊最早的化学学术期刊。

4 月 15 日 北平"左联"机关刊《文学杂志》创刊，月刊。由北平文学杂志社创办，北平"左联"书记潘漠华、执委王志之及谷万川、陆万美编辑，鲁迅、朱自清、郁达夫、郑振铎、张天翼、宋之的、艾芜、茅盾、丁玲、孙席珍等撰稿。该刊以发表小说、诗歌、剧本、散文为主，兼有文学评论和文坛消息，也刊载苏联、日本、法国、朝鲜等外国作家作品的译文；注重反映社会现实问题，提倡无产阶级革命文学，批评自由主义思想；设有《小说》《诗》《剧》《评论》《画页》《书评》等栏目。1933年7月31日，出版第三、四期合刊后被查禁停刊。

4月 周扬在《现代》杂志第四号上发表《关于社会主义现实主义和革命浪漫主义》一文，是把苏联的社会主义现实主义创作方法介绍到中国来的最早的一篇文章。

5月1日 《明星月报》在上海创刊。陆小洛主编，夏衍、郑伯奇、阿英、郑正秋、舒湮、王尘无、张石川、沈西苓、王乾白、程步高等撰稿。明星影片公司出版部出版，华威贸易公司发行。该刊反映了“明星”这一时期在出品和风格走向上的全新面貌，是左翼电影运动时期最有影响的电影刊物之一。作为电影公司的宣传刊物，该刊以相当的篇幅刊登“明星”出品影片的剧照、电影小说和插曲歌谱，介绍了《脂粉市场》《春水情波》《上海二十四小时》《女性的呐喊》《压迫》《前程》《现代一女性》《健美之路》《满江红》等影片，还刊载电影理论、评论、技术和史料类文章。1935年1月停刊，共出版2卷6期。

6月1日 《社会科学》在北平创刊，半月刊。由北平社会科学杂志社主办，宋劭文主编，郭达编辑。该刊创刊号登载《从目前民族的危机说到今年的五月》《纪念马克思》，以及翻译列宁的著作《劳动者对于宗教的态度》等十多篇文章。第二期开始分栏目，有《时事剖析》《言论批评》《理论探讨》《各地通讯》《新闻批评》《书报评介》《编者的话》等。1933年7月停刊，共出版2期。

7月1日 《文学》在上海创刊。傅东华、郑振铎主编，郁达夫、茅盾、胡愈之、陈望道、徐调孚、傅东华、叶圣陶、郑振铎等为编委，鲁迅、巴金、老舍、田汉、周建人、张天翼、丁玲等为特约撰稿人。该刊团结和凝聚着众多的文学家和文学评论家，建立起一个文化阵地。1937年11月10日停刊，共出版52期。

8月1日 《科学画报》在上海创刊。由中国科学社主办，杨孝述任总编辑，曹惠群、周仁、卢于道等担任常务编辑，秉志、竺可桢、任鸿隽、赵元任、裘维裕、茅以升、汪胡桢、伍献文、柳大纲等为特约撰稿人。该刊以“传授科学思想，让读者提高科技素质；传播科学方法，给读者的创新活动提供有效工具；传颂科学精神，使读者获得攀登科技高峰的勇气和动力；传递科技信息，请读者了解科技发展动态；传扬科学生活知识，为读者改善生活质量服务”为办刊宗旨。新中国成立后，1953 年至 1958 年由上海市科学技术普及协会主办，1958 年由上海市科学技术协会主办、上海科技出版社出版。1966 年停刊。1972 年以《科学普及资料》为名恢复出刊，1974 年更名为《科学普及》按月出版。1978 年恢复《科学画报》原刊名，由上海科学技术出版社主办、出版。

9 月 21 日 国民党中央执行委员会通过了《修正重要都市新闻检查办法》。国民党当局决定在南京、上海、北平、天津、汉口各重要都市设立新闻检查所。

10 月 5 日 中共苏区第一个儿童刊物《时刻准备着》在瑞金创刊。共青团苏区中央局儿童局编辑出版，胡耀邦任总编辑。该刊内容除刊登时事消息外，还设有《见面话》《我们应做的事》《歌曲》《童谣》《漫画》等专栏。该刊几乎每期都发表胡耀邦为苏区儿童们创作的歌谣，每首歌谣都散发着儿童们活泼可爱、蓬勃向上的朝气，受到儿童们的喜爱。

10 月 《中国物理学报》在上海创刊，月刊。由中国物理学会主办，丁燮林、严济慈为首届委员干事，王大衍、王淦昌、张文裕、钱伟长、汪德昭、彭桓武等先后发表文章。该刊主要发表国内关于物理学的具有创造性的学术论文、简报，以英、德、法三种文字为主。1936 年 12 月迁至北平。1937 年 5 月出版第三卷第一期后，因抗战爆发迁昆明出版。1946 年 7 月迁回北平出版第六卷第二期。1950 年 9 月从第七卷第五期起改由中国科学院印行。1953 年改为中文出版，更名为《物理学报》，由科学出版社出版。1961 年至 1966 年为月刊，1966 年停刊。1974 年复刊为双月刊。1980 年改为月刊。

11 月 1 日 《大众》画报在上海创刊。梁得所主编，李青、李旭丹、莫自衡编辑，黄式匡发行。该刊以“成为大众的良伴良朋、良侣良集、好友雅友、词友文友”为办刊宗旨，以大众关心的问题为内容。老舍的《柳家大院》、张天翼的《我的太太》均首发在该刊。

11 月 10 日 《国立中央大学农学丛刊》在南京创刊，半年刊。国立中央大学农学院编辑，中央大学出版组出版发行。该刊内容以“有关学术贡献者”为标准，涉及农艺、森林、畜牧、兽医、农业化学及其他有关农学的知识。1937 年 1 月停刊。

11 月 30 日 《期刊索引》在上海创刊。中山文化教育馆编辑，中国图书服务社出版发行。该刊为了阐明学术、宣传文化荟萃，将当时的全国期刊分门别类地编成索引，供社会各界研究使用。1937 年年底停刊。

本书 《申报月刊》在上海创刊。俞颂华主编，鲁迅、巴金、胡愈之、钱俊瑞、竺可桢等为其撰稿，茅盾创作的《林家铺子》也首发该刊。1933 年 7 月该刊载起有关中国现代化问题的讨论，是中国知识界首次以现代化为题展开对中国出路的探索。这次讨论探讨了中国现代化的先决条件、现代化的道路与实现方式、如何对待外资等问题，反映了中国知识界在严重的经济危机和民族危机下，唤醒国人关注中国的现代化，积极推进中国现代化的努力。该刊在 20 世纪 30 年代是一份政治、经济、文艺、科学综合类的刊物，具有广泛影响力。

△ 《中国报刊 1800—1912》（The Chinese Periodical Press, 1800—1912）出版，由美国学者白瑞华于 1931 年用英文写作。该书选取清后期至民国初期这百余年间的中国新闻发展历史，记述中国本土报刊消亡和新报刊兴起的演变过程。

1934 年

1 月 1 日 《中华实业月刊》在太原创刊。马开衍、曹焕文编辑。该刊是中华实业协会会刊，倡导“实业救国”，主要报道山西经济建设动态，并分析现状、探讨发展思路。

△ 《文学季刊》在北平创刊。郑振铎、巴金、靳以编辑，北平文学季刊社出版发行。该刊主要刊登论著、小说、散文、随笔、诗歌等，并进行文艺评论和理论探讨，介绍世界文学，研究各种新型文学作品的创作，以及新文学理论的探讨与创建、传统文学的整理和评价等。1935 年 12 月停刊。

1 月 10 日 《时代漫画》在上海创刊。鲁少飞主编。该刊主要刊登反映抗战和社会底层百姓生活的作品。1937 年被查禁，共出版 39 期。

1 月　《中国养蜂杂志》在北平创刊。由黄子固创办并主编。1956 年更名为《中国养蜂》。1958 年 4 月由中国农业科学院编辑，1959 年 1 月至今划归该院蜜蜂研究所。1969 年编辑部随中国农科院养蜂所下放江西，1972 年 5 月复刊，更名为《养蜂通讯》。1973 年 3 月恢复《中国养蜂》出版，1978 年编辑部随中国农科院养蜂所迁回北京。

△　《化学》在南京创刊。由中国化学学会主办，戴安邦任总编辑兼总经理。该刊旨在协助中国化学会，进行其传播化学知识、推广化学应用与提倡化学研究之三种任务。1937 年停刊，1940 年在重庆复刊，1943 年迁往成都出版。1948 年出版 11 卷后曾停刊，1950 年在北京复刊，1952 年改为《化学通报》月刊。1966 年 8 月停刊，1973 年 8 月复刊。1997 年《化学通报》网络版创办。

2 月　《新生》周刊在上海创刊。杜重远主编，杜重远、邹韬奋、易水、夏征农等撰稿。该刊坚持《生活》周刊的立场，以“抗日救国”为主旨，揭露日本帝国主义企图吞并中国的阴谋，主张抗日救国，要求民族自由；所载多为政治、时事方面的文章，也发表通讯与文学作品。1935 年 5 月，日本驻上海总领事借口该刊刊载易水（艾寒松）所撰的《闲话皇帝》一文，以“侮辱天皇，妨碍邦交”而提出抗议。同年 6 月，因国民党政府查封被迫停刊，共出版 72 期。杜重远被捕判刑，成为当时轰动全国的“新生事件”，激起了全国人民的抗议浪潮。

△　《生活教育》在上海创刊。陶行知主编。该刊设有《言论》《特载》《科学新知》《笔记》《诗歌》《剧本》《通信》和《生活素描》等栏目，后又增设《时事述评》《行知行谈》《大众讲座》等栏目，反映了陶行知当时教育改革理论和实践的重要资料。1936 年 8 月停刊，共出版 60 期。

4 月 1 日　《河南大学学报》在开封创刊。河南大学出版委员会出版发行。该刊以“研究学术”为宗旨，不拘文言白话，篇幅短长，均所欢迎；设有《著述》《记札》《调查》《批评介绍》《译品》等栏目。时任校长张仲鲁在《发刊词》中“论治学之道，叹河南学术之兴衰，言振兴文化之重要”，表达出创办学报的目的是“为了活跃学术思想、促进学术研究与交流，实与五四新文化运动所倡导的思想相同”。

△ 国民政府交通部规定各地邮政局开办代订刊物、代购书籍、平快邮件业务，抗战期间停办。1936 年 4 月，恢复代订刊物业务。

△ 《美术生活》在上海创刊。金有成、俞象贤、吴朗西等编辑，上海三一印刷公司出版。该刊设有《国内新闻》《生活》《金石》《图画》《雕塑》《洋画》《建筑》《工艺图案》《生活摄影》《电影理论》等栏目，以书画、摄影、考古为主，大量刊登了唐、宋、元、明、清及民国时期知名画家的作品。

4 月 5 日 《人间世》在上海创刊。林语堂主编，徐訏、陶亢德参与编辑。该刊倡导“闲适”“性灵”的小品文。1935 年 12 月 20 日停刊，共出版 42 期。

5 月 1 日 上海杂志公司成立，由张静庐创办并任总经理。该公司为郭沫若主编的《洪水》、蒋光慈主编的《拓荒者》、田汉主编的《南国》、郁达夫主编的《大众文艺》等进步期刊做出版工作，同时也出版书籍。

5 月 国民党政府成立中央宣传委员会全国图书杂志审查委员会。1934 年 6 月 9 日国民党政府公布《图书、杂志审查办法》，规定一切出版物付印前须先经检查，侧重于对期刊内容进行掌控审查，对进步的、革命的期刊实行严厉打击。

6 月 30 日 《教育通讯》在瑞金金沙坝创刊。中央教育人民委员部编辑出版。该刊主要登载苏区教育战线的方针政策、消息动态，指导苏区教育事业的正常发展。

8 月 《化学工程》在天津创刊。张洪沅主编，中国化学工程学会编辑出版。该刊以“提倡、推广、鼓励国内化工研究学术，内为全国化工界谋幸福，外为国家争地位”为办刊宗旨。该刊最初在天津出版，抗战时期在成都、重庆等地出版。抗战胜利后停刊两年，1948 年在天津复刊。1949 年年底与《化学工业》合并，更名为《化学工业与工程》；1952 年后又更名为《化工学报》。

9 月 16 日 《译文》在上海创刊。先后由鲁迅、黄源编辑。该刊内容有小说、戏剧、诗、论文、随笔等，并发表胡风、巴金、唐弢、茅盾、金人等译作家翻译的苏联等国文学作品。1935 年 9 月休刊，1936 年 3 月复刊。1937 年 6 月 16 日停刊，共出版 28 期。

9 月 《世界知识》在上海创刊，半月刊。由胡愈之主持，毕云程主编。该刊除介绍重要国际知识外，着重分析了严峻的国内国际局势，揭露法西斯势力的侵略图谋，介绍世界各国人民力量的觉醒和聚集，以及世界反侵略、反法西斯运动和我国抗日救亡运动的兴起。1937 年后先后迁至武汉、广州、香港出版，此期间均由生活书店出版发行，1941 年 12 月停刊。1945 年 12 月在上海复刊，以世界知识社的名义出版，1949 年 3 月 23 日被国民党勒令“永久停刊”。1949 年 5 月上海解放后，6 月 17 日复刊。1950 年迁到北京，仍由世界知识社出版。1953 年以《世界知识》杂志为基础成立了世界知识出版社，1966 年 7 月停刊。1979 年 1 月复刊。

△ 《地理学报》在南京创刊。中国地理学会编辑出版和发行。该刊主要刊登能反映地理学科最高学术水平的最新研究成果，地理学与相邻学科的综合研究进展，地理学各分支学科研究前沿理论，与国民经济密切相关并有较大应用价值的地理科学论文。竺可桢、涂长望、张宝堃、张印堂、胡焕庸等曾先后在该刊载表文章。抗战期间迁重庆出版，抗战胜利后迁回南京，1949 年后迁北京，由中国科学院地理研究所、中国地理学会合办，科学出版社出版，1967 年停刊。1977 年复刊。

△ 《太白》在上海创刊，半月刊。陈望道主编，生活书店出版。郑振铎、黎烈文等 12 人任编委。该刊是以左翼文化界为核心、与反动派进行坚决斗争的文艺出版阵地之一。1935 年 9 月停刊，共出版 24 期。

10 月 《中国农村》在上海创刊。由中国共产党上海党组织领导的中国农村经济研究会编辑出版，上海黎明书局发行。该刊不仅在宣传中国共产党的理论和政策方面作出了贡献，而且也起到了团结广大青年为革命事业进行斗争的作用。陈翰笙、钱俊瑞、孙治方、千家驹等曾为该刊撰稿。1937 年 8 月后先后迁往南昌、汉口、桂林等地出版。1943 年 5 月停刊，共出版 8 卷 11 期。

11 月 10 日 《读书生活》在上海创刊，半月刊。李公朴主编，柳湜、夏征农、艾思奇等编辑，章汉夫、张健甫、杨放之、柳乃夫、钱亦石、沈志远、胡绳、薛暮桥等为撰稿人，上海杂志公司发行。该刊以知识青年为主要对象，刊载时事短评、通俗哲学、政治、经济、历史、文学、自然科学等方面的知识，也发表一些文学作品，设有《时事解说》《社会科学理论》《文学评论》《写作指导》等栏目。1935 年一二·九运动以后，该刊积极宣传抗日救国，发表“国防文学”“国防哲学”方面的文章，在国内外产生过较大影响。从 1936 年 1 月出版的第三卷第五期起，封面上标明该刊的性质：“生活斗争·民族解放·理论指导的半月刊”。1936 年 11 月 25 日，因国民党当局查禁被迫停刊，共出版 50 期。

12 月 1 日 《食货》半月刊在上海创刊。陶希圣主编，上海新生命书局出版发行。陶希圣以该刊为平台，一批从事中国社会经济史研究的学人聚集于此，形成名盛一时的“食货”学派。1937 年 7 月 1 日停刊，共出版 61 期。

1935 年

3 月 5 日 《芒种》在上海创刊。徐懋庸、曹聚仁主编。该刊以针砭现实的杂文为主体，刊载的作品大都关注现实的种种问题。1935 年 10 月停刊，共出版 11 期。

4 月 1 日 中外语文学会会刊《中外论坛》在太原创刊，双月刊。由杜任之主持，张友渔、温健公、邢西萍、杜任之、周北峰等编辑。该刊以刊登翻译共产国际通讯与各国共产党的理论文章为主要内容。

△ 《中国新论》在南京创刊。由雷震、徐逸樵、罗鸿诏等主办。该刊以“复兴民族为中心，广泛地研究政治、经济、教育、外交、财政、社会等复兴之途径”为办刊宗旨。

5 月 16 日 《电通》在上海创刊。由电通影片公司主办，孙师毅、袁牧之、许幸之、司徒慧敏编辑。该刊涉及编、导、演、摄、录、美等诸多方面，第二期推出《电影〈风云儿女〉特辑》，刊载田汉撰写的《风云儿女》剧本和田汉作词、聂耳作曲的《义勇军进行曲》。该刊因此被誉为“《中华人民共和国国歌》诞生的摇篮”。1935 年 11 月遭查禁停刊，共出版 13 期。

5 月 《读书与出版》在上海创刊，月刊。张仲实、林默涵主编，上海生活书店出版发行。该刊以“造成普遍的读书风气，促进健全的出版事业，以期成为读书界与出版界之间有力的中介”为办刊宗旨，设有《书报描述》《百科问答》《世界文坛巡礼》《文化情报》《读物印象》《名人论读书》等栏目。1937 年 6 月停刊。1946 年 4 月复刊后改为 16 开本，1948 年 9 月再次停刊。

6 月 18 日　中国共产党早期主要领导人之一，无产阶级革命家、理论家和宣传家瞿秋白在长汀县被国民党当局杀害。他曾主编中共中央机关刊《新青年》《前锋》《向导》《布尔什维克》等。

7 月 12 日　国民政府立法院修正通过《出版法》，规定一切出版物须经地方主管署核准后方可出版，出版物审核权力在内务部。地方政府有监督、取缔新闻纸和杂志发行权。7 月 19 日，《出版法》公布后，新闻界纷纷要求复议。

8 月　《天下月刊》英文杂志在上海创刊。由南京中山文化教育馆资助创办，吴经熊任总编辑、温源宁主编，先后由林语堂、全增嘏、姚莘农、叶秋原编辑，上海别发洋行发行。该刊倡导中西文化交流的理念，着力将中国文化译介传播到国外，并作为作品发表的园地与文化交流的载体，刊载了大量文化评论与文学译文，具有丰富的文化与文学价值，并为中国文学尤其是现代文学向外传播开拓了先河。1941 年 8、9 月因太平洋战事而停刊，共出版 56 期。

9 月　《宇宙风》在上海创刊，初为半月刊，后改为旬刊。林语堂等主编。抗战时期曾在广州、重庆等地出版。该刊提倡“以自我为中心，以闲适为格调”的小品文。1947 年停刊。

△　《反帝战线》（汉、维文版）在迪化创刊。由新疆反帝联合会主办，杜重远、茅盾、张仲实、萨空了等参与编辑。该刊《发刊词》指出，它是“建设新疆过程中思想和理论的唯一正确领导者”，并解释说：“打倒帝国主义必须要有锐利的武器，而最要紧的武器之一是思想武器，也就是反帝理论。”还号召“建设新疆的先锋队——反帝会员，各族的知识分子、教授、作家、学生以及军人，对反帝战线的爱护，应该比爱护你们最宝贵的眼珠还要爱护她，使她能够担负起领导思想和领导斗争的伟大使命。”1942 年被迫停刊，共出版汉文版 55 期、维文版 8 期。该刊是新疆地区最早宣传马克思主义思想的专业性刊物。

10 月 1 日　《农学》在北平创刊。陈贻尘等主编，北平大学农学院编辑出版和发行。该刊以“阐扬农业学术、促进农村建设”为办刊宗旨。1937 年 7 月停刊，共出版 4 卷 21 期。

10 月 10 日 《生活知识》创刊，半月刊。沙千里、徐步主编，生活书店总经销。该刊积极宣传中国共产党的抗日救国主张。1936 年 10 月 10 日被国民党当局查禁停刊，共出版 2 卷 11 期。

11 月 16 日 《大众生活》周刊在上海创刊。邹韬奋主编，茅盾、陶行知、金仲华、章乃器、毕云程、杜重远、沈兹九等为主要作者。该刊以“力求民族解放的实现，封建残余的铲除，个人主义的克服”为办刊宗旨，主张团结抗日、民主自由，注重宣传抗日救亡；设有《时事论文》《星期评坛》《随笔小品》《大众信箱》《国内外通讯》等栏目。1936 年 2 月被封禁，共出版 16 期。1941 年 5 月 17 日在香港复刊，期号从新一期另起。邹韬奋仍主编，并与金仲华、茅盾、沈志远、夏衍、胡绳、千家驹等组成编委会。1941 年 12 月因太平洋战争爆发而停刊，共出版 30 期。

本年 《中国动物学》杂志在上海创刊。该刊主要刊登动物形态、生态、区系分类，以及实验动物学方面的论文、简报、专题评述、国内外研究进展和新书评介，发表了大量关于大熊猫、白鳍豚、朱鹮、扬子鳄等动物的研究论文，为研究和拯救中国特有的珍稀动物提供了理论根据。1952 年在北京复刊，更名为《动物学报》。

1936 年

1 月 10 日 《新少年》在上海创刊。叶圣陶、丰子恺、顾均正、宋易编辑，陶行知、巴金、艾芜、高士其、宋云彬、萧乾等为其撰文。该刊内容丰富，有茅盾的长篇小说《少年印刷工》连载，丰子恺的美术、音乐故事，顾均正的科学小品，巴金的童话《能言书》等，还有《少年阅报室》《少年习作展览会》等栏目，很适合少年人阅读。

1 月 《斗争》第八十期首次刊载毛泽东在瓦窑堡党的活动分子会议上作的《论反对日本帝国主义的策略》的报告，原题为《论反对日本帝国主义变中国为殖民地和中国共产党的策略任务》。

2 月 《地质论评》在北平创刊。由中国地质学会主办，谢家荣主编。

该刊介绍最新学说，旨在灌输普通智识、通声气而便切磋，主要内容涉及矿物和岩石、动力地质、地球物理、构造地质、地文、古生物、地史、经济地质、区域地质及地质图、土壤、杂项等，并有大量插图、图版、附图、附表等。抗战期间迁至长沙、重庆出版，1945 年抗战胜利后迁至南京。1950 年 12 月迁回北京。1952 年出版第十六卷后，与《地质学报》合并。1957 年 1 月《地质论评》复刊出版第 17 卷第 1 期，1960 年 7 月停刊。1963 年 7 月复刊，1966 年 7 月停刊。1979 年 10 月复刊，卷期号连续至今。

3 月 5 日　《逸经》在上海创刊。简又文任社长，谢兴尧、陆丹林历任主编。该刊设有《逸话》《革命逸史》《太平话》《阴阳风》《东南风》等栏目，内容涉及历史、游记、传记、书评、诗歌、考古、人物志、小说等，文章幽默诙谐，深受读者欢迎。郁达夫、老舍、许钦文、俞平伯、林语堂、周作人先后在该刊载表过文章和作品。1937 年 8 月停刊，共出版 36 期。

3 月 7 日　《永生》在上海创刊。金仲华、钱俊瑞历任主编，生活书店出版。该刊是《大众生活》周刊的继续，延续了《大众生活》周刊的形式和风格，设有《每周评论》《通讯》《每周漫画》《新闻杂录》《时事图解》《编辑余谈》《小说》《读者信箱》等栏目，以报道和评论国内外时事、宣传抗日联合战线为主要内容。主要撰稿人除编者外，还有刘思慕、周建人、叶圣陶、茅盾、邵宗汉、王纪元、沈起予、章乃器等。1936 年 6 月 27 日被迫停刊，共出版 17 期。

3 月 15 日　中国共产党主办的《全民月刊》在法国巴黎创刊。该刊创刊号上登载了第一篇反映长征的长篇纪实通讯报告《随军西行见闻录》，全文约四万五千字，系陈云根据亲身经历于 1935 年秋写成。文章的作者署名“廉臣”，作者自称是一名被红军俘虏的国民党军医，留用后跟随红军一起长征。

3 月　《教育学报》年刊在北平创刊。燕京大学教育学会编辑。该刊主要刊登燕京大学教育学会会员的文章，内容涵盖教育通论、教育学说、教育与心理学、教育行政、教育测验与实验、初等教育、中等教育、师范教育、民众与乡村教育等方面，除对燕京大学教育系乡村教育实验工作进行专门报道外，也探讨中国古今各类、各级教育理论和教育实践，还介绍国外中小学教育制度及教育方法。1941 年 9 月停刊。

4 月 15 日 《作家》在上海创刊。孟十还主编，鲁迅、巴金、茅盾、靳以、萧红、萧乾等均发表了优秀作品。该刊第二卷第二号出版了《哀悼鲁迅先生专辑》。1936 年 11 月停刊，共出版 8 期。

6 月 5 日 《文学界》在上海创刊，月刊。由戴平万负责，杨骚、徐懋庸、邱韵铎、沙汀、陈荒煤等协助，文学界月刊社出版，光明书局和天马书局代发行。该刊是中国左联解散后，一部分“左翼”作家创办的文学刊物，发表了不少文艺作品，其中有舒群、沙汀、罗烽、白朗等人的小说，任钧、温流、柳倩等人的诗，丽尼的散文和荒煤的独幕剧，还刊登了一些木刻作品和其他插图。该刊提倡报告文学，译载了不少报告文学的理论和捷克作家基希的长篇报告文学《神秘的中国》，美国作家史沫特莱的《一个中国绅士的轮廓》等。该刊因大力倡导和宣传“国防文学”而引人注目，是当时很有影响的进步期刊。1936 年 9 月 10 日停刊，共出版 4 期。

6 月 10 日 中国共产党中央机关刊《党的工作》在延安创刊。该刊从第 34 期起改为陕甘宁边区委、陕甘宁特区委的机关刊。1937 年 12 月 1 日停刊，共出版 49 期（含副刊 1 期）。

△ 《光明》在上海创刊，半月刊，后改周刊。洪深、沈起予主编，洪深、夏衍、章泯、尤兢、张庚、许幸之等为之撰稿，生活书店总经销。该刊创刊于民族危亡之际，其办刊宗旨是：“去做那救亡救穷反帝反封建的工作”；发表大量小说、戏剧、诗歌、报告文学和散文等作品，控诉日寇侵略罪行，歌颂中国人民以各种形式进行的抵抗斗争，揭露投降派、汉奸的丑恶行为。该刊是左翼文学运动后期的大型文学杂志之一。1937 年 8 月 10 日出至第三卷第五号后，改出《光明·战时号外》。1937 年 10 月停刊。

7 月 《国立北平故宫博物院年刊》在北平创刊。北平故宫博物院编辑出版，唐兰、马衡、傅振伦等为主要撰稿人。该刊以“研究学术、阐扬文化、介绍国内外博物馆及考古学界重要消息”为主旨，设有《论文》《附录》《图版》等栏目，内容除刊登考古文物照片外，还有专业论文，并报道每年重要的考古学术及各种艺术交流活动。

8 月 1 日 《数学杂志》在上海创刊。中国数学会编辑出版和发行，陈建功、江泽涵、华罗庚、苏步青、许宝禄、陈省身、吴文俊、陈景润、杨乐、张广厚等多次发表论文。1949 年后更名为《中国数学杂志》，1953 年又更名为《数学通报》，华罗庚、傅种孙任总编辑，后由傅种孙主编并组成有 27 人的编委会。该刊以“介绍新知，促进我国之数学”为办刊宗旨，内容有基本观念之讨论、中外论著之批评、会员研究之心得、各国外著之译述、大学教材之介绍、中国古算之考订、国内著述之提要、中外数界之消息等。

8 月　《田野考古报告》在北平创刊，季刊。由国立中央研究院历史语言研究所主办，李济主编，商务印书馆发行。该刊旨在将历年来各处田野工作辛勤积累的田野知识系统地记录下来，为后来学者作一个参考，其一切形式及精神上的格律仍是承袭《安阳发掘报告》。1947 年 3 月出版第二期时更名为《中国考古学报》。1951 年 12 月出版第五期时改由中国科学院（后改由中国社会科学院）考古研究所主办。1966 年停刊，1972 年经周恩来总理批准复刊。

9 月　《中国心理学报》在北平创刊，季刊。由中国心理学报社主办，陆志韦主编。该刊旨在提倡科学的心理学，促进心理学之研究及应用；介绍我国研究工作给国外，使中国之心理学研究在国际上达到占有相当的地位，刊登内容以实验研究的学术专著及研究报告为主，其余为心理学系统述评、心理学界消息、书评等。

10 月 19 日　鲁迅病逝。由中共地下党员冯雪峰、潘汉年、胡愈之等发动，全国各界救国会出面举行隆重的出殡仪式，有近万人参加。墓前由蔡元培、宋庆龄、沈钧儒、章乃器、胡愈之、邹韬奋等致悼词、演说。事后邹韬奋在其主编的《生活星期刊》第一卷第二十二期编发了图文并茂的《悼鲁迅先生专刊》，《作家》《文学》等杂志也纷纷出版《鲁迅逝世专号》。

11 月 10 日　《斗争》第一一六期出版，卷首刊出《中国共产党中央委员会、中华苏维埃人民共和国中央政府为追悼鲁迅先生告全国同胞和全世界人士书》，中国共产党中央委员会和中华人民苏维埃中央政府对于鲁迅先生之死表示最深沉痛切的哀悼。

11 月 23 日　国民党当局屈服于日本的压力，公然在上海逮捕了全国各界救国会领袖沈钧儒、章乃器、邹韬奋、李公朴、王造时、史良、沙千里七人，酿成了震惊中外的“七君子事件”。1937 年 7 月 31 日，在全国人民的声援下，“七君子”才被交保释放。

12 月 16 日　《中国人》在北平创刊。由中国共产党北平市委主办。1937 年 2 月 16 日停刊，共出版 5 期。

1937 年

1 月 1 日　《新闻杂志》在南京创刊。蔡力行、蔡振扬编辑，陈并兹任发行人。该刊是我国近代新闻学术期刊的萌芽。

1 月 17 日　《大声》周刊在成都创刊。由中共地下党员车耀先和一批爱国进步青年主办。该刊积极宣传抗日救亡和爱国民主运动，由此遭到国民党地方当局的迫害，在 1937 年 4 月 17 日出版第十三期后，被政府以“消息言论多不正确”的借口查封。在车耀先努力下，该刊更名为《大生》周刊继续出版，同年 6 月国民政府又以“更名出版，言论更为荒谬”为由，将仅出版 5 期的《大生》查封；7 月车耀先又以《图存》名义出版该刊 3 期。随着抗战形势的发展，国共两党实现第二次合作，抗日民族统一战线正式形成，1937 年 11 月 5 日《大声》复刊。该刊复刊后，“面目虽然一样，态度却有不同”，以“巩固团结，抗战到底”为指导方针来唤起民众，从第三十四期起每期出增刊 1 份，共出 7 份。1938 年 8 月 23 日该刊出版 40 期后又被国民党四川省党部无理查禁，车耀先撰写《停刊辞》表示：“今后仍本救亡天职，大声呈请复刊。”这一愿望在当局的高压政策下终未实现。

1 月　中共中央决定成立中央党报委员会，由张闻天、秦邦宪（博古）、凯丰、周恩来、王明组成，廖承志任秘书长，组织日常工作，同年 10 月，廖承志被派往国民党统治区工作，此后，徐冰任秘书长。中央党报委员会负责出版中共中央的政治理论刊物《解放》周刊，管理新华社、《新中华报》，负责马列著作和革命理论书籍出版发行工作。

△　《抗战漫画》在汉口创刊，半月刊。该刊刊载了较多的抗战漫画理论文章，如鲁少飞的《抗战与漫画》、赖少其的《漫画与政治认识》、胡

考的《关于漫画大众化》等，是当时影响较为广泛的抗战类漫画期刊，出版过 12 期。1938 年 10 月武汉沦陷，迁往重庆出版。1940 年 11 月停刊。

△ 《上海生活》月刊创刊。由陆守伦创办，顾冷观主编，上海联华广告公司出版，初随《新闻夜报》发行，赠常年订户；《新闻夜报》停刊后单独发行。该刊设有《特写》《掌故》《文艺》《家庭》《医药》《歌台》《书苑》《银海》《摄影》《漫画》等栏目。1941 年停刊，共出版 60 期。

3 月 《文丛》月刊在上海创刊。靳以主编，上海文化生活出版社出版。该刊的创办和出版得到巴金的大力支持，内容有小说、散文、诗歌、剧本等。作为抗战时期的文学刊物，该刊力求迅速反映战时生活的现实，发表了许多重要作品，如曹禺的《原野》、巴金的《火》、萧乾的《谷》、张天翼的《陆宝田》等，是当时很有影响的进步刊物。出版 5 期后因淞沪抗战爆发而一度停刊。后迁至广州，1938 年 4 月 20 日复刊，出版第六号。此后改为半月刊，出版第二卷第一至六号。前后共出版 12 期。

△ 清华大学主办《工程季刊》在北平创办，初由顾毓琇主编，李辑祥、萨本栋和刘仙洲等 26 人为编委，由清华大学出版事务所总发行，在全国各地之书社、书局、书店、杂志公司设有三十多个代售处。1937 年 6 月出版 1 卷 2 期后即停刊。1941 年 4 月在昆明复刊，当年再度停刊。

4 月 14 日 《少年画报》在上海创刊。徐应昶主编，商务印书馆印刷发行。该刊内容广泛，包括自热科学、应用技术、社会艺术及少量时事等。1941 年 11 月停刊。

4 月 24 日 中共中央在抗日战争时期的机关刊《解放》在延安创刊，初为周刊，后改半月刊。张闻天主编，毛泽东、张闻天、朱德、周恩来、博古等在该刊载表过文章。新华书局出版发行。该刊作为抗日战争中中国共产党公开出版的政治理论刊物，积极宣传中国共产党的抗日民族统一战线的理论和策略，宣传和普及马克思列宁主义理论，起到了党的喉舌作用，为抗日战争的胜利作出了不可磨灭的贡献。1941 年秋停刊。从第二十一期起，“新华书局”改称“新华书店”。此后，在陕甘宁、晋绥、晋察冀、晋冀鲁豫、苏皖、山东等敌后抗日根据地相继建立新华书店，统一经营书刊编辑、印刷、发行业务。

5 月 《国民》周刊在上海创刊。谢六逸应胡愈之（代表生活书店）

约请创办并主编。当时生活书店的《新生》《永生》相继被禁，谢六逸出任《国民》周刊主编后，提出“无奇不有”这四个字作为编辑方针。该刊是一份兼具时事性与知识性的刊物，密切关注抗日现实，以短评、通讯、诗歌等形式宣传抗战救国，既有理性分析的文章，又有轻松活泼的作品（如以抗战为主题的抒情诗歌、漫画、新闻照片等），形成了独自的特色，受到了广大读者的欢迎，期发行量达到10万册。1937年11月19日，出版至第十九期后停刊。

6月5日 《东北呼声》创刊。东北呼声社编辑出版，东北旅陕青年同乡会出版。该刊创刊号设《漫谈》《论坛》《东北专辑》及《文艺》四个栏目，载有13篇文章，另附载《东北人民当前的要求》（来件）一封。编辑出版家陈翰伯以“王孝风”笔名在该刊载表了《英帝国会议的前途》一文。

△ 《新闻记者》在上海创刊。顾执中编辑，该刊创刊号和第二号连续刊登《致读者》，表明其鲜明的抗战立场。

7月1日 《前线画报》在延安创刊。延安八路军政治部编辑出版。该刊以“服务于抗战”为办刊宗旨，内容以绘画为主、配有文字说明，所刊载的美术作品，反映了八路军战斗、学习和大生产运动等方面的活动，揭露、抨击了日本帝国主义侵略中国和汉奸们投降卖国的罪恶行径。其现实性、思想性强，曾得到朱德、彭德怀、聂荣臻、贺龙、萧克等八路军领导人的嘉奖。1945年5月停刊，共出版32期。

7月5日 《逸经》第三十三、三十四期发表了《红军二万五千里西行记》，作者是中共地下党员董健吾，署名幽谷。全文一万五千字，从1934年中央苏区第五次反“围剿”写起，叙述红军实行战略转移的决策过程，最后以吴起镇红一方面军与陕北红军会师、胜利完成长征的全过程结束。

7月8日 国民政府公布《修正出版法》，共六章、五十四条，对报刊出版实行严厉的审批制度。规定各报刊首次发行前，需经各省及院辖市政府转内政部申请登记，并列出资本数目与经济状况。出版物发行时，须分别呈缴内政部、中央宣传部、地方主管官署、国立图书馆及立法院图书馆各一份。地方主管官署于必要时，得派员检查其社会组织及发行状况。7

月 28 日，国民政府内政部公布《修正出版法施行细则》。

7 月 21 日 《中华公论》在上海创刊。王志莘、郑振铎、钱亦石等编辑，巴金、茅盾、夏衍、冰心、范长江等为撰稿作者，发行人陈霖。该刊是大型政治学术性杂志，因刊载揭露日本帝国主义的侵略暴行、呼吁团结抗战、收复国土的文章，遭到了投降派的反对。1937 年 8 月 20 日出版第二期后停刊。

7 月 31 日 《新长城》在河北阜平创刊，月刊。顾宁主编。晋察冀边区新长城社出版。该刊是综合类理论期刊，以“把晋察冀边区斗争的史实和宝贵的经验教训，加以科学的检讨”为办刊宗旨，除刊登党政军领导人的著作外，多是转载延安《解放》杂志上的重要文章。先后出版 2 卷。

8 月 1 日 《世界知识》杂志第六卷第十号刊载方大曾采写的《卢沟桥抗战记》。全文约七千字，详细描述了卢沟桥事变的发端、当时守军的态度、敌方的动向，被中外媒体广泛采用。该文是第一篇以图文形式向世界介绍卢沟桥战地情况的通讯。

8 月 19 日 《抗战三日刊》在上海创刊。由邹韬奋创办，胡愈之、金仲华、张仲实、柳湜、钱俊瑞、沈志远、胡绳、艾思奇等为撰稿人。该刊以“力求适合抗战紧急时候的需要”为办刊宗旨，旗帜鲜明地坚持团结、民主和全面抗战的立场，主张“妥协和平者就是汉奸”，抨击亲日派的卖国谬论，并根据《中国共产党抗日救国十大纲领》，以政论、述评和战地通讯等主要形式进行抗日宣传。该刊因上海英租界当局的阻挠，自 1937 年 9 月 9 日的第七号起至第二十八号易名为《抵抗》，第二十九号即恢复原刊名；而全国其他各地则未变动仍以原刊名出版。1937 年 11 月 9 日上海沦陷，第三十号移至汉口出版。1938 年 7 月 7 日，该刊与李公朴主办的《全民》周刊合并为《全民抗战》。

8 月 25 日 《呐喊》在上海创刊，周刊。由呐喊文学社、文季社、中流社、译文社合办，巴金编辑，茅盾发行。第二期更名为《烽火》，1937 年 11 月 7 日停刊。1938 年 5 月 1 日在广州复刊，旬刊。1938 年 10 月 11 日停刊，共出版 20 期。

9 月 13 日 《解放》第一卷第十六期刊载中共中央发布的《中国共产党抗日救国十大纲领》，号召团结一切可以团结的力量，积极开展抗日救亡运动。

9 月 18 日 《抗敌画报》在上海创刊。抗敌画报社编辑发行。该刊以图片形式全面报道上海及全国抗战实况，不仅有前线将士奋勇抗敌之情形，也有后方民众全力支持抗战的画面。1937 年 11 月停刊，共出版 14 期。

9 月 20 日 《救亡漫画》在上海创刊。由上海抗敌后援会和上海漫画界救亡协会主办，王敦庆编辑，叶浅予、张乐平、特伟、胡考、廖冰兄、蔡若虹等撰稿。该刊反映了全国人民的抗日愿望，在南京、汉口、广州、香港等地同时出版，销量逐期上升。该刊是抗战爆发后第一份全国性的漫画期刊。

9 月 22 日 《火线》在上海创刊。曹聚仁、陈灵犀主编，周木斋、郑伯奇、阿英、柯灵、曹聚仁、张若谷、陈灵犀等为主要撰稿人。该刊是淞沪战役期间《社会日报》出版的《战时特刊》，旨在宣传和推动抗日救亡运动，主要内容包括评析国内国际形势，揭露日本侵略者的残暴罪行，讴歌抗日军民的斗争事迹。1937 年 10 月，因战局恶化，出版第四期后停刊。

11 月 8 日 中国共产党领导下的青年新闻记者组织——中国青年新闻记者协会在上海成立，1938 年 3 月 30 日在汉口举行第一届代表大会，机构改为中国青年新闻记者学会。在广州、桂林、成都、西安等城市以及香港设有分会，到 1938 年年底，会员达六百多人。当时在周恩来的领导下，成为团结抗日进步记者的中心，广泛开展了新闻界的统一战线工作。“青记”在国民党统治区争取民主、争取新闻自由和进行抗战宣传的斗争中，形成了一支重要力量。1941 年 4 月总会被国民党政府查封。自 2000 年起，其成立日 11 月 8 日被定为“中国记者节”。

11 月 9 日 《战斗》在和顺县创办。由中共晋冀豫省委主办。该刊是专供中共党内领导干部阅读的秘密刊物，由徐子荣负责，李菁玉、李雪峰编稿撰稿。前 4 期由中共晋冀豫省委编印，1938 年 8 月 19 日改为晋冀豫区党委机关刊。1942 年 9 月 1 日出至第七十八期，改为中共太行分局机关刊。1949 年 8 月 19 日，太行区党委撤销时停刊，共出版 121 期。该刊是在太行山区出版时间最长的刊物。

11 月 16 日 《抗战戏剧》在武汉创刊，半月刊。田汉、马彦祥主编，洪深参与编辑，张庚、马彦祥、郑君里、洪深、陈白尘、章泯、石凌鹤、陈荒煤、老舍、欧阳山尊等为主要作者，华中图书公司发行。该刊以“戏剧服务于抗战、推动抗战救亡戏剧运动的发展”为办刊宗旨，是一个理论与创作并重的专门性戏剧刊物，设有《专论》《短论》《特辑》《抗战剧坛》《剧本》《通讯网》《述评》《批评记事》等专栏。在抗战的形势下，该刊联络全国戏剧界和各救亡抗敌演剧团体，总结抗战期间救亡演剧运动的经验与教训，对推进有抗战意义的剧本创作起了重要作用。1938 年 7 月 25 日出至第二卷第五期后终刊，共出版 13 期。

12 月 11 日　中国共产党中央在国民党统治区唯一公开出版的机关刊《群众》在汉口创刊，周刊。潘汉年任社长兼发行人，章汉夫主编。该刊广泛地向国统区的人民宣传马列主义；宣传党的抗日救国的各项政治主张、持久战的思想，以及敌后军民英勇抗战、粉碎敌寇“扫荡”的实绩；介绍陕甘宁边区等抗日根据地生产建设、民主政治、文化教育的成就。从 1937 年 12 月至 1945 年 9 月，该刊在汉口、重庆两地共出版 10 卷 210 期，吸引和影响了国统区无数革命群众走上抗日道路，被毛泽东称赞为党的一个“方面军”。该刊迁至上海后，担负起党报的任务，不断揭露国民党的独裁统治，宣传解放区的新民主主义的政治、经济、文化成就，介绍土改运动中农民翻身的情况。该刊先后在汉口、重庆、上海、香港等地出版。

12 月 12 日　《全民》周刊在汉口创刊。由沈钧儒创办，柳湜、李公朴、钱俊瑞、张志让、张仲实、王昆仑、张申府等参与编辑，李公朴为发行人，全民周刊社出版。该刊旨在为争取全国全民族战争胜利而奋斗，呼吁停止内战、一致对外，要求实行民主，反对专制独裁；主要内容是抨击时弊，评述国际形势和中日关系。1938 年 7 月 2 日出至第二卷第三十号后停刊，与《抗战》杂志合并，更名为《全民抗战》重新出版。

12 月　《新战线》在广州创刊。该刊是抗战时期广东著名的抗日救亡刊物，当时在广州的中国共产党、国民党，以及各党派许多著名的社会人士、学者都为其撰稿，发表抗战言论。该刊登载为抗日战争而出谋划策的专家学者们的论文；报告各地抗战形势，主要是广东抗日救亡运动动态；文艺工作者为抗日救亡而创作的文艺作品等内容。共出版 2 卷 28 期。

1938年

1月21日 中共陕西省委机关刊《西北》周刊在西安创刊。李初梨主编。1938年12月24日遭国民党查禁停刊，共出版30期。

1月28日 《前线周刊》在西安创刊，前6期为小型周刊。八路军总政治部前线周刊社出版。该刊创刊号的《见面的话》一文指出："出版这个刊物的目的，首先是供给八路军的工作同志以政治和军事上的指导；其次是对一切抗日友军、抗日的朋友，忠诚地贡献我们的经验与教训、理论与方法，并且竭诚地希望一切抗日友人，也给我们宝贵的指导和经验的交流。"

2月1日 中共陕甘宁边区委机关刊《团结》在延安创刊，半月刊，后改为月刊。毛泽东题写刊名。陕甘宁边区党委编印，自第二十三期起改由团结社编印。1940年4月8日停刊。

△ 东北救亡总会会刊《反攻》在武汉创刊，半月刊。卢广绩任社长，关梦觉、炳然、于毅夫、王卓然历任主编，生活书店经销。该刊设有《短评》《政论》《报道》《文学作品》《人物专访》等栏目。其在武汉时期，报道东北人民的反日斗争，号召关内东北流亡同胞加强团结，为打回东北老家去而战，并突出报道了东北抗日联军艰苦抗战、英勇杀敌的事迹；在重庆时期，反对对日投降妥协，报道中国共产党领导下的东北抗日联军、八路军新四军、地方游击队等在敌后抗日斗争的事迹，也大量刊载了共产党人、国民党左派以及各界进步人士的文章，向民众宣传抗战。1945年9月18日停刊，共出版17卷94期。

2月20日 中共晋察冀中央局党刊《战线》半月刊创刊。该刊主要任务是加强党的思想和政策教育，传达中央、北方局和分局的指示，加强对各地实际工作的指导和理论教育，吸收、总结各种经验和指导各地工作。1945年6月15日停刊，1947年12月5日复刊。1948年4月10日中共晋察冀中央局、中共晋冀鲁豫中央局撤销，成立中共中央华北局，该刊终刊，共出版一百三十余期。

4月1日 《自由中国》文艺月刊在汉口创刊。臧云远、孙陵编辑，郭沫若、周扬、田汉等为主要撰稿人，张云溪为发行人。该刊登载民主人士、作家的小说、散文、歌曲、诗词等，亦发表论文。第二期上刊有毛泽东在延安给《自由中国》的题词：“一切爱国人民团结起来，为自由的中国而奋斗”，以及杨朔撰写的《毛泽东特写》。

△ 中国青年新闻记者学会会刊《新闻记者》在武汉创刊，月刊。1938 年 11 月 25 日迁到重庆出版，范长江主编。该刊是团结新闻界同人，发表对国是意见的重要阵地。1941 年 1 月因皖南事变被迫停刊。

4 月 2 日 中共中央发出《关于党报问题给地方党的指示》，要求“地方党组织必须根据党报、杂志上重要负责同志的论文，当作是党的政策和党的工作方针来研究”。

4 月 16 日 《文艺阵地》在广州创刊。茅盾主编，生活书店出版发行。该刊广泛地团结了抗战中进步的文艺力量，巴人、黄绳、锡金、任钧、邹荻帆、王亚平、艾青等参与撰稿。1938 年 7、8 月间广州遭日军轰炸，移至香港编辑，在上海付印。1939 年 1 月 16 日后，茅盾去新疆，由楼适夷代行编务。1944 年 3 月因国民党当局的查禁被迫停刊，共出版 63 期。

4 月 在周恩来的领导下，长江局成立国际宣传委员会，同时设置办事机构国际宣传组（此为南方局外事组的前身），王炳南主持工作。主要从事翻译中共领导人的著作，为国际刊物撰稿，与国际友人进行联络。

5 月 1 日 《大美画报》在上海创刊。由大美晚报社主办，张旭、伍联德、赵家璧主持。该刊反映前线战事、各地救亡活动，刊登日军战争罪行的新闻照片，报道敌伪情况和国际新闻；国共重要人物的形象出现在各期封面上，如蒋介石、宋美龄、宋子文，毛泽东、周恩来、朱德等。1939 年 8 月停刊。

5 月 4 日 中华全国文艺界抗敌协会会刊《抗战文艺》在汉口创刊，初为三日刊，后改为周刊、半月刊、月刊、不定期刊。楼适夷、锡金、孔苏、姚蓬子编辑。该刊登载了大量有关抗战的文论、诗歌、小说、通讯、漫画等，是抗战期间国统区发行最广、影响最大、出版时间最长，且唯一贯穿抗战始终的进步文艺刊物，对抗战时期的文学和文艺运动产生了巨大影响。除第十卷第四、五期合刊编完后未出版外，正刊共出版 72 期。此外，1938 年“文协”迁往重庆后，还在武汉坚持出版过《武汉特刊》4

期；1946 年 4 月还出版了 1 辑《选刊》。

5 月 10 日 《杂志》在上海创刊，初为半月刊，第九卷第五期起改为月刊。该刊主要报道与分析国内外形势，曾详细论述了西方世界英、法、美与德、意之间的复杂关系；报道中日两国政治、经济、军事、教育、文化、外交等方面的情况；报道抗日战争中的历次重大战役，歌颂中国军民英勇抗日斗争的事迹。1945 年 8 月出至第十五卷第五期后停刊。

7 月 1 日 《解放》第四十三、四十四期合刊出版，首次发表毛泽东的《论持久战》。这是毛泽东于 1938 年 5 月 26 日至 6 月 3 日在延安抗日战争研究会上的讲演，全面考察了中日双方存在的互相矛盾的特点，论证了“亡国论”和“速胜论”的错误思想，总结抗战 10 个月的经验，指出抗战将经历“战略防御、战略相持和战略反攻”，即持久战的三个阶段，还阐明了抗战过程中游击战争的重要战略地位。

7 月 21 日 国民党第五届中常会第八十六次会议通过《战时图书杂志原稿审查办法》《修正抗战期间图书杂志审查标准》，规定“凡图书杂志原稿应一律送当地图书杂志审查机关审查认可后，始能出版发行”。

8 月 1 日 《前线画报》在延安创刊，月刊。八路军政治部编辑出版。该刊以画为主，配以文字说明，间有诗、歌曲、短文；内容反映八路军战斗、生产、学习的活动，同时揭露日本帝国主义的侵略罪行和国民党反动派的反动本质。1942 年 4 月停刊，共出版 32 期。

9 月 10 日 《民族公论》月刊在上海创刊。王任叔主编，胡愈之、胡曲园、潘梓年、郑振铎、吴大琨、孙冶方等参与撰稿。该刊是上海“孤岛”时期宣传中国共产党抗日民族统一战线的综合类理论刊物，主要刊登政治学、哲学、经济学、社会学、文学等方面的文章。1939 年 7 月停刊，共出版 2 卷 10 期。

9 月 11 日 全国各界救国会的言论机关刊《国民公论》在武汉创刊。张铁生、胡愈之、千家驹历任主编。该刊是当时影响较大的时事政治刊物，先后刊载毛泽东的《第二次帝国主义战争讲演提纲》、周恩来的《中日战争之政略与战略问题——一个报告大纲》、叶剑英的《从抗战经验谈到当前战局》等文，发表了宣传中国共产党抗日民族统一战线政策与坚持持久战的文章。1939 年 1 月 1 日迁至桂林出版，1941 年 2 月停刊，共出版 49 期。

10 月 10 日 《译报周刊》在上海创刊。梅益、王任叔、林淡秋、冯宾符等负责编辑。该刊作为《每日译报》的副刊出版，是上海“孤岛”时期中国共产党地下组织在上海创办的进步刊物，旨在引导舆论、动员民众、维护和巩固抗日民族统一战线，设有《一周战局》《每周瞭望》《知识讲座》《社论》《生活漫谈》《书报介绍》等栏目，内容侧重向沦陷区民众及时传递正面战场和敌后抗日根据地坚持抗战的真实信息，着重宣传中国共产党的抗战路线和政策，揭露日、德、意法西斯的罪行。1939 年 6 月 22 日被迫停刊，共出版 2 卷 37 期。

10 月 16 日 《文艺新潮》在上海创刊。钱君匋、李楚材历任主编。该刊得到中国共产党上海地下组织的大力支持，进步作家楼适夷、巴金、郭绍虞、王西彦、朱雯、王亚平、钟望阳、阿英、关露、罗洪等纷纷撰文支持。该刊以“纯文学”为掩敌耳目，实际发表了许多抗战文章，曾出版多个特辑，如《鲁迅先生逝世三周年纪念》《语文特辑特大号》《米价与生活特辑》《关于现实主义讨论特辑》等。

10 月 《文化哨》在长治创刊，月刊。晋东南文化教育界救国总会创办，高沐鸿、王玉堂（冈夫）、王书良、陈大东、周化南、郝汀、王振华等编辑。该刊是太行根据地在抗战期间的第一份综合类文化期刊。

1939 年

1 月 11 日 《鲁迅风》在上海创刊，周刊。文载道（金性尧）、石灵编辑。许广平、唐弢、巴人、陈望道、郑振铎等为主要撰稿人。该刊旨在在当时的斗争年代“探取鲁迅先生使用武器的奥秘，使用我们可能使用的武器，袭击当前的大敌”，主要刊载杂文，研究学习和继承发扬鲁迅精神遗产，抨击时弊，反对日本帝国主义侵华。在许广平的支持下，该刊较早披露鲁迅的部分日记、书信和译稿等，发表了不少回忆和研究鲁迅的文章，在当时颇有影响。1939 年 9 月 15 日停刊，共出版 19 期。

1 月 15 日 《八路军军政杂志》在延安创刊。肖向荣主编。毛泽东、王稼祥、萧劲光、郭化若、肖向荣组成编委会，毛泽东、朱德、周恩来、彭德怀及八路军的许多领导人都为之撰稿和提供材料。毛泽东撰写《发刊词》，阐明其办刊宗旨是：为了提高八路军的抗战力量，同时也为了供给抗战友军与抗战人民关于八路军抗战经验的参考材料。该刊载表政论、专论、通讯、文件、工作研究、调查报告、译文等，内容涉及政治、文化、经济、军事等各个方面；是八路军政治部主办的人民军队第一个系统研究详细介绍军事、政治工作的刊物，对于各抗日根据地及时了解中央军委的战略方针与敌军状况、介绍各方面工作经验、取得抗战胜利起到了极为重要的作用。1942 年 3 月停刊，共出版 39 期。

1 月 20 日 《东南战线》在金华创刊，月刊。由中共浙江省委文委主办，邵荃麟、骆耕漠主编，何香凝、薛暮桥、夏征农、王任叔、艾青、孙冶方等曾为其撰稿。该刊载行范围远及东南和西南各省，具有广泛的政治影响。1939 年 6 月 12 日被国民党当局查禁停刊。

1 月 《农学月刊》在北平创刊。由北京大学农学院农学月刊社创办。该刊以“弘扬我国数千年固有的农学，介绍国内外新兴的农学研究”为使命，设有《论著》《研究》《特载》《调查》《农业常识》《农事要闻》等栏目。

△ 《中国女医》在上海创刊，双月刊。中国女医学社主办、发行。该刊以“促进女医界互助精神，共同团结奋斗，发挥女医界同仁的学说思想”为办刊宗旨，主要登载中医药理论、诊断与治疗、处方，内容偏重于妇科，并刊登女医生小传等。该刊编辑、作者皆为从事中医职业的女性。1941 年 10 月停刊，共出版 8 期。

2 月 1 日 《读书月报》在重庆创刊。艾寒松、史枚、胡绳、廖庶谦历任主编，生活书店出版。该刊旨在介绍读书心得，读书学习的方法和经验，评论新书报，解答读书的疑难，提供研究讨论提纲，以开阔青年眼界，选择可用可读之书，培养“独立思想”和“自动研究的勇气和能力”，以“发展战时的学术，作为抗战行动的指导，战胜日本法西斯”；设有《学术论著》《社会科学讲座》《书报评介》《读书方法与经验》《读书问答》《读书小辞典》《时事评论》等栏目，每期刊登新书和全国定期刊物一览。1941 年 2 月停刊，共出版 23 期。

2 月 16 日 《文艺战线》在延安创刊，月刊，第六期起改为季刊。由延安文化界救亡协会创办，周扬主编，生活书店总经销。丁玲、成仿吾、艾思奇、沙可夫、沙汀、李伯钊、何其芳、周扬、柯仲平、陈荒煤、刘白羽、冯乃超、夏衍、陈学昭、周文、卞之琳等为编委。1941 年 1 月皖南事变后停刊，共出版 8 期。

△ 国民党五届中央常委会通过《修正印刷承印未送审图书杂志原稿取缔办法草案》及《修正检查书店发售违禁出版品办法草案》。严密控制未送审的报章和各类出版物。规定对出版、发售未送审图书及违禁出版品者，分别情节给予警告、没收、罚款、封闭等处分。

2 月 新四军综合类刊物《抗敌》杂志在泾县云岭创刊。由新四军政治部主办，冯达飞、薛暮桥、聂绀弩、夏征农、李一氓、林植夫、朱镜我等组成编委会。该刊属指导性刊物，宣传中国共产党和新四军的抗日方针，揭露汉奸汪精卫的卖国罪行和国民党顽固派的“假抗日，真反共”的阴谋，团结、教育广大指战员和各阶层人士。1939 年 12 月被迫停刊。

△ 《说文月刊》在上海创刊。卫聚贤主笔，郭沫若、卫聚贤、高本汉、张禄、丁福保、吕思勉、金祖同、朱幼白等撰稿，说文月刊社出版发行。该刊以“研究学术，发扬文化，提倡纯正思想”为主旨，所选文章包括文学、语言、历史、考古、古钱、文艺及经济问题等。1941 年 12 月停刊，1942 年 7 月在重庆复刊，卷期续前。

3 月 《建设研究》在桂林创刊，月刊。由广西建设研究会创办。撰稿人来自各方面，有共产党员、进步人士、新桂系要员、著名专家、学者等。该刊以“研究广西及全国政治、经济、文化、建设等问题，供各界人士参考”为办刊宗旨，设有《专著》《研究报告》《广西动态》《建设资料》《特载》《选载》《会务报告》等栏目。1944 年 6 月桂林疏散时停刊。

4 月 1 日 中共广东省委机关刊《新华南》在韶关创刊。中共秘密党员尚仲衣主编，1939 年 4 月底尚仲衣罹难，由石辟澜接主编。该刊宣传中国共产党在抗日时期的各项方针、路线，动员民众反抗侵略，成为华南地区的舆论宣传阵地。1941 年春，被国民党政府查禁停刊。

△ 《抗战生活》在山西长治创刊。张磐石主编，太行文化教育出版社出版发行。该刊是反映根据地军民斗争生活的综合类刊物。1939 年 6 月 15 日，因日军围攻长治地区被迫休刊。1940 年 5 月 1 日，在太北的新华日报社复刊，并特聘何云、张磐石、李伯钊、林火、徐懋庸、杨献珍、高沐

鸿等为编委，朱德题词："祝抗战生活复刊"。1941年12月，与《华北文艺》合并后改为《华北文化》出版。

4月5日　《时论丛刊》在上海创刊。王任叔主编。该刊是抗战时期中国共产党领导下的时事政论性刊物，内容主要选载全国重要报刊的精华文章，反映抗战时期的国内外形势，歌颂中国人民英勇抗战的伟绩，呼吁加强民族团结，宣传各党派主张，介绍战时各方面建设情况，揭露日伪罪行。

4月15日　《理论与现实》在重庆创刊，季刊。沈志远主编，千家驹、艾思奇、李达、侯外庐、马哲民、曹靖华、潘梓年、钱俊瑞等为编委，生活书店出版发行。该刊登载有关论述国内政治、哲学、经济和文艺思想的文章，指导抗战事业。1941年1月15日被迫停刊，1946年5月15日在上海复刊，仍由沈志远主编，编委有郭沫若、马寅初、郑振铎、沈志远、翦伯赞、马叙伦、胡绳、周建人、张东荪，出版了4期，1947年3月最后1期在香港出版后终刊。前后共出版10期。之后，又出版了《理论与现实丛刊》，由沈志远主编，香港新中出版社出版，新中国书局印刷，第二辑为《中国土地问题与土地改革专号》、第三辑为《马克思主义百年纪念专号》。

6月1日　中共中央发行部在延安成立。9月1日改为中共中央出版发行部。李富春任部长，王林任副部长，褚苏生任秘书长。下设出版、印刷、发行、总务、秘书等五处。新华书店和中央印刷厂均独立建制，由出版发行部直接领导。

△　《诗》在广西桂平创刊。周为、胡明树、韩北屏等为编委。该刊旨在推动抗战诗歌的发展，设立《创作》《翻译》《介绍》《评论》等栏目。

6月　《抗战建设》创刊。半月刊。由晋察冀边区行政委员会主办。该刊以边区政府关于抗战建设的政策法令、方案、指示、号召为主要内容。1942年1月并入《边政导报》。

△　《中国妇女》在延安创刊。月刊。亚苏主编。该刊以宣传马克思列宁主义、宣传中共中央在抗日战争时期的方针政策为主要内容。1941年3月停刊。1949年7月在北平复刊，更名为《新中国妇女》，1956年1月

恢复《中国妇女》刊名。1967年停刊。1978年7月复刊，现为中华全国妇女联合会的机关刊。

△ 《中国青年》1939年第三期登载毛泽东的《在延安五四运动二十周年纪念大会的演讲》。此文后被收录《毛泽东选集》，改题为《青年运动的方向》。

7月31日 《新长城》创刊。月刊，中共中央北方分局主办，晋察冀边区新长城社出版的综合性理论期刊。该刊以刊载边区党政军领导的文章为主，同时转载《解放》杂志上重要文章，以指导边区的对敌斗争和各项建设工作。

8月 《解放》周刊连载刘少奇的《论共产党员的修养》。该文被列为中国共产党1942年整风运动的学习文件。

10月4日 中国共产党中央党内理论刊《共产党人》在延安创刊。月刊。由洛甫（张闻天）负责，罗迈（李维汉）为编辑主任，作者有王稼祥、洛甫、朱德、刘少奇、陈云、李富春、罗迈等。毛泽东撰写《发刊词》，系统而又深刻地总结了中国共产党过去18年中的宝贵经验，即统一战线、武装斗争、党的建设，并指出这是中国共产党领导全国人民战胜敌人的三大法宝。1941年8月20日停刊，共出版19期。

10月9日 国民党中央政治大学新闻系举行世界报纸杂志展览会，展出英、美等三十多个国家的报纸五百多种、杂志四百多种，有两千多人参观了展览。

11月1日 《上海周报》创刊。该刊是中国共产党上海地下组织领导的综合类刊物，名义上是英国人佛利特所办并编辑、英商独立出版公司发行，实际由张宗麟负责、吴景崧任总编辑，梅益、王任叔、唐守愚、冯宾符、姚溱、方行、张钢、钟望阳等撰稿。该刊以“让‘孤岛’人民得知抗日战争的情况”为主旨。设有《社论》《一周简评》《国际时事论著》《国内时事论著》《外论译丛》等栏目。杜重远在新疆遇难后，该刊做了报道并发表短评。1941年8月9日该刊出版《上海问题特大号》，发表了《沦为孤岛四周年》的专文。1939年12月6日被迫停刊，共出版102期。

11月20日 《新闻学季刊》在重庆创刊。由中央政治学校新闻学研究会主办。该刊旨在改革中国新闻事业，弘扬新闻学术精神。

1940 年

1 月 1 日 《新音乐》月刊在重庆创刊。李绿水、林路历任主编，读书出版社总经销。延安的许多歌曲新作，都是通过该刊向大后方传播的。

1 月 15 日 《文学月报》在重庆创刊。姚蓬子、周扬历任主编。该刊积极参与到战时文坛的文学论争之中，推动文艺潮流，在文学创作上也对抗战文学的发展起着促进作用。

2 月 7 日 《中国工人》在延安创刊，月刊。马纯古主编。毛泽东撰写的《发刊词》指出："《中国工人》应该成为教育工人、训练工人干部的学校，读《中国工人》的人就是这个学校的学生。"1941 年 3 月 8 日停刊，共出版 13 期。

2 月 15 日 《中国文化》月刊在延安创刊。由陕甘宁边区文化协会主办，艾思奇主编。该刊创刊号首表了毛泽东 1940 年 1 月 9 日在陕甘宁边区文化协会第一次代表大会上的讲演，题为《新民主主义的政治与新民主主义的文化》，2 月 20 日在《解放》第九十八、九十九期合刊登载时，标题改为《新民主主义论》。该文是马列主义普遍真理同中国革命具体实践相结合的伟大成果，它科学总结了鸦片战争以后，特别是中国共产党成立后中国革命的经验教训，深刻论述了中国民主革命发展的基本规律，第一次旗帜鲜明地提出了新民主主义的完整理论，丰富和发展了马列主义有关民族和殖民地革命的理论。1941 年 8 月 20 日停刊，共出版 3 卷 3 期。

3 月 《黄河》文学月刊在西安创刊。谢冰莹主编。该刊为了推动抗战文艺的发展，一方面介绍各抗日根据地、国统区、沦陷区抗战文艺发展的动态；另一方面总结抗战小说、戏曲、诗歌的创作经验。1944 年 4 月停刊。1948 年 3 月复刊，同年 8 月终刊，共出版 58 期。该刊是抗战时期西北地区重要刊物之一。

4 月 15 日 《大众文艺》在延安创刊。萧三主编，中华全国文艺界抗敌协会延安分会编辑出版。毛泽东题写刊名。该刊以"开展文艺的大众化工作"为主旨，强调是"除一般大众的文艺杂志应有的任务外，还应是对文艺小组及初学写作的一种带教育性的刊物。"1940 年 12 月 15 日停刊，共出版 9 期。

5 月　《经济学报》在北平创刊，年刊。由燕京大学经济学会主办，张延祝、秦佩珩、胡立贤历任主编。该刊主要刊登经济方面的论著和研究报告。

6 月 16 日　《国文月刊》在昆明创刊。浦江清主编，朱自清、罗庸、沈从文、王力、余冠英等历任编委，国立西南联合大学师范学院国文月刊社编辑，开明书店出版发行。该刊“不想登载高深的学术研究论文，却欢迎国学专家为本刊写些深入浅出的文章，介绍中国语言文字及文学上的基本知识给青年读者”。1949 年 8 月停刊，共出版 82 期。

6 月　《中国医药月刊》在北平创刊。董德懋、周铉章主编，聘请施今墨为医学顾问，特邀曹颖甫、陆渊雷、章次公、时逸人等国内中医界名家撰稿。该刊以“研究我国固有之实验医学”为目的、以“发扬国医学术、普及医药知识”为主旨，设有《论著》《医学常识》《处方选粹》《医学新闻》《医林丛谈》《药物研究》等栏目。1943 年 12 月停刊，共出版 42 期。

7 月　《前线》月刊创刊，1941 年 2 月 15 日第八期起改为半月刊。邓小平、罗瑞卿、陆定一、滕代远为编委，八路军野战政治部出版。该刊是政治理论性刊物，以增强军队战斗力、提高军事素养、加强战略战术和部队政治工作的研究为中心任务，发表了许多理论性、指导性很强的文章，对当时的反“扫荡”起着极大的指导作用。

11 月 1 日　《戏剧春秋》在桂林创刊。田汉主编，郭沫若、茅盾、田汉、夏衍等撰稿。1942 年 10 月停刊，共出版 19 期。

12 月 1 日　中国青年通讯社在延安成立，出版发行《中国青年通讯》，分为北方版和南方版。

1941 年

1 月 1 日　《文艺月报》在延安创刊。萧军、舒群、丁玲历任主编。该刊以“活跃文艺气氛、推动文艺创作”为主旨，报道延安开展文艺活动的情况。1942 年 1 月第十三期改为双月刊，8 月 31 日终刊，共出版 17 期。

1月24日 汪伪国民政府修正公布《出版法》。1月25日，汪伪国民党宣传部、警政部会同修正公布《出版法施行细则》。

1月 《中国医学》在上海创刊。该刊是上海“孤岛”时期具有代表性的中医药期刊。1941年3月停刊。

△ 《中联银行》月刊创刊。该刊内容包括经济理论研究和中外金融事业的发展，结合战争形势介绍美、英、日、德等国家的财政政策，涉及工商、矿业、金融、市场合作等方面；主要有《论著》《译述》《时事评述拔萃》《华北各地经济概括》等栏目。

2月 延安《新中华报》举办全国报纸杂志展览会，展出国内各种报刊一千多种，并做简要介绍。3月5日闭幕，参观者达2万人。

5月1日 《华北文艺》在河北冶河镇创刊。欧阳山主编，徐懋庸、蒋弼、高沐鸿、林火、陈默君、张秀中、李庄、王玉堂、洪荒、乔秋远、袁勃等为编委，康濯、陈企霞、秦北阳、王燎莹等为编辑部成员，华北文艺社出版，华北新华书店发行。1949年5月1日迁往北平出版，改由新华书店发行，同年7月1日停刊，共出版6期。

6月20日 中共中央宣传部在《关于宣传鼓动工作》中指出：“办报，办刊物，出书籍，应当成为党的宣传鼓动中最重要的任务，应当大量地印刷和发行各种革命的书报。”

7月9日 中国近代著名教育家、出版家，中华书局创办人陆费逵在香港病逝。陆费逵1915年改组中华书局为股份公司，其间，先后出版《中华小说界》《中华实业界》《中华妇女界》《大中华》等期刊。

8月20日 《时代》周刊在上海创刊。以苏商时代出版社名义出版，姜椿芳负责编辑工作。该刊着重报道苏联人民英勇斗争和世界反法西斯战争进程的真实情况。上海解放以后，时代出版社宣布改组，由中方经营，姜椿芳任社长，该刊改为综合类半月刊，刊登了中国人民解放军的布告和毛泽东的《论人民民主专政》等。1951年8月20日终刊，共出版359期。

9月15日 《文艺生活》在桂林创刊。马文森主编，文献出版社印行。郭沫若题写刊名，郭沫若、黄药眠、田汉、茅盾、夏衍、冯乃超、何其芳等为主要作者。该刊始终高举争取民主、民族解放的旗帜，团结国统区一切进步作家，用文学作为武器，为反对国民党反动统治、为民族解放事业、为创造一个美好的未来而奋斗；注重创作，有小说、诗歌、戏剧、杂文、报告文学，兼顾翻译和评论。该刊吸引了广大的文艺青年，在国统区产生了很大影响。

11 月 15 日　《谷雨》在延安创刊。双月刊，十六开，竖排铅印。由中华全国文艺界抗敌协会延安分会主办，艾青、丁玲、舒群、萧军、何其芳等编辑。刊载《快乐的人》《谈延安文艺工作者的立场、态度和任务》《政治家、艺术家》《关于艺术的内容与形式》等文章。1942 年 8 月 15 日停刊，共出版 6 期。

11 月　《中山学报》创刊。国立中山大学出版。该刊内容为社会科学与自然科学的综合类，并按学科性质由各学院主编专号。

1942 年

1 月 16 日　中共中央出版局制定《中央出版局的业务与组织》及《出版条例》。

1 月　《大学》在成都创刊。陈中凡、黄宪章、李相符、杨显东、马浚、陈家芷为编委，彭迪先、施复亮、李晓舫等为特约撰稿人。该刊以“四书”中的“大学”为名，提倡“科学中国化”“中国科学化”，创造一个国际平等、政治平等、经济平等的新中国。1947 年 8 月由成都迁上海继续出版。

3 月 15 日　《电影与播音》月刊在成都创刊。孙明经主编，由因抗战迁往成都的金陵大学理学院电影与播音编刊社编辑出版。该刊发表了大量关于电影技术及早期电视、广播及通话系统的技术文章，也有一些电影理论文章，如《电影术语名词辩正》《蜕变期中的我国电影界》《美国影片标准》《苏联的儿童电影》等。1945 年随校迁南京，1949 年 9 月停刊。该刊是我国最早的院校的电影学报。

5 月 2 日　晋察冀画报社成立，晋察冀军区政治部任命沙飞任主任（社长）、罗光达任副主任（副社长），赵烈任政治指导员，下设 4 股，全社共计百余人。同年 7 月 7 日，《晋察冀画报》在河北平山县创刊，不定期出版。由晋察冀军区政治部主办，沙飞、罗光达主编，晋察冀画报社编辑出版。该刊登载反映边区内部、各抗日根据地、大后方各种斗争和建设，以及海外反法西斯战争新闻图片和漫画、木刻等美术作品，也刊登通讯、报告、诗歌、散文、小说等；是敌后抗日根据地唯一的以照片为主的大型新闻摄影画报，对抗日战争和解放战争的胜利发挥了巨大的宣传鼓动作用，同时对解放区新闻摄影和画报事业的发展有很大影响。

5 月 27 日 中国共产党创始人之一，新文化运动的主要领导者，我国著名的理论家、政治家、报刊活动家，《新青年》主编陈独秀在江津逝世。

9 月 25 日 《联合画报》在重庆创刊。由中美英联合成立的幻灯电影供应社主办，美国人温福立任社长，复旦大学舒宗侨主编。该刊以新闻图片客观地报道中国和世界各国抗击法西斯斗争，曾被誉为“世界战场的瞭望台”。1949 年 4 月出版 227 期后停刊。

1943 年

1 月 1 日 《现代妇女》在重庆创刊，月刊。曹孟君主编。该刊是中共中央南方局妇女组直接领导的综合类妇女杂志，“以宣传动员全国姊妹参加抗战，推进民主政治，以争取姊妹们本身彻底独立解放之号角自任”，刊登国内外政治形势述评、经济形势分析、国内外重大事件、妇女问题短评、妇女人物介绍、思想修养等文章。

3 月 中共中央政治局会议决定设立宣传委员会，作为政治局和书记处的助理机关；原中央党报委员会撤销。宣传委员会由毛泽东、王稼祥、秦邦宪（博古）、凯丰组成，毛泽东任书记、王稼祥任副书记，胡乔木任秘书；统一管理中宣部、《解放日报》、新华社、中央党校、文委和出版局。

△ 综合类文化月刊《天下文章》在重庆创刊。徐昌霖、周彦、吴熙祖主编。1945 年 6 月停刊，共出版 12 期。

4 月 15 日 国民政府行政院公布《非常时期报社、通讯社、杂志社登记管制暂行办法》，显示国民党加强对国统区新闻的统制。

8 月 《山东画报》在莒南创刊。康矛召参与创办并兼任社长、主编，初由八路军一一五师兼山东军区政治部主办，从第二期开始，改由山东军区政治部山东画报社出版。1947 年改为《华东画报》出版。新中国成立后，《华东画报》恢复《山东画报》出版，现隶属山东出版传媒股份有限公司。

12 月 读书出版社、生活书店、文林出版社、新知书店等出版单位在重庆创建第一个联营书店——“新出版业联合总处”，成立后立即组织各种斗争，抗议国民党书刊检查制度。1944 年 5 月，该机构参加了重庆整个文化界要求取消图书杂志和戏剧演出审查制度的斗争，这是进步出版业在党的领导下积极进行反查禁斗争的重要体现。

1944 年

4 月 27 日 鉴于《著作权法》在实施过程中存在的问题，国民政府对其进行了修正，然后公布了《修正著作权法》。《修正著作权法》加重了对侵犯著作权行为的处罚。9 月 5 日，国民政府修正公布《著作权法施行细则》，规定了注册登记和规费收取的标准。

5 月 3 日 重庆出版界参加文化界集会，要求言论出版自由，取消新闻、图书、杂志及戏剧演出的审查制度。

6 月 20 日 国民政府公布《战时出版品审查办法及禁载标准》，共十四条，主要内容是规定对战时出版品的审查。该标准提出：新闻报纸、图书、杂志、影片、戏剧剧本等，都属战时出版品之列，它们的出版、发行与上映，均应实施审查；其中，报纸、影片、剧本实施事前审查（即原稿审查），图书、杂志实行事后审查（即成品审查）；凡未自动送审或送审后不遵检之出版品，由著作人或发行人负法律责任。

7 月 24 日 伟大的爱国者、政治家，杰出的新闻工作者和革命出版家邹韬奋在上海病逝。1944 年 9 月 28 日，中共中央电唁邹韬奋家属，接受邹韬奋临终的请求，追认他为中国共产党党员。

8 月 华北新华书店根据当时苏联在上海出版的《时代》周刊，由冯诗云缩编成《时代文摘》出版，旬刊。该刊摘编苏联卫国战争中苏联人民的英勇业绩，社会主义新的技术装备和威力，以及希特勒德国在红军和苏联人民面前狼狈不堪的窘态。中共中央北方局宣传部和八路军野战政治部指定该刊为干部必读刊物。

12 月 9 日 《民主周刊》在昆明创刊。该刊是民盟云南支部机关刊，李公朴、闻一多惨案后被国民党政府查封。1946 年 8 月停刊，共出版 3 卷 71 期。

1945 年

1 月 《民主与科学》在重庆创刊。张西曼主编，吴燕生、陶大镛、丁雨山编辑，民主与科学杂志社编辑出版和发行。该刊以“争取国际民主团结及抗战胜利，同时促进科学教育，发扬科学的建国精神，使国家民族同跻于富强之林”为办刊宗旨，所载文章针砭时弊、慷慨激昂，政治论文注重民主宪政，反对独裁内战；科学论文提倡科技兴国，注重国民生计。

6 月 1 日 《革命政治》在太原创刊。由国民党山西省执行部高级干部责任会议秘书长办公室编印。该刊宣传阎锡山的“兵农合一”“物劳学说”等。

7 月 16 日 《开明少年》在重庆创刊。夏丏尊、叶圣陶主编，贾祖璋、唐锡光、叶至善等编辑，开明书店出版。该刊内容侧重于面向未满 14 周岁的少年儿童，生动活泼、丰富多彩，是融教育、知识、时事、图画为一体的综合类刊物，深受当时少年儿童的欢迎。

8 月 17 日 《延安归来》出版后，进步人士张志让、杨卫玉、傅彬然三人起草了重庆杂志界宣布“拒检”的联合声明，在征得《宪政》《国讯》《中华论坛》《民主世界》《再生》《民宪》《民主与科学》《中学生》《新中华》《东方杂志》《文汇周报》《中苏文化》《现代妇女》《战时教育》《国论》《学生杂志》等 16 家杂志社的签名后正式发表，庄严宣布自 9 月 1 日起一致不再送检，并将这一决定正式函告国民党中宣部、宪政实施协进会和国民参政会。同时，《宪政》《国讯》《中华论坛》《民主世界》《民宪》《再生》《东方杂志》《新中华》《中学生》《文汇周报》等 10 家杂志社还决定出版一份不向国民党政府办理登记手续、稿件全部不送检的《联合增刊》。8 月 27 日，重庆杂志界联谊会集会，在“拒检”声明上签名的杂志社增至 33 家。9 月 15 日，《宪政》等 10 家杂志社联合国讯书店发行的 4 开报纸《联合增刊》第一期出版。9 月 18 日，中国共产党领导的机关刊物《群众》杂志也正式宣布自即期起不再送检。

9 月　为配合建立巩固的东北根据地发展需要，根据党中央及东北局彭真、陈云等领导意见，将解放区冀热辽画报社更名为东北画报社，同时《冀热辽画报》也更名为《东北画报》出版。12 月《东北画报》的创刊号在辽宁本溪出版，主要内容是《庆祝苏联十月社会主义革命纪念特辑》，刊登 23 幅由苏联政府提供的庆祝苏联十月革命节、向无敌的英勇红军致敬等照片。1955 年 2 月更名为《辽宁画报》出版。

△　国民政府颁布《管理收复区报纸通讯社杂志电影广播事业暂行办法》《废除出版检查制度办法》等一系列规定，10 月又颁布了《增订管理收复区各文化事业补充办法》，通过审核登记、报送出版物的方式，强化新闻出版管理，实施舆论统制。

10 月 9 日　《文萃》在上海创刊。黎澍、陈子涛历任主编。初期为集纳性和文摘性刊物，主要选载重庆、成都、昆明等地报刊上的进步文章，也发表少量特约稿件。在延安《解放日报》和重庆《新华日报》受国民党阻挠、不能发行到华东各大城市时，该刊以转载上述两报的文章为主要内容。1946 年 5 月起，逐渐改变文摘刊物的性质自行组稿，作者有郭沫若、茅盾、田汉、马叙伦、宦乡、邓初民、胡绳、姚溱等。1947 年 3 月因被国民党当局查封，改为丛刊形式，不定期秘密出版发行。

10 月 13 日　《民主》周刊在上海创刊。由生活书店主办，郑振铎主编，马叙伦、许广平、郑森禹、罗稷南、蒋天佐等为编委。该刊以“阐扬民主思潮，促进国内和平，评析重要时事，介绍最新学术”为办刊宗旨，反对国民党当局所发动的内战，主张实现政治民主。1946 年 10 月 31 日停刊，共出版 50 期。

12 月 30 日　《人民世纪》在北平创刊，半月刊。在中国共产党北平地下组织领导下以北平人民世纪社名义出版，万舒扬（何家栋）等编辑。该刊载表有关政治协商会议、美国对华政策、国共合作、学生运动等方面的评论，介绍陕北解放区和各地民主运动情况，也刊登过郭沫若、周而复、萧军、丁玲等人的文章。1946 年 3 月 11 日停刊，共出版 4 期。

12 月　《上海文化》创刊。由庄智源、王彦存等创办与编辑，上海文化服务社出版。该刊主要报道上海及国内外文化动态和出版界近况，评介书报杂志，刊有上海期刊、报纸经售机关、通讯社、各报重要人事调查表，曾举办一系列有关新闻出版问题的座谈会，如光复后的上海新闻界、上海文化界的检讨、上海杂志界的控诉、上海小报化周刊问题、上海书报摊贩座谈会、战时战后文艺检讨座谈会等，郭沫若、郑振铎、夏衍、赵景深、田汉、吕君樵、舒新城、刘大杰、冯乃超、林焕平、包天笑、范烟桥、郭天闻、周予同等曾出席。1947 年 1 月 15 日停刊，共出版 12 期。

1946 年

1 月 1 日 《人民时代》创刊。由抗战日报社主办，穆欣主编，晋绥新华书店总发行。编辑人员主要来自抗战日报社，部分来自晋绥大众报社、人民画报社、新华社晋绥总分社等单位。该刊既有时政方面的通讯报道、短篇和长篇论文，也有文艺作品和文艺性评论，是晋绥边区创建以来出版篇幅最大的一份综合类期刊。

1 月 8 日 重庆生活书店、新知书店、读书出版社等 36 家出版社联名致函即将召开的政治协商会议，提出废止国民党政府公布的出版法，取消期刊登记办法，撤销收复区审检办法，明令取消一切非法检扣、取缔寄递限制的要求。

1 月 9 日 《民主生活》在重庆创刊，周刊。由民主同盟中央主办，宋云彬主编，沈钧儒发行。该刊指出了抗战后中国国内的实情，把问题的症结归咎于不民主的政治现实。

1 月 26 日 中国民主同盟机关刊《民主周刊》在北平创刊。由北平民主周刊社创办，张光年、汪骏、李世濂等编辑。该刊主要刊载中国民主同盟纲领、宣言等文件与活动情况，反映华北人民的呼声与要求，还登载关于宪法问题、教育问题的文章。出版第十五期后，于 1947 年 1 月更名为《民主半月刊》，3 月停刊。

1 月 28 日 《人言周刊》在北平创刊。宋匡我主编，陆元炽、王起等编辑，北平人言周刊社出版。该刊公开阐明中国共产党的方针、政策和主张，介绍解放区的情况，揭露国民党政府假和谈、真内战的阴谋，联合进步力量抗议国民党当局对进步势力的压迫与摧残。1946 年 5 月 29 日，北平市警察局以“未核准登记”为借口，勒令《解放报》、新华社北平分社等 77 家报纸、杂志、通讯社停刊。该刊第 17 期上全文发表了叶剑英为抗议《解放报》被迫停刊对中外记者的谈话，以及北平市出版业联合会的紧急呼吁。1946 年 6 月 17 日停刊，共出版 19 期。

1 月　《世界与中国》（译文月刊）在北平创刊。由北平世界与中国杂志社主办，李树桐主编。该刊内容涉及政治、经济、科学、艺术、文学、人物传记及海外风情，旨在介绍进步学术思想，拓宽国人视野，以发展国内建设；设有《论文》《特载》《人物》《海外生活》《科学》《专载》《艺术》《小说》等主要栏目。第四卷第一期辟有《解放区特辑》，载有毛泽东的《论反对日本帝国主义的策略》一文；第四卷第三期为《解放区文艺专号》，载有孙犁、丁玲、郭沫若、秦兆阳等人的作品。1949 年 3 月停刊。

△　《人民文艺》月刊在北平创刊。由北平人民文艺社主编，北平民主出版社发行。该刊旨在为民主思潮摇旗呐喊，希望给民主运动以帮助；曾发表赵树理的《小二黑结婚》、孙犁的《荷花淀》、杨朔的《乱人坑》等小说，连载茅盾的小说《生活之一页》、张恨水的《江边野哭人》，以及韦明的报告文学《破击战》，刘白羽的散文《重庆小景》等。1946 年 9 月停刊，共出版 1 卷 6 期。

△　上海出版公司出版的《文艺复兴》创刊。郑振铎、李健吾主编，钱家圭、刘哲民先后为发行人，郭沫若、茅盾、巴金、叶圣陶、靳以、沈从文、许广平、季羡林、丁玲、钱钟书、曹禺等均在该刊载表了大量作品。

2 月 15 日　《建国评论》半月刊在北平创刊。由北平建国评论社主办。该刊主要刊登各大学教授撰写的政论性文章，对抗战胜利后“建国的实际问题，用超党派、纯学术的立场，分别提出商讨”，反对国民党独裁统治，要求民主自由，倾向于走中间路线；设有《时评》《政论》《专著》《通讯》《文艺》《大事记》等栏目。1946 年 9 月 16 日停刊，共出版 12 期。

3 月 1 日　《北方文化》在张家口创刊。成仿吾任社长，丁玲、成仿吾、艾青、沙可夫、何干之、吕骥、周扬、张如心、冯宿海、杨献珍、邓拓、刘皑风、萧三、萧军等组成编委会。第一卷由成仿吾、张如心主编；第二卷由成仿吾、沙可夫主编，陈企霞编辑。该刊是晋察冀解放区领导的进步期刊，所载作品有较高水准，对解放区的民主改革和建设起到了推动作用。1946 年 8 月 16 日停刊，共出版 2 卷 12 期。

3 月 17 日 上海杂志界联谊会成立，有《新文化》《中原》《时代学生》《世界知识》《文艺春秋》《文萃》《时代》《文联》《青年知识》《文坛》《中学生》《开明少年》等四十多家会员单位。

3 月 25 日 上海杂志界联谊会 25 家杂志社联名发表《为抗议摧残言论出版发行自由的宣言》，全力支持北平出版业联合会提出的要求。

3 月 《新学风》在合肥创刊。安徽省政府教育厅编印。该刊极力倡导新的学风，主张吸收西洋知识，发扬固有精神而建立本位文化，即“提倡科学，实事求是，注重实际学问，合此数者之精神而化为一体，以建立我三民主义之新教育、新文化”。1947 年 3 月停刊，共出版 12 期。

4 月 7 日 《消息》在上海创刊，半月刊。由姚溱根据张执一、梅益、夏衍等人的意见创办，姚溱、方行负责，金仲华、胡绳、周建人、叶圣陶、周予同、蔡尚思、韩述之、吴祖光等撰稿，米谷、张文元等作画。该刊揭露国民党反动派的黑暗腐败，报道解放区军民自卫反击的胜利，反映国统区人民争取和平民主运动的浩大声势，还刊登了邹韬奋的遗作《患难余生》。出版至 14 期后被迫停刊。

5 月 1 日 《知识》在佳木斯创刊。由中共中央东北局宣传部主办，舒群主编，高铁、纪云龙任副主编，先后在佳木斯、哈尔滨、沈阳出版。1949 年 8 月 15 日，与《生活报》《东北青年》合并更名为《生活知识》。共出版 12 卷 68 期。

△ 《清明》月刊在上海创刊。吴祖光、丁聪主编，张文元、夏衍、田汉、郁风、靳以、茅盾、戈宝权、臧克家、赵超构等撰稿，上海山河图书公司出版。该刊刊载政论、绘画、木刻、雕塑、诗歌、散文、剧本等内容，发表一批有思想深度和创作技巧的优秀杂文，木刻、漫画、水墨画等作品；团结了许多进步的作家、艺术家。1946 年 10 月 15 日停刊，共出版 4 期。

8 月 16 日 《经济导报》在北平创刊，半月刊。由北平民生出版公司主办。该刊主张政治上实现统一、和平、民主化，反对官僚买办；在正确理论指导下制订合理政策计划；经济建设需要政府倡导经营并与人民通力合作。该刊采取理论研讨与实际并重，对各种经济问题加以评论分析，同时报道国内外各种经济现象。

12 月 1 日 《东北文艺》在哈尔滨创刊。东北文艺编委会编辑，东北文协出版部出版，东北书店发行。该刊聚集了一大批优秀作者，如周立波、赵树理、罗烽、公木、萧军、塞克、舒群、白朗、严文井、刘白羽、西虹、周洁夫、范政、史松北、张东川、宋之的、戈宝权、金人、马加、雷加、谢挺宇等。1948 年 1 月 1 日停刊，共出版 12 期。新中国成立后，该刊先后更名为《文学丛刊》《文学月刊》《处女地》《文艺红旗》《辽宁文艺》《鸭绿江》。

1947 年

1 月 1 日 《商业新闻年刊》在上海创刊。商业新闻社编辑出版。该刊主要登载《商标法》《商业登记法》《海商法》《票据法》，以及上海地区商业统计数据。

3 月 14 日 《时与文》在上海创刊，周刊。程博洪主编，周天行、汤德明编辑。该刊侧重发表有关时事和国内外政治、经济、军事、文化等方面的文章，反对独裁统治，鼓吹走中间路线。3 月 21 日出版的第二期刊载冯契的《中西文化的冲突与汇合》，批评了中国本位与全盘西化两种倾向，主张“摧毁而又继承中国的传统文化，否定而又接受西洋的潮流”，建设“以人民为本位”的新文化，实行资本主义的民主政治。1948 年 9 月 24 日，国民党当局以“言论偏激”的罪名将其查封。

5 月 《中国广播月刊》在北平创刊。由北平中国广播月刊社主办，班显祖主编。该刊设有《论著》《新闻》《无线电理论及实验》《广播节目表》等栏目，发表有关广播理论的学术论文，报道时事新闻，介绍广播设施、无线电广播知识和广播界人物事迹，刊登各省、市广播电台的情况，公布当月广播节目表等。1947 年 9 月停刊，共出版 5 期。

7月21日 《文萃丛刊》编辑部被国民党特务查获，该刊工作人员吴承德、陈子涛、骆何民三人被捕，后在上海解放前夕惨遭杀害，时称“文萃三烈士”。

7月 《生生画刊》周刊在北平创刊。该刊主要涉及政事、军事、文学、艺术、名人逸事等内容，发表书法、绘画、摄影等作品，并系统地介绍明代版画。

10月1日 《中国作家》在上海创刊，月刊。中华全国文艺协会出版，开明书店发行，舒舍予（老舍）为发行人，该刊注重从文学的本原性出发来阐述文学发展的方向，所刊作品既有理论的研究和探索，又有对当时社会生活的描述。1948年5月停刊，共出版3期，另出版小32开特刊1辑。

1948年

1月30日 晋冀鲁豫中央局宣传部作出《关于成立边区出版局的决定》，由宣传部长周扬兼任局长，下设编辑部、出版发行部。

3月1日 《翻身乐》在哈尔滨创刊。由中共东北局宣传部领导，翻身乐杂志社编辑。1948年7月，更名为《共产党员》，毛泽东题写刊名。1948年11月2日沈阳解放，《共产党员》随中共中央东北局迁到沈阳。2000年2月成立辽宁党刊集团。

4月1日 《人民知识》在乌兰浩特创刊，月刊。该刊的读者对象以初级干部和农牧民为主，宣传贯彻党的路线、方针、政策，系统地有针对性地介绍国内外大事，介绍政治常识、生产知识及各种科学知识，传播国外进步文化，用丰富的内容满足广大读者的不同需求，以达到提高蒙古民族的文化水平和政治觉悟的目的。

5月1日 《展望》在上海创刊，周刊。由中华职业教育社主办，俞寰澄任社长，黄炎培、陈仁炳任副社长。该刊在揭露国民党玩弄“和平谈判”的阴谋，及时报道国民党军事上的失败情况等方面起过较大影响。1949年3月19日，因国民党当局查封被迫停刊。1949年6月1日再次复刊，尚丁任社务委员会主席兼主编。1954年扩大改组为新知识出版社，该刊成为出版社的一个编辑室，先后由黄立文和修孟千负责。1958 年新知识出版社改组为教育出版社，该刊并入人民出版社，1961 年停刊。前后历时 14 年，共出版 680 期。

6 月 英文刊物《中国地球物理学报》（Journal of Chinese Geophysical Society）在上海创刊，双月刊。由中国地球物理学会主办。该刊以“反映我国地球物理学科的重大研究成果，促进学术交流、繁荣学科发展”为办刊宗旨，主要刊登有关国内外地球物理科学某一领域或某一专题的研究现状与进展的总结和评论，有关地球物理的学科发展史及国内外有关地球物理科学学术活动报告，其内容涉及地球的海陆空各领域的资源、环境和灾害。1949 年后迁南京出版。1954 年迁至北京出版，更名为《地球物理学报》，以中文出版，由中国地球物理学会和中国科学院地球物理研究所等主办。1966 年 6 月停刊，1973 年 9 月复刊。1988 年起由美国阿伦顿出版公司翻译出版英文版，刊名为《Chinese Journal of Geophysics》。

7 月 5 日 《再造》在上海创刊，旬刊。周一志主编，方言为发行人。该刊创刊号载有马寅初的《对日损害赔偿问题》、刘不同的《谁是近三十年罪人》等文章。

8 月 25 日 《文学战线》在哈尔滨创刊，月刊。周立波主编，马加任副主编，文学战线杂志社出版、发行。该刊以发表各类文学作品为主要内容，亦刊载文学评论、译文和政论性文章。1948 年 12 月迁至沈阳出版，1949 年 7 月停刊，共出版 11 期。

△ 《大众医学》在上海创刊。由裘法祖、过晋源创办。该刊秉持“忠实于医学，造福于大众”的办刊宗旨，为一代又一代中国人输送着健康知识的营养。

11 月 8 日 中共中央下发《关于新解放城市中中外报刊、通讯社处理办法的决定》，对于解放城市中原有报刊及通讯社分不同类型、处理原则和方法进行了政策性规定。1948 年 11 月 26 日，中共中央又下发了《关于处理新解放城市报刊、通讯社中的几个具体问题的指示》。

12 月 21 日 北平市军管会文化接管委员会成立，委员会下设教育、文艺、文物、新闻出版四个部；确定接管对象、拟定接管计划、配备各单位的接管人员，同时进行普遍的城市政策学习和接管纪律教育。

12 月 29 日 中共中央发出《关于新区出版事业的政策指示》，对没收国民党反动派的出版机关以及允许民营及非全部官僚资本所经营的书店继续营业等政策作出规定。

1949 年

2 月 16 日 中共中央宣传部决定成立出版委员会，黄洛峰任主任委员，在中央迁北平以前，有关工作由华北局宣传部周扬领导。

2 月 18 日 北平市军管会文化接管委员会公布《北平市报纸、杂志、通讯社登记暂行办法》。文化接管委员会新闻出版部下设出版处刊物组，具体负责对解放前创办、解放后仍在出版的期刊的清理和接管，以及对解放后北平新创办期刊的注册登记等管理工作。

△ 《新闻观察》在上海创刊，半月刊。由邹凡扬负责，倪之琨主编。该刊主要介绍解放区的情况和中国共产党的政策。1949 年 4 月，出版至第四期被国民党当局查禁。

3 月 《报告》在上海创刊，周刊。由徐中玉、姚雪垠创办。该刊第一期介绍了解放区的新面貌，刚出版即被查封，8000 册刊物全被扣压，直到上海解放后才在书店和报摊出售。

5 月 《进步青年》在北平创刊，月刊。叶圣陶主编，胡愈之、茅盾、周建人等撰稿。该刊设有《时事特写》《论著》《青年指导》《文艺》等栏目，以特写、报道、文艺等形式反映解放初期中国人民的新生活、新思想，内容涉及社会科学和自然科学的各个方面，对于教育、引导青年投身到新时代的建设生活中去，起了一定的推动作用。1949 年 9 月停刊。该刊是北平解放后最早创办的期刊之一。

7 月 1 日 中共中央宣传部出版委员会组织和领导的华北联合出版社在北平成立。该社系由国营新华书店拨出部分资金并派领导干部，和商务印书馆、中华书局等 15 家（后增至 23 家）私营书店联合组成。该社是新中国出版事业公私合营的最早尝试。

7 月 20 日 《新中国妇女》在北平创刊。新中国妇女社编辑出版。该刊以“运用马列主义毛泽东思想分析当前的妇女问题及妇女解放途径，了解妇女生活问题和妇女工作情况，交流妇女工作经验，供给妇女工作材料，指导妇女运动的发展”为办刊宗旨，在宋庆龄、何香凝、蔡畅、邓颖超等妇女运动领袖直接领导下进行工作，为妇女解放和新中国建设作出了贡献。1956 年 1 月更名为《中国妇女》。

8 月 15 日 《生活知识报》在沈阳创刊，后更名为《东北青年报》《共青团员报》《共青团员》杂志。1966 年停刊。1972 年复刊，又更名为《辽宁青年》。从 1983 年开始，《辽宁青年》以“跟党紧些、再紧些，离青年近些、再近些”为办刊宗旨，实实在在地为全国青年办实事、办好事，旗帜鲜明地维护青年朋友的合法权益，为广大青年的健康成长和成才服务。从而赢得了广大青年读者的欢迎和信赖，发行量大幅度上升，最高期发量达 240 万册，被广大青年称之为“青年人健康成长和成才的教科书”。

9 月 8 日 《新建设》在北平创刊。费青、吴晗、费孝通、雷洁琼、钱伟长等组成编委会。毛泽东、朱德、董必武、张澜等分别题词，毛泽东的题词是：“随着经济建设的高潮的到来，不可避免地将出现一个文化建设的高潮。中国人被人认为不文明的时代已经过去了，我们将以一个具有高度文化的民族出现于世界”。该刊设有《专著》《译文》《书评》《学术文摘》等栏目。1956 年并入光明日报社，1958 年秋并入中国科学院哲学社会科学学部，1966 年停刊。

9 月 21 日 中国人民政治协商会议第一届全体会议一致通过《中国人民政治协商会议共同纲领》。其中，第五条规定：“中华人民共和国人民有思想、言论、出版、集会、结社、通讯、人身、居住、迁徙、宗教信仰及示威游行的自由权。”第四十九条规定：“保护报道真实新闻的自由，禁止利用新闻以进行诽谤、破坏国家人民的利益和煽动世界战争。”这些规定，确立了中华人民共和国实行新闻自由的原则，即在报道真实新闻和不进行违法活动的前提下，广大人民享有充分的言论、出版自由，确立了国家积极发展为人民服务的新闻事业的方针。

9 月 15 日 《学习》杂志在北平创刊。由艾思奇、胡绳等创办，中共中央宣传部主办，学习杂志编委会编辑，生活·读书·新知三联书店发行。该刊以马克思主义、毛泽东思想为指导，开展对社会科学各个学科的理论研究和探讨，以促进社会主义革命和社会主义建设。1958 年 10 月停刊。

10月1日 中华人民共和国成立。根据《中华人民共和国中央人民政府组织法》规定，政务院下设新闻总署、出版总署。中央人民政府委员会第三次会议通过任命：胡乔木为新闻总署署长，范长江、萨空了为副署长；胡愈之为出版总署署长，叶圣陶、周建人为副署长。

10月3日至19日 中宣部出版委员会在北京召开全国新华书店出版工作会议，这是中华人民共和国成立后召开的第一次全国出版工作会议。毛泽东为大会题词："认真作好出版工作"，并在会议期间接见了全体代表；朱德为大会题词："加强领导，力求进步"。10月5日，黄洛峰在会上作《出版委员会工作报告》。出版委员会拟定出版《新中国妇女》《新闻》《人民文学》《文艺报》《新音乐》《人民》等9种杂志。出版处设立杂志出版科，统一管理杂志出版事宜。

10月25日 《人民文学》杂志在北京创刊。由中国作家协会主办，茅盾主编。毛泽东为创刊号题词："希望有更多好作品出世"。茅盾撰写《发刊词》指出，该刊的任务是"通过各种文学形式，反映新中国的成长，表现和赞扬人民大众在革命斗争和生产建设中的伟大业绩，创造富有思想内容和艺术价值、为人民大众所喜闻乐见的人民文学，以发挥其教育人民的伟大效能。"1966年停刊，1976年1月复刊。该刊是新中国第一份文学期刊。

11月1日 出版总署在北京召开第一次扩大会议，即成立大会。署长胡愈之，副署长叶圣陶、周建人出席。胡愈之在讲话中说："出版总署是由华北人民政府教育部所属教科书编审委员会、中共中央领导下的出版委员会和新华书店编辑部三个部分合起来组成的。""从今天出版总署宣告成立起，我们要担负起领导全国的出版事业。"出版总署主管下列事宜：建立及经营国家出版、印刷、发行事业，管理国家出版物的编辑、翻译及审定工作，联系、指导全国各方面的翻译出版工作，调整公营、公私合营及私营出版事业的相互关系。出版总署下设办公厅、出版事业司、图书期刊司、出版干部司、编译局。

11月15日 《新华月报》在北京创刊。由胡愈之挂帅创办，胡绳、傅彬然、曹伯韩、杨培新、王子野、楼适夷、艾青、臧克家、石少华等组成编委会；1950 年改由人民出版社主办。毛泽东为创刊号题词：“爱祖国，爱人民，爱劳动，爱护公共财产为全体国民的公德。”该刊旨在记录新中国人民的历史，宣传中国共产党和政府的大政方针，按月刊载党和国家的重要文件，中央领导人的重要讲话和文章及国内外重大事件报道。1956 年 1 月曾改为半月刊，1966 年停刊。1970 年 7 月在周恩来总理指示下复刊。1979 年出版文献版和文摘版，从 1981 年第 1 期起文献版沿用《新华月报》刊名出版，文摘版则用《新华文摘》刊名出版。

11 月 《支部生活》在天津创刊。由中共天津市委主办。该刊是新中国成立后创办的全国第一家党刊。

△ 《中苏友好》在北京创刊。由中苏友好协会总会主办，张仲实主编。该刊是介绍马列主义理论、苏联建国经验和科学艺术的综合类月刊。

12 月 1 日 中国国际书店在北京成立，初期主要经营书刊微缩出版物。进出口业务，包括：进口台、港、澳地区和国外的书刊、画册、文献资料、语言教学录音带、录像带、影片、缩微阅读器、卡片复印机等缩微设备，组织书刊、艺术品的出国展览，以及外国图书的来华展览等。1983 年 12 月改为中国国际图书贸易总公司。

12 月 17 日 文化部艺术局召集京津地区文艺报刊编辑工作座谈会，共同研究文艺编辑方针和政策，交流工作经验。出席会议的有艾青、陈企霞、萧殷、袁水拍、徐迟、臧克家、巴波、方纪、沙鸥等 17 种刊物的负责人。周扬到会讲话。

12 月 21 日 中央人民政府政务院批准，由出版总署、新闻总署、轻工业部等 8 个单位组织文化用纸管理委员会，黄炎培任主任委员，范长江、吴波任副主任委员。29 日，委员会举行成立大会。会议确定扶植并发展本国造纸工业，限制进口外国纸张和对文化用纸给予财政补贴三项方针。自此，出版用纸由文化用纸管理委员会统一管理调配。

1950 年

1 月 《人民中国》（英文版）在北京创刊。该刊是新中国出版的第一份外文期刊，是新中国向世界打开的第一扇窗口，新中国的声音从这里传向世界。1958 年 3 月 4 日，更名为《北京周报》（英文版）出版，又相继推出法、日、德、西班牙文版。《北京周报》（英文版）是新中国出版的第一份外文时事政治性周刊。

△ 《说说唱唱》在北京创刊。李伯钊、赵树理、老舍历任主编。该刊以“开创民族的、大众的、科学的说唱文艺”为主旨，要求“用人民大众的眼光来写各种人的生活和新的变化”，做到散文能“说”、韵文能“唱”、识字的人看得懂、不识字者听得懂，力图通过所发表的说唱作品和大众诗作，表现社会主义新时代的新风格，以促进人民群众喜闻乐见的各种通俗文艺形式的繁荣与发展。1955 年 3 月更名为《北京文艺》，1980 年 10 月更名为《北京文学》。

△ 《地理知识》在南京创刊。由中国科学工作者协会南京分会地理组主办；1951 年 7 月迁至北京，由中国地理学会、中国科学院地理研究所联合主办，李旭旦主编。该刊旨在力争成为读者“认识祖国的向导，瞭望世界的窗口，学习地理的益友。”1966 年 7 月停刊，2000 年 10 月更名为《中国国家地理》出版至今。

△ 《文物参考资料》在北京创刊，月刊。文化部文物局资料室编辑出版。该刊反映国内文物考古的重大成果，刊载有关文物考古方面的专题研究论文，介绍和研究我国的出土文物和传世文物。郭沫若、郑振铎、范文澜、翦伯赞、梁思成等曾发表文章，具有很高的学术价值。1959 年 1 月更名为《文物》。1966 年停刊，1972 年经周恩来批准复刊。

4 月 1 日 《儿童时代》在上海创刊。由宋庆龄创办并题写刊名，鲁风主编，朱德、彭德怀、叶剑英、李瑞环等题词，郭沫若、巴金、老舍、冰心、苏步青、陈伯吹、曹文轩、秦文君等撰稿。该刊是新中国第一份少儿刊物，一直秉承宋庆龄“源源不断地给儿童提供精美的精神食粮”的要求，引领少年儿童读者的精神成长。

4 月 16 日 《湖南教育》在长沙创刊。毛泽东曾两次题写刊名。该刊内容强调教育报道与教学研究相结合，理论性与实践性相结合，指导性与服务性相结合。

4 月 《人民戏剧》在北京创刊。由中国戏剧家协会主办，田汉主编。该刊是新中国第一份戏剧刊物，旨在繁荣中华戏剧文化，融理论性、知识性、趣味性于一体，图文并茂地介绍优秀表演艺术家的艺术经验及艺术生活，涉猎外国戏剧领域，关注并反映戏剧家及戏剧爱好者的愿望与要求。1952 年暂时停刊。1954 年 1 月复刊时更名为《戏剧报》，1966 年 5 月停刊。1976 年 2 月再次复刊时恢复《人民戏剧》，1983 年又恢复《戏剧报》，1988 年 6 月再次更名为《中国戏剧》。

△ 《好孩子》在沈阳创刊。鲁企风任社长。该刊坚持以“反映少年儿童生活，为少年儿童提供健康向上、丰富精美的精神食粮，培养少年儿童德、智、体、美、劳全面发展，做有理想、有文化、有道德、有纪律的合格接班人”为办刊宗旨，曾先后更名为《红孩子》《红小兵》《新少年》。

5 月 1 日 《人民教育》在北京创刊。由中华人民共和国教育部主办。毛泽东为创刊号题词：“恢复和发展人民教育是当前重要任务之一”。该刊是一份全国性综合类的教育刊物，是教育部从思想上、政策上、业务上指导全国教育工作的重要舆论工具；主要面向中小学、职业学校的教师与干部，师范学校的师生，各级教育行政干部，以及关心教育的各界人士。1966 年停刊，1977 年复刊。

5 月 《中国报道》在北京创刊，月刊。叶籁士任总编辑。该刊旨在通过介绍中国的政治、经济、文化、历史、科技、社会生活等方面取得的巨大成就，让国外读者了解中国，以增进中国人民与世界各国人民之间的友谊，扩大中国在世界的影响；通过报道中国和国际的世界语活动，发表研究世界语的论文和创作，交流学习、应用和推广世界语的经验，促进中外世界语运动的发展。2000 年该刊印刷版转为网络版，同时《中国报道》中文月刊创刊。

6 月 1 日 《大众电影》在上海创刊。由上海市文化局主办，梅朵、王世桢任主编。1952 年 4 月迁至北京，与中国电影公司所办的《新电影》合并，仍以《大众电影》出版。1962 年秋迁回上海，与《上海电影》合并，1966 年停刊。1978 年 1 月在北京复刊，改由中国电影家协会主办。1982 年发行量高达九百五十多万册，成为当年国内发行量最大的艺术类刊物。2014 年进行改版，改版后的《大众电影》定位年轻都市消费人群，致力于打造电影文化娱乐杂志第一品牌，出版至今。

6 月 在钱伟长主持下,《国立清华大学工程学报》复刊,承续前身,编订为第四卷第二期。该刊为清华大学在中华人民共和国成立初期复刊最早的科技学术期刊之一。

7 月 1 日 中央人民政府出版总署图书馆在北京成立。1957 年更名为文化部出版事业管理局版本图书馆。“文化大革命”期间,遵照周恩来总理的指示,于 1970 年 5 月并入北京图书馆,改称北京图书馆版本书库,仍保留原来的业务工作。1972 年年底,从北京图书馆分出划归国务院出版口管辖,改名为国家出版事业管理局版本图书馆。1995 年 10 月,中国版本图书馆与国家新闻出版署信息中心合并,称国家新闻出版署信息中心。2001 年 4 月,更名为国家新闻出版总署信息中心(中国版本图书馆),保存正式出版的图书、期刊的样本。

△ 《新体育》在北京创刊。由中国全国体育总会筹备委员会主办,郝克强主编。毛泽东题写刊名,朱德为创刊号题词“提倡国民体育”。该刊旨在办成“研究和宣传新体育建设”的刊物。1966 年 11 月停刊,1972 年 10 月复刊。该刊作为新中国第一份体育杂志,见证了中国体育事业的发展与辉煌。

7 月 27 日 中共中央转发中央宣传部《关于目前出版工作的通知》,提出出版工作必须克服无计划、无政府状态和公私关系不协调的缺点。

7 月 《人民画报》在北京创刊。由文化部主办,朱丹主编。毛泽东题写刊名。该刊《发刊词》提出:“人民画报的重要任务就在于用摄影机和画笔来向全国人民报道这些使每一个人感到兴奋鼓舞的新鲜事物。”该刊是反映新中国政治、经济、文化,以及党和国家领导人重大活动、对外宣传的一份画刊,用真实生动的图片和文字,向全世界展现中国的发展和变化,成为新中国政治、经济、文化、生活诸方面发展的生动见证。该刊以中文及多种外文出版,在国内外一百多个国家和地区发行。

△ 《新观察》在北京创刊。先后由人民出版社、人民日报社出版。该刊曾发表过郭沫若、茅盾、老舍、巴金、叶圣陶、冰心、丁玲、冯雪峰、费孝通、齐白石、张大千、刘海粟、华君武等名家的作品,胡乔木曾称赞该刊“活泼清新,图文并茂,上下古今,无所不谈”。1960 年停刊,1980 年复刊,1989 年 8 月再次停刊。

8 月 29 日至 9 月 10 日 出版总署在北京召开全国新华书店第二次工作会议，并作出《关于国营书刊出版印刷发行企业分工专业化与调整公私关系的决定》。该《决定》指出："新华书店解除了出版和印刷的业务之后，应该成为全国统一经营与统一管理的书刊载行机关。"

8 月 中华全国自然科学工作者代表大会在北京召开，决定成立中华全国自然科学专门学会联合会和中华全国科学技术普及协会。1950 年 12 月，全国科联一届四次常委会议通过《中华全国自然科学专门学会联合会会员学会通则》，在"关于会员学会的条件"中规定："各专门学会必须做相当学术活动，如出版本科学术性之定期刊物，审定本科专门名词、单位及标准编著"。

△ 《中国科学》在北京创刊。初由中国科学院主办，科学出版社出版。后改为中国科学院和国家自然科学基金委员会共同主办，中国科学杂志社出版。该刊立足于中国科学院、面向全国，目前已经出版了《中国科学：数学》(中英文版)、《中国科学：化学》(中英文版)、《中国科学：生命科学》(中英文版)、《中国科学：地球科学》(中英文版)、《中国科学：技术科学》(中英文版)、《中国科学：信息科学》(中英文版)、《中国科学：物理学力学天文学》（中英文版）和《中国科学：材料科学》(英文版)。曾先后发表了《牛胰岛素》《哥德巴赫猜想》《人工合成核糖核酸》《超导研究》等一批在世界科学界有影响的论文，在报道我国的科研成果、加强国内外的学术交流、促进科研事业的发展方面作出了积极贡献。

△ 《人民水利》在北京创刊。由中央人民政府水利部主办，杨秀伟主编。该刊主要宣传党和国家关于水利工作的方针政策，介绍水利经济理论与经营思想和方法，传播先进科学技术和工作经验。1956 年 1 月更名为《中国水利》，1958 年 11 月与《人民电业》《水利电力工人报》合并时又更名为《水利与电力》。1966 年 7 月停刊。1981 年复刊时恢复《中国水利》出版。

9 月 《人民音乐》在北京创刊。由中国音乐家协会主办。创刊初期内容分评论文章和歌曲作品两部分，1953 年年底改为以音乐评论为主。该刊以较多的篇幅发表关于五四以来中国现代音乐发展的历史经验，以及萧友梅、赵元任、黎锦晖、黄自、刘天华、聂耳、冼星海、张曙、麦新等一些音乐家的历史贡献等方面的文章；反映中外音乐文化交流的情况，报道外国重大的音乐活动等。

10 月 28 日 周恩来签署发布《中央人民政府政务院关于改进和发展全国出版事业的指示》。《指示》规定：出版总署是中央人民政府负责指导和管理全国出版事业的总机关；书籍杂志的出版、发行、印刷，原则上应当逐步实现科学的分工；书籍期刊的出版与发行工作，不论公私营均不应单纯以营利为目的等。同日，经政务院批准，出版总署发布第一次全国工作会议的五项决议：关于发展人民出版事业的基本方针，改进和发展出版工作，改进和发展书刊载行工作，改进期刊工作，改进书刊印刷业。

10 月 《时事手册》在北京创刊。由中宣部主办，王宗一主编。该刊创刊号阐明其任务是："帮助读者熟悉国内国际的重要时事，并在群众中进行时事宣传"，内容以国内国际时事的讲解为主，也酌量介绍宣传工作的实际经验；在当时对全国基层干部和群众学习党的政策、了解天下大事，起到了十分重要的作用。1965 年停刊。

△ 《中国金融》在北京创刊，月刊。由中国人民银行主办，杨培新主编。该刊以"服务于金融改革和发展、服务于金融中心工作、服务于金融系统广大干部职工"为办刊宗旨，以"大金融、宽口径、全方位"为视野，以"解读、宣传中共中央、国务院有关金融工作方针政策，反馈金融政策执行情况，研究实际金融问题"为主要任务。1958 年更名为《中国金融周报》，1960 年停刊。1963 年复刊时恢复《中国金融》出版，1966 年再度停刊，1979 年复刊。

△ 《机械工人》在北京创刊。由机械工业部科技情报研究所、中国机械冶金工会全国委员会共同主办，林家桀主编。该刊以"交流技术革新成果，普及推广新工艺、新技术，提高工人技术水平"为办刊宗旨。1957 年分为《机械工人》（冷加工）和《机械工人》（热加工）两刊出版，1960 年停刊。1964 年复刊，1966 年再次停刊。1972 年 11 月复刊时两刊合并，改为《机械工人技术资料》，1977 年再次分为"冷加工"和"热加工"两刊出版。2008 年《机械工人》更名为《金属加工》，"冷加工"和"热加工"两刊同时改为半月刊出版。

△ 《人民军医》在北京创刊。由总后勤部卫生部主管、人民军医出版社主办。朱德题写刊名。该刊以初、中级医务人员为主要读者对象，突出报道军事医学研究成果和常见病、多发病的诊治经验，被广大基层卫生人员誉为“没有围墙的学校”“没有黑板的课堂”。

△ 《科学通报》在北京创刊。郭沫若主编。该刊以发表《研究简报》和《研究通讯》为主，主要报道自然科学各学科基础理论和应用研究方面的具有创新性、高水平和重要意义的研究成果；因其出版周期短、报道及时、文章学术水平高，得到了国内外学术界的好评，并被众多国家的检索刊物摘录，对促进国内外学术交流起了重要作用。1966 年 1 月出版了《Chinese Science Bulletin》（《科学通报》英文版）。

本年 新闻总署制定《全国报纸杂志登记暂行办法（草案）》，共十二条十六款；阐明各类期刊必须经过审查登记后才准出版发行，同时列出对期刊出版的具体要求和处罚条例。该办法是新中国第一个新闻媒体登记法规，为新闻体制法制化发展奠定了基础。

1951 年

1 月 1 日 《历史教学》在天津创刊。历史教学编委会编辑。该刊坚持学术研究与教学研究并重，是沟通学术研究与基础教学的主要期刊，自创刊起郭沫若、范文澜、陈垣、吕振羽、侯外庐、季羡林、翦伯赞、罗尔纲、雷海宗、郑天挺、周一良、齐世荣等为之撰稿。除 1966—1978 年停刊外，一直连续出版。

2 月 《解放军画报》在北京创刊。由中国人民解放军总政治部主办，田野主编。毛泽东题写刊名。其前身是红军时期的《红星画报》、抗战时期的《晋察冀画报》和解放战争时期的《华北画报》。该刊着重报道中国人民解放军的战斗历程、光荣传统和军队建设的新面貌，宣传部队和民兵在保卫祖国、建设祖国及建设社会主义精神文明中出现的先进单位、先进个人，反映国内外重大新闻事件、国内建设新成就和各族人民的生活。其形式以具有时代精神和战斗性的摄影专题报道为主，辅以优秀照片和美术作品。

3 月 21 日 新闻总署、出版总署联合发出《关于全国报纸期刊均应建立书报评论工作的指示》。《指示》指出在报刊上经常发表对各种出版物的批评、介绍和有评论性的出版消息，是有重要政治意义的工作，并规定全国各种报刊都应增设定期或不定期的书报评论专栏或专刊，刊载有关出版物的评论和消息。

4 月 出版总署根据政务院文化教育委员会的指示，成立了由周建人领导的《著作权出版权暂行条例》起草委员会。1954 年出版总署合并到文化部，1957 年 11 月，文化部出版局向国务院法制局报送了《保障出版物著作权暂行规定（草案)》，请求审查。由于整风反右运动的开展，刚刚起步的著作权立法，便在反对“知识私有”和“资产阶级法权残余”的呼喊声中停止。

5 月 《文史哲》在济南创刊。由山东大学主办，华岗任社长，杨向奎主编。文史两系的陆侃如、冯沅君、高亨、萧涤非、杨向奎、童书业、王仲荦、张维华、黄云眉、郑鹤声、赵俪生等构成了最初的编辑班底。该刊尊奉“昌明传统学术，锻铸人文新知，植根汉语世界，融入全球文明”的办刊宗旨，坚持“双百”方针，侧重于中国古典学术研究，是新中国成立后创办最早、影响最大的高校文科学报和人文社会科学杂志。1959 年 1 月停刊，8 月复刊。1966 年再度停刊，1973 年再次复刊。

6 月 《解放军文艺》在北京创刊。宋之的主编，解放军文艺社编辑，人民文学出版社出版。朱德题写刊名并题词：“更深刻更广泛地开展部队中的文艺工作，要在部队中大量培养有创造能力，并与人民解放军战士有最密切联系的文艺工作者”。该刊以反映中国人民解放军的艰苦斗争、塑造革命军人英雄形象为主，同时反映社会主义建设和人民群众中的新人新事新风尚，并通过文艺评论指导部队的文艺创作。创刊以来发表过许多名篇佳作，如《高玉宝》《霓虹灯下的哨兵》《唐山大地震》等，为繁荣中国当代文学，特别是军事文学作出贡献。1988 年，由该刊载起的有全国 108 家文学期刊参加的“中国潮”报告文学征文活动，在全国影响巨大。

7 月 24 日 经政务院文化教育委员会批准，教育部、出版总署联合发布《关于调整全国教育定期刊物的出版的决定》，对中央教育部、大行政区教育部、省市教育部门所出的教育刊物的任务、内容和读者对象作了规定。

8 月 27 日至 9 月 4 日 第一届全国出版行政会议在北京举行。胡乔木作《出版工作应为宣传马克思主义而斗争》的讲话。

11 月 26 日 出版总署发出《关于查禁书刊的规定》，提出今后查禁书刊必须经出版总署批准。但对于政治上反动及严重错误的书刊，在未经出版总署查禁前，各地可先行封存。

本年 《每月新书目》在北京创刊。月刊。由出版总署图书馆编辑出版。该刊主要报道全国最新图书出版信息，收录我国各出版单位正式出版的各类图书，包括初版和修订再版图书，也包括汉文、少数民族文字、外国文字和盲文图书；所收图书按内容性质分类编排，并列出图书内容提要。1954 年更名为《全国新书目》，1966 年 7 月停刊。1972 年 5 月复刊，1983 年 7 月起改由中国版本图书馆主办。

1952 年

1 月 《中国建设》（英文版）在北京创刊。国际友人爱泼斯坦任名誉总编辑。毛泽东、周恩来等中央领导对该刊十分关怀，毛泽东指出：“《中国建设》用事实说话，对外宣传就是应该这样做。”周恩来指出：《中国建设》的任务就是“做好同各国人民增进了解和友谊的工作”。该刊以文章为主，图文并茂；旨在通过介绍新中国各方面的成就，介绍社会主义现代化建设的新进展，增进各国人民对中国的了解与友谊。1990 年 1 月，根据宋庆龄的遗愿，经中央批准，《中国建设》（英文版）更名为《今日中国》（英文版）。

△ 《剧本》在北京创刊。月刊。由中国戏剧家协会主办，田汉任社长。该刊旨在弘扬民族优秀文化，发展戏剧事业，繁荣戏剧创作，活跃戏剧舞台；主要发表优秀剧本，研究创作问题，交流创作经验，提供上演剧目，为专业、业余创作者提供发表作品的园地；设有《话剧》《戏曲》《歌剧》《儿童剧》《课本剧》《木偶》《皮影戏》等栏目，图文并茂。1966 年停刊，1979 年复刊。

5 月 29 日 政务院财经委员会主任陈云对邮电部全国发行工作会议综合报告中《关于增加发行干部和组织社会力量推广报刊载行工作的请示》

作了批复，指出推广报刊应注意在群众自觉自愿的基础上进行，避免强迫摊派，浪费民力。

6 月 26 日 出版总署编印的内部刊物《出版通讯》在北京创刊。该刊供各地出版部门主要领导阅读参考。

7 月 1 日 出版总署发布《关于查禁书刊问题的指示》，指出对一本书的存废必须极端慎重，决不能任意采取查禁手段，不能以查禁代替批评，一般只查禁直接反对《共同纲领》而对国家有重大危害的书刊。7 月 2 日，中宣部《关于切实执行出版总署关于查禁书刊问题的通知》指出，“近一年来，出版总署和地方出版行政机关都漫无限制地任意地查禁书刊，这是一种违反党的文化教育政策的错误行为，必须立即纠正。”

7 月 《中国语文》在北京创刊。由中国文字改革研究委员会和中科院语言研究所合办，1956 年以后编辑部工作由中科院语言研究所单独承担，罗常培任总编辑。该刊主要刊登汉语现状、历史及应用、实验等的调查和研究，语言理论、语言政策的研究，汉语教学、汉外对比研究，语言学和其他学科交叉课题的研究，汉字现状、历史以及应用调查和研究，语言文字著作的评论文章等。1966 年停刊，1978 年 5 月复刊。

△ 《中国工运》在北京创刊。由中华全国总工会主办。该刊是指导基层工会工作、为基层工会服务的社科综合类期刊，主要内容是宣传中国共产党关于工人运动的方针政策和中华全国总工会指导工会工作的有关精神，交流各级工会的工作经验，并向广大工会工作者沟通信息，介绍国内外工运动态。1966 年停刊，1979 年 1 月复刊。

8 月 5 日 卫生部、出版总署联合签发《关于调整全国医药期刊出版的决定》指出，“综合类医学期刊——指导全国医药卫生方面的学术研究，中央出一种，各大行政区及各省市一律不出。”“专科医学期刊——由中华医学会各专科学会主编，每一专科学会可出一种；唯须视各专科学会所具备的条件，决定其出版与否。”

8 月 16 日 政务院公布《管理书刊出版业印刷业发行业暂行条例》和《期刊登记暂行办法》。《管理书刊出版业印刷业发行业暂行条例》规定，凡公营、公私合营、私营的书刊出版业、印刷业、发行业，均应按规定手续向当地行政出版机关申请核准营业，取得营业许可证后，再凭证另向当地工商行政机关申请登记。凡经营书刊出版业、印刷业、发行业，“不得印行违反中国人民政治协商会议共同纲领及政府法令之书刊”，不得承印或发售政府明令禁止出版发行的各种书刊。《期刊登记暂行办法》规定：各种期刊的发行，均按规定手续先行申请登记，经过受理的出版行政机关呈报上级机关核准并发给登记证后，始得发刊。

9 月 9 日 出版总署发出《关于举办出版业、印刷业、发行业和期刊的核准营业和登记工作的补充指示》。9 月 25 日，又印发《关于核准营业和登记工作中的注意事项》。

9 月 13 日 政务院发布《关于加强和充实地方出版行政机关的规定》，规定各地新闻行政机关和出版行政机构合并设立新闻出版行政机关。

9 月 《装饰》在北京创刊，初为《中央工艺美术学院学报》，展示艺术设计为衣食住行民生服务的思想。由中央工艺美术学院主办，1999 年 11 月中央工艺美术学院与清华大学合并，主办方变更为清华大学。该刊立足学术、放眼社会，内容涉及衣食住行、美化生活的各个方面，涵盖艺术设计的各个专业领域，是专业设计师、设计教育者和学生的必备读物。

10 月 25 日至 31 日 第二届全国出版行政会议在北京召开，胡愈之作《为进一步地实现出版工作的计划化而奋斗》的报告。

12 月 20 日 中共中央发布《关于加强报纸、期刊出版发行工作的规定》。《规定》要求期刊应按期出版，如一年内无故缺期三次以上者，出版行政机关应采取适当措施，必要时得令其停刊；报纸、期刊的年度和季度计划经核定后，应按核定的控制数字印行，不得临时任意加印份数等。

12 月 28 日 邮电部、出版总署联合发出《关于改进出版物发行工作的联合决定》，即自 1953 年 1 月 1 日起，实行出版物的计划发行制度，报纸、杂志由邮电局总发行，图书由新华书店总发行。

1953 年

1 月 3 日 出版总署发出《关于制订 1953 年杂志计划印数问题的通报》指出，“以减少和避免杂志的积压浪费和强迫摊派现象”，要求杂志社制订杂志计划印数时，必须明确杂志的发行对象、掌握读者数字、确定合理需要标准、掌握发行情况。

1月 《工商行政通报》在北京创刊。许涤新、薛暮桥等参与创建工作。该刊主要宣传国家有关工商行政管理的政策、法规，交流工作经验，开展有关问题的理论研讨等；是企业依法经营、开拓市场、发展壮大的指导和参谋。1966年7月停刊。1979年复刊，1980年更名为《工商行政管理》。

△ 《中国药学杂志》在北京创刊。由中国科技协会主管、中国药学会主办。该刊以中、高级药学工作者及其他医药卫生人员为读者对象，内容包括药学各学科，如生物技术、药剂学、临床药学、药理学、药品检验学、药物化学、生化药学、中药学、天然药物学等。

3月28日 出版总署发出《关于图书、杂志版本记录的规定》，自1953年5月1日实施。

5月13日 出版总署发出《关于登记内部期刊的几个问题的解释》，就内部期刊的含义，哪些内部期刊需要在出版行政机关办理登记，以及内部期刊的审批、出版发行等问题作出了解释。

7月1日 《学习导报》在长沙创刊。由中共湖南省委主办。该刊以宣传马列主义、毛泽东思想，宣传中国共产党的路线、方针、政策，辅导干部理论学习为主要任务，力求具有理论性、思想性和地方特点。1960年6月更名为《新湘评论》，毛泽东1960年题写刊名，意在“继承和发扬《湘江评论》的光荣传统”，1960年改名为《新湘评论》，1984年恢复《学习导报》出版。2007年1月再次更名为《新湘评论》，以“为宣传党的主张，传播先进文化，塑造美好心灵，弘扬社会正气，传达社情民意，倡导科学精神”为办刊宗旨。

△ 《译文》在北京创刊。茅盾主编。1959年1月，更名为《世界文学》，曹靖华主编。1964年改由中科院外国文学研究所主办，“文化大革命”期间一度停办。1977年恢复出版，内部发行一年，1978年正式复刊。该刊是鲁迅创办的《译文》的延续，内容丰富、译文忠实、品位高雅、文图并茂，深受国内广大读者的喜爱，对繁荣我国社会主义文学和促进中外文化交流起着重要的作用。

7月 《少年文艺》在上海创刊。宋庆龄题写刊名。该刊主要有小说、诗歌、散文、报告文学、童话、翻译作品等内容，被誉为“作家的摇篮”，是新中国成立以来创刊最早的儿童文学刊物。

8 月 《劳动保护通讯》在北京创刊。由劳动部办公厅主办，贺芳主编。该刊创办充分体现新中国政府对于企事业单位职工的关心和爱护，同时对安全生产和劳动保护发挥了指导和推动作用。1966 年停刊，1973 年复刊后更名为《劳动保护》，由内部刊物改为公开发行。

10 月 15 日 上海印刷学校在上海创办。1970 年停办，1978 年复校，1992 年改名为上海出版印刷高等专科学校。2000 年由直属国家新闻出版署管理改为属地化管理，归属于上海市教委管理，并由上海市与国家新闻出版署共建。该校为新中国第一所培养中等印刷技术人才的学校，被誉为我国出版印刷业的“黄埔军校”。

10 月 出版总署在关于《办理书刊出版业印刷业发行业核准营业工作报告》中指出，对“私营出版业，以各种方式加以利用、限制和改造，使其能逐步地纳入国家计划建设的轨道”。

△ 《机械工程学报》在北京创刊。由中国科技协会主管，中国机械工程学会主办。该刊是中国机械工程领域的专业学术刊物，主要报道机械工程及其交叉学科、新兴学科、边缘学科等方面的具有创新性及重要意义的前沿基础研究、应用研究的最新科研成果。

12 月 14 日 中共中央发出《关于在报刊出版物上保守国家工业建设秘密的指示》指出：目前全国各地报刊出版物对于经济建设的宣传和报道，存在着大量而严重的泄密现象。《指示》对保密的范围和原则以及应采取的保密措施，作出了具体的规定。

12 月 17 日 出版总署发布《关于全国杂志登记工作的总结报告》指出，1953 年我国杂志有了新的变化，全国共有杂志 281 种，其中，中央杂志 126 种，地方杂志 155 种；国营杂志 236 种，公私合营杂志 9 种，私营杂志 36 种。私营杂志减少了，增加了自然科学、少数民族文字的杂志，以及对外宣传的外文杂志，并提出了进一步改造私营杂志和加强全国杂志编辑力量的问题。

1954年

1月 《文艺学习》在北京创刊。韦君宜主编，黄药眠、萧殷等编辑。该刊是为适应广大青年需要而创办的一份普及性期刊，主要任务是向广大青年读者进行文学教育，普及文学基本知识，提高读者的文学欣赏和写作能力，并为我国的文学队伍培养后备力量。1957年12月停刊，1986年复刊。

2月 《历史研究》在北京创刊。尹达主编，刘大年任副主编，白寿彝、向达、陈寅恪、汤用彤、翦伯赞等17人组成编委会。毛泽东就创办《历史研究》提出以“百家争鸣”为方针研究历史。郭沫若撰写《发刊词》。该刊是新中国成立后出版最早的一份综合类史学期刊，也是中共中央中国历史问题研究委员会倡议创办的历史学专业刊物。

3月11日 政务院第208次政务会议批准出版总署《关于1953年出版工作和1954年方针任务的报告》，规定1954年的方针任务是：整顿、巩固和有重点地发展国营和地方国营出版业、印刷业、发行业，加强对私营出版业、印刷业、发行业的社会主义改造。

3月 《盲人月刊》在北京创刊。由中国残疾人联合会主办，刘若谋主编。毛泽东命名，谢觉哉题写刊名。该刊旨在宣传中国共产党的路线、方针、政策，报道国内外残疾人事业发展的情况，介绍盲人关心的重大社会事件和热点问题，就盲人关心的问题进行交流、探讨，维护盲人的合法权益，为盲人了解自身、认识社会、把握命运、增长知识、陶冶情操，全面提高自身素质，充分参与家庭生活和社会生活创造条件。1966年8月停刊，1978年10月复刊。

4月 《中国地质》在北京创刊。由国土资源部主管，中国地质调查局主办。该刊以基础性、公益性、学术性为特色，主要展示国家层次、高水平的学术科研成果，着重反映国家地质调查和科研中具有创新性、前沿性、综合性、导向性的成果，并为地学人才的成长和涌现搭建友好平台。

6月 《建筑学报》在北京创刊。由中国建筑学会主办，梁思成主编。该刊重视城市历史文化的保护和城市建筑的综合效益，在建筑创作领域中起导向作用，并以繁荣建筑创作为特色。1966 年停刊，1973 年复刊。

7 月 1 日 上海《支部生活》创刊，半月刊。由中共上海市委主办。该刊以“适应党的基层工作的需要，加强对支部工作的指导和对广大党员的政治思想教育”为办刊宗旨。

7 月 《辅导员》在北京创刊。毛振珉主编。该刊旨在为辅导员服务、为少先队服务，突出指导性和实用性；主要内容是传达中共中央、共青团中央、国家教委和全国少工委对少先队工作的指示精神，交流工作经验，宣传先进典型，提供国内外教育信息，反映少先队辅导员的学习和生活等。1959 年停刊，1964 年复刊时毛泽东题写刊名，沿用至今。1967 年停刊，1979 年复刊。

11 月 13 日 中宣部就出版总署党组报送的《逐步推行书籍杂志横排的通报》作如下答复：“我们认为在原则上可以同意实行书籍杂志由直排改为横排，但在做法上，由于这件事涉及广大群众的习惯，应当注意先从书籍、杂志做起，报纸则须从缓；同时也不要采取行政命令办法，企图在一个时期内全部实现这一改变。因此，我们同意不以通报命令行事，而在报刊上积极提倡。上述意见，业经中央批准。”

11 月 30 日 中央人民政府出版总署正式撤销。

12 月 1 日 文化部出版事业管理局成立，接替中央人民政府出版总署的工作，着重于建立和健全国营出版事业管理体制，并完成对私营出版业的改造。同时，各省、自治区、直辖市的新闻出版行政机构归并到各省、自治区、直辖市文化局。

黄洛峰任文化部出版事业管理局局长。

1955 年

1 月 1 日 《中山大学学报》在广州创刊。由中山大学主办。该刊是自然科学和社会科学方面的综合类学术刊物，以“反映本校各系各研究单位的最新科研成果，积累和提供科学资料，促进国内外学术交流”为办刊宗旨。1966 年年底停刊，1972 年年底复刊。

1 月 31 日 《南京大学学报》创刊。该刊刊登哲学、政治学、经济学、法学、社会学、历史学、文学、语言学等方面的学术论文。1973年更名为《南京大学学报》(哲学社会科学版),1987年更名为《南京大学学报》(哲学·人文科学·社会科学版)。

1月 《无线电》在北京创刊。由中国电子学会主办,人民邮电出版社编辑出版。该刊通过介绍各项新科技成果,宣传新的科学思想和科学方法,普及科技知识,获得广大青少年的喜爱。

△ 《集邮》在北京创刊。由人民邮电出版社主办,张大敏主编。该刊是以介绍邮票、邮品和集邮活动为主要内容的图文并茂的通俗性期刊,传播科学文化,普及集邮知识,指导集邮活动,丰富群众文化生活。1966年7月停刊,1980年1月复刊。宋庆龄为复刊题词:“发展集邮,丰富文化生活,传播友谊。”1982年中华全国集邮联合会成立后,成为该会会刊。

△ 《中医杂志》在北京创刊。由中华中医药学会和中国中医科学院联合主办。该刊旨在“发扬中医特色,以中医学术为本,促进中医现代化和中西医结合事业的发展,提高为主、兼顾普及,面向临床、兼重基础理论,努力促进中医药和中西医结合学术的交流与发展”。

2月 《民族画报》在北京创刊。由国家民委主办,黄修一主编。周恩来题写刊名。该刊是以摄影图片为主的综合类画报,旨在宣传党和国家的方针、政策,特别是民族政策;介绍我国少数民族政治、经济、文化教育等方面的建设成就,少数民族的生活、风土人情,以及民族地区的名胜古迹、美丽风光等;传播民族文化知识,增进各族人民之间的相互了解和团结。1960年7月停刊,1961年复刊。1966年10月再度停刊,1974年复刊。该刊现用汉、蒙古、藏、维吾尔、朝鲜、哈萨克六种文本出版发行。

3月 《哲学研究》在北京创刊。由中宣部和中国科学院哲学研究所主管,1978年后改由哲学研究所领导。该刊倡导以现实问题研究推动基础理论的研究,强调发挥哲学的探索功能;主张在真理面前人人平等,为各种有代表性的学术观点提供争鸣机会;注重追踪和分析国内外哲学发展的新动向,注重中外学术交流;重视对当代实践和科学发展中哲学问题的探讨;重视培养哲学理论研究中的新生力量。1966年6月停刊,1978年1月复刊。

4月22日 《经济研究》在北京创刊。由中科院(后改由中国社科院）经济研究所主办。该刊坚持学术性、时代性、创新性和超前性的特点，立足中国现实、面向世界经济理论研究前沿，致力于发表研究改革开放、经济发展和体制转型过程中出现的各种经济问题具有原创性意义的高水平的理论文章，以推动中国经济的现代化和中国经济学的现代化。该刊是新中国成立后的第一份经济类综合性学术理论期刊。

4 月 《作品》在广州创刊。由中国作协广东分会主办。该刊是以刊载文学创作和文学评论为主的综合类文学月刊。1964 年一度停刊，1966 年复刊更名为《南方文学》，1973 年又更名为《广东文艺》，1978 年恢复《作品》刊名。

△ 《民间文学》在北京创刊。钟敬文、贾芝、陶纯编辑。该刊旨在弘扬民族文化，推动对人民群众口头文学创作的收集、整理工作，促进民间文学理论研究，繁荣和发展民间文学事业。1966 年 5 月停刊，1979 年 3 月复刊。

5 月 20 日 中共中央签发《中共中央关于处理反动的、淫秽的、荒诞的书刊问题和关于加强对私营文化事业和企业的管理和改造的指示》。7 月 22 日，国务院签发《国务院关于处理反动的、淫秽的、荒诞的书刊图画的指示》，就此开展查禁反动、淫秽、荒诞书刊的工作。

7 月 20 日 国务院批准的《管理书刊租赁业暂行办法》开始实施。该办法对书刊出租业的出租目的、出租物、审批等诸多方面作了规范性的规定。

11 月 8 日 第一届全国人大常委会第二十三次会议通过《关于处理违法的图书杂志的决定》。《决定》指出，有下列情形之一的图书杂志都是违法：（1）反对人民民主政权，违反政府现行政策和法律、法令的；（2）煽动对民族和种族的歧视和压迫，破坏国内各民族团结的；（3）妨碍邦交，反对世界和平，宣传帝国主义侵略战争的；（4）泄露国家机密的；（5）宣扬盗窃、淫秽、凶杀、纵火及其他犯罪行为，危害人民身体健康，败坏社会公德，破坏公共秩序的；（6）其他违反宪法和法律法令的。对违法的图书杂志，各级主管机关经过审查确实后，可以呈准国务院或者省、直辖市人民委员会、自治区自治机关，按照违法情节，分别做出停止发行、停止出卖、停止出租或者没收等处理。

12 月 文化部印发《关于书籍、杂志使用字体的原则规定》和《关于汉文书籍杂志横排的原则规定》。

△ 综合类学术理论刊物《北京大学学报》(哲学社科版)创刊，双月刊。由北京大学主办，翦伯赞主编。该刊以反映本校师生在哲学、社会科学方面的科学研究成果为主，旨在鼓励不同的学术流派、学术观点之间的商榷和探讨，保持和发扬文史优势，大力加强理论学科、应用学科、新兴学料和交叉学科的研究，既尊重名家名作，又注意发现和扶持具有开拓和创造精神的新人新作。1966 年停刊，1974 年复刊。

1956 年

2 月 9 日 中共中央发布《关于报纸和期刊的创办、停办或改刊的办理手续的几项规定》。

2 月 18 日 文化部发出《全国杂志、书籍定价标准的通知》，规定杂志的正文分为十九项，按七类定价。1958 年 5 月 16 日，文化部发文通知废止杂志定价标准，各杂志可自行定价。

3 月 21 日 《知识就是力量》在北京创刊。由中国科技协会、劳动部及团中央联合主办。周恩来题写刊名。1963 年并入《科学大众》。2014 年 1 月，《知识就是力量》以新的面貌改版上市。定位为青少年综合类科普图文期刊，旨在为青少年“播种科学的种子，点燃科学的梦想”，以小知识，增大智慧，建知识圈，筑力量源；服务于青少年的学业，服务于青少年的兴趣，服务于青少年的生活，服务于青少年的成长。

3 月 《金属学报》在北京创刊。由中国金属学会主办、中科院金属研究所承办，李薰主编，科学出版社出版。该刊主要刊登冶金科技和材料科学与工程方面具有创新性的原始学术论文和高水平的综述性文章。

4 月 28 日 毛泽东在中共中央政治局扩大会议上提出，“百花齐放、百家争鸣”是繁荣文学艺术、发展科学的方针，为我国期刊事业的发展奠定了良好的基础。

5 月 28 日 中宣部发布关于同意在条件具备的各省、自治区、直辖市恢复和建立通俗画报社的批复。

7 月 《萌芽》在上海创刊。由上海市作家协会主办，哈华主编。该刊贴近生活以及校园的青年学生，既是一本青年文学刊物又是一种青年文学修养性读物。1999 年，《萌芽》联合 13 所著名高校合办中国权威作文大赛——新概念作文大赛，产生很大影响。

10 月 《火花》在太原创刊。该刊在推动山西文艺创作，尤其是形成当代革命文学流派“山药蛋派”的过程中发挥了重要作用。1982 年更名为《山西文学》。

11 月 《心理学报》在北京创刊。由中国心理学会、中科院心理研究所联合主办，曹日昌主编。该刊主要发表心理学基本理论、心理学史、普通心理学、儿童心理学、医学心理学、生理心理学以及其他心理学领域的文章，反映我国心理学研究的新成果，交流学术思想，发现和培养心理学人才。1966 年停刊，1979 年复刊。

1957 年

1 月 1 日 《星星》在成都创刊。由中国作协四川分会主办，白航、石天河、流沙河、白峡等编辑。该刊首发过毛泽东、朱德、陈毅、郭沫若、艾青、臧克家的作品，后推出过舒婷、北岛、顾城、杨炼、贾平凹、海子、西川等诗人、作家的代表作，是新中国第一份诗刊，在中国现当代文学史尤其是诗歌史上具有重大影响。1960 年 10 月停刊，1978 年 10 月复刊。

△ 《雨花》在南京创刊。由中国作协江苏分会主办。该刊是以刊登短篇小说为主，兼及散文、报告文学、诗歌、评论及其他体裁作品的文学刊物。旨在向全国介绍江苏省文学创作的实绩，推崇现实主义作品，注重各文学流派的发展动态。1966 年休刊，1975 年 1 月复刊时更名为《江苏文艺》。1978 年 10 月恢复《雨花》刊名。

1 月 10 日 《学术月刊》在上海创刊。1958 年 3 月上海市社联成立，成为社联的机关刊。该刊是一份人文、社会科学综合类学术理论期刊，内容侧重于文学、历史学、哲学、经济学等基础学科，兼及政治学、社会学、法学、教育学等，尤其关涉深刻反映国家思想文化建设与现代化建设进程的重大理论学术研究成果和学科前沿研究成果。

1月25日 《诗刊》在北京创刊。由中国作协主办，臧克家主编。该刊以发表当代诗人创作为主，兼及诗歌评论。1958年1月号发表毛泽东的《蝶恋花·答李淑一》及手迹，10月号发表《七律二首·送瘟神》及手迹。1964年出至80期停刊。1976年1月复刊时，发表了毛泽东的词《水调歌头·重上井冈山》和《念奴娇·鸟儿问答》。之后，毛泽东的三首词《贺新郎》《七律·吊罗荣桓同志》《贺新郎·读史》，以及《六言诗·给彭德怀同志》等，都由该刊首次发表。不少诗人的成名作、代表作也都发表于该刊。

1月 《人民司法》在北京创刊。由董必武倡议创办，并题写刊名。该刊是最高人民法院的机关刊，以其对最高人民法院贯彻、执行各项法律决定的精准阐述，对审判工作经验的系统总结，对法律疑难问题和司法制度改革的深入探讨等内容，具有很高的权威性、实用性和学术性，在全国法院系统乃至法学研究领域享有盛誉。

△ 《芒种》在沈阳创刊。由沈阳市文联主办，著名画家齐白石题写刊名。该刊以“辛辣大胆、干预生活、文情并茂、清新活泼”的特色受到读者欢迎。

2月 《曲艺》在北京创刊。由中国曲艺家协会主办，赵树理主编。该刊旨在促进曲艺创作的繁荣发展和曲艺艺术的不断革新，活跃人民群众文化生活，提高人民的精神境界；主要发表小品、相声、评书、评话、弹词、快板、鼓词、曲词等民间说唱表演佳作，也刊登曲艺评论、艺术经验及介绍曲艺知识的文章。1966年8月停刊，1979年1月复刊。

3月12日 中共中央在北京召开了有党外人士参加的全国宣传工作会议，毛泽东在会议上发表讲话，着重讲了知识分子、准备整风和加强党的思想工作等问题，继续强调贯彻“百花齐放、百家争鸣”的方针。

3月17日 中华全国新闻工作者协会在北京正式成立，是中国新闻界全国性团体，简称“中国记协”。其前身是1937年11月8日在上海成立的中国青年新闻记者协会。1949年7月，中华全国新闻工作者协会筹备会在北平成立，并推选代表参加中国人民政治协商会议第一届全体会议。实行团体会员制，包括全国性新闻媒体，地方记协，专业记协，主要新闻教育、研究机构等团体会员。中华全国新闻工作者协会主办中国新闻奖、长江韬奋奖等评选活动。

3 月 《高分子通讯》在北京创刊。由中国化学会和中科院化学研究所主办，王葆仁主编。该刊主要刊载国内外有关高分子合成、高分子化学、高分子物理学和物理化学、高分子应用等方面有创造性的研究论文和研究简报，交流和引导高分子学科的发展，为开拓新技术、新材料，发展化学纤维、橡胶、塑料及树脂合成材料作出了贡献。1960 年停刊，1963 年复刊。1966 年再度停刊，1983 年 8 月复刊。1983 年又创办该刊的英文版，1987 年将《高分子通讯》改名为《高分子学报》、将英文版改名为《Chinese Journal of Polymer Science》(《高分子科学》)。

△ 《文学研究》在北京创刊。何其芳主编，人民文学出版社出版。1959 年 2 月更名为《文学评论》，由中国社科院文学研究所主办。该刊是文学研究和理论批评的学术期刊，主要发表有关文艺理论、中外古今文学创作、文学史问题的研究和评论，以及创新的学术见解等。1966 年 6 月停刊，1978 年 2 月复刊。

△ 《中国穆斯林》在北京创刊。由中国伊斯兰教协会主办，马寅主编。同年还出版《中国穆斯林》（维吾尔文版）。该刊旨在协助政府宣传、介绍中国共产党和政府的宗教信仰自由，民族平等及改革、开放等方针政策，团结各民族穆斯林积极参加祖国社会主义建设，报道全国各地伊斯兰教的有关信息和重大活动，发扬伊斯兰教的优良文化传统和道德传统，传播伊斯兰教的学术文化知识。1960 年停刊，1980 年复刊。

4 月 《图书馆学通讯》在北京创刊。由中国图书馆学会、北京图书馆联合主办。该刊以研究图书馆学、目录学、图书情报、文献学为主要内容，结合宣传有关科学、教育、文化方针政策，传播图书情报专业的实践经验、科学方法、原则规范和科研成果等。1965 年停刊，1979 年复刊。1991 年更名为《中国图书馆学报》。

7 月 24 日 《收获》在上海创刊。由中国作协上海分会主办，巴金、靳以主编，巴金、靳以、冰心、刘白羽、艾青、周而复、曹禺等 13 人组成编委会。该刊创刊号推出老舍的《茶馆》、康濯的《水滴石穿》、柯灵的《不夜城》、严文井的《唐小西在下一次开船港》等，受到读者的欢迎。该刊以刊载中、长、短篇小说为主，同时选登部分话剧、电影文学剧本、报告文学、笔记、特辑采访等，其风格质朴清雅，是中国当代文学具有代表性的期刊。

7 月　《中国摄影》在北京创刊。由中国摄影家协会主办。该刊以“探求摄影艺术精髓，开启摄影创作思维”为己任，注重学术性、艺术性、实用性和资讯性相结合，以精良的图文编排，引导读者欣赏、促进读者思考、指导读者拍摄。

10 月　《民族团结》在北京创刊。由国家民委主办，萨空了主编。该刊是反映我国各民族地区政治、经济、文化发展情况的综合类期刊，旨在宣传中国共产党的民族政策，高扬爱国主义主旋律，团结全国各族人民，坚决反对分裂，维护祖国统一，共同创建高度文明富强的有中国特色的社会主义。其图文并茂、以文字为主，设有《说说我的民族》《来自第一线》《不虚此行》《世界民族之林》等栏目。1967 年停刊，1979 年复刊。1987 年至 1989 年先后创办了蒙古、维吾尔、哈萨克、朝鲜四种文版。

12 月 31 日　国务院发布《关于公开发行的书刊中刊载涉及我国国界的地图问题的通知》。

12 月　《新闻战线》在北京创刊。由人民日报社主办，安岗主编。该刊为综合类新闻业务期刊，主要宣传中国共产党关于新闻工作的方针、政策，交流新闻实践经验，传递新闻改革信息，探讨新闻理论课题，研究新闻采编业务，报道新闻战线动态等内容。1960 年 8 月更名为《新闻业务》，1966 年 6 月停刊。1978 年 12 月复刊时恢复《新闻战线》出版。

1958 年

1 月 1 日　《学术研究》在广州创刊。由广东哲学社会科学学术委员会主办。该刊遵循“双百”方针，为适应学术和文化事业繁荣的需要而创办。栏目设置遵循学科与问题相结合、学术与现实相结合、全国与广东相结合的原则，设有反映哲学、政法社会学、经济学管理学、历史学、文学语言学等学科前沿问题的栏目。

2 月　《理论学习》在沈阳创刊。由中共辽宁省委主办。该刊是辽宁省委最早的政治理论期刊，主要任务是进行马克思主义、毛泽东思想，以及党的建设理论的研究，宣传党在各个时期的路线、方针、政策，介绍基层党的工作和生产经验等。

3 月 20 日　《江海学刊》在南京创刊。由中共江苏省委文教部主办，孙叔平主编，江苏人民出版社出版。该刊主要反映江苏经济和社会发展中提出的新问题、新经验，探讨现代化建设中的重大理论问题，发表哲学社会科学方面的最新研究成果和论文。1958 年底停刊，共出 10 期。1960 年 11 月复刊，聘请海内外有影响的学者组成编委会。1964 年 9 月又停刊，共出 57 期。1979 年 9 月再次复刊，更名为《群众论丛》。1982 年 1 月又更名为《江海学刊》。

4 月 2 日　中共中央印发《关于各省、市、自治区必须加强理论队伍和准备创办理论刊物的通知》。之后，中央和各省、市、自治区委纷纷着手筹办理论刊物。

4 月 24 日　中共中央转发中宣部《关于改变报纸刊物的创办、停刊和改刊的批准手续的意见》。

4 月　《标准化》在北京创刊。由中国标准化协会主办。该刊旨在宣传标准化方针政策，探讨标准化理论及应用，普及标准化知识，以政策性、学术性、技术性、实用性和指导性为其特色。1966 年停刊，1971 年 7 月复刊时更名为《标准化通讯》。1984 年再次更名为《中国标准化》。

6 月 1 日　《红旗》在北京创刊，半月刊。由中共中央主办，陈伯达任总编辑。该刊除汉文版外，还有蒙古、藏、维吾尔、哈萨克、朝鲜五种民族文版。该刊载行到世界许多国家和地区。

7 月 1 日　《解放》在上海创刊。由中共上海市委主办，石西民任总编辑。该刊以“在政治战线和思想战线的领域里，高举起共产主义的红旗，举起社会主义建设总路线的红旗，为提高全体干部的共产主义觉悟，正确处理人民的内部矛盾，调动一切积极因素，推动上海的社会主义革命和社会主义建设事业的胜利前进”为办刊宗旨。1962 年停刊。

△　《七一》月刊在武汉创刊。由中共湖北省委主办。该刊以“宣传党的社会主义建设总路线；总结实践经验；批判资产阶级思想，更高地举起无产阶级红旗；帮助干部和知识分子学习马列主义和毛泽东思想，提高

全省党员和干部的马列主义水平，培养党的理论队伍”为办刊宗旨。1961年1月停刊。

△ 《实践》在呼和浩特创刊。由中共内蒙古区委主办。该刊的中心任务是研究毛泽东著作、党的路线政策和内蒙古自治区建设的理论问题，着重研究当前实践中的理论问题，实行有破有立、“百家争鸣”的方针，以解放思想、提高党员干部的政治水平和辩证唯物论水平。1960年1月，蒙古文版创刊。

7月14日 文化部颁发《关于文学和社会科学书籍稿酬的暂行规定(草案)》，于1958年8月1日起在北京、上海试行。

7月25日 《红星》在兰州创刊。由中共甘肃省委主办。创刊号刊载时任中共甘肃省委第一书记张仲良的《共产主义的工程：英雄人民的创举》和中国作协兰州分会首届主席李季的《红星颂》等。1961年6月停刊。

7月 《奋进》在长春创刊。由中共吉林省委主办。1966年停刊，1970年1月吉林省革委会决定复刊并更名为《新吉林》。1980年1月，中共吉林省委将《新吉林》更名为《新长征》。2003年全国期刊治理整顿后，《党员之友》并入《新长征》出版。

8月1日 《虚与实》在合肥创刊，月刊。由中共安徽省委主办。1959年改为双月刊，后更名为《江淮学刊》《江淮评论》。1966年停刊，1979年复刊时再次更名为《江淮论坛》。

8月20日 《思想解放》杂志在南宁创刊。由中共广西壮族自治区委主办。时任中共广西区委第一书记刘建勋撰写《发刊词》——《彻底解放思想》。

10月1日 重庆《支部生活》创刊。1960年10月因国民经济困难、纸张紧缺而停刊。1980年3月22日，省委宣传部、组织部发出关于恢复出版《支部生活》月刊的通知。1990年第1期起更名为《当代党员》。

10月10日 文化部发出《关于北京各报刊、出版社降低稿酬标准的通知》，倡议报刊的稿酬按现行标准降低一半。

10月 浙江《共产党员》在杭州创刊。由中共浙江省委主办。1966年11月30日停刊，1982年3月15日复刊。2002年根据中央关于报刊治理整顿的精神，《反腐败导刊》《时代先锋》《浙江宣传》《情系中华》并入《共产党员》出版。

△ 《航空知识》在北京创刊。该刊作为新中国最早的航空航天科普期刊，以“普及航空航天知识、宣传航空航天事业”为己任，秉承“客观公正、有益社会”的办刊宗旨，报道航空航天科技发展、产品研发与重大事件。1960 年 8 月因纸张供应紧张而停刊，1974 年 1 月复刊。

11 月 16 日 《大众摄影》在北京创刊。由中国摄影家协会主办，吴群主编。1959 年毛泽东题写刊名。该刊以面向广大专业和业余摄影者，以传播图像文化为己任，同时注重知识性、实用性，用大量篇幅评测摄影器材，介绍器材知识、使用经验及拍摄、制作技艺。

11 月 25 日 《前线》在北京创刊。邓拓主编。彭真题写刊名。该刊作为中共北京市委的机关刊，以各级党政机关和企事业单位的领导干部、党的理论和宣传工作者为主要阅读对象。1966 年停刊。1981 年北京市委创办了机关理论刊物《学习与研究》。1995 年 7 月，北京市委恢复《前线》刊名，《阵地》杂志并入《前线》出版。

12 月 3 日 文化部、文字改革委员会发布《关于在连环画、儿童读物、扫盲读物以及各种通俗书刊上，尽可能加注汉语拼音字母的通知》。

1959 年

3 月 30 日 中共中央发出《关于报刊书籍出版发行工作几个问题的通知》指出：“出版物的出版和发行，必须有目的、有计划地进行，必须首先注意质量，考虑它的实际效果，绝不能为出版而出版，为发行而发行。”

5 月 16 日 《朔方》在银川创刊，月刊。由宁夏文联主办。该刊立足宁夏、面向全国、放眼世界，突出西部特色和民族特点；以“多出人才、多出精品”为主旨，以“促进宁夏文学创作的繁荣、推出青年作家和回族作家、扶持文学新人”为己任。

5 月 《国际问题研究》在北京创刊。由中国国际问题研究所主办，孟用潜主编。该刊旨在宣传我国的外交路线和政策，交流调研成果，活跃思想，探讨问题，以推动和加强国际问题的调查研究，更好地适应迅速发展的国际形势和外事工作的需要。1966 年 3 月停刊，1981 年 7 月复刊。

8 月 14 日 著名的出版家、商务印书馆奠基人张元济在上海逝世。1903 年主持商务印书馆工作，曾参与创办出版《东方杂志》《小说月报》《自然界》等各类期刊数十种。

11 月 《党的生活》在哈尔滨创刊。由中共黑龙江省委主办，黑龙江人民出版社出版。2003 年 12 月根据中央关于报刊治理整顿的精神，《党的生活》《党员电化教育》《统战理论研究》《明鉴》《文明向导》《公仆与信访》《新向导》《思与行》合并为《党的生活》，由黑龙江日报报业集团主管、主办。

本年 《低压电器》在上海创刊。该刊依托上海电器科学研究院、行业学会协会、相关著名院校、国家权威检测机构等团队，及时、全面地报道国内外低压电器行业的最新科研成果和信息。2014 年 5 月更名为《电器与能效管理技术》。

1960 年

3 月 《我们爱科学》在北京创刊。由中国少年儿童出版社主办。该刊以小学高年级和初中的学生为主要对象，旨在开阔读者知识眼界，传播科技新知识，帮助读者学好自然科学知识，启发少年智力，培养他们热爱科学的兴趣和情感。1966 年停刊，1979 年复刊时更名为《少年科技》月刊，出版两期后恢复《我们爱科学》刊名。

7 月 15 日 文化部印发《关于调整 1960 年新闻出版用纸的通知》，规定压缩报刊、图书的出版。

△ 文化部印发《关于严格注意在书刊出版工作中保守国家机密的通报》强调：在书刊出版工作中严格保守国家机密，严禁书刊出版中泄露国家机密。

9 月 1 日 中国人民大学图书馆剪报公司卡片组《新书情报》的创刊号正式出版，其内容是报道全国出版的中文新书情况。

10 月 11 日 中共中央批转文化部党组、中国作协党组《关于废除版税制、彻底改革稿酬制度的报告》，决定废除版税制。

本年 《中国农业科学》在北京创刊，月刊。由农业部主管、中国农科院主办。该刊主要发表我国农牧业科学在基础理论和应用技术方面的学术论文、重要科研成果和专题报告，以及各学科研究进展综述等内容。

1961 年

1 月 7 日 中共中央批转中组部部长安子文《关于中央一级机关精简刊物工作的报告》。

1 月 9 日 《北京文艺》1961 年第 1 期刊登吴晗写的新编历史剧剧本《海瑞罢官》。

1 月 14 日至 18 日 中共中央八届九中全会在北京举行。会议公报正式向全党和全国人民宣布：从 1961 年起对国民经济实行“调整、巩固、充实、提高”的八字方针。会后，中宣部部署整顿和调整出版工作，开始整顿出版社。

2 月 25 日 文化部发出《关于分配 1961 年图书出版用纸的通知》指出，经中央批准，1961 年全国的报纸、刊物用纸量压缩 35%，一般书籍压缩 40%。

3 月 《红旗》第 5 期发表社论：《在学术研究中坚持百花齐放百家争鸣的方针》，阐述了马克思主义世界观与“双百”方针的关系，以及在学术研究中坚持这一方针对于发展社会主义科学事业的积极意义。

7 月 《支部建设》在太原创刊。1980 年经中共山西省委批准复刊。2004 年根据中央关于报刊治理整顿的精神，《支部建设》《正气》《形式教育月刊》合并划转山西日报报业集团，创办了《先锋队》杂志。该刊以邓小平理论和“三个代表”重要思想为指导，传播先进文化；立足党的建设，贴近时代脉搏；坚持与时俱进，当好党的喉舌；面向基层党员，服务广大读者。

10 月 15 日 中共中央批转文化部党组《关于课本图书报刊用纸问题的报告》。批示指出：除中央报刊用纸必须压缩外，各省、自治区、直辖市和各部委也必须同样考虑压缩报刊用纸。

12 月 27 日 中国人民大学卡片组、剪报公司、新闻系印刷厂合并为中国人民大学附属简报资料图书卡片社，夏加为主任，袁佩宾、马志鑫为副主任。

本年 《复印报刊资料》在北京创刊。夏加任总编辑。该刊是一个庞大的社会科学人文科学信息刊物群体，以“新颖性、代表性”为标准，以“提供经过整理加工的再生文献，方便使用者查阅搜寻资料”为主旨，选印和汇集我国公开出版的中文期刊上的论文等，按学科或专题分立。

1962 年

3 月 《电子学报》在北京创刊。由中国电子学会主办。该刊旨在反映中国电子与信息科学领域内的新理论、新思想、新技术，具有国内外先进水平的最新研究成果和技术进展。

4 月 25 日 文化部党组就稿酬问题向中共中央请示，认为 1960 年 10 月文化部提出的彻底废除税制、实行按字数一次付酬的方法，现在看来是不够慎重的；建议恢复 1959 年 3 月 24 日文化部颁布的基本稿酬和印数稿酬相结合，而以基本稿酬为主的稿酬办法。

5 月 22 日 第一届中国电影“百花奖”的颁奖典礼在北京举行。周恩来和陈毅出席。“百花奖”是由大众电影杂志社主办的一年一度的群众性评奖，和“金鸡奖”一并通称为中国电影双奖。该活动对促进电影艺术的百花齐放，进一步提高影片质量、繁荣电影事业，都起到了推动作用。

9 月 19 日至 10 月 9 日 由文化部副部长胡愈之主持，以全国政协文教组名义在北京召开“编译工作者座谈会”，征求对出版工作的意见。中宣部副部长周扬到会讲话，他就思想战线上的阶级斗争和“百家争鸣”的政策、编辑出版工作在思想战线上的地位和作用、加强编辑出版工作的队伍三个问题发表了意见。

1963 年

3 月 2 日 《中国青年》1963 年第 5、6 期合刊出版《学雷锋专辑》。2 月 22 日，毛泽东应中国青年杂志社邀请为专辑题词“向雷锋同志学习”。

专辑还刊登了周恩来、董必武、郭沫若、罗瑞卿、谢觉哉的题词、诗歌及文章。由于毛泽东“向雷锋同志学习”的号召力，以及《中国青年》对《学雷锋专辑》的大力宣传，向雷锋学习的浪潮在全国蓬蓬勃勃地开展起来，雷锋精神影响了一代又一代人。

7 月　中宣部批准人民出版社影印 8 种革命历史报刊。至 1966 年 7 月影印出版《中国青年》《中国农民》《共产党人》《解放》《中国文化》等 5 种后，因“文化大革命”而停止。

△　《故事会》在上海创刊。由上海文艺出版社主办。该刊以主要刊登反映现实生活内容的新故事为特色，兼登古今中外各类故事。

10 月　《儿童文学》在北京创刊。由团中央、中国作协联合主办。金近主持编辑工作，叶圣陶、华君武、任虹、严文井、张天翼、金近、胡奇、袁鹰、谢冰心等组成编委会。该刊旨在发表优秀儿童文学作品，培养少年儿童道德情操；设有《小说》《报告文学》《散文》《童话》《诗歌》《外国文学》《文学佳作》《文学新苗》《少年佳作》等栏目。创刊后发表了大量优秀作品，并多次获奖。1966 年停刊，1978 年 8 月复刊。

1964 年

1 月　《工业建筑》在北京创刊。该刊本着“指导性、针对性、实用性、创新性”的办刊宗旨，重点报道建筑设计、建筑结构、地基和基础、建筑材料、施工技术等方面的应用研究成果及开发技术，突出工业建筑、钢结构、鉴定加固技术等特点。

△　《计算机工程与应用》在北京创刊。该刊是面向计算机全行业的综合类学术刊物，注重理论与实践相结合；报道在理论研究或工程实践中有较大创新并具有较高理论价值或实践应用价值的成果，其内容覆盖产、学、研各个环节。

3 月　中国科技协会发布《中华人民共和国科学技术协会自然科学专门学会施行通则（草案）》，明确提出“办好全国性的专门学术刊物是学会的主要任务之一。学会编辑的各种专门学报和通报是促进学术交流、贯彻‘百家争鸣’的重要园地”，并就学报和通报的性质、内容，刊物编委会的任务和工作方法等问题作出规定。

△ 《煤炭学报》在北京创刊。1966 年曾一度停刊，1979 年随着中国煤炭学会首届代表大会的召开而复刊。该刊主要刊载煤田地质与勘探、矿井建设、煤矿开采、煤矿机电工程、矿山测量、煤矿安全、煤炭加工利用、煤矿环境保护、煤炭经济研究等方面的学术论文。1966 年停刊，1979 年复刊，1993 年改为双月刊，1995 年改为大 16 开本，并申办创刊了《煤炭学报》(英文版)。

5 月 《解放军医学杂志》在北京创刊。陈毅题写刊名。该刊作为全军卫生系统的综合类医学期刊，坚持“为社会主义现代化建设服务、为国防现代化建设服务”的办刊宗旨，突出军事医学，注重平战结合，宣传贯彻国家和军队卫生工作方针。

10 月 18 日 周恩来在团中央书记胡克石和《中国青年》总编辑邢方群陪同下参观《中国青年》创刊 40 周年展览，周恩来提出：《中国青年》以后要“面向农村，兼顾城市”。

1965 年

1 月 30 日 文化部和中国文字改革委员会联合发布《印刷通用汉字字形表》，规定标准的印刷体，使铅字字形统一，尽量接近手写楷书。

1 月 《高教战线》在北京创刊。汪向立主编。该刊主要任务是宣传党和国家有关教育的方针政策，传达国家教育行政管理部门的工作部署，交流关于改革和发展高等教育（含成人教育）的经验，研讨高等教育的实际问题和理论问题，反映高教职工的先进事迹及呼声，并兼顾关于中等专业教育的宣传任务；设有《书记校长论坛》《教育教学改革》《思想政治教育》《高校党建》《高校后勤》《成人高教》《中专教育》《高教理论与实践》《外国高等教育》等栏目。1966 年停刊，1982 年 1 月复刊，1986 年 7 月更名为《中国高等教育》。

10 月 《中华妇产科杂志》在北京召开中华医学会第一届全国妇产科学术会议，周恩来接见全体与会代表并作重要指示，宋庆龄给会议发了贺电，蔡畅、张际春等领导出席了会议。

11 月 6 日 文化部发出《关于降低期刊稿费及取消期刊、丛刊、丛书编辑费的通知》。

1966 年

4 月 1 日 国家科委批准文化部提出的《图书、杂志开本及其幅面尺寸》国家标准于本日起执行。

5 月 《科学通报》第 17 卷第 19 期发表陈景润《表达偶数为一个素数及一个不超过两个素数的乘积之和》（简称“1 +2”），该文成为“哥德巴赫猜想”研究上的里程碑。

1967 年

1 月 4 日 周恩来在北京工人体育场接见首都新闻、出版等各界群众和“红卫兵”10 万人。

1 月 19 日 文化部机关被“造反派”群众组织夺权，包括出版局在内的各部门工作全部陷于瘫痪。

1968 年

5 月 25 日 中共中央、中央文革小组转发《北京新华印刷厂军管会发动群众开展对敌斗争的经验》，要求各单位“有步骤地有领导地把清理阶级队伍这项工作做好”。所谓新华印刷厂军管会的这份“经验”，是迟群、谢静宜为欺骗中央而炮制的。1979 年 9 月 28 日，中共中央对此文件予以撤销，对所造成的一切冤假错案均予平反昭雪。

1969 年

3 月 “首都工人、解放军驻文化部毛泽东思想宣传队总指挥部”成立生产组，负责文化部在北京的直属单位的出版行政业务工作。

9月26日 文化部在京直属的出版、印刷、发行、物资等单位，除少数人留守外，绝大部分职工被下放到湖北咸宁文化部“五七”干校劳动。全国各地的出版人员也纷纷下放干校。

9月 我国著名出版家张静庐在上海逝世。张静庐曾主持的上海杂志公司，经营出版《洪水》《拓荒者》《南国》《大众文艺》《读书生活》《译文》等进步期刊；主要撰写了《中国近代出版史料》初编、二编，《中国现代出版史料》甲、乙、丙、丁编，《中国出版史料补编》等重要著述。

1970年

1月 《中草药》在天津创刊。该刊突出报道中药新药研究的新理论、新成果、新技术、新方法和临床应用，以促进中药现代化、标准化、国际化。

5月23日 “国务院出版口”宣布成立，由杜润生（解放军团副政委）、郭恕（五四一厂车间小组长）、张指南（出版局办公室主任）组成三人领导小组，杜润生任组长。出版口领导小组作为全国出版工作的归口管理机构，统一管理全国出版、印刷、发行、物资供应及印刷科研、教育等。

10月 根据周恩来指示，毛主席著作出版办公室并入“国务院出版口”。出版口领导小组成员增至五人：王济生（组长）、杜润生（副组长）、刘梅、郭恕、张指南。“出版口五人领导小组”直属国务院值班室领导。1972年8月—1973年9月，徐光宵任领导小组组长。

1971年

8月13日 经毛泽东主席、党中央批准，中共中央1971年43号文件转发了《关于全国出版工作座谈会的报告》，要求根据需要和可能，逐步恢复和创办一些期刊。

1972 年

5 月 1 日 著名出版家、良友杂志社社长伍联德在香港逝世。他先后创办《良友》画报等 7 种文艺期刊，也曾出版《孙中山先生纪念特刊》《北伐画史》《远东运动会特刊》《中国大观》《中华景观》等画册，十年间共出版了近百种。

10 月 在周恩来的关怀下，湖北咸宁文化部“五七”干校原出版部门的领导干部陆续调回北京，充实和加强各出版单位的领导。1974 年 12 月，文化部湖北咸宁“五七”干校结束，出版局及直属单位的职工除已在湖北等地分配工作者外，全部调回北京。

12 月 《赤脚医生杂志》在北京创刊，月刊。由人民卫生出版社和中国农村卫生协会联合主办。该刊旨在宣传党和国家的卫生工作方针政策，交流防治疾病经验，反映基层的呼声，促进农村卫生工作的发展和提高。1981 年更名为《中国农村医学》。

△ 《分析化学》在长春创刊。该刊主要报道我国分析化学创新性研究成果，反映国内外分析化学学科的前沿和进展。

1973 年

5 月 18 日 国务院出版口领导小组向中共中央、国务院报送《“文化大革命”前期刊出版情况和现在复刊情况》，称“文化大革命”前全国出版期刊有 735 种，1966 年 6 月“文化大革命”开始后，为广大读者所熟悉或发行量较大的 217 种期刊现状是：党的理论刊物 28 种，除《红旗》外全部停刊；社科类刊物 65 种，现仅有 4 种复刊；科技类刊物 124 种，已复刊的只有 11 种。

8 月 《环境保护》在北京创刊。郭沫若题写刊名。该刊旨在宣传国家环境与发展的方针政策，报道国内外环保的新技术、新设备及新信息，交流环保工作的经验等。

9 月 26 日 经国务院批准，将国务院出版口改为国家出版事业管理局，直属国务院的领导。该局以贯彻执行党的出版工作方针政策，制定出版管理的法规和各项统一的规章制度，制定全国出版事业的发展规划和重点图书的出版规划，统一管理全国图书和期刊的出版、印刷、发行工作，审批全国新建出版社和新办哲学、社会科学期刊，等等。

徐光霄任国家出版事业管理局局领导小组组长（1973 年 9 月—1975 年 3 月）

局长：石西民（1975 年 3 月—1977 年 5 月）

局长：王匡（1977 年 5 月到任主持工作，1978 年 3 月正式任命为局长，1978 年 7 月离任）

代局长：陈翰伯（1978 年 7 月—1982 年 4 月）

1974 年

1 月 1 日 《遗传学报》（英文版）在北京创刊。该刊所刊登的高水平论文被国内外多家检索系统收录。《遗传学报》主要刊登反映我国当代水平的分子遗传学、遗传工程、医学遗传、动物、植物和微生物遗传等方面理论性较强、实践意义重大的研究成果及该领域中最新技术和最新方法的论文。

9 月 《中国激光》在上海创刊。该刊主要发表我国在激光、光学、材料应用及激光医学方面卓有成就的科学家的研究论文，涉及激光器件、新型激光器、非成性光学、激光在材料中的应用，激光及光纤技术在医学中的使用，锁模超短脉冲技术、精密光谱学、强光物理、量子光学、全息技术及光信息处理等。

1975 年

10 月 11 日至 29 日 国家出版局在长春召开全国书刊装订技术革新经验交流会。会议对以往书刊装订技术革新的经验进行总结，提出了省、自治区、直辖市的主要书刊印刷厂在三五年内实现“三条线”的奋斗目标。这“三条线”就是精装、平装和骑马订三条联动生产线。

1976 年

3 月 26 日 林语堂在香港病逝。林语堂先后创办《论语》《宇宙风》《人世间》，他撰写的《中国新闻舆论史》专著，强调了杂志对开启民智的重要作用。

8 月 《环境科学》创刊，双月刊。由中科院生态环境研究中心主办。1987 年后增加清华大学环境工程研究所和北京市环保科学研究所为合办单位。该刊主要报道我国环境科学研究的新成果、新技术，交流环境管理经验，介绍国内外学科进展和动态。

1977 年

3 月 《科学通报》1977 年第 3 期发表屠呦呦以“青蒿素结构研究协作组”名义撰写的论文《一种新型的倍半萜内酯——青蒿素》。2015 年 10 月 5 日，瑞典卡罗琳医学院在斯德哥尔摩宣布，屠呦呦与威廉·坎贝尔和大村智荣获 2015 年诺贝尔生理学或医学奖。理由为屠呦呦发现了青蒿素，这种药品可以有效降低疟疾患者的死亡率。这是中国科学家因在中国本土进行的科学研究而首次获诺贝尔科学奖，是中国医学界迄今为止获得的最高奖项。

7 月 1 日 《理论与实践》在沈阳创刊。由中共辽宁省委主办。该刊是以宣传政治理论为主的理论期刊。

7 月 《理论动态》在北京创刊，初创时为内部刊物。沈宝祥主编。该刊是在胡耀邦亲自过问下创办起来的。创刊初期，为适应拨乱反正、端正思想路线的需要，按照胡耀邦的要求，先后就对待马克思主义的态度、破除个人迷信，以及多年来被当作资本主义批判的诸如按劳分配、农村集市贸易、银行储蓄利息、家庭副业等问题，发表了一系列重要文章。

10 月 12 日 国家出版局发布《新闻出版稿酬及补贴试行办法》，自 1977 年 10 月 1 日起恢复稿酬制度。

12 月 3 日至 17 日 经中共中央、国务院批准，在中宣部领导下国家出版局在北京召开全国出版工作座谈会，这是粉碎“四人帮”后第一次召开的全国性出版会议。会议着重批判林彪、“四人帮”炮制的“黑线专政”论，讨论了出版工作的具体路线、方针和政策问题。

1978 年

1 月 15 日 《南京大学学报（哲学社会科学版）》1978 年第 1 期刊载梁宁的《坚持理论与实践的统一——哲学社会科学研究工作中的一个重要问题》。

1 月 《人民文学》1978 年第 1 期发表徐迟的报告文学《哥德巴赫猜想》。该文为呼唤科学精神，呼唤全社会尊重知识、尊重劳动、尊重创造、尊重知识分子，发挥了重要作用，成为新时期中国报告文学的一部经典作品。

△ 《诗刊》1978 年第 1 期刊载《毛主席给陈毅同志谈诗的一封信》，引发了文艺界展开形象思维问题的讨论。

5 月 1 日 《社会科学战线》在长春创刊。佟冬主编。该刊推出一大批有学术价值和现实意义的学术研究成果，逐渐形成了为社会各界所认同的“沉稳、厚重、深刻、典雅”的办刊风格。

5 月 4 日 中共中央发出《关于召开共青团第十次全国代表大会的通知》。《通知》指出：《中国青年》《中国青年报》《中国少年报》要积极准备，在团代会召开前后陆续复刊。9 月 11 日《中国青年》正式复刊。

5 月 10 日 《理论动态》第 60 期刊登了经胡耀邦审定的《实践是检验真理的唯一标准》的文章，11 日在《光明日报》以“本报特约评论员”的署名发表，同时新华社将此文作为国内新闻的头条向全国转发。该文在全国范围内掀起了真理标准问题的大讨论。

5 月 《世界经济》在北京创刊。孙亚明主编。该刊主要刊登具有创新性和较高学术价值的论文，介绍国外有借鉴意义的做法、经验教训，反映经济界、学术界关注的一些热点问题，报道我国各地区和经济界、企业界在改革开放中走向世界市场的业绩；为中国企业跻身世界市场铺路搭桥，也使世界了解中国，促进中外学术界、经济界、企业界的交流与合作。1993 年 4 月创办《World Economy and China》（《世界经济与中国》英文版），并成为《世界经济》的姊妹刊。

6 月 9 日 中国人民大学附属剪报资料图书卡片社正式更名为中国人民大学书报资料社。

6 月 20 日 《哲学研究》编辑部在北京举行真理标准问题研讨会，北京地区的哲学教学工作者及研究人员和社会科学工作者共 60 多人参加。与会者一致认为，现在提出真理标准问题，具有重要现实意义。

8 月 15 日 国家科委发出《关于出版期刊审批手续的通知》指出，按照《国务院批转国家计委等部门关于开展节约纸张工作的报告》规定：出版全国性的社会科学、文艺、体育及工、青、妇等群众教育期刊，要经中宣部批准；出版全国性的自然科学和医药卫生期刊，要经国家科委批准；地方性期刊，要经省、自治区、直辖市委批准。10 月 4 日，中宣部发出《关于改变期刊审批办法的通知》指出：今后凡中央有关部和国务院有关部委及其所属单位出版属于上述范围的全国性刊物，均由中央有关部和国务院有关部委负责审查批准，不必再报我部。

8 月 《十月》在北京创刊。该刊是北京地区“文化大革命”后问世的第一份大型文学期刊。书法家李华锦题写刊名，茅盾撰写《发刊词》。该刊以发表中、长、短篇小说和报告文学为主，也发表戏剧、电影文学剧本、诗歌以及各种形式的文学评论。

10 月 4 日 中央宣传部发出《关于改变期刊审批办法的通知》指出：“今后凡中央有关部和国务院有关部委及其所属单位出版属于全国性刊物，均由中央有关部和国务院有关部委部负责审查批准，不必再报我部。”

10 月 11 日至 19 日 国家出版局在江西庐山召开全国少年儿童出版工作座谈会。会议初步澄清许多被“四人帮”搞乱了的思想是非，讨论、制定了《1978 至 1980 年部分重点少儿读物出版规划》。这对恢复少儿期刊的出版起了推动作用。

11 月 《新文学史料》在北京创刊。由人民文学出版社主办。该刊主要发表我国现代文学发展各个历史时期的重要史料，刊载各种代表性人物，特别是左翼文学战线重要作家的回忆文章，介绍不同流派与风格的社团、期刊的活动与成就，为真实而全面地反映我国现代文学发展的历史面貌提供了珍贵史料。

12 月 21 日 国务院批转国家出版局、教育部等《关于加强少年儿童读物出版工作的报告》。

△ 《出版工作》在北京创刊，初创时为内部发行。由文化部国家出版局主办，宋木文主编。该刊主要宣传党和国家有关出版工作的方针、政策，推动出版理论研究，推进出版改革进程，交流出版工作经验，提供国内外出版信息，研讨书刊编校业务，反映编校、著者的心声。1979 年 12 月转为中国出版工作者协会会刊，1987 年 1 月为国家出版局、国家新闻出版署的机关刊，公开发行。1991 年 1 月更名为《中国出版》。

1979 年

1 月 10 日 《自然辩证法通讯》在北京创刊。于光远主编。该刊是关于科学和技术的哲学、历史学、社会学和文化学的综合性、理论性杂志，是联结自然科学、社会科学、人文学科的纽带，沟通科学文化和人文文化的桥梁；以“弘扬科学精神、撒播人文情怀”为旨趣，以“科学与人文珠联璧合、学术共思想相得益彰”为归宿，赢得各国学人的赞誉和重视，在海内外学术界产生了广泛影响。

1 月 20 日 《经济研究》1979 年第 1 期发表于光远的《关于深入研究按劳分配理论的几个问题》，认为把物质利益和生产结合起来，对于发挥各种积极性关系非常重大。

1 月 《新华月报》（文摘版）在北京创刊。由人民出版社主办，范用主编。该刊对国内千余种各类报刊的学术文章和文艺作品，进行精选和再加工，或全文转载，或加以删节，或录其重要章节和论点，还报道各种学术、文化信息，供读者查阅和研究之用。1981 年 1 月更名为《新华文摘》

△ 《舰船知识》在北京创刊。徐向前题写刊名。该刊结合生产建设、科学实验和部队战术技术训练，普及舰船、航海和海洋工程知识，介绍有关舰船方面的新技术、新进展，推广新成果，宣传舰船业的先进人物。

△　《少年科学画报》在北京创刊。由北京出版社主办，郭以实主编。该刊向少年儿童传播科学思想，普及科学知识，传递科技信息，传授科学方法，激发少年儿童探求知识的兴趣和热情，开发少年儿童的创造力，提高少年儿童的科学思维能力，培养少年儿童的动手能力和创造能力。2009 年起由北京出版集团成立的全资子公司北京承启文化传播有限公司经营管理。

2 月　《民族语文》在北京创刊。由中国社科院民族研究所主办，傅懋勣主编。该刊旨在探求我国少数民族语言文字在社会主义新时期的发展规律，为加强民族团结、促进我国民族语言学科的发展服务；主要研究民族语文使用和发展中的理论与实践问题，民族语言的描写、比较及系属，民族古文字、古文献及民族语言史、文字史，社会语言学、实验语音学及有关交叉学科等内容。

3 月　于光远在《红旗》1979 年第 3 期发表《社会主义的劳动者的个人利益》，认为正确对待劳动者的个人利益，是关系到使千百万群众以主人翁姿态投入到社会主义现代化建设事业、充分发挥社会主义积极性、使“四化”进程加快的一个关键性问题。

4 月 10 日　《读书》在北京创刊。由生活 · 读书 · 新知三联书店主办，陈原主编。该刊是以书为中心的思想文化评论刊物，内容涉及书及与书有关的人、事、现象，重要的文化问题和社会思潮，包容文史哲和社会科学，以及建筑、美术、影视、舞台等艺术评论和部分自然科学话题。

4 月 18 日　国家出版局发布《关于征集图书、杂志、报纸样本的办法》。

4 月　《花城》在广州创刊。初由广东人民出版社主办，1981 年改由花城出版社主办并出版。该刊是一份以刊登中篇小说为主、具有浓郁南国特色的大型文学期刊。

5 月 14 日　中共中央宣传部明确肯定了报刊恢复广告的做法，并作了具体规定。同年，财政部颁发《关于报社试行企业基金的管理办法》，再次明确报社是党的宣传事业单位，在财务管理上实行企业管理的方法。

5 月 15 日　《文艺研究》在北京创刊。初由人民文学出版社出版，后改为中国艺术研究院主办并编辑出版。该刊是以文学、戏剧、美术为主要内容的文艺理论综合类刊物。

5 月 20 日 《红楼梦学刊》在北京创刊。由中国艺术研究院主办，王朝闻、冯其庸主编，编委会聚集了全国著名的红学专家。该刊旨在为《红楼梦》研究者提供一个园地，通过彼此交流、互相切磋、共同探讨，提高《红楼梦》研究的学术水平。

5 月 《世界美术》在北京创刊。由中央美术学院主办，邵大箴主编。该刊主要介绍国外的美术资料、美术理论、美术作品，刊载各国美术史学家、理论家的著作、译文，以及世界各地的美术活动和动态。

△ 《甘肃社会科学》在兰州创刊。由甘肃省社科院主办。该刊是综合性人文社会科学类的学术期刊，所刊文章注重思想性、学术性、原创性、前瞻性、应用性和时效性，倡导朴实的学风和文风。

△ 《科学文艺》在成都创刊。由四川省科技协会主办。该刊以“宣传科学思想和科学精神，丰富、扩展人们的想象力和思维力，激发人们探索未来世界，繁荣科幻事业”为办刊宗旨，曾获世界科幻协会主席特别奖和世界科幻协会最佳科幻期刊奖。1991 年更名为《科幻世界》。

6 月 《铁道学报》在北京创刊。由中国铁道学会主办，顾棫主编。该刊主要刊登铁路系统各专业学科最新学术研究成果、国内外铁路科技成果和发展趋势述评，报道重要学术活动、重大科技信息。

△ 《当代》在北京创刊，季刊，1981 年改为双月刊。由人民文学出版社主办、编辑出版。该刊以反映现实生活为主，强调弘扬时代精神，注重作品的当代性、社会性和文学性，并重视和扶植文学新人，发表新人新作；主要刊登中、长、短篇小说，报告文学，兼及散文、诗歌、评论等作品。

8 月 27 日至 9 月 10 日 国家出版局在太原召开全国书刊印刷工作会议，讨论书刊印刷工作贯彻国民经济调整、改革、整顿、提高的方针问题。

8 月 《民主与法制》在上海创刊。由中国法学会主办，郑心永主编。该刊是综合类新闻刊物，旨在发扬社会主义民主，反映群众呼声，针砭时弊；维护宪法和法律尊严，匡扶正义；弘扬社会主义道德新风，祛恶扬善；致力于社会主义民主与法制建设，促进经济发展、社会进步。1990 年迁至北京出版。

9 月 《兵器知识》在北京创刊。由中国兵器学会主办。该刊旨在普及兵器科技知识，提高全民国防观念，为实现我国国防现代化、武器装备现代化服务；在开展国防科普教育、宣传国防工业发展道路和成就、激发读者热爱国防事业等方面起到了积极作用。

△ 《世界宗教研究》在北京创刊。由中国社科院世界宗教研究所主办，张林翰主编。该刊旨在反映中国宗教学研究成果，开展国内外学术交流，组织学术讨论，促进宗教研究的发展；主要刊载有关研究马克思主义宗教学、科学无神论、社会主义初级阶段的宗教，以及世界各种宗教的历史、现状、教派、教义、经典、社会历史作用等方面的学术论文。

△ 《中国医学科学院学报》在北京创刊。由中国医科院主办，黄家驷主编。1985 年改由中国医科院与协和医科大学主办。该刊旨在宣传报道我国基础医学、预防医学、临床医学、生物医学、药学等学科的最新研究成果，偏重于综合类医学、微生物学、免疫学、肿瘤和核医学等领域。

10 月 《中国历史博物馆馆刊》在北京创刊。该刊主要刊登有关我国古代史、近代史、古代中外关系史，以及我国民族学、考古学、文物等方面的研究论文和有关博物馆的基本理论与工作规律，探讨有关文物鉴赏、文物保护等方面的研究文章，介绍和研究馆藏品以及该馆举办的展览展品等。

11 月 8 日 中宣部发出《关于报刊、广播、电视台刊登和播放外国商品广告的通知》，提出报刊等可以开展外国商品广告业务。

11 月 21 日 《地震学报》在北京创刊。由中国地震学会主办。该刊以刊登地震科学方面具有创新性的研究成果和技术成就为主，也登载一些与地震有关的地球物理、地震地质、工程地震等科学领域的学术论文及研究简报，刊载本学科不同学术观点的文章、与地震科学有关的评述文章，介绍地震科学及与其有关的重大学术问题的研究现状和进展，反映地震科学及其有关的科技工作动态。

11 月 《译林》在南京创刊。由江苏省新闻出版局主办。该刊是一个大型的以刊登外国文学特别是当代通俗文学为主的刊物。

12 月 8 日至 19 日 国家出版局在湖南长沙召开全国出版工作座谈会，交流粉碎“四人帮”以来出版工作的经验，研究提高出版物的质量问题，原则通过《出版社工作条例（草案）》，讨论了地方出版社“三化”（地方化、通俗化、群众化）方针。会议提出，地方出版社出书不受“三化”限制。此后，地方出版的期刊也可在全国发行。

12 月 《科学》在重庆创刊。由国家科委情报司主管，中国科技情报所重庆分所主办。2001 年，科技部决定将杂志迁至北京，由中国科学技术信息研究所主办。2002 年 1 月，该刊在北京出版发行，系美国《科学美国人》的中译本。

1980 年

1 月 10 日 《中国社会科学》在北京创刊。由中国社科院主办。该刊以马克思主义为指导，研究国内外社会历史和学术思想，增进国际学术交流；主要刊载研究马列主义、毛泽东思想的论文和哲学社会科学各学科的专题研究成果。

1 月 《紫禁城》在北京创刊。由故宫博物院主办。该刊旨在宣传我国古代文化艺术成就，介绍明清宫廷历史、文物及宫殿建筑等方面的知识，是一份图文并茂的学术性、知识性、通俗性期刊。

△ 《芙蓉》在长沙创刊。初由湖南人民出版社主办，1985 年 10 月改由湖南文艺出版社主办。该刊以“贴近生活、关怀人生、品质至上、原创现场”为主旨，坚守文学的严肃、纯正、经典；既是一流作家发表作品的阵地，又是新锐作家展示才华的舞台，多种作品获得全国大奖，入选学生课本。

△ 《科技导报》（中文版）在美国创刊。由美籍华人、诺贝尔物理学奖得主杨振宁和李政道倡议发起创办。1986 年归中国科技协会主管，1991 年定为中国科技协会会刊。该刊以“立足于科学发展前沿，面向世界报道中国最优秀的自然科学和工程技术研究成果”为己任，积极反映国内

外科学技术领域的新理论、新发现、新创造、新方法，广泛开展国内外学术交流，力图展示世界科学技术发展的进程和水平。

△ 《词刊》在北京创刊。由中国音乐家协会主办，晓星主编。该刊旨在发表具有较高思想水平和艺术水平的各种题材、体裁、风格的歌词作品，刊登探讨歌词创作的理论文章；曾发表《在希望的田野上》《年轻的朋友来相会》《长江之歌》等作品。1990 年停刊，1991 年复刊。

△ 《人物》在北京创刊。由人民出版社主办，谢云主编。该刊旨在通过介绍各种人物，为读者提供思想、政治及知识养料；曾发表过《春风化雨桃李芬芳——记周培源教授》《秘密使命——陈赓在 1950 年越南边界战役中》《与未来对话——我所知道的王光英》等。

△ 《足球世界》在北京创刊，月刊。由中国足球协会主办，李凤楼主编。该刊以“宣传普及足球运动，促进中国足球运动水平提高”为主旨，主要宣传党和国家有关体育的方针、政策，评述国内外重大足球赛事，介绍国内外有关新技术、新动态，交流经验、解答问题等。

△ 《小溪流》在长沙创刊。由湖南省作家协会主办。茅盾题写刊名。该刊刊载了大量国内外著名儿童文学作家的精品佳作，是许多湖南作家创作起步的摇篮，是一份有影响的少儿期刊。

2 月 13 日 国家出版局党组向中宣部提出《关于控制出版新刊物的报告》，经中宣部批准执行。《报告》要求从严掌握审批新办刊物，除个别刊物有十分特殊的理由外，一般不予批准。

2 月 《时装》在北京创刊。由中国丝绸进出口总公司主办，程天宝主编。该刊以“提高服装设计水平和审美修养，美化人民生活”为主旨。为了加强对外宣传、扩大产品出口、增加外汇创收，1983 年 3 月又创办了《Best China Fashion》（《时装》英文版）。《时装》是中国时尚文化的领骑者，以中国第一份时装类杂志的身份确立了在世界时装界的地位。

△ 《奥秘》以《科学之窗》的副刊在昆明创刊。由云南省科技协会主办。1982 年 1 月，成立《奥秘》编辑部，1994 年由《奥秘》编辑部改为奥秘画报社。该刊以“宣传科学精神”为己任，致力于普及科学知识、启迪人们智慧，成为广大读者探索自然的窗口、了解世界的钥匙。

3 月 《铁道知识》在北京创刊。由中国铁道学会主办，恽小园主编。

该刊以中等文化程度的铁路职工为主要对象，介绍现代铁道科技知识和我国铁路建设新成就，帮助读者增长铁道知识。

4 月 11 日 《中国青年》1980 年第 4 期刊载该刊记者宋文郁、孙兴盛采写的文章：《一定要做人民的好儿女——刘平平、刘源、刘亭亭回忆爸爸刘少奇》。4 月 15 日《工人日报》全文转载。

4 月 26 日至 5 月 10 日 全国文学期刊编辑工作会议在北京召开。100 多种文学期刊的负责人、部分出版社负责人出席会议，周扬作了题为“站好岗哨做好园丁”的报告。

4 月 《父母必读》在北京创刊。由北京出版社主办，许慈文主编。宋庆龄题写刊名。该刊旨在向广大家长尤其是广大中青年父母提供优生、优育、优教等科学知识，帮助家长提高自身修养和教育子女的水平，促进儿童和青少年在德、智、体、美、劳等方面全面发展。

△ 《中国青年》1980 年第 5 期发表署名“潘晓”的来信《人生的路呵，怎么越走越窄……》，引发了一场人生观的大讨论。

5 月 4 日至 9 日 国家出版局在北京召开全国出版工作座谈会，就如何加强和改善党对出版工作的领导，正确处理贯彻社会主义出版方针与按经济规律办事的关系问题进行研讨。

5 月 8 日 中宣部印发《关于加强对刊物管理工作的通知》，要求在重大问题上宣传口径要和党中央的方针相一致，涉及需要中央解决的问题，一定要及时请示。对全国各种刊物仍采取分级管理。

5 月 24 日 中宣部转发国家出版局制定的《关于书籍稿酬的暂行规定》，适当提高基本稿酬，恢复印数稿酬。自 1980 年 7 月 1 日起实施。

5 月 26 日 邓小平为《辅导员》和《中国少年报》题词：“希望全国的小朋友，立志做有理想、有道德、有知识、有体力的人，立志为人民作贡献，为祖国作贡献，为人类作贡献。”

5 月 《建筑工人》在北京创刊。由北京市建筑工程局主办，彭圣浩主编。该刊以“普及建筑知识、传授操作技术、交流施工经验、提高建筑职工技术和管理水平、活跃科学文化生活”为办刊宗旨。

△ 《半月谈》在北京创刊。由中宣部委托新华社主办。该刊以时事政策为主要内容，以基层干部和群众为主要读者对象，旨在讲解党的路

线、方针、政策，诉说天下大事，普及科技文化知识，力求做到政治性、知识性、趣味性三者结合。

6 月 22 日 国务院批转国家出版局等单位《关于制止滥编滥印书刊和加强出版管理工作的报告》，指出了非出版单位滥编滥印书刊的倾向。《报告》中对期刊规定：对各类刊物，审批要从严掌握；新华书店、邮局等发行部门都不得接受非出版单位编印的和未经批准出版的期刊的征订或零售。

7 月 26 日 中宣部印发《关于期刊对外发行问题的通知》指出，经中央、国务院各部委和省、市、区党委批准的在国内公开发行的刊物都可对外发行。

7 月 《求索》在长沙创刊。由湖南省社科院主办。该刊以研究社会主义现代化建设中的重大理论问题和实际问题为重点，探索社会科学的各个领域，研究当代新兴学科；除设有《政治学》《经济学》《哲学》《伦理学》《文学》《历史学》《科学社会主义》等栏目外，还辟有《毛泽东思想研究》《新兴学科应用与研究》《美学研究》等专栏。

9 月 《大自然》在北京创刊。该刊以普及自然科学知识、宣传生态环境保护，以及珍稀、濒危动植物保护为主要内容。

△ 《中国药理学报》在上海创刊。由中国药理学会主办，中科院上海药物研究所承办。该刊主要报道药理学及生命科学领域创新的研究论著，刊载具有国际水平的综述文章和国际会议论文等，促进了国内外学术交流、繁荣了我国药学药理学事业。

11 月 13 日 国务院批转国家出版局、国家人事部制定的《编辑干部业务职称暂行规定》。

11 月 20 日至 29 日 全国大型文学期刊编辑工作座谈会在江苏镇江举行。《当代》《十月》《收获》等 26 家大型文学期刊的与会者，就进一步提高文学期刊的质量问题进行探讨，交换意见。

11 月 24 日 国家物价总局、国家出版局印发《关于加强杂志定价管理的通知》。《通知》要求各部门和各地区对各种杂志的定价进行一次检查整顿，凡定价偏高或提价不合理的杂志，应将其定价降至合理水平。

11 月 《名作欣赏》在太原创刊，由山西人民出版社主办。该刊以

“谦爱为怀文章行世”为立足点，以“诗意情怀理性精神人文视野”为理念，倡导开放的、有时间维度的、关怀当下的“名作观”，突出“经典性、可读性、思想性”的特色。

△ 《医学与哲学》在大连创刊。由中国科技协会主管，中国自然辩证法研究会主办，大连医科大学承办。该刊遵循“开阔眼界，启迪思维，提供方法，促进发展”的办刊方针，以及“关注热点，挑战现实，放眼世界”编发稿件和服务读者的思路。

△ 《食品科学》在北京创刊。由中国商业联合会主管，北京市食品研究所主办。该刊主要刊载国内外食品行业的高新技术和新的研究开发成果，体现了我国食品行业的前沿科研成果和领先学术水平。

本年 为适应改革开放形势和读者查阅资料的需要，《世界经济年鉴》《中国历史年鉴》《自然杂志年鉴》《中国百科年鉴》和《中国出版年鉴》相继创刊，加之于1973年创刊的美国《科学年鉴》中译本继续出版，全国共出版6种年鉴（初创均以书号，后陆续申办刊号出版）。此后，中央级年鉴、省级年鉴、地州区县级年鉴、城市年鉴、企业年鉴、地方专业年鉴等各地区、各行业的年鉴蓬勃兴起，推动了年鉴出版事业的发展。至2015年，据国家图书馆收藏的国内所编年鉴达五千多种。

1981年

1月1日 中国出版对外贸易总公司在北京成立。该公司是国家出版局直属的对外贸易公司，主要经营范围是图书、期刊和缩微声像出版物，新闻专业设备和器材等商品的进出口；新闻、出版、印刷行业的技术进出口；对外合作出版图书和声像出版物；国外图书馆的图书供应等业务。

1月29日 中共中央作出《关于当前报刊新闻广播宣传方针的决定》。针对几年来在报刊、新闻、广播、电视工作中存在的一些严重缺点，要求报刊、新闻、广播、电视必须严格按照十一届三中全会以来党的路线、方针、政策进行宣传，对于各种怀疑、曲解党的路线、方针、政策的言论，要通过耐心细致的解释、阐述进行教育。

1月30日 《法音》在北京创刊。由中国佛教协会会长赵朴初创办，中国佛教协会主办的会刊。净慧主编。该刊以“发扬佛教优良传统，提倡人间佛教，启迪智慧，净化人生”为办刊宗旨，以佛教界的立场，向广大读者介绍佛教教义，报道中国佛教协会的重要活动和国内外佛教界的信息动态，交流佛教信徒学修佛法的经验体会，反映佛学研究和中外佛教文化交流的最新讯息，并向读者提供宗教政策法规方面的咨询。

1 月 《航天》在北京创刊。由中国宇航学会主办，庄福臣主编。该刊以“宣传航天政策、普及航天科技知识、为发展我国航天事业培养后备人才”为办刊宗旨，追求知识性和可读性、趣味性和科学性的高度统一，注重启迪科学思维，为青少年提供了解航天动态和学习卫星、飞船、火箭、导弹等知识的窗口。

△ 《经济研究》1981 年第 1 期刊登王贵辰、魏道南的《论包产到户》一文。文章认为，实行包产到户，只要坚持生产资料公有制，不准出租、买卖土地，不准放高利贷，不准投机倒把，就不会产生两极分化。

△ 《青年文摘》在北京创刊。由团中央主管，中国青年出版社主办，蔡云主编。该刊是一份以青少年为核心读者群的文摘类综合性刊物，集萃来自报纸、期刊、图书等大众媒体的名篇佳作，旨在为青少年打造一个丰富生动、健康向上的精神空间。

△ 《编创之友》在太原创刊。由山西人民出版社主办。该刊以“编辑理论研究为中心，探索出版规律，引领出版潮流”为主旨。1985 年更名为《编辑之友》。

△ 《文史知识》在北京创刊。由中华书局主办。该刊以“普及中国古代文史知识、弘扬中华传统文化”为办刊宗旨，荟萃全国一流文史专家，坚持“大专家写小文章”，务求知识性、趣味性和学术性的统一，内容涵盖古代文化的各个方面，是全国颇具影响力的文史类期刊。

2 月 20 日 中共中央、国务院发布《关于处理非法刊物非法组织和有关问题的指示》，严肃指出：所谓非法刊物和非法组织，就是指违反宪法和法律、以反对四项基本原则为宗旨的刊物和组织。处理非法组织和非法刊物的总方针是：决不允许其以任何方式活动，以任何方式印刷出版发行；决不允许这些非法组织、非法刊物的成员在单位之间、部门之间、地区之间串联，或在组织上、行动上实现任何形式的联合。

3 月 《今古传奇》在武汉创刊。由中国曲艺家协会湖北分会主办。该刊以“继承和发扬中国传奇文学的优秀传统，挖掘整理传统精本，反映时代风貌，适应民族的审美习惯与情趣”为办刊宗旨，主要刊登长篇传奇小说、短篇故事和评论文章等。

△ 《乒乓世界》在北京创刊。由中国乒乓球协会主办，徐寅生主编。该刊以“促进我国乒乓球运动广泛开展，满足人们日益增长的文化娱乐需求，促进社会主义精神文明建设”为办刊宗旨，主要宣传我国乒乓健儿在重大国际比赛中努力拼搏、为国争光的动人事迹，报道国内外重大乒乓赛事，传播乒乓球知识，交流信息等。1982 年，出版了《Table Tennis World》(《乒乓世界》英文版)。

△ 《天然气工业》在成都创刊。该刊旨在全面展示中国天然气工业的进步与发展，推动并服务于中国天然气产业的科技进步，促进相关科技成果转化为现实生产力，及时报道中国天然气工业上、中、下游的科技成果。

△ 《生态学报》在北京创刊。由中国生态学学会、中科院生态环境研究中心主办，马世骏主编。该刊是中国生态学及生态学各分支学科研究领域的综合类学术期刊，报道生态学领域最新的基础理论和原始创新性研究成果，促进国内外学术交流和学术争鸣，推动我国的生态学研究发展，培养造就生态科学研究人才。

4 月 28 日 中宣部发出《关于认真检查和整顿刊物的通知》，要求各级宣传部门对杂志进行一次认真地检查和整顿，把杂志切实办好。

4 月 《瞭望》在北京创刊。由新华社主办。该刊以“新闻性、权威性、思想性、可读性高度统一”为特色，在电视、互联网、报纸、杂志之间博采众长，“集一周于一日”，将有关事件和新闻背景与来龙去脉深入、详尽地告诉读者，进行分析、解释和评论。

△ 《读者文摘》在兰州创刊。由甘肃人民出版社主办，曹克己、胡亚权、郑元绪创办。该刊以发掘人性中的真、善、美，体现人文关怀，在刊物内容及形式方面与时俱进，追求高品位、高质量，力求精品，并以其形式和内容的丰富性及多样性，赢得各个年龄段和不同阶层读者的喜爱。其发行量稳居中国期刊的榜首，多年来亚洲期刊排名第一，世界综合类期

刊排名第四。1995 年更名为《读者》。

△ 《数学物理学报》在北京创刊，分 A 辑（中文版）和 B 辑（英文版）。该刊以“刊登最新科研成果、传播国内外学科信息、促进学术交流、提携和培养学科新秀、推动理论向生产力转化、促进学科和国民经济建设的发展”为办刊宗旨。

5 月 《药学学报》第 16 卷第 5 期刊载屠呦呦等人撰写《中药青蒿化学成分的研究 I》。屠呦呦因创制新型抗疟药青蒿素和双氢青蒿素而获得 2015 年“诺贝尔生理学或医学奖”。

6 月 《中国空间科学技术》在北京创刊。由中国空间技术研究院主办，孙家栋主编。该刊主要刊登空间飞行器、运载火箭和探空火箭总体系统设计、航天动力跟踪测控技术、载人与返回技术、空间电子学、空间遥感、空间材料、空间医学、空间环境模拟及地面测试技术等内容的论文、技术报告、工作经验和技术述评等。

△ 《中国近代报刊史》由山西人民出版社出版，方汉奇著。该书比较系统地阐述了中国早期和近代报刊的发生、发展历史，是继 1926 年戈公振的《中国报学史》之后又一部学术力作。

7 月 《建筑知识》在北京创刊。由中国建筑学会主办。该刊以“面向基层、注重实用”为主旨，介绍建筑领域的新技术、新材料、新工艺、结构与施工、农村建设、建筑节能、建材优劣识别等内容。

9 月 《中医杂志》（英文版）创刊。其后相继出版日、韩、德、西班牙、比利时和意大利文版。

10 月 《社会》在上海创刊。由上海大学主办。该刊秉承“理论探讨与经验研究并重、社会关怀与学术探索结合”的办刊方向，关注中国社会转型中出现的深层次问题，重视推进规范性学术制度的建设，努力搭建中外社会学者之间、社会学与其他相关学科之间学术对话的平台。

11 月 13 日至 18 日 中国科技协会第一次学术期刊编辑工作经验交流会在北京召开，中国科技协会副主席裴丽生、金善宝等出席开幕式。会上，科协对从事科技期刊编辑工作 10 年以上及 20 年以上的人员进行表彰。根据大会倡议，成立了中国自然科学期刊编辑工作者协会筹委会。

12 月 19 日 中宣部印发《关于加强对刊物的领导和管理的通知》。

本年 中国科学技术协会设立期刊处，加强对所属全国学会科技学术期刊的管理。

1982年

4月 《广东妇女》在广州创刊。由广东省妇联主办。该刊以“家庭生活园地里传播社会主义精神文明，帮助建立幸福美满、文明和睦的家庭”为办刊宗旨，寓思想性于知识性和趣味性之中，坚持益智实用、雅俗共赏、老少咸宜的特点。1983年1月更名为《家庭》。

△ 《特区文学》在深圳创刊，季刊，1985年改为双月刊。由深圳市文联主办。该刊以“反映特区经济建设面貌，介绍港澳社会生活，培养文学创作新人，交流内外文化动态”为办刊宗旨，主要刊登中短篇小说、翻译小说、报告文学、散文、诗歌、古体诗词、评论等作品。该刊是深圳经济特区最早创办的期刊。

5月5日 根据国务院部委机构改革的决定，原文化部、国家出版事业管理局、国家文物事业管理局、外文出版发行事业局、对外文化联络委员会五个单位合并，组成新的文化部。国家出版事业管理局为文化部出版事业管理局。

边春光任文化部出版事业管理局局长（1982年5月—1986年11月）。

5月 《农村百事通》在南昌创刊。由江西科技出版社主办。该刊是一份面向全国农村的农业科普期刊，以“为农民生产生活当参谋，为读者经营致富当顾问”为主旨，以“科学、实用、新颖、时效”为编辑方针，以“求新、务实、高效”为采稿原则，以“一看就懂、一学就会、一用就灵、一点就通”为办刊特色，坚持“贴近农业、贴近农村、贴近农民”，为读者提供技术、信息、培训、产品邮购等服务。

7月21日 中宣部印发《关于改变期刊审批办法的通知》指出，中央、国务院各部委和全国性群众团体创办的新刊物，原由中央有关部委和国务院有关部委审批，现改为：创办哲学、社会科学类期刊统由文化部审批，自然科学类期刊统由国家科委审批，解放军系统新办期刊统由总政治部审批，地方出版的期刊仍由各省、自治区、直辖市党委审批；所有新办期刊，都要向中宣部备案。10 月 4 日，文化部发布《审批期刊实施办法》，对创办期刊规定了需具备的基本条件。

10 月 20 日 中国自然科学学术期刊编辑协会筹委会在北京举办首次学术报告会，请筹委谭丙煜作题为“学术期刊的编辑工作与论文撰写”的学术报告。为贯彻落实中国科协提出的加强编辑队伍建设的任务，该筹委会先后在上海、四川、江苏、陕西、云南、湖南、湖北、北京、辽宁、浙江、山东、重庆等地联合召开了系列编辑业务讨论会、经验交流会、专题报告会，交流经验，提高在职编辑人员的素质和业务水平。

10 月 《中国书法》在北京创刊。启功主编，先后由宝文堂书店及中国文联出版公司出版。该刊坚持“学术高端、艺术至上、风格多样、兼容并蓄”的办刊理念，设有《现代名家》《书坛中青年》《书学论坛》《法书赏析》《书艺论》《海外书坛》《展览巡礼》《现代书家传略》等栏目，力求反映当代书法创作及理论水平。

11 月 26 日 国家出版委员会成立，国家出版委员会为加强和改进全国出版工作而成立的政府咨询机构。由政府聘请出版界、著作界的老专家和知名人士组成，委员有：王子野、严文井、常紫钟、王仿子、王益、吕叔湘等 6 人，王子野为主任委员。

12 月 27 日 文化部转发国家标准局发布《中文书刊名称汉语拼音拼写法》的国家标准，1983 年 2 月 1 日起施行。

1983 年

1 月 《故事大王》在上海创刊。该刊坚持“内容丰富，题材多样，能读能讲，有益有趣”的编刊方针，主要有介绍飞禽走兽生活习性的《动物天地》、介绍体育明星轶事的《体育看台》、博采天下奇闻趣事的《千奇百怪》等专栏，还有《革命传统故事》《名人故事》《侦破故事》《民间故事》《童话》《笑话》《长篇连载》和《系列故事》等栏目。

2 月 9 日 经劳动人事部同意，文化部印发《全国评定编辑业务职称工作座谈会纪要》，明确了评定编辑业务职称的若干问题，包括政治条件、著译要求、外语要求、测验问题，以及建立和健全高级职称评定委员会的问题。

2月25日 文化部发出《关于印发〈1981—1990年全国出版事业发展规划纲要〉(草案)的通知》。

2月 《家庭医生》在广州创刊。由中山医科大学主办。该刊以“宣传防病治病、卫生保健知识”为主旨，把医药卫生知识和家庭生活中的各种实际问题结合起来，为大众解答疑难、排除忧患，促进身心健康、创建幸福家庭，融知识性、科学性、趣味性、实用性为一体。

3月 《中国钱币》在北京创刊。由中国钱币学会主办，千家驹主编。该刊以中国历史货币为主要研究对象，推动我国钱币学、货币史的研究；主要发表钱币学研究的新成果，刊登钱币发现的新材料，介绍有关钱币的常识。

6月 《纵横》在北京创刊。由全国政协文史资料委员会主办，石肖岩主编。该刊集中发表回忆录，采用历史事件当事人亲历、亲见、亲闻的第一手材料，介绍中国近现代历史资料。

6月6日 中共中央、国务院发布《关于加强出版工作的决定》。这是新中国成立以来唯一的由党中央、国务院联合作出的关于出版工作的重要决定，成为新时期指导出版工作的纲领性文件。针对期刊工作，《决定》指出：“要进一步办好各类期刊，认真总结经验，提高质量。中宣部、文化部和国家科委要负责指导，对全国期刊分别进行必要的调整”。

7月 《演讲与口才》在吉林市创刊。由吉林省师范学院主办，邵守义主编。该刊主要刊载演讲与说学的研究资料、方法，以及演讲、口语表达的基本知识、技能和经验，反映演讲的最新研究成果，曾发表过《李瑞环演讲特色初探》《从东西方演讲史看演讲的性质》《外贸洽谈的语言技巧》等文章。

8月 《中国新闻事业简史》在北京出版，方汉奇、张之华著，中国人民大学出版社出版。该书由中国人民大学新闻系原有的《中国近代报刊简史》和《中国新闻事业史(新民主主义时期)》两部校内讲义合并而成，修订后出版。

△ 《华西口腔医学杂志》在成都创刊。该刊主要报道我国口腔医学工作者在防病治病、科学研究、教学等工作中取得的经验、科研成果、技

术革新、学术动态等，辟有《专家论坛》《基础研究》《临床研究》《专栏论著》《病例报告》《方法介绍》《综述》《专论》《消息》等栏目。

10 月 《幼儿画报》在北京创刊。该刊以“为了今天的幼儿，为了祖国的明天，以奉献精美、科学、先进的幼儿文化食粮”为己任，是幼儿的好朋友、老师和家长的好助手。

11 月 23 日 文化部转发国家标准局《批复〈科学期刊编排规划〉（试行）国家标准函》。

11 月 29 日至 12 月 5 日 全国党员教育刊物工作座谈会在南京召开。会后，中宣部、中组部转发《全国党员教育刊物工作座谈会纪要》。《纪要》称：全国已有 27 个省、自治区、直辖市恢复和创办了近四十家党员教育刊物（包括蒙古、维吾尔、朝文版）。每期总发行量从几十万册增加到现在的八百多万册，平均 50 个党员就有 1 册。

12 月 16 日 中宣部印发《对期刊进行检查整顿的通知》指出：期刊工作的当务之急是切实贯彻执行党的十二届二中全会的决策，进行一次认真的检查整顿和调整，提高刊物的质量，清除精神污染，减少重复浪费。

12 月 《毛泽东思想研究》在成都创刊。该刊从理论、历史和现实的结合上研究与宣传毛泽东思想，着重研究和宣传党的十一届三中全会以来毛泽东思想的新发展。

1984 年

1 月 25 日 《当代作家评论》在沈阳创刊。由中国作协辽宁分会主办。该刊遵循“二为”方向和“双百”方针，坚持艺术信念、恪守学术立场、倡扬人文精神，对当代作家、作品进行学术点评，开展思想争论。

1 月 27 日 中宣部转发国家科委党组《关于〈全国性自然科学技术期刊管理暂行办法〉（试行稿）的报告》。

1 月 《宣传手册》在北京创刊。由中共北京市委宣传部委托北京日报社主办，杨洪运主编。该刊坚持“针对性、实用性、及时性、多样性”的办刊方针和“旗帜鲜明、深入浅出、答疑解惑、及时解渴、短小通俗”的特色，担负着“传达最新精神、回答热点问题、提供资料信息、交流新鲜经验”的任务。

2 月 《中国物理快报（英文版）》(《Chinese Physics Letter》) 在北京创刊，月刊。由中国物理学会创办。该刊旨在迅速向国内外传播我国物理学界在理论和实验物理方面的最新成果，介绍与物理学科有关的交叉学科和应用方面的新成就。

4 月 《中国法学》在北京创刊。由中国法学会主办，张尚族主编。该刊坚持理论联系实际，坚持刊物的学术性，关注重大现实问题，追求学术创新，严守学术规范；发表中国法学研究的新成果，以繁荣和发展我国的法学理论、传承法律文化、促进国内外法学交流。

5 月 26 日至 31 日 中宣部出版局在长春市召开全国面向农村的综合类期刊工作座谈会，19 个省、市、自治区的 23 家面向农村期刊的负责人参加会议。会议交流了提高刊物质量、为农村两个文明建设服务的经验，探讨了期刊编辑部工作的改革，提出了改革农村期刊载行办法和进一步疏通农村发行渠道的问题。

6 月 15 日 文化部颁布《图书、期刊版权保护试行条例》，在内部试行。这是新中国成立以来颁发的第一个有关版权保护的条例，标志着我国开始重视建立版权保护制度问题。1985 年 1 月 1 日，文化部颁布《图书、期刊版权保护试行条例实施细则》，有关规定供内部掌握。

6 月 《中篇小说选刊》在福州创刊。该刊坚持“精选全国优秀中篇，荟萃文苑中篇精华”的主旨，展示了中国当代中篇小说创作成就。

7 月 5 日 文化部、中国出版工作者协会、中华全国新闻工作者协会、三联书店和韬奋纪念馆在北京联合举办邹韬奋同志逝世 40 周年纪念会，许德珩、胡愈之、康克清等出席。会上宣布中国出版工作者协会设立“韬奋出版奖”的决定，以表彰优秀出版工作者。该奖评选由中国版协主办，后由中国版协和中国韬奋基金会联合主办，每三年一次。为获奖者发给奖章、奖金和奖状。

7 月 18 日 《农民文摘》在北京创刊。由农村工作通讯杂志社主办，汪竞华主编。该刊旨在帮助农民增长知识，促进两个文明建设；其定位于宣传农村政策法规，介绍科学致富项目，集纳生活百科知识，提供宣传后续服务，是当时我国发行量最大的农村期刊。

10 月 1 日　《支部生活》在银川创刊，1988 年 4 月更名为《共产党人》。2004 年 1 月，根据中央关于报刊治理整顿的精神，《共产党人》《当代宁夏》《党建论坛》《党风建设》合并为《共产党人》出版。

12 月 29 日　国务院印发《关于对期刊出版实行自负盈亏的通知》。《通知》强调，对在出版行政管理部门正式登记过的期刊加强管理，改善经营，实行自负盈亏，以适应“四化”建设和经济改革的要求。

△　《武汉蔬菜》杂志创刊。由武汉市农业局主管。该刊坚持“以普及为主，普及与提高相结合”的编辑方针、“读者至上”的办刊理念，深得基层农技推广者、生产者以及蔬菜科研、教学、管理、经营人员欢迎。1987 年更名为《长江蔬菜》。

1985 年

1 月 21 日　中宣部发出《关于加强对报刊出版发行管理的通知》，要求各省、自治区、直辖市党委宣传部同出版、报刊载行和工商行政管理等部门，要加强对报刊出版发行的管理，建立经常性的检查制度。

1 月 23 日　《社会科学评论》在西安创刊。贾学魁主编。该刊旨在以两个文明建设的实践为标准，从理论和现实需要两个角度评价社会科学成果，用社会科学的理论和方法评价两个文明建设中出现的各类问题。

1 月　《知音》在武汉创刊。湖北省妇联主办，胡勋璧主编。该刊坚持把创造鲜明的个性特色作为发展自己的战略，率先在中国期刊界推出具有哲学理念的“人情美、人性美”的办刊原则，强调刊物要“深入生活、深入心灵”。1999 年 1 月，《知音》由月刊改为半月刊后，月发行量更跃升至 450 万册。2000 年 1 月，经湖北省政府批准，融期刊出版、广告经营、书刊载行、照排印刷、物业发展、网络开发等于一体的现代期刊集团——湖北知音期刊出版实业集团有限责任公司成立。

△　《博览群书》在北京创刊。由光明日报社主办，王强华主编。该刊《发刊词》提出：“希望刊物成为青年人在书海中的引航者，在书山上的带路人。”该刊是雅俗共赏的知识性期刊，以文化为背景、以读书为中心，围绕书人书事、书里书外做文章，向读者介绍和推荐古今中外的各类

优秀读物及其作者，引导人们多读有益的书，增长知识、开阔视野、提高修养。

△ 《初中生》在长沙创刊。由湖南省教育厅主管、主办。著名数学家华罗庚撰写《发刊词》。该刊以“服务基础教育，面向全体学生，开阔知识视野，促进全面发展”为办刊宗旨，以强化素质教育，指导初中生做人、求知、创新、健身为根本目的，形成图文并茂、有张有弛、简洁明快的特色。

2月15日 文化部、国家工商局、公安部联合发布《关于加强报刊出版发行管理工作的通知》。

2月 《新文化史料》在北京创刊。由文化部中共党史资料征集工作委员会主办。该刊旨在搜集、发掘、积累、整理、研究和交流自五四运动以来各个革命时期的进步文化艺术史料，总结中国共产党领导文化工作的经验，宣传文化工作的革命传统，为研究及编写新文化运动史积累资料。其主要刊载五四运动以来的新文化史料，包括文化艺术、出版、群众文化、对外文化交流、艺术教育等方面的革命文物和图片资料。

3月23日 中央统战部发布《关于公开发行的书籍报刊中慎重对待民族、宗教问题的通知》。

4月17日 国务院发布《关于严禁淫秽物品的规定》。《规定》指出，对各种淫秽物品，不论是否以营利为目的，都必须严格禁止进口，制作(包括复制)，贩卖和传播。《规定》还指出，查禁淫秽物品的工作，既要坚决、认真，又不要扩大范围。夹杂淫秽内容的有艺术价值的文艺作品，表现人体美的美术作品，有关人体的生理、医学知识和其他自然科学作品，不属于淫秽物品的范围，不在查禁之列。

4月 《南风窗》在广州创刊。该刊以“扶持新事物、宣传新观念、揭示新趋势、促进新潮流”为办刊宗旨，深切关注中国社会的转型问题。

5月5日 文化部、国家工商局、广播电视部联合发出《关于报纸、书刊、电台、电视台经营、刊播广告有关问题的通知》。

5月8日 由北京大学等单位合作研制的“计算机——激光汉字编辑排版系统”在北京通过国家级鉴定。这个系统的研制成功是中国印刷技术发展史上的一次重大技术革命，标志着中国发明的、沿袭千年的活字排版进入被现代先进技术代替的新时期。

5 月 10 日 《童话大王》在太原创刊，月刊。该刊刊载由童话作家郑渊洁一人撰写的童话。1991 年，台湾《童话大王——郑渊洁作品月刊》创刊。2005 年 7 月，改为半月刊出版，上半月刊为《童话大王》（作品版），下半月刊为《童话大王》（皮皮鲁漫画版）。

5 月 《中国企业家》在北京创刊。由经济日报社主办。该刊定位于“一个阶层的生意与生活”，秉承“国力的较量在于企业，企业的较量在于企业家”的核心理念，立足企业家立场，弘扬企业家精神。

△ 《群言》在北京创刊。由中国民主同盟中央委员会主办。该刊旨在坚持四项基本原则，坚持改革开放，宣传中国共产党的方针政策，着重宣传统一战线和知识分子的政策，贯彻“双百”方针，促进我国文教、科技事业的发展。

6 月 6 日 中共中央办公厅、国务院办公厅转发《中央宣传部〈关于整顿内容不健康报刊的请示〉的通知》。《通知》指出，针对近期出现的一些内容不健康的报刊，各级党委和政府要采取切实有力的措施，对报刊出版的各个环节进行认真的检查整顿。凡属于内容不健康的刊物，必须认真转变出版编辑方针，情节严重的必须停止出版发行，并应追究主管人员和其他有关人员的责任。

7 月 20 日 《出版与发行》在北京创刊。由中国出版发行科学研究所主办。该刊注重理论联系实际，在总结中国出版发行工作实践经验和吸收国外先进经验的基础上，逐步建立具有中国特色的社会主义出版学及其分支学科的理论体系，推动出版体制改革。1988 年更名为《出版发行研究》。

7 月 25 日 国务院批准文化部设立国家版权局，是中国政府管理和指导全国出版物版权事宜的机构。同时文化部出版事业管理局改称国家出版局，与国家版权局为一个机构两个牌子，均隶属文化部领导，工作上受中宣部指导。

边春光任国家出版局局长、国家版权局局长。

8 月 5 日 文化部发出《关于不得变相出版期刊的通知》，规定不得以书号出版丛刊。

8 月 27 日 中宣部、中央对外宣传小组印发《关于创办对外宣传报刊和报刊办海外版等问题的规定》强调，对外宣传政治性和政策性很强，必须统一部署，合理安排。

8月 《海外星云》在南宁创刊。由中共广西壮族自治区委宣传部主办。该刊主要报道海外经济、政治、科技、文化等各领域的最新信息。

10月 经国务院批准，我国宣布加入国际连续出版物数据系统（简称ISDS），并决定建立ISDS中国国家中心（设在北京图书馆，业务上接受国家出版局的指导）。1986年4月，在法国巴黎举行的ISDS第六届全体大会上，正式宣布我国为成员国，同时我国当选为理事国。

11月18日 中共中央书记处听取国家出版局《关于出版工作为精神文明建设服务的汇报提纲》，并作重要批示。

11月19日 国际航空联合会（FAI）向《航空知识》颁发“国际航空联合会”奖，颁奖大会在印度新德里举行。这是中国期刊首次获得该奖项。

11月 《管理世界》在北京创刊。由国务院发展研究中心主办，何绍华主编。该刊主要刊登对中国经济改革和发展的热点、难点问题，进行理论与实际相结合及超前性分析研究的成果。

△ 《中国给水排水》在天津创刊。该刊的内容以市政给排水为主，兼顾建筑给排水（包括消防）、环境水处理、垃圾渗滤液及其相关的应用理论研究和实用技术。

1986年

1月16日 中国进步文化出版事业先驱者、新中国出版事业主要开创人之一，六届全国人大常委会副委员长胡愈之在北京逝世，享年90岁。

1月 《编辑学刊》在上海创刊。由上海市编辑学会主办。该刊主要刊登编辑学、出版学、编辑工作经验、编辑家小传、出版史、编辑史、书刊评论等方面的文章，提出建立有中国特色社会主义出版学、编辑学的建议，并组织发表有关文章。

△ 《散文诗》在益阳创刊。由益阳市文联主办。该刊以“繁荣文学创作，哺育文学新人”为主旨，逐步形成“三精”的办刊风格，即文章求

精短、设计求精美、印刷求精良，体现其较高的文化品位和个性风貌。

2 月 《中国青年》1986 年第 2 期刊载记者王林撰写的《梦断长江》。该文引发国人对于生命意识的反思，其后“长漂热”“黄漂热”热遍全国。

3 月 30 日 中央职称改革工作领导小组关于转发文化部《出版专业人员职务试行条例》和《〈出版专业人员职务试行条例〉的实施意见》。

4 月 《民族教育》在成都创刊。郭福昌主编。该刊以解读国家教育方针及民族教育政策、报道民族地区教育改革的成功经验、关注民族地区教育领域的杰出人物、探讨民族地区教育教学的理论与实践问题为主要内容，既传播先进理念，又突出民族特色，是民族地区之间、民族地区与其他地区之间教育的交流平台。1991 年迁至北京并更名为《中国民族教育》。

6 月 中国科学院自然科学期刊编辑研究会在北京成立，周光召任理事长。该会坚持正确的办刊方针，提倡实事求是的科学态度，团结广大科技工作者，研究科学期刊的编辑理论、技术和方法，交流经验，推动科技期刊事业的发展。

10 月 6 日 国务院印发《关于恢复国家出版局为国务院直属局建制的通知》，决定将文化部所属国家出版局恢复为国务院直属机构。

宋木文任国家出版局局长（1986 年 12 月—1987 年 1 月）。

12 月 31 日 国家语委、国家出版局、国家标准局、国家计量局、国务院办公厅秘书局、中宣部新闻局、中宣部出版局联合公布《关于出版物上数字用法的试行规定》，自 1987 年 2 月 1 日起试行。

1987 年

1 月 13 日 国务院印发《关于成立中华人民共和国新闻出版署的通知》，撤销国家出版局，成立国家新闻出版署。国家新闻出版署为国务院直属机构，负责全国新闻出版事业的管理工作。国家版权局保留。

国家新闻出版署（国家版权局）建制内的任职：

杜导正（1987 年 3 月—1989 年 7 月）任国家新闻出版署署长；

宋木文（1987 年 3 月—1989 年 7 月）任国家版权局局长；

宋木文（1989 年 7 月—1993 年 5 月）、于友先（1993 年 5 月—2000 年

10月)、石宗源(2000年10月—2001年4月)历任国家新闻出版署署长、国家版权局局长。

1月 《中国记者》在北京创刊。由新华社主办,余振鹏主编。该刊由新华社主办的《新闻业务》《新闻摄影》《新闻纵横》三个期刊合并而成,集三刊之长、国内与国际并重、文字与摄影并重,是普及性新闻知识刊物。其旨在研究和宣传社会主义新闻学的基本理论,反映我国新闻事业在改革开放和现代化建设中的丰富实践,探讨社会主义市场经济条件下新闻改革的实践和理论问题,介绍中外新闻工作知识,为提高新闻队伍的政治、业务和道德素养服务。

△ 《中国人民大学学报》在北京创刊。由中国人民大学主办,卫华主编。该刊立足中国人民大学,面向国内外学术界,致力于基础理论研究与现实问题研究的结合,并注重从多学科、跨学科的视角开展学术研究,力求准确地反映我国人文社会科学各学科领域前沿问题和热点问题研究的进展情况,反映学术研究的最新成果。

△ 《中国道教》在北京创刊。由中国道教协会主办,李养正主编。该刊前身为1962年创办的《道协会刊》(内部发行),旨在宣传中国共产党和政府的宗教信仰自由政策;帮助道教徒提高爱国主义和社会主义觉悟,积极参加祖国四化建设;开展道教研究,发扬道教优良传统;增进港、澳、台地区和国际间道教界的友好往来,维护世界和平。

2月3日 邮电部、财政部、国家物价局下发《关于调整邮电部门报刊载行费率的联合通知》,规定发行费率调整为最高不超过报刊定价的40%;按本市、外埠分别计算,不同的报刊区别对待;对于发行量少、成本高的报刊,可暂维持原定的发行费率。

2月6日 国家工商局、国家新闻出版署联合发布《关于报纸杂志名称作为商标注册的几项规定》,要求经正式批准的杂志名称需要取得商标专用权的,应当向国家工商局商标局申请注册。

3月5日 国家新闻出版署就国际连续出版物数据系统中国国家中心分配ISSN的有关问题发出通知,对申请参加ISDS与分配ISSN刊物的条件作了具体规定。

△ 中国科学技术期刊编辑学会成立,翁永庆任理事长。该会提倡实

事求是的科学态度，贯彻“双百”方针，团结广大科技工作者，研究科学期刊的编辑理论、技术和方法，交流经验，推动科技期刊事业的发展。

5 月 9 日 国家新闻出版署发出《关于报纸、期刊和出版社重新注册登记的通知》，对重新注册登记的标准、步骤等做了具体规定。经审核对批准继续出版的报刊在重新登记后一律采用全国统一刊号。

5 月 《神州学人》在北京创刊。该刊围绕“加强对广大在外留学人员进行爱国主义教育，鼓励他们回国工作或以适当方式为国服务，为我国改革开放和社会主义现代化建设事业作贡献”的办刊宗旨，成为留学人员了解祖国的窗口、联络感情的纽带、表达情思的园地、提供服务的媒体。

7 月 6 日 国务院发布《关于严厉打击非法出版活动的通知》指出，除国家批准的出版单位外，任何单位和个人不得出版在社会上公开发行的图书、报刊和音像出版物，违者属非法出版活动。

8 月 5 日 高等学校自然科学学报研究会在北京成立。1991 年 12 月 28 日经国家教委批准，后经国家新闻出版署同意，于 1993 年 7 月 6 日在民政部登记时转为国家一级学会，并改为中国高等学校自然科学学报研究会。2010 年 6 月 12 日又改为中国高校科技期刊研究会。

9 月 24 日至 30 日 中华全国新闻工作者协会、中国出版工作者协会、中国报刊报社和北京邮政局在北京联合举办中国报刊博览会，展出报刊上千种，这是新中国成立近 40 年来规模最大的一次。同时，举行“1988 年度报刊载行宣传周”活动。

11 月 15 日至 21 日 文化部外文出版发行事业局在北京举办“通过书刊了解中国——中国外文书展览”。

11 月 《中国科学基金》在北京创刊。由国家自然科学基金委员会主办，师昌绪主编。该刊以“促进我国基础性研究的发展与繁荣，鼓励科研人才成长，宣传、指导科学基金工作，促进科学基金事业的发展与完善，努力推进科学研究领域的国际交流与合作”为办刊宗旨，主要报道科学技术的发展趋势、基础研究领域的最新进展、科学基金资助项目的成果，研究探讨基金理论和方法、工作经验等。

1988年

1月 《党建》在北京创刊。邓小平题写刊名。该刊突出宣传党的建设、宣传思想工作和精神文明建设，注重思想内涵、贴近生活、贴近基层。

△ 《中共党史研究》在北京创刊。中共中央党史研究室主办，郑惠主编。该刊旨在为推动中共党史和中国革命与建设史的研究、宣传和教学工作，及时反映中共中央关于党史工作的意见及中共党史研究的最新成果，为贯彻执行党的“一个中心、两个基本点”的基本路线、建设有中国特色社会主义服务。

△ 《党的文献》在北京创刊，双月刊。由中央文献研究室和中央档案馆共同主办。该刊是以刊载中共领袖人物生平、思想、风范和业绩研究，毛泽东思想和中国特色社会主义理论体系研究文章为特色的中央级学术理论刊物。

△ 《中国军事科学》在北京创刊。由军事科学院主办。该刊旨在发展我国军事科学，扩大军内外、国内外军事学术交流，为国防现代化和未来反侵略战争服务。

△ 《大学生》在北京创刊。该刊以各种形式宣传党的路线、方针和政策，反映大学生在新时期奋发进取的丰富生活，努力成为社会和学校的桥梁、交流思想的园地、发扬民主的渠道，是我国第一份面向大学生、研究生和知识界青年读者的综合类期刊。

2月16日 著名编辑家、作家、教育家，第六届全国政协副主席叶圣陶在北京逝世，享年94岁。叶圣陶曾组织编辑《光明》《中学生》等刊物。

3月16日 国家新闻出版署、国家工商局联合印发《关于报社、期刊社、出版社开展有偿服务和经营活动的暂行办法》规定：报社、期刊社、出版社可以开展广告、信息咨询、文化交流、新闻发布、技术推广、培训等文教活动。5月25日，国家新闻出版署又对本办法作了几点说明。

3月25日 国家语委、国家新闻出版署联合发出《关于发布〈现代汉语通用字表〉的通知》。

3 月 《中华儿女》在北京创刊。由中华全国青年联合会主办，王维玲主编。邓小平题写刊名。该刊是大型人物纪实刊物，旨在以爱国主义为旗帜，弘扬民族文化，宣传民族英杰，振奋民族精神，提高民族凝聚力，讴歌有成就、有贡献、有影响的各族各界中华儿女。1991 年 8 月，创办《中华儿女》海外版。

4 月 10 日至 14 日 中国作协首届文学期刊优秀编辑奖评委会在北京召开会议，评出 25 位获奖者，同时向 63 位老编辑颁发荣誉奖。

5 月 中共中央决定，停办《红旗》杂志，创办《求是》杂志。7 月 1 日，中共中央主办的《求是》在北京创刊，半月刊。苏星任总编辑。邓小平题写刊名。该刊担负着研究和宣传马克思主义理论，从理论上宣传党的路线、方针、政策，探索改革、开放和社会主义建设的经验，提高广大干部理论水平和培养理论队伍的任务。除汉文版外，还由民族出版社翻译和出版发行蒙古、藏、维吾尔、哈萨克、朝鲜五种文版的《求是文选》。

7 月 《女友》杂志在西安创刊。由陕西省妇联主办，是一本侧重反映女性生活及精神面貌的综合类刊物。2011 年 7 月 6 日，女友杂志社整体改制成立陕西女友传媒集团公司。“女友”旗下已拥有国内发行的《女友》（校园版）、《女友》（家园版）、《女友》（花园版）和《女友》（国际版）四种平面杂志，在海外发行的覆盖北美的《女友》北美版和覆盖澳洲的《女友》澳洲版两种平面杂志，女友网、《女友 · hi!》电子杂志、《女友手机报》等新媒体产品也相继推出。

8 月 2 日 国家物价局发布《关于改革书刊定价办法的意见》。

8 月 《中外少年》在南宁创刊。由广西人民出版社主办，1989 年 7 月起由接力出版社主办。该刊旨在丰富青少年文化生活，促成健康、新型、活泼的校园文化氛围；面向世界，积极参加中外青少年文化交流，力图成为国内外青少年读者认识、了解世界的窗口。

11 月 2 日 国家新闻出版署发出《关于实施〈印刷技术术语基本术语〉等九项国家标准的通知》，《印刷技术术语基本术语》《中国标准刊号》等九项标准被批准为国家标准。12 月 10 日，国家技术监督局发布《中国标准刊号》，自 1989 年 7 月 1 日起实施。

11 月 5 日 全国高校文科学报研究会在湖南师范大学成立。会议选举了中国人民大学、北京大学、山西师大等 77 所院校学报为理事单位。选举了中国人民大学学报常务副主编杨焕章担任理事长。该会坚持探索和研究学报发展的规律，不断提高学报质量，为高等学校的教学科研服务。

11 月 11 日至 21 日 文化部外文出版局和中国对外出版集团在北京主办第二届中国外文书刊展览，共展出书刊三千多种，有 20 个文种。

11 月 24 日 经国务院法制局同意，国家新闻出版署颁布《期刊管理暂行规定》。这是新中国成立近四十年来发布的第一个对期刊进行全面管理的法规性文件。

11 月 国际知名出版集团赫斯特与上海译文出版社版权合作在上海出版 ELLE 中文版《世界时装之苑——ELLE》。该刊是一本专注于时尚、美容、生活品位的女性杂志。

12 月 15 日 中国青年报刊工作者协会在北京成立。该会是全国青年报刊界自愿组成的全国性专业群众团体，接受青年团中央委员会的领导和国家新闻出版署的业务指导。选举徐祝庆为会长。1992 年 1 月改为中国青年报刊协会。

12 月 27 日 国家新闻出版署发布《关于认定淫秽及色情出版物的暂行规定》指出：淫秽出版物、色情出版物由国家新闻出版署负责鉴定或认定。

12 月 根据国务院机关编制委员会《关于印发〈新闻出版署（国家版权局）“三定”方案〉的通知》，国家新闻出版署对机构和职能进行了调整，下设办公室、政策法规司、报纸管理司、期刊管理司、图书管理司、音像管理司、技术发展司、发行管理司、版权司、计划财务司、人事教育司、外事司。

△ 《中国大学学报简史》由中州古籍出版社出版，宋应离著。该书对五四前后二百多种学报及当代近千种学报的分析研究，概括地勾勒出中国大学学报诞生八十多年来曲折发展的历程，并对我国早期的《东吴月报》《清华学报》《北京大学月刊》《燕京学报》等学报进行了分析评述。

1989 年

1 月 1 日 《乡镇论坛》在北京创刊，旬刊。由国家民政部主管，乡镇论坛杂志社主办，宋珊萍主编。该刊是以村级民主制度建设为重点报道内容的时政类刊物，主要读者为乡镇干部、村组干部和农民朋友。2001 年经国家新闻出版总署批准，乡镇论坛杂志社创办了《社区》杂志，是一份专门指导社区建设工作的期刊。

1 月 《中国西藏》创刊，双月刊。由中央统战部主办，朱晓明主编。该刊是专门报道今日西藏情况的综合类期刊，对海外阐述中共中央、国务院关于西藏工作的方针、政策，介绍改革开放以来西藏的发展变化和取得的巨大成就。

2 月 28 日 国家新闻出版署印发《关于严禁以书号出刊的通知》，强调出版社不得以书号出版期刊，出版社不得以出版丛书的名义变相出版期刊。

2 月 《编辑学报》在北京创刊。由中国科技期刊编辑学会主办，翁永庆主编。该刊旨在交流推广科技期刊编辑学学术成果和实践经验，促进科技期刊质量的提高及发展。

3 月 《党建研究》在北京创刊。陈云题写刊名。该刊是研究党的建设问题的理论月刊，读者对象主要是县处级以上党员领导干部、理论工作者、党务工作者，以及基层党委的领导干部。

△ 《中国青年研究》在北京创刊。由中国青少年研究中心、中国青少年发展基金会、中国青年政治学院、团中央青运史工作指导委员会联合主办，黄志坚主编。该刊旨在教育、引导青年，反映青年呼声，向青年传播新信息，探讨青年工作，反映共青团工作的研究成果，为青年工作和青年教育事业服务。

△ 《中国法学》1989 年第 3 期发表评论员文章《正本清源繁荣法学》，批驳当时社会上一些人否认法的阶级性和人民民主专政、鼓吹“全民修宪”等资产阶级自由化的观点。

5 月 4 日 由全国青联、中国青少年发展基金会与首都十家主要新闻单位联合主办、中国青年杂志社策划的首届“中国青年十大杰出人物”评选活动在北京揭晓，聂卫平等10位杰出青年获此殊荣。1990年起改为评选“中国十大杰出青年”。

5月10日 国家新闻出版署发出《认真检查涉及民族、宗教问题书刊的通知》。

5月30日 文化部、国家新闻出版署印发《关于加强书刊市场管理工作的通知》指出，地市凡未成立新闻出版局的，由当地文化主管部门负责管理本地区报纸、期刊、书画（书法、绘画）、图书（含书籍、丛刊、画册、图片、年画、年历、挂历）等出版物的印刷、发行、销售工作和音像出版物的彩封、唱词、广告宣传画等的印刷工作；地市已成立新闻出版局的，由该局主管本地区的新闻出版工作。

6月22日 国家新闻出版署印发《〈期刊管理暂行规定〉行政处罚实施办法》强调，凡违反《期刊管理暂行规定》，由新闻出版行政管理机关依照本办法给予行政处罚。

7月1日 《世界军事》在北京创刊，半月刊。由新华社解放军分社主办。该刊主要编写世界各国（地区）军事概况，介绍世界主要国家和地区的军事基本情况、军事历史、军事人物、军事科技、国防形势、安全政策、国内外局势，并配有大量的武器装备图片等。

7月 《环境科学学报》（英文版）在北京创刊。由中科院生态环境研究中心主办。该刊是我国第一份环境科学方面的综合类英文学术期刊，创刊后受到了国际环境科学界的关注，已有四十多个国内外检索机构收录。

8月9日至11日 国家科委主办的全国地方科技期刊管理工作会议在天津举行，30个省、市、自治区主管科技期刊工作的代表和国家新闻出版署的代表共42人参加了会议。会议的主要议题是：传达国务院办公厅关于新创期刊的指示精神，部署新创期刊指标，传达国家新闻出版署5月召开的全国期刊工作会议精神等。

8月14日 国家新闻出版署发布《关于严格控制书刊定价利润率的通知》，要求把全年书刊定价利润率严格控制在5%—10%幅度以内。

8月24日 中共中央、国务院在北京召开全国整顿清理书报刊和音像市场电话会议。李瑞环、李铁映出席会议并讲话。会议要求各级党委和政府加强领导，严格执行政策，精心组织，集中力量在国庆节前对书报刊和音像市场进行一次全面的清理整顿，一手抓“扫黄”、一手抓繁荣文艺，以文化市场健康、繁荣的崭新面貌迎接国庆 40 周年。

9 月 15 日至 20 日 中宣部、国家新闻出版署在北京召开全国整顿压缩报刊和出版社工作会议。

9 月 16 日 中共中央办公厅、国务院办公厅印发《关于整顿、清理书报刊和音像市场，严厉打击犯罪活动的通知》。《通知》指出，宣扬资产阶级自由化或其他反动内容的、有严重政治错误的、淫秽色情的、有害青少年身心健康的、非法出版的书报刊和音像制品一律取缔；对制作、复制、贩卖、传播反动淫秽出版物的犯罪分子从严处罚；清理整顿出版、印制、发行单位，清理整顿个体和集体发行单位、录像放映点等。

10 月 9 日 中共中央办公厅、国务院办公厅在北京召开中央和国务院各部委负责人会议，部署报刊和出版社的压缩、整顿工作。

10 月 14 日 中共中央办公厅、国务院办公厅联合印发《关于压缩整顿报刊和出版社的通知》。《通知》指出，对长期和突出宣扬资产阶级自由化观点，反对四项基本原则，出版淫秽色情图书、文字等出版社或报刊撤销登记；对不符合办刊、办社条件的报刊、出版社停办或合并；对现有的报刊和出版社进行思想整顿、组织整顿，所有出版社都要重新登记。

10 月 《孩子天地》在北京创刊。由中国和平出版社主办，聂大朋主编。该刊是抗日战争年代新安旅行团（中国共产党领导的青少年团体）的几位老战士白手起家、在宋庆龄基金会的支持下创办的，旨在以诗、文、歌、画、书法、摄影等多种形式，对少年儿童进行潜移默化的教育，为把他们培养成德智体美劳全面发展的合格人才打好基础。

11 月 3 日 国家新闻出版署发布《关于部分应取缔出版物认定标准的暂行规定》，对如何确定“夹杂淫秽色情内容、低级庸俗，有害于青少年身心健康的”出版物，作了具体的解释和规定。

12 月 25 日 国家新闻出版署发布《加强书报刊印刷管理的若干规定》强调：根据本地区对书报刊印刷能力的总体需求及合理布局的要求，经严格审查，可以对确有书报刊印刷设备、具有一定的生产能力和技术力量、能保证产品质量、遵纪守法、管理基础工作健全、物资供应有正常渠道的并历年担负一部分书报刊（含教材、课本）印刷任务的印刷企业，颁发书、报、刊印刷许可证。

1990 年

1 月 《软件学报》在北京创刊。该刊主要刊登计算机软件各领域原创性研究成果，所发表的论文均经过同行专家的严格评议，致力于创办与世界计算机科学和软件技术同步发展的以中文为主的“中文国际软件学术期刊”，为全球华人同行提供学术交流平台。

2 月 24 日 由中国出版工作者协会等单位联合举办的全国首届书刊封面设计大赛颁奖大会在北京举行，60 种书刊封面分获一、二、三等奖。其中，有 10 种期刊封面获奖。

3 月 15 日 国家工商局、国家新闻出版署联合发布《关于报社、期刊社和出版社刊登、经营广告的几项规定》。

3 月 22 日 国家语言文字工作委员会、国家新闻出版署发布《关于修订发布〈标点符号用法〉的联合通知》。

4 月 9 日 国家保密局、国家工商局、公安部、国家新闻出版署等联合发布《印刷、复印等行业复制国家秘密载体暂行管理办法》。1990 年 8 月 1 日起施行。

5 月 5 日 中宣部、国家新闻出版署联合印发《关于描写党和国家主要领导人的出版物加强管理的规定》。

5 月 25 日 中宣部、国家新闻出版署印发《关于对报（刊）社记者站进行清理整顿和重新登记的通知》。

6 月 28 日 安徽省期刊协会在合肥成立，杨忠明任理事长。

9 月 2 日至 9 日 国家新闻出版署在北京举办全国期刊展览，中顾委副主任宋任穷为开幕式剪彩，中央和有关部门的领导出席开幕式。这是新中国成立 40 年来首次举办的全国期刊展览，共展出中央各部委及全国 30 个省、自治区、直辖市出版的四千多种公开发行的期刊，“中国期刊史回顾展”与“港澳台地区部分期刊”同时展出。这次展出的期刊占全国期刊总数的 70%，内容包括社会科学和自然科学，除汉文期刊外，还有多种少数民族期刊和外文期刊，门类齐全、品种繁多，充分反映了我国期刊出版事业的全貌。本次展览还进行了期刊“整体设计奖”和“印刷质量奖”两项评选，共有 175 种期刊获奖。展览期间，国内外人士有五万多人参观。

9 月 7 日 第七届全国人大常委会第十五次会议审议通过《中华人民共和国著作权法》，杨尚昆签署第 31 号主席公布，自 1991 年 6 月 1 日起施行。这是中华人民共和国成立后制定的第一部著作权法。

本年 《细胞研究》（英文版）在上海创刊。由中国科学院主管、中国科学院上海生命科学研究院生物化学与细胞生物学研究所主办，姚鑫主编。该刊是以全英文刊登国内外细胞生物学及其相关领域的原创性研究论文、综述、快报和述评的国际性期刊。

1991 年

1 月 19 日 第四届中华全国新闻工作者协会第一次会议上通过《中国新闻工作者职业道德准则》。该规则是新中国第一个新闻工作者自律性文件。

3 月 6 日 中国书刊发行业协会在北京成立，国家新闻出版署副署长刘杲任会长。该会是由全国从事书刊批发、零售、进出口业务的单位和集体、个体经营者自愿组成的全国性行业组织，基本任务是沟通会员与党和政府之间的联系，发挥行业协会的桥梁、纽带作用，组织会员进行自我教育、自我管理、自我协调，倡导会员单位积极发行有利于经济和社会发展的优秀书刊，拒绝发行非法出版物。

4 月 1 日至 5 日 全国期刊管理工作会议在西安举行。会议交流各地期刊管理工作的经验，重点探讨了如何引导期刊坚定不移地沿着社会主义方向发展等问题。

5 月 24 日 国务院批准《中华人民共和国著作权法实施条例》，5 月 30 日由国家版权局发布。1991 年 6 月 1 日起《中华人民共和国著作权法》《中华人民共和国著作权法实施条例》正式实施。

6 月 5 日 国家科委、国家新闻出版署联合发布《科学技术期刊管理办法》，自1991年7月1日起施行。

8月9日 国家版权局发布《关于报刊社声明对所发表的作品享有专有出版权的意见》。

8月27日 国家版权局发布《关于当前报刊转载摘编已发表作品付酬标准的通知》。

8月 中国标准刊号开始在全国实施。国家新闻出版署期刊管理司在为全国期刊更换登记证的同时实施中国标准刊号，凡经国家新闻出版署批准登记的每种报刊的每个版本都只有一个唯一的标准号码。这为我国报刊的出版、发行、收藏、利用等各个环节的科学管理和现代化技术的应用创造了便利条件。

△ 《杂志编辑学》由中国书籍出版社出版，徐柏容著。该书是我国改革开放以来第一本有关杂志编辑学的著作。

9月11日 国家新闻出版署印发《重申〈关于征集图书、杂志、报纸样本办法〉的通知》，重申出版单位按规定缴送样本是出版单位应尽的义务。

12月4日 国家新闻出版署发出《关于期刊出版增刊有关事项的通知》指出，期刊不得随意出版增刊，如确有必要出版增刊，必须经新闻出版行政管理部门批准。1992年12月31日，国家新闻出版署又发出《关于期刊出版增刊审批问题的通知》。

12月 中国少年儿童报刊工作者协会在北京成立，沈腴正任会长。该会团结全国少儿报刊工作者，加强联系协作，交流、探讨少儿报刊的业务发展和工作经验，关心、维护少儿报刊工作者的利益，促进少儿报刊事业的改革与发展。

1992年

1月 《中国统一战线》在北京创刊。江泽民题词：“高举爱国主义社会主义旗帜，团结一切可以团结的力量，巩固发展最广泛的爱国统一战线，为团结稳定，建设四化，振兴中华，统一祖国而努力奋斗。”该刊宣传贯彻中国共产党的基本路线和统一战线方针政策，传达中共中央和中央统战部对统战工作的指示精神和工作部署，探索和研究新形势下统一战线理论和实践中的新问题，反映统战理论研究的动态和成果，交流地方统战工作的信息和经验。

2 月　《中国京剧》在北京创刊。由文化部振兴京剧指导委员会主办，吕瑞明主编。该刊旨在弘扬民族优秀文化，促进京剧艺术的振兴繁荣。

4 月 2 日　国家科委、中宣部、国家新闻出版署联合印发《科学技术期刊质量要求》《科学技术期刊质量评估标准》。

5 月 28 日　中国期刊协会在北京成立。会议选举产生期刊协会第一届理事会、常务理事会和领导班子，《求是》杂志总编辑有林任会长。该会是具有法人资格的全国性行业团体，由期刊社、期刊社会组织及从事期刊教学、研究、经营和管理的单位组成。其主要任务是广泛团结全国期刊工作者，深化期刊事业的改革，探讨期刊发展理论，组织期刊人员培训，不断提高期刊质量，维护期刊出版工作者的合法权益，开展国际期刊界的合作与交流。

6 月 5 日　《人民论坛》在北京创刊。由人民日报社主管、主办。江泽民题写刊名。该刊坚持党的基本理论、基本路线和基本方针，力求及时、准确阐述党中央精神，反映群众意愿，交流时代信息，展示思想理论成果。

6 月 13 日　国家保密局、中央对外宣传小组、国家新闻出版署、广电部联合发布《新闻出版保密规定》，共四章、二十条。自 1992 年 10 月 1 日起施行。

6 月　《佛教文化》在北京创刊。由中国佛教协会会长赵朴初创办，中国佛教文化研究所主办，王志远主编。该刊旨在启迪智慧、净化人生、陶冶情操、断恶扬善，注重从文化的角度，结合现实人生，发掘佛教优良传统，帮助现代人实现内心的平和与安详，是一份佛教文化的普及性期刊。

7 月 1 日　第七届全国人大常委会第二十六次会议审议通过我国加入《伯尔尼保护文学和艺术作品公约》和《世界版权公约》。根据规定，《伯尔尼保护文学和艺术作品公约》和《世界版权公约》分别于 1992 年 10 月 15 日和 1992 年 10 月 30 日在中国生效。自此，中国作品将在公约其他成员国受到保护，公约其他成员的作品也将在中国受到保护。

7月7日 国家新闻出版署、国家语委发布《出版物汉字使用管理规定》。

9月25日 国务院发布《实施国际著作权条约的规定》，自1992年9月30日施行。

10月13日至14日 中国编辑学会在北京举行成立大会，国家新闻出版署副署长刘杲任会长。该会遵照党的出版方针，开展编辑工作、编辑理论、编辑学和编辑史的研究，探讨实际工作中的重大问题，逐步建立编辑学学科的理论体系。

10月 《中华家教》在北京创刊。由中华全国家庭教育学会主办，卢乐山主编。该刊主要登载家教向导等方面的报道、文章，宣传普及优生、优育、优教知识，指导家长对不同年龄段子女的正确教养，为提高我国家庭教育水平和全民族人口素质服务。

11月20日 国家新闻出版署印发《书刊印刷产品质量监督管理暂行办法》指出，书刊印制、出版、发行单位，须按照该《办法》的有关规定，承担产品质量责任。自公布之日起实施。

12月26日至28日 国家科委、中宣部、国家新闻出版署在北京联合召开首届全国优秀科技期刊表彰及经验交流大会，有351种优秀科技期刊获奖，其中，一等奖50种、二等奖100种、三等奖201种。

1993年

1月5日至14日 中国期刊代表团一行5人访问美国，并与美国洛杉矶蒙特利图书文具公司共同举办“中国期刊展”。

1月 《中国质量万里行》在北京创刊。由《人民日报》经济部、中国新闻文化促进会、中国质量万里行活动组织委员会联合主办，艾丰主编。该刊坚持“打假治劣”的方针，充分发挥首都新闻界联手办刊的优势，对侵害消费者和用户合法权益的重大事件进行批评、报道，坚持扶优扬名，为宣扬中国名牌大声疾呼，对中国名牌的形成、发展和面临的问题进行探讨。该刊根据消费者的需要设立投诉卡，并在此基础上开展“质量大家行活动”，为消费者排忧解难，督促企业提高质量、改善服务。

△ 《保健与生活》在合肥创刊。由安徽科学技术出版社主办。该刊以“帮助人们建立科学文明的生活方式，提高自我保健能力，增强身心健康”为办刊宗旨，贴近生活、面向群众，融科学性、知识性、趣味性和实用性为一体。

△ 《收藏》在西安创刊。由陕西省文史研究馆主办。该刊旨在弘扬中华收藏文化、发展中华收藏事业、指导和推动群众性收藏活动的发展，主要报道收藏热点及信息，介绍藏品鉴赏知识及收藏经验窍门，推介藏界精英，紧扣市场行情，提供藏品赏析范例。

2 月 中国期刊协会派员参加由国际期刊联盟在特拉维夫举办的“‘变革的时代、变革的传媒’国际期刊研讨会”，并作“中国期刊发展现状”的大会发言。

3 月 15 日至 21 日 国家新闻出版署期刊司在海口召开全国期刊管理工作研讨会，共同探讨在社会主义市场经济条件下，如何既要搞活又要管好期刊的问题。

3 月 22 日 国家税务局印发《关于进一步支持宣传文化事业的通知》，决定对出版事业给予税收上的支持，出版业不再征营业税，部分出版物免征增值税。在这一政策制定过程中，中国期刊协会参与了讨论。

3 月 《国际音乐交流》（中英文对照）在北京创刊。由中央人民广播电台主办，何善昭主编。该刊主要介绍中国优秀民族音乐文化的历史和现状，介绍作曲家、音乐理论家、指挥家、表演艺术家，沟通国内外同行的交流、增进友谊。

6 月 29 日 经中宣部批准，国家新闻出版署印发《关于出版单位的主办单位和主管单位职责的暂行规定》，明确出版单位的主办单位和主管单位的职责。自公布之日起施行。

6 月 29 日至 30 日 中国期刊协会在武汉召开全国期刊工作座谈会，围绕“期刊如何更好地为建设有中国特色社会主义服务”的主题展开研讨。

6 月 《米老鼠》在北京创刊。陈芳烈主编，由人民邮电出版社和丹麦艾格萌公司合资成立的童趣出版有限公司出版。该刊通过卡通故事中米老鼠、唐老鸭及三只小鸭黛丝、美妮、高飞的言行，调动儿童的想象力。

7月31日 中宣部、国家新闻出版署印发《关于加强新闻队伍职业道德建设，禁止“有偿新闻”的通知》，要求新闻单位和新闻工作者认清党和人民赋予的使命和职责，继承和发扬新闻工作的优良传统，坚持新闻工作为人民服务、为社会主义服务的方向，坚持新闻工作的党性原则和真实性原则，遵守法纪、廉洁奉公、恪尽职守，维护新闻工作的良好形象和信誉，坚决制止种种“有偿新闻”现象。

7月 《长安》在北京创刊。由中央政法委员会主管。该刊主要宣传党和国家的大政方针，充分发挥舆论引导作用，报道政法工作、社会治安综合治理工作，积极搭建学习交流平台，推动各地社会治安工作的不断创新发展。

8月1日 国家版权局公发《报刊转载、摘编法定许可付酬标准暂行规定》等三个规定，是为保证著作权人的作品在法定许可情况下被使用获得合理报酬，并为使用者提供付酬依据。自公布之日起执行。

8月6日 团中央宣传部、中国青年报刊协会主办的全国青年报刊首届“十佳”记者评选揭晓，《青年时代》的卢程、《少男少女》的李国伟、《中国青年》的郑勇、《黄金时代》的温眉眉等当选。

8月8日 《时尚》在北京创刊。由中国旅游报社主办，吴泓、刘江主编。该刊坚持“国际视野、本土意识”的办刊方针，以其高雅的品位、独特的风格、风趣的文字、新颖的设计引导着潮流，倡导着时尚。目前时尚集团旗下拥有《时尚COSMOPOLITAN》《时尚先生》《时尚家居》《时尚健康》《男士健康》《时尚旅游》等16种期刊。2014年1月1日，时尚集团将原有的传媒业务资源重新整合，以核心业务——传媒业为依托，通过其影响力拉动在教育、投资及产业领域的拓展。

8月9日 国家新闻出版署发出《关于在出版物上全面推广使用条码的通知》指出，1994年1月1日以后出版的所有使用ISBN号的图书（包括再版图书）、所有使用ISSN号的期刊，都必须分别印有具有978、977前缀的条码。

8月11日 财政部发布《关于进一步支持宣传文化企业发展的通知》，决定从1993年至1997年宣传文化企业上缴的所得税原则上返还宣传文化部门，用于支持宣传文化企业发展。

8 月 16 日至 17 日 中国期刊协会、《读者》编辑部共同在兰州召开首届中国期刊学术理论研讨会，就“期刊的观念、手段及经营等方面如何适应时代发展”的议题进行研究和探讨。

9 月 27 日至 10 月 4 日 由国家新闻出版署信息中心、中国报业经营管理协会和中国期刊协会在北京联合举办 1978—1993 中国报刊业发展成就博览会，共展出三千五百多种报刊。

9 月 《中国出版年鉴》在北京创刊。方厚枢主编。该刊于 1980 年创办，创刊号由胡愈之撰写《发刊词》。初创时期以书号出版，由中国出版工作者协会编辑，商务印书馆出版；1987 年由中国版协、中国出版科研所编辑，中国书籍出版社出版；1993 年（1990 年卷）起用刊号出版，由中国版协主办，中国出版年鉴社编辑出版。该刊是反映我国图书、报刊和音像的编辑、出版、印刷、发行等工作基本概况的大型资料性工具书。

△ 《紫光阁》在北京创刊，该刊积极传播党的声音，大力宣传党的理论和路线方针政策，准确阐释党中央、国务院重大决策部署。

11 月 10 日 中国科技协会颁布《中国科协科技期刊管理暂行办法》，对该协会主管的科技期刊的办刊宗旨、管理体制、审批手续、业务管理等方面做出了具体规定。

12 月 9 日 北京科技期刊出版集团成立。标志着科技期刊向集团化的大生产方向迈进了一步。

12 月 《中国新闻年鉴》在北京创刊。该刊于 1982 年创办，初创时期以书号出版，1993 年起以刊号出版。由中国社科院新闻研究所主办。该刊主要记录每一年度我国新闻实践与新闻事业发展的情况，是指导性、学术性、权威性并重的大型资料性工具书。

1994 年

1 月 《中国水产科学》在北京创刊。由中国水产科学研究院主办。该刊旨在促进我国的水产科学研究，加强国际间的学术交流，展示中国水产科研院直属科研所、高校及地方科研院所的科研成果与进展。

△ 《商界》在重庆创刊，月刊。该刊以“报道商界动态形势，揭示商界深层问题，汇集商界经营之道，反映商界丰富人生”为办刊宗旨，以倡导优秀商业文化和创业精神为特色。目前旗下五本期刊为：《商界》《商界时尚》《商界评论》《家人》《中华手工》，并拥有全国最大招商视频网——商界招商网。

△ 《销售与市场》在郑州创刊。该刊以“反映中国营销主流，引领中国营销潮流，见证并推动中国营销进步”为办刊宗旨，秉承“专业性、实战性、权威性、国际性”的办刊理念，以全球化视野关注中国市场发展趋势，致力为中国企业提供先进的营销理念与实务方法工具。

2 月 23 日 国家新闻出版署期刊司承担的软科学研究项目《我国社会科学类期刊分布结构研究》通过专家鉴定。该项研究首次对我国社科类期刊进行分类，即参照原《中国图书分类法》中的 12 类、结合期刊的实际及特殊需要，将其分解成 41 个类别。这是新中国成立 45 年来我国第一个期刊研究课题，为行政管理部门提供了决策参考依据，具有较强的理论指导性和实际应用价值。

3 月 四川省期刊协会在成都成立，陈焕仁任理事长。

5 月 4 日至 9 日 中国期刊协会在第八届日内瓦国际图书沙龙上举办“中国期刊展”。

5 月 10 日 国家新闻出版署发布《关于出版企业转换经营机制加强经营管理的意见》。《意见》要求出版企业深化改革，面向市场，苦练内功，完善和严格内部经营管理，使出版企业管理适应建立社会主义市场经济体制的要求，逐步在印刷、发行等企业建立现代企业制度，促进社会效益和经济效益的提高。

5 月 15 日至 25 日 应以色列期刊协会邀请，中国期刊协会代表团一行 5 人访问以色列。

5 月 18 日 国家新闻出版署发出《关于书报刊音像出版单位成立集团问题的通知》，对书报刊音像出版单位成立集团提出了五点要求。

6 月 7 日 国家民委、中宣部、中央统战部、文化部、广电部、国家新闻出版署、国务院宗教局联合印发《关于严禁在新闻出版和文艺作品中出现损害民族团结内容的通知》。

8 月 26 日 国家新闻出版署颁布《关于期刊载表有关党和国家主要领导人工作和生活文章、图片的规定》。

9 月 中国人民大学书报资料中心《中文报刊社科资料索引数据库(1994 年)》(软盘)研制成功。

10 月 3 日 中国期刊协会与韩国杂志协会签订“友好交流协议”，促进两国期刊界代表互访，在国际事务中相互支持。

10 月 14 日 国家新闻出版署发布《期刊年度核验暂行办法》。核验工作依据《期刊管理暂行规定》《〈期刊管理暂行规定〉行政处罚实施办法》《关于出版单位的主办单位和主管单位职责的暂行规定》等有关管理规定执行。

10 月 17 日至 25 日 应中国期刊协会的邀请，以色列期刊协会代表团来华访问，与我国期刊界人士举行了以“期刊的发展与时代的要求”为题的研讨会。

10 月 27 日 中华人民共和国第八届全国人民代表大会常务委员会第十次会议通过《中华人民共和国广告法》，1995 年 2 月 1 日实施。

10 月 26 日至 29 日 第六次全国文化综合类期刊研讨会在西安召开，主题是“强化办刊人的使命意识”。

11 月 《中国学术期刊文摘》在北京创刊，月刊。由中国科技协会主管。该刊确定了 400 多种优秀科技期刊为文摘来源期刊，内容涉及自然科学、医药科学、农业科学、工程与技术科学以及部分人文与社会科学等学科，是我国唯一一份综合性检索类科技期刊。2006 年，该刊的主办单位变更为科技导报社，内容进行改版。2006 年 2 月《中国学术期刊文摘》(英文版)创刊，是《中国学术期刊文摘》的姊妹刊。

12 月 23 日 财政部、国家税务局联合发布《关于继续对宣传文化单位实行财税优惠政策的规定》。

12 月 国家科委颁布《科技期刊质量要求及评估标准》，根据科技期刊五大类的特性，分别制定了科技期刊指导类、学术类、技术类、检索类和科普类的质量要求和评估标准。

△ 在中央电视台举办的读者调查中，《辽宁青年》《读者》《家庭》等杂志被评为“最受青年喜爱的国内十佳期刊”。

1995 年

1 月 12 日 江泽民主持中央政治局常委会议，听取国家新闻出版署党组关于《进一步加强和改进出版工作的报告》。中央认为，新闻出版工作是一项非常重要的事业，事关社会风气、民族素质的提高和下一代的成长。要进一步加强和改进出版工作；出版物是特殊商品，不能完全交给市场去调节；要抵制和扫除黄色、腐败的东西，让优秀的出版物占领市场。

△ 国内第一份上网的中文电子刊物《神州学人》每周五以电子邮件形态将内容送上因特网，它所提供的国内各类信息满足了广大留学生及时了解祖国情况的需求。

1 月 23 日 为进一步提高出版工作者的职业道德修养，更好地贯彻党的出版方针和国家的出版法律法规，繁荣和发展社会主义出版事业，中国版协第三届第二次常务理事会议通过试行《中国出版工作者职业道德》。

1 月 《三联生活周刊》在北京创刊。由生活·读书·新知三联书店主办。该刊是以“一本杂志和他倡导的生活”为口号的综合类周刊，其前身为邹韬奋先生于 1925 年创办的《生活》周刊。

△ 《咬文嚼字》在上海创刊。该刊以“宣传语文规范，传播语文知识，引导语文生活，推动语文学习”为办刊宗旨。多年来发布的“十大流行语”“十大语文差错”具有广泛影响力。

5 月 23 日 国家新闻出版署印发《关于加强书刊市场管理的通知》，作出“批发进场，零售归市，售前送审”的规定。

6 月 13 日 国家新闻出版署印发《社会科学期刊质量管理标准（试行)》和《社会科学期刊质量标准及质量评估办法（试行)》，以进一步完善期刊的行政管理体系，保证社会科学期刊出版的质量。自发布之日起施行。1996 年 5 月 15 日，《社会科学期刊质量管理标准》由国家新闻出版署通过鉴定。

6 月 24 日至 7 月 9 日 中国期刊协会代表团应美国杂志协会邀请访美，先后访问了美国杂志协会、商业周刊、麦克劳—希尔公司、赫斯特国际杂志公司、罗代尔出版公司及《美国国家地理》等单位。

7 月 1 日　《现代杂志编辑学》由中国人民大学出版社出版，陈仁风著。该书阐述了期刊的定义、特点、种类、作用，以及期刊编辑方针的含义和内容。

7 月 20 日至 24 日　中国期刊协会参加 1995 香港书展，展出内地期刊 155 种。

7 月　《书屋》在长沙创刊。该刊旨在以“读书人的心灵家园，思索者的精神领地”，弘扬知识分子的精神追求和质疑辩难的品质，不流于泛泛的图书信息介绍，许多文章具有严谨的治学精神而又不失活跃的思想。

8 月 1 日至 5 日　中国文摘期刊第六次讨论会在呼和浩特举行，以“在建立社会主义市场经济的过程中如何繁荣文摘期刊事业”为主题。

8 月 17 日　经中宣部审核同意，国家新闻出版署和国家版权局联合发布《关于出版少年儿童期刊的若干规定》。《规定》强调：出版少年儿童期刊必须遵守国家的法律、法规，符合新闻出版行政管理规定及其他有关宣传纪律，不得损害少年儿童的利益和身心健康。自发布之日起施行。

9 月　《瑞丽》在北京创刊。由中国轻工业出版社主办。该刊旗下的《瑞丽服饰美容》《瑞丽伊人风尚》《瑞丽时尚先锋》《瑞丽家居设计》《男人风尚》等系列知名刊物，已成为国内主要的时尚类期刊群。

10 月 19 日　国家新闻出版署印发《关于报刊社社长总编辑（主编）任职条件的暂行规定》，明确了报刊社社长、总编辑（主编）的任职条件。

12 月 13 日　国家技术监督局印发《标点符号用法》《出版物上数字用法的规定》两个标准。

12 月 22 日　由国家新闻出版署组织的首届优秀社科期刊评奖揭晓，并举行颁奖大会，21 种社科期刊获全国优秀期刊奖，48 种社科期刊获全国优秀期刊提名奖。

12 月 25 日　国家新闻出版署、中宣部、国家教委、人事部联合发布《关于在出版行业开展岗位培训实施持证上岗制度的规定》指出，从 1997 年开始，凡新任出版社社长、总编辑、编辑室主任、期刊主编、书刊定点印刷企业厂长、新华书店省市县店经理应先经培训并取得相应“岗位培训合格证书”后上岗工作。

12 月　中国儿童动画图书出版工程全面启动，它包括 5 个儿童动画图书出版基地、15 套动画图书、5 个动画刊物。

1996 年

1 月 8 日至 10 日 第七次全国文化综合类期刊研讨会在哈尔滨召开，以“提高期刊策划能力”为主题。

1 月 30 日 由北京清华信息系统工程公司研发的我国第一部集成化电子期刊“《中国学术期刊（光盘版)》全文检索管理系统”通过鉴定，达到国际先进水平，实现了由题录检索转向数字出版的重大转折，标志着我国学术期刊数字化出版的开始。12 月 24 日，《中国学术期刊（光盘版)》首发式暨中国学术期刊文献检索咨询站成立大会在清华大学举行。《中国学术期刊（光盘版)》成立了由中国科技协会主席周光召任名誉主任、清华大学校长王大中任主任的编委会。

1 月 《期刊思考录》由天津人民出版社出版，张伯海著。该书是一部具有独到见解，并能解决实际问题的理论研究力作。

3 月 28 日至 31 日 中国期刊协会在德国莱比锡书展上举办“中国期刊展”。

5 月 20 日至 29 日 韩国杂志协会代表团应邀来华访问北京、兰州、西安。

6 月 3 日 国家新闻出版署发出《关于对书刊二级批发单位实行总量控制的通知》，决定对全国书刊二级批发单位实行总量控制、从严审批。

7 月 13 日至 17 日 由国家新闻出版署主办的中国出版成就展在北京隆重举行。江泽民、乔石、刘华清等领导观看展览，并就进一步做好出版工作作了重要指示。这次是新中国成立 47 年来规模最大的出版成果展，其主题是：繁荣出版、服务大局。全国有 540 家出版社的近四万种图书、2400 家期刊社的 4300 种期刊、3000 多种音像出版物、180 种电子出版物参展。

9 月 11 日 河北省人大常委会颁布《河北新闻工作管理条例》。该条例是新中国第一个地方新闻工作管理法规。

10 月 3 日 国务院办公厅转发国家新闻出版署、国家科委《关于加强科技出版工作的若干意见的通知》。《通知》提出：按照党和国家对科技出版事业发展的要求，认真制定全国科技出版事业的发展规划，深化科技出版体制改革，提高出版人员素质及出版技术装备水平，安排出版丰富多彩的、适应社会需要的、多层次的科技著作、科技教材、科普读物、科技期刊等科技出版物，形成以新华书店为主的多渠道、多层次、多元化的科技出版发行网络。

10 月 6 日至 9 日 第三次全国少儿读物出版工作会议在北京举行，会议学习了江泽民、李鹏等中央领导同志关于少儿读物出版工作的重要指示，研讨了今后 3 年至 5 年全面提高少儿读物整体质量的基本思路、主要标志、具体措施等。

10 月 10 日 中共中央十四届六中全会审议通过《中共中央关于加强社会主义精神文明建设若干重要问题的决议》。《决议》对新闻出版工作提出要求：出版工作要建立健全管理机制，着力提高出版物质量，多出好作品，不出坏作品。要及时反映国内外新的优秀文化成果，重视出版传统文化精品和有价值的学术著作，积极扶持少数民族出版事业，不断满足人民群众多层次、多方面的需求。新闻媒体和出版物要为全社会正确使用祖国语言文字做出榜样。加强对新闻出版业的宏观调控，采取有力措施解决目前总量过多、结构失衡、重复建设、忽视质量等散滥问题，努力实现从扩大规模数量为主向提高质量效益为主的转变。

10 月 16 日至 23 日 中国期刊协会代表团一行 31 人赴新加坡、马来西亚访问，同时举办"96 新加坡中国期刊展"。

12 月 国家新闻出版署批准人大书报资料中心制作《复印报刊资料》《报刊资料索引》光盘产品，并授予正式版号。

本年 国家科委批准中国科技期刊编辑学会参加国际科学期刊编辑联合会。

1997 年

1 月 2 日 国务院发布《出版管理条例》，自 1997 年 2 月 1 日起施行。这是新中国成立以来第一个比较全面系统的有关出版管理的行政法规，对图书、报纸、期刊、音像制品和电子出版物等的出版、印刷（复制）、发行活动的管理确定了基本原则和基本制度，构成了有中国特色社会主义出版管理体制的基本法制框架。

2001 年 12 月 12 日，国务院第 50 次常务会议通过《出版管理条例》，2001 年 12 月 25 日朱镕基签署国务院第 343 号令颁布，自 2002 年 2 月 1 日起施行。1997 年 1 月 2 日国务院发布的《出版管理条例》同时废止。

根据 2011 年 3 月 16 日《国务院关于修改〈出版管理条例〉的决定》第一次修订。根据 2013 年 7 月 18 日《国务院关于废止和修改部分行政法规的决定》第二次修订。根据 2014 年 7 月 29 日《国务院关于修改部分行政法规的决定》第三次修订。

1 月 15 日 中宣部、广电部、国家新闻出版署、中国记协联合发布《关于禁止“有偿新闻”的若干规定》，重申新闻工作者不得以任何名义进行有偿新闻活动。

1 月 29 日 国家新闻出版署发布《关于严格禁止买卖书号、刊号、版号等问题的若干规定》，重申严禁出版单位以任何形式出卖书号、刊号、版号，严禁任何单位和个人以任何名义直接或间接购买书号、刊号、版号，并参与出版、印刷、复制、发行等活动。

3 月 10 日 国家新闻出版署印发《关于期刊业治理工作的通知》，决定对全国期刊业进行治理，治理的重点是：转化内部期刊，压缩行业、社团组织期刊，控制期刊总量，优化期刊结构，重新划分期刊载行管理类别；并提出 1997、1998 两年内完成治理任务，再用 1 年左右时间巩固治理的成果。

3 月 24 日 国家科委、中宣部、国家新闻出版署在北京联合召开第二届全国优秀科技期刊评比颁奖大会，有 417 种优秀科技期刊获奖，其中，一等奖 60 种、二等奖 119 种、三等奖 283 种。

4 月 1 日 国家科委、国家新闻出版署联合发出《关于科技期刊治理工作的通知》，决定对全国科技期刊进行治理。

5 月 3 日至 5 日 中国期刊协会第二届代表大会在广州举行。会议选举《求是》杂志总编辑邢贲思任会长。会间，中国期刊协会和广东省期刊协会共同组织了 1997 羊城期刊文化周，集中展示了全国 25 个省、自治区、直辖市和 15 个中央部委的三千多种期刊。

5 月 13 日至 15 日 中国期刊协会代表团列席国际期刊联盟在日本东京召开的“第 31 届世界期刊大会”。中国期刊代表作了“中国期刊的历史、现状与未来”的大会发言，以及“中国版权保护”的专题发言。

8 月 18 日 《新周刊》在广州创刊。该刊保持对社会潮流动态的高度敏感、彰扬无情解构的犀利风格，并开创多种全新传媒的报道模式。

10 月 10 日 国家新闻出版署印发《图书、期刊、音像制品、电子出版物重大选题备案办法》规定，凡出版涉及国家安全、社会治安等方面的重大选题和对国家的政治、经济、文化、军事等会产生较大影响选题的图书、期刊、音像制品、电子出版物，出版单位要向国家新闻出版署申报、备案。自发布之日起施行。

10 月 26 日至 11 月 1 日 中国期刊协会接待台北市杂志商业同业公会访问团一行 34 人。代表团访问了北京、上海两地。

12 月 8 日至 20 日 中国期刊协会代表团访问澳大利亚，并在悉尼市举办“中国期刊展”，展出期刊近一千种。

12 月 30 日 国家新闻出版署第 12 号令发布《出版管理行政处罚实施办法》，自 1998 年 1 月 1 日起施行。

1998 年

2 月 18 日 为了发挥期刊的示范和引领作用，1997 年国家新闻出版署开展“全国百种重点社科期刊”（即“百刊工程”）的评选工作。经推荐、多次讨论并由中宣部同意，国家新闻出版署确定 102 种第一届“全国百种重点社科期刊”名单。入选期刊名单是动态的，根据优胜劣汰原则和刊物的综合实力，每两年重评一次。

6 月 17 日至 26 日 中国期刊协会代表团应台北市杂志商业同业公会邀请访台，在台北市诚品书店举行了百余人参加的以“杂志的发行、广告通路与读者互动”为主题的研讨会。

6 月 12 日 中国学术期刊（光盘版）电子杂志社正式成立，中国学术期刊标准化系统工程全面启动。

7月5日至10日　中国期刊协会接待日本杂志协会代表团一行10人来访。

8月20日至9月4日　中国期刊代表团访问美国，在洛杉矶举办“中国期刊展”。

9月3日至7日　韩国杂志协会代表团来华，访问北京、桂林、上海。

9月22日　中国版权保护中心在北京成立，作为国家设立的版权公共服务机构。

10月16日　国家新闻出版署发出《关于目前期刊出版有关问题的通知》指出，一些主管、主办部门疏于对所属期刊的管理，有个别期刊时有不遵守宣传纪律的情况，在宣传报道中出现错误的导向；有的违反新闻出版法规、规章，擅自改变办刊宗旨、编辑方针，擅自更改期刊名称，利用改变刊期搞一号多版等。对这些违规问题的期刊必须责令其限期纠正，问题严重或仍不改正的，对其从严处罚。

10月21日　团中央作出表彰决定，授予中华儿女杂志社杨筱怀等23位荣获首届“全国优秀青年报刊工作者”称号。

10月22日至25日　中国期刊代表团访问瑞典，在哥德堡书展上举办“中国期刊展”。

10月　《今日海南》在海口创刊。由中共海南省委办公厅主办。该刊以“探索开放改革、促进特区发展、传播决策信息、展示琼州风采”为办刊宗旨，强调内容的理论性、政策性和指导性。2004年根据中央关于报刊治理整顿的精神，《今日海南》《大特区党风》《特区展望》《天涯同舟》合并为《今日海南》出版。

11月8日至9日　中国期刊协会在山东淄博召开第一次“全国百家期刊阅览室”工作座谈会，交流阅览室管理经验，并评选出14种受读者喜爱的期刊、10家办得好的期刊阅览室。

11月18日　国家新闻出版署发出《关于期刊出版少数民族文字版有关问题的通知》。

11月　中国期刊协会编纂的《中国期刊》一书，由甘肃人民出版社出版。

12月15日至16日　国家新闻出版署、中国版协在北京联合举办中国出版改革发展 20 年研讨会。

12 月 中国科技协会常委会、科技工作者道德与权益工作委员会和青年工作委员会共同在中国科协所属的全国学会科技期刊中发起签署《全国学会科技期刊道德公约》的活动，以规范全国学会科技期刊的行为，进一步提高科技工作者的职业道德水平。1999 年 2 月 1 日，《全国学会科技期刊道德公约》签字仪式在北京举行，二百多家全国性科技期刊的负责人签名。

1999 年

1 月 20 日 经国家新闻出版署批准，中国期刊协会与北京印刷学院联合主办的期刊研究所成立，张伯海任名誉所长，李频任所长。该所当年获准立项国家社会科学基金项目“中国期刊产业化集团化研究”。

4 月 5 日 国家版权局颁发《出版文学作品报酬规定》。

5 月 25 日至 27 日 中国期刊协会代表团一行 7 人，列席参加国际期刊联盟（FIPP）在德国汉堡召开的“第 32 届世界期刊大会”。

6 月 18 日 中国期刊网第一中心网站在北京正式开通；9 月，第二中心网站在 chinanet 上正式开通。中国期刊网是以清华大学 1996 年创办的《中国学术期刊（光盘版）》的全文数据库为基础建设的。

6 月 龙源期刊网正式开通。其具有完备的网上交易结算功能和简繁体字转换功能，是全球最大的中文期刊网。到 2003 年年底已有八百多种刊物独家签约电子版，同时代理 3000 种科技期刊电子版和六千多种纸质期刊的网上订阅。

8 月 16 日 国家新闻出版署印发《关于非新闻出版机构不得从事与报刊有关活动的通知》，以进一步加强报刊管理，有效制止非新闻出版机构从事与报刊有关活动的现象，规范报刊管理秩序。

8 月 27 日 国际期刊联盟（FIPP）执行主席 R. Mortensen 访问国家新闻出版署和中国期刊协会，就中国期刊协会加入国际期刊联盟问题进行探讨。

8 月 29 日 中共中央办公厅、国务院办公厅联合印发《关于调整中央国家机关和省、自治区、直辖市厅局报刊结构的通知》（中央“两办”30号文件），要求中央国家机关和省、自治区、直辖市厅局要适应建立社会主义市场经济体制和政府职能转变的要求，做好报刊的结构调整工作；原则上不办报纸（将原有的报纸划转或撤销），可保留一种指导工作的期刊。11 月 16 日，国家新闻出版署发出《关于落实中央“两办”30 号文件调整报刊结构的意见》，部署报刊结构的实施办法，要求全国的报刊调整工作于 2000 年 6 月底前结束，届时属于调整范围的报刊如仍未调整，则一律撤销。

9 月 6 日至 7 日 中国期刊协会在湖北当阳召开第二次“全国百家期刊阅览室”工作座谈会。会议制定了《“全国百家期刊阅览室”暂行条例》，阅览室增加为 32 个。

9 月 8 日 国家新闻出版署发出《关于严格期刊刊号管理问题的通知》《关于规范期刊刊名标识的通知》，重申有关期刊出版及期刊刊号管理的规定。

9 月 10 日至 23 日 “中国期刊展”在美国洛杉矶长青文化公司展览厅举行，共展出期刊一千五百多种。中国期刊代表团参加展出活动，并访问有关文化出版单位。

9 月 22 日 中国期刊协会致函台北市杂志商业同业公会，慰问台湾地震受灾同胞。

10 月 《中国期刊协会通讯》刊登专论：《我们的事业——新中国期刊五十年回顾》。

△ 《荣宝斋》在北京创刊。该刊以中华文化及艺术品市场为主要研究对象，展示中华瑰宝，开展学术探讨，介绍优秀艺术作品，传播艺术市场信息，寻求艺术市场进一步规范化途径，集学术性、艺术性、知识性、收藏性于一体。

11 月 25 日 胡锦涛总书记主持中央书记处会议，听取求是杂志社工作汇报时提出：“坚持政治家办刊原则，高举旗帜、贴近实际、提高质量、办出特色”的办刊方针。

12 月 3 日至 12 日 中国期刊代表团访问新加坡、马来西亚，在两地分别举办“中国期刊展”。

2000 年

1 月 1 日　《中国新闻周刊》在北京创刊。由中国新闻社主办。该刊以提供国内、国际重大新闻报道为主，涵盖政治、经济、科技、文化、体育、时尚、娱乐等方面，内容涉及广泛且富有深度，重点在于挖掘新闻背景和内涵。

1 月 6 日　由国家新闻出版署和科技部联合组织的首届“国家期刊奖”评选揭晓，157 种期刊获奖，其中有 48 种社科期刊、64 种科技期刊获“国家期刊奖”；23 种社科期刊、22 种科技期刊获“国家期刊奖提名奖”。同时，评出 108 种第二届“全国百种重点社科期刊”。“国家期刊奖”是我国期刊的最高奖项，每两年举办一次。1 月 23 日，国家新闻出版署在北京举行颁奖大会，对首届“国家期刊奖”“国家期刊奖提名奖”中的社科期刊和第二届“全国百种重点社科期刊”进行表彰奖励。为便于识别获奖期刊、鼓励先进并利于社会监督，由国家新闻出版署对上述奖项统一制作徽标，从 2000 年 1 月起统一印制在获奖期刊封面明显处。

3 月 16 日至 27 日　中国期刊协会代表团访问澳大利亚，在悉尼举办“第二次中国期刊展”。

4 月 3 日至 5 日　中国科普期刊研究会在北京成立，宋培元任会长。该会开展业务研究和经验交流，推动科普期刊的改革发展，反映或解决科普期刊办刊中存在的共性问题，维护本会会员的合法权益，为科普期刊的繁荣服务。

4 月 5 日至 12 日　台北市杂志商业同业公会代表团一行 21 人应邀访问北京、上海。4 月 8 日，中国期刊协会与来访的代表团在北京共同举办“新时代需要什么样的时尚类期刊”和“网络与杂志的互动”的研讨会。

5 月 18 日　中国科技协会发布《关于进一步加强科技期刊出版管理的通知》，以进一步加强对科技期刊的出版管理工作，规范科技期刊出版行为，确保中国科协主管的科技期刊更好地贯彻实施“科教兴国”战略和国家出版法规、规章。

7 月 12 日至 15 日　全国数字化期刊与编辑现代化研讨会在长沙召开，

中国期刊协会常务副会长张伯海和中国科技信息研究所总工程师陈通宝分别作了题为“期刊工作者要做网络时代的明白人”和“网络经济与数字化期刊”的专题报告。

7 月 27 日 国家新闻出版署发出《出版物批发市场管理暂行办法》和《关于进一步加强出版物发行管理的通知》，分别就加强出版物批发市场管理和出版物发行管理提出了具体要求。

8 月 15 日 国务院正式批复中华全国新闻工作者协会《关于确定“记者节”具体日期的请示》，同意将 11 月 8 日确定为“记者节”。

8 月 23 日至 24 日 国家新闻出版署在广西北海召开第二届全国百种重点社科期刊座谈会，提出建设“中国期刊方阵”的设想，以创品牌，迎接“入世”挑战。中宣部部长丁关根就此作出批示：“尽最大努力建设‘中国期刊方阵’，创出 10—20 个有世界影响的名牌期刊”，并要求制订方案。

8 月 25 日至 26 日 中国期刊协会在广西北海召开第九次全国文化综合类期刊研讨会，以“报告、纪实作品必须恪守真实性原则”为主题。会上通过了“关于纪实、报告作品恪守真实性原则的倡议书”，并公布于全国期刊界。

8 月 28 日 中国期刊协会和中国青少年发展基金会联合组织的“开发大西部，保护母亲河，共建读者林”公益活动开始。活动基本目标是筹集捐款，在四川乐山长江上游天然保护区长江支流大渡河 80 公里的河道两岸，建设万亩“中国百家期刊读者林”。各期刊社积极率读者参加，至 2002 年 5 月，共有 100 家期刊社承建“读者林”1 万亩。

10 月 17 日 国家新闻出版署、全国“扫黄打非”工作小组办公室联合印发《关于进一步加强报刊管理的意见》。

10 月 19 日 中国期刊协会正式加入国际期刊联盟，成为正式会员，并于 2004 年被推选为国际期刊联盟董事会成员。

10 月 31 日 《中华人民共和国国家通用语言文字法》经第九届全国人大常委会第十八次会议修订通过，江泽民签署第 37 号主席令公布，自 2001 年 1 月 1 日起施行。

11 月 9 日至 12 日 中国科普期刊研究会年会暨科普期刊经营管理研

讨会在广州召开。来自全国16个省市自治区的四十多家科普期刊的代表和有关方面的领导共五十多人出席了会议。本次会议是中国科普期刊研究会成立以来的首届年会，由本会的会员单位南粤119杂志社承办。会议的主要内容为：总结汇报研究会今年的工作情况；安排2001年工作任务；就科普期刊经营管理的有关问题进行交流与研讨。

11月19日至25日 日本杂志协会、日本杂志广告协会代表团一行17人应邀访问北京、上海。11月21日，日本杂志广告协会专家在北京作《杂志广告的创意与运作》和《日本期刊广告概论》的报告。

11月 《特别关注》在武汉创刊。由湖北日报社主办，朱玉祥主编。该刊坚持“激扬人生智慧，抚慰读者心灵”的办刊宗旨，辟有《家事》《国事》《天下事》《开心事》《男人的事》等专栏。

12月18日至20日 全国报刊管理工作会议在合肥举行。国家新闻出版署署长石宗源出席并讲话。会议总结全国报刊清理整顿工作，研讨报刊中存在的问题及加强管理的措施，落实建设“中国期刊方阵”的工作方案。

2001年

1月6日 国家新闻出版署发布第14号令公布实施《新闻出版行业标准化管理办法》，共七章、三十七条。自公布之日起施行。

1月12日 中国国家地理杂志社与香港SOUNDSYSTEM CONSULTANTS LTD公司正式签署合同，《中国国家地理》中文繁体版，在香港及海外发行。

1月15日至17日 国家新闻出版署对外合作司和中国期刊协会委托国家新闻出版署教育培训中心举办的“国外期刊经营管理培训班”在北京开班，美国纽约大学出版中心等单位的3名专家为学员授课。

2月22日 第三届全国百佳出版工作者颁奖大会在北京举行，21名期刊工作者获得“百佳”称号。

△ 国家新闻出版署发出《关于严格审核期刊封面刊登党和国家领导人图片的通知》。

2月 《家庭用药》在上海创刊。由中科院上海药物研究所、上海市药理学会主办。该刊坚持“依靠专家，面向百姓，传播医药科普保健知识”的办刊宗旨，主要内容均邀请具有丰富临床经验的医药学专家亲自撰稿，为中老年读者及各类慢性病患者的日常保健和求医问药提供实用信息和权威指导。

3月1日至7日 应中国期刊协会邀请，国际期刊联盟组织的国际期刊友好交流代表团一行25人来华访问。石宗源等国家新闻出版署领导接见了代表团全体成员。

3月16日 青海省期刊协会成立大会在西宁召开，青海省新闻出版局副局长李加曲任会长。

3月20日 国家新闻出版署发出《关于严格执行期刊“三审制”和“三校一读”制度保证出版质量的通知》。

4月7日 国务院决定：国家新闻出版署（国家版权局）升格为正部级单位，名称为中华人民共和国新闻出版总署（国家出版局），仍为国务院直属机构。

国家新闻出版总署（国家出版局）建制内的任职：

石宗源（2001年4月—2005年12月）、龙新民（2005年12月—2007年4月）、柳斌杰（2007年4月—2013年3月）历任国家新闻出版总署署长、国家出版局局长。

4月23日至27日 “第33届世界期刊大会”在巴西里约热内卢和阿根廷首都布宜诺斯艾利斯举行，主题是“做出版的赢家”。中国期刊协会派代表团参加。

4月 中国学术期刊（光盘版）电子杂志社和清华同方光盘股份有限公司（TTOD）宣布启动中国期刊“世纪光盘”工程，在2002年年底之前，将中国四千多种主要期刊自创刊以来的全部文献资料进行数字化集成整合，一举建成完备的高质量期刊数据库。

5月7日至15日 中国期刊协会代表团应韩国杂志协会邀请访问韩国。

5月 龙源期刊网组织的第一届全球电子期刊协会会议在加拿大召开。中国科委代表团、中国文化领事、侨务领事等官员出席，并出版电子期刊论文册。

6 月 国家新闻出版总署发出通知，决定从 2001 年起动员期刊力量，有计划有步骤地建设“中国期刊方阵”，并制订了《建设“中国期刊方阵”工作方案》，按照“三个代表”重要思想的要求，把“中国期刊方阵”建设成为宣传思想文化的阵地。

△ 《中国国家地理》杂志台湾牛顿出版股份公司在台湾地区出版发行《中国国家地理》中文繁体版。

7 月 3 日 国家新闻出版总署印发《〈关于坚决制止报刊摊派，切实做好当前减轻农民负担工作实施方案〉并开展专项检查的通知》。

7 月 16 日至 19 日 中国期刊协会与深圳市新闻出版局联合主办的中国期刊发展趋势研讨会在深圳召开。研讨会以“开阔眼界，瞻望并把握未来”的精神，探讨了期刊在规模发展、广告经营、数字化与印刷新技术运用等方面的发展趋势。会间，还分别举行了中国故事期刊协会年会、第十次全国文化综合类期刊研讨会。

8 月 7 日 人事部、国家新闻出版总署联合印发《出版专业技术人员职业资格考试暂行规定》。

8 月 24 日 中共中央办公厅、国务院办公厅转发了《中央宣传部、国家广电总局、新闻出版总署关于深化新闻出版广播影视业改革若干意见》，提出要从组织结构调整入手，积极推进文化行业集团化建设，组建一批主业突出、品牌名优、综合能力强的大型文化集团，实行多媒体兼营、跨地区经营，以此为突破口，加大市场整合力度，迅速提高文化企事业的竞争力。

9 月 11 日至 13 日 国家新闻出版总署主办，中国期刊协会、国家新闻出版总署教育培训中心、法国桦榭菲力柏契出版集团联合承办的“国外期刊经营管理培训班”在北京举行，法国期刊专业人士为来自六十多家期刊社的学员授课。

9 月 四川党建期刊集团在成都成立。2009 年 11 月，经国家新闻出版总署批准，由集团控股联合四川新华文轩连锁股份有限公司共同发起组建了四川期刊传媒（集团）股份有限公司，成为全国第一家股份制期刊传媒集团。

10 月 30 日 在纽约举办的第 15 届国际期刊设计奖——奥齐奖（Ozzie）颁奖仪式上，中国新锐的时事生活杂志《新周刊》荣获“最佳封面设计”大奖，与《ESPN》《CFO》《ONE》等国际著名杂志共享殊荣。

11 月 1 日至 4 日 国家新闻出版总署主办，中国期刊协会、环球新闻出版发展有限公司承办的中国期刊展在北京中国国际展览中心举行。全国人大常委会副委员长布赫、铁木尔·达瓦买提、成思危，全国政协副主席胡启立、罗豪才，中央宣传思想工作领导小组组长王茂林，中宣部副部长高俊良，国家新闻出版总署署长石宗源，副署长于永湛、桂晓风、杨牧之等有关领导出席了开幕式，总署党组成员石峰主持了开幕式。这次期刊展是新中国成立以来规模最大、也是世界期刊史是规模最大的期刊博览盛会。展览的主题是“建设强劲的中国期刊方阵，创立品牌，走向世界”，共有七千多种期刊全面展示中国实施期刊“精品战略”所取得的丰硕成果。展期参观人数高达 15 万人次。

展览期间，中国期刊协会分别举办了题为“如何做大中国期刊的发行市场和广告市场”“中国期刊市场发展趋势及中国期刊国际化运营战略”“期刊工作要以发展中华民族的期刊事业为己任”的研讨会，数位专家和刊业知名人士作了精彩报告。

11 月 5 日至 6 日 国家新闻出版总署主办，中国期刊协会、国家新闻出版总署教育培训中心、上海古纳亚尔管理咨询有限公司联合承办的“国外期刊经营管理培训班”在北京举行，德国贝塔斯曼旗下的古纳亚尔出版公司《地球》杂志总编加德、《明星》杂志美术总监雅可比等期刊专业人士为来自国内 73 家期刊社的学员授课。

11 月 23 日 中国期刊协会、中国轻工业出版社和瑞丽杂志社主办的首届“Red Earth 青春飞扬 星梦成真——封面女孩全国选拔大赛”揭晓。北京选手陈萱和张洁分获冠亚军，来自重庆的高奕获季军。

12 月 13 日 朱镕基到国家新闻出版总署考察工作，并与总署的副司级以上干部进行座谈，署长石宗源在座谈会上作了工作汇报。朱镕基在座谈中强调，在发展社会主义市场经济和对外开放的新形势下，新闻出版管理部门要充分认识肩负的重大责任，切实转变政府职能，强化市场监管，促进新闻出版繁荣发展。国务院副总理李岚清、中宣部部长丁关根，以及中共中央和国务院有关部门的负责同志刘云山、张志坚、项怀诚等一同参加了考察。

12 月 《中国期刊年鉴》在北京创刊。由中国期刊协会、中国期刊研究所、中国大百科全书出版社联合主办。该年鉴是我国唯一一部由全国期刊界专家、学者和广大期刊从业人员共同编纂的大型期刊类纪年文献，全面翔实地记录了我国期刊行业的发展历程与趋势。

2002 年

1 月 18 日 宋庆龄创办的中国对外传播刊物——《今日中国》月刊在人民大会堂举行创刊 50 周年纪念会。江泽民、李瑞环分别发了贺信和题词表示祝贺。

△ 《中国国家地理》杂志在日本东京推出日文版，为源远流长的中日文化交流又增添了一页新的内容。这是中国大陆地区唯一通过版权贸易、商标授权在发达国家完整落地的原创媒体。

1 月 23 日至 2 月 3 日 中国期刊协会代表团应邀访台，并与台北市杂志商业同业公会、中国国际企业合作公司、台北市诚品书店联合在台北市举办“大陆杂志展”。这是大陆期刊第一次在台湾展出，共展览一千多种、一万多册期刊。同时展出 20 世纪“中国期刊创刊号”157 种。

1 月 25 日 经中宣部、国家新闻出版总署批准，《家庭》期刊集团在广州挂牌成立。全国妇联、广东省委及国家新闻出版总署和新闻出版单位的代表参加了挂牌仪式。

2 月 1 日 第七届“韬奋出版奖”在北京颁奖，徐慰曾等 11 位获奖，其中《故事会》主编何承伟获此殊荣。

4 月 9 日 中国期刊协会、国家新闻出版总署教育培训中心、美国 BPA 国际媒体认证公司联合主办的“期刊载行量认证”讲座在北京举行。9 位国际媒体认证专业人士向二百五十多名听众介绍了媒体认证工作的意义与方法。

4 月 16 日至 18 日 中国期刊协会代表团一行 104 人参加国际期刊联盟在韩国召开的“2002 年亚太地区期刊会议”。中国期刊协会代表作题为

“亚太地区期刊工作者团结一致，共拓亚洲期刊发展新纪元”的大会发言。

4月22日 国际期刊联盟（FIPP）执行主席库姆菲尔德访问北京，并与《读者》《家庭》《知音》《女友》等期刊的总编及期刊工作者三十多人交流座谈。

5月17日 中国出版科学研究所在北京举行新闻发布会，发布第二届“全国国民阅读与购买倾向抽样调查”结果，其中“全国读者最喜爱的十家杂志”，按名次排列分别为《读者》《知音》《故事会》《青年文摘》《家庭医生》《女友》《当代歌坛》《妇女之友》《演讲与口才》《少男少女》。

5月 中国期刊协会成立10周年，国家新闻出版总署署长石宗源、中国出版工作者协会主席于友先为庆祝刊协10周年撰文、题词，《中国新闻出版报》《中国图书商报》《光明日报》等撰文祝贺。

△ 《中国期刊的出路：中国期刊高手论坛》由新世纪出版社出版，杨洪祥著。该书收录《对期刊广告的三点观察》《期刊经营的商业模式》《媒体的定位与广告经营》《现代期刊经营谨防六大误区、突破四大障碍》等文章。

6月27日 国家新闻出版总署和信息产业部联合公布《互联网出版管理暂行规定》，自2002年8月1日起施行。

6月29日 第九届全国人大常委会第二十八次会议通过《中华人民共和国科学技术普及法》，其中规定“综合类报纸、期刊应当开设科普专栏、专版”。

8月2日 国务院公布《中华人民共和国著作权法实施条例》，自2002年9月15日起施行。

8月25日 由国际科学编辑联合会、中国科技期刊编辑学会和中国科学院自然科学期刊编辑研究会主办的第十一届国际科学编辑会议在北京开幕。国际科学编辑联合会主席巴拉班，中国科技协会党组副主席郭传杰等出席并讲话。

9月10日 中国科技协会与香港多家机构合作举办“中国科技期刊展香港博览会”，展出科技期刊四百多种、六千多册。

9月11日至13日 由中国期刊协会、国家新闻出版总署教育培训中心、当纳利印刷有限公司联合主办的“2002中美期刊经营论坛”在上海举行。美国杂志协会国际部主席、罗代尔出版集团副总裁乔治·赫兹授课。

10月14日至20日 “2002台湾期刊展”在北京、上海同时举办，展出台湾期刊四百多种。

10月15日至16日 海峡两岸期刊研讨会暨第十一次全国文化综合类期刊研讨会在兰州举行，主题为“文化期刊·东方神韵”。

2003年

1月17日 第二届国家期刊奖颁奖大会在北京举行。60种期刊获国家期刊奖，97种期刊获国家期刊奖提名奖；189种期刊被评为全国百种重点社科期刊。

2月21日 第四届全国百佳出版工作者颁奖大会在北京举行，16名期刊工作者获得“百佳”称号。

2月24日至26日 “中日期刊品牌经营研讨会”在北京举行，25家日本杂志社代表参会。

4月8日 中国期刊协会第三届会员代表大会在北京召开。会议选举国家新闻出版总署报刊司司长张伯海任会长。

4月 万方数据推出手机付费实时下载“数字化期刊”服务。中国数字化期刊群为国家“九五”重点科技攻关项目，收录理、工、农、医、哲学、人文、社会科学、经济管理与教科文艺等八大类一百多个类目近五千种期刊，实现全文上网、论文引文关联检索和指标统计。

5月25日 中央电视台国际台专访国家新闻出版总署副署长石峰、中国期刊协会会长张伯海，谈中国期刊发展状况。

5月26日至28日 国际期刊联盟（FIPP）主办的“第34届世界期刊大会”在法国巴黎举行。由于SARS的原因，中国期刊协会未能组团参会。国家新闻出版总署署长石宗源为大会所作的《期刊出版全球化》发言，在北京分会场通过卫星同步传至巴黎主会场。此次大会展出中国期刊150多种。

6月6日 国家新闻出版总署印发《关于坚持“三贴近”进一步加强和改进新闻出版工作的意见》，要求各新闻出版单位要以“三个代表”重要思想为指导，认真领会、全面落实党中央关于坚持“三贴近”的要求，从“三贴近”入手，努力提高新闻出版工作水平。

7月25日 中共中央办公厅、国务院办公厅印发《关于进一步治理党政部门报刊散滥和利用职权发行，减轻基层和农民负担的通知》。《通知》指出，治理工作的范围是：各级党的机关和政府组成部门、直属机构、办事机构等主管、主办的报刊，省级和省级以下行业组织主管、主办的报刊，利用职权摊派发行报刊的各种行为。

△ 美国康泰纳仕（Conde Nast）出版公司国际公司董事长 Jonathan Newhouse 一行 3 人来访，国家新闻出版总署副署长石峰会见来访客人。

7月 《读者》杂志开内地期刊之先河，采取在北美分印发行的方式，以中文简体版原貌，成功登陆北美发行。

8月 《春风》下半月刊《春风·意林》在长春创刊。该刊由长春市文联主办。以“一则故事，改变一生”为宗旨，通过“小故事大智慧、小幽默大道理、小视角大意境”，坚守“励志、感动、启迪、提升”的办刊理念。2004 年 6 月，《春风》正式更名为《意林》。

9月15日至19日 国际出版物发行协会第 48 届大会在爱尔兰召开，中国期刊协会会长张伯海在专题讨论中作了“中国的出版业及出版物发行业”的发言。

9月19日 文德广运发行集团在北京组建成立，该集团成为国内第一家获得报刊总发行权的民营企业。

9月19日至10月17日 中国期刊协会与国家邮政局公众服务部、搜狐网站联合主办 2003 中国期刊网上文化节。

10月1日 《期刊中国》由中国社会科学出版社出版，孙燕君等著。该书对中国现有九千多种期刊进行了全景式分类扫描，讲述各类代表性期刊的生动故事，解析各类期刊现状和趋势，描述海外强势期刊对中国期刊市场的猛烈冲击，分析和探讨了中国期刊市场的竞争和投资期刊的诸多问题。

11月 《格言》在哈尔滨创刊。由黑龙江省出版总社主办。该刊以“开启语言智慧，彰显时代精神”的办刊理念，致力于为青少年提高语言修养和生存智慧，是一本以提高青少年语言修养为主题的杂志。

12 月 12 日 第八届“韬奋出版奖”揭晓，姚磊等 14 位获奖，其中科幻世界杂志社社长兼总编辑杨潇、《出版广角》主编刘硕良获此殊荣。

2004 年

1 月 《南方》在广州创刊，月刊，2007 年 1 月起改半月刊。由中共广东省委主办。该刊为广东省委机关刊，是全省各级公共决策者以及广大党员干部的学习平台、资讯中心、工作参谋。

△ 《当代贵州》在贵阳创刊。由中共贵州省委主办。2003 年年底根据中央关于报刊治理整顿的精神，《当代贵州》《党建交流》《党的生活》《党风廉政》合并为《当代贵州》出版。

2 月 4 日 中宣部、国家新闻出版总署发出《关于对管办分离和划转报刊加强管理的通知》指出，党政部门及其工作人员不得为报刊载行和承揽广告业务提供各种便利，也不得参与报刊的经营活动。

2 月 24 日 经国家新闻出版总署批准，中国出版工作者协会印发《中国出版工作者职业道德准则》。《准则》为进一步加强出版行业的职业道德建设，引导广大出版工作者在遵守《公民基本道德规范》的基础上，追求更高的思想道德目标，坚持以马克思列宁主义、毛泽东思想、邓小平理论和“三个代表”重要思想为指导，更好地贯彻党的路线、方针、政策和国家的法律、法规，推动出版事业的繁荣进步和出版产业的健康发展。

5 月 1 日 《读者传奇》由中国社科出版社出版，师永刚著。该书讲述《读者》杂志如何历经风雨成为发行量近千万，成为中国最具影响力、最大发行量的杂志的传奇故事。

6 月 18 日 中国期刊代表团一行 5 人访问法国桦榭菲力柏契传媒集团及法国专业期刊协会。

6 月 22 日至 23 日 中国期刊代表团参加在西班牙巴塞罗那召开的第四届 B2B 类期刊大会。

8 月 20 日 中国期刊协会向全国期刊界同人发出倡议：坚决抵制低俗出版风，精心为读者奉献精神花朵。

8 月 26 日 中宣部出版局、国家新闻出版总署报刊司、中国期刊协会在北京共同组织召开“品牌·质量·效益——《读者》之路”研讨会。

9月8日至10日 中国科技协会主办的首届科技出版发展论坛在北京举行。中国科技协会副主席张玉台出席开幕式并讲话。论坛以“新时期科技出版改革与发展”为主题，安排了主会场和具有各类科技出版物特点的图书、期刊、科技报、音像电子出版物和网络科技出版5个分会场。

9月23日至26日 第十三次全国文化综合类期刊研讨会在西安召开，会议主题为“期刊应该把什么样的精神花朵奉献给读者”。

9月28日至29日 “中法期刊核心竞争力研讨会”在杭州举办，国家新闻出版总署副署长石峰作了题为“从塞纳河到西子湖畔”的致辞。

10月23日至11月2日 “华文期刊北美市场发展前景研讨会”在多伦多举行，中国期刊代表团一行7人访问加拿大并参会。研讨会期间举办“中国期刊展”和“华文期刊读者座谈会”。

12月28日 国务院颁布《著作权集体管理条例》，共四十八条。自2005年3月1日起实施。

2005年

2月28日 第三届国家期刊奖颁奖大会在北京举行。60种期刊获国家期刊奖，100种期刊获国家期刊奖提名奖；197种期刊被评为全国百种重点社科期刊。

4月5日 中共中央办公厅印发《关于进一步加强和改进舆论监督工作的意见》，要求各有关单位充分发挥新闻媒体舆论监督在统一思想、凝聚力量、促进改革发展、维护社会稳定中的积极作用，就进一步加强和改进舆论监督工作提出6点意见。

4月25日 从事我国国内出版物发行量调查统计和认证的机构“国新出版物发行数据调查中心”，在京正式挂牌成立。国家新闻出版总署署长石宗源、国际期刊联盟总裁唐乐德先生及国内外新闻出版业代表出席了挂牌仪式。国新出版物发行数据调查中心为非营利性机构，国家新闻出版总署将根据国家有关政策法规对其进行指导性管理。

5月 根据中央关于报刊治理整顿的精神，《新疆支部生活》《新疆党风》《新疆党讯》《新疆党建》和《新疆宣传》合并成立今日新疆杂志社，以维吾尔、汉、哈萨克、蒙古四种文字出版。

△ 《中国新书》杂志在北京创刊。由国家新闻出版总署信息中心（中国版本图书馆）主办。2007 年 1 月更名为《资治文摘》。

6 月 15 日 中国期刊协会会长张伯海应美国当纳利印刷公司邀请，在杭州召开的印刷销售会议上作“杂志出版人对于印刷的要求与希望”的发言。

7 月 8 日至 10 日 首届中国数字出版博览会暨中国数字出版趋势与技术高峰论坛在北京举行。中国期刊协会会长张伯海作了“纸上、网上并发展——期刊如何迎接数字出版时代”的发言。

8 月 2 日至 10 日 台北市杂志商业同业公会代表团“2005 两岸出版新契机之旅”访问沈阳、长春、哈尔滨等地，并与中国期刊协会在沈阳联合举办海峡两岸期刊同人共拓华文期刊出版事业研讨会。

9 月 5 日至 6 日 韩国杂志协会代表团一行 17 人应邀访问北京，两国期刊界代表共同出席“纪念中国期刊协会、韩国杂志协会缔结友好交流协议十一周年座谈会”。

9 月 6 日 中国科学技术协会和台北市杂志商业同业公会联合举办的“大陆科技期刊展览会”在台北市开幕，来自中国科学技术协会和各省、自治区、直辖市科学技术协会主管、主办的四百二十多种、一万多册重点科技期刊参展。

9 月 30 日 国家新闻出版总署发布《期刊出版管理规定》，自 2005 年 12 月 1 日施行。《期刊管理暂行规定》同时废止。

9 月 中宣部、国务院纠风办、国家新闻出版总署、国家邮政局联合印发《关于采取切实措施规范报刊载行秩序的通知》，要求各地报刊社核算并公开报纸最低价格、禁止有偿促销征订报刊。

11 月 10 日至 11 日 第四次“全国百家期刊阅览室”座谈会在北京召开，迄今全国已建立“全国百家期刊阅览室”37 家。

12 月 20 日 龙源期刊网在北京召开 2005 年度报告暨期刊发展论坛。会上，龙源首次发布了一千多种中文期刊在该网站的点击率排名，并评出了网络阅读亚洲排行前 100 名、网络阅读欧美排行前 100 名的期刊。

2006 年

1 月 18 日 读者出版集团在兰州挂牌成立。该集团以甘肃人民出版社为基础，以读者杂志社为核心子公司，由此实现了从事业单位向企业的转制。

1 月 《知音漫客》在武汉创刊。由湖北知音动漫有限公司主办。该刊以故事第一、爆笑优先、大众意识、生活原味的办刊方针，分为“锐幻萌燃”四刊，致力于打造“新中国漫画”第一刊。旗下拥有《知音漫客》周刊、《漫客·小说绘》、《漫客·绘心》，合作刊物《九州志》《悬疑世界》《火星少女》等刊群，以及知音动漫青春类图书百余种出版物。

2 月 28 日 国家新闻出版总署发布《报纸期刊年度核验办法》，自发布之日起施行。

3 月 1 日 《环球人物》在北京创刊。由人民日报社主管、主办。该刊依托《人民日报》的资源优势，追踪报道世界政治、经济、科技、文化、社会等各个领域的热点人物，为读者反映全球时事，解读人生智慧，揭示成功秘诀。

3 月 《中国新书》（英文版）在北京创刊，季刊。由国家新闻出版总署信息中心（中国版本图书馆）主办。该刊是国内第一本面向海内外公开发行的对外推介中国出版物的英文刊物。

4 月 25 日 “韬奋出版新人奖”的颁奖仪式在北京举行。中央宣传部常务副部长吉炳轩，国家新闻出版总署署长龙新民，副署长于永湛、柳斌杰、石峰、邬书林等为荣获首届“韬奋出版新人奖”的 20 位获奖者颁奖。其中《读者》杂志主编彭长城、中华医学会杂志社社长兼总编游苏宁获此殊荣。

4 月 29 日 中国期刊协会联合全国百家期刊倡导读者共同捐建的“全国百家期刊读者林”落成揭碑仪式在四川乐山项目区举行。此次活动参与人数超过百万人，捐款近百万元；在四川乐山项目区种植“百家期刊读者林”四千多亩。

5 月 18 日 期刊封面创意展在第二届中国（深圳）国际文化产业博览

交易会举办。

7 月 18 日至 20 日 “2006 康泰纳仕期刊管理研习班”在英国伦敦举办，由 12 个期刊社代表组成的中国期刊代表团一行 16 人参加了研习班。

9 月 5 日 在国家新闻出版总署的召集下，由《时尚》《瑞丽》《ELLE》《服饰与美容》等四大时尚类期刊社发起，全国 44 家期刊社联合发出倡议书，规范期刊载行秩序，加强行业自律，承诺从当年 11 月起，不会在期刊零售时提供赠品。

9 月 22 日至 23 日 首届中国期刊创新年会在北京召开。国家新闻出版总署副署长石峰、中宣部出版局副局长刘建生、国家新闻出版总署报刊司司长余昌祥、中国期刊协会会长张伯海、中国出版科学研究所所长郝振省等出席此次年会。石峰作了“我国期刊产业的创新与发展”的主题报告。

11 月 1 日 《中国期刊发展史》由河南大学出版社出版，宋应离、朱联营、李明山编辑。该书共分十章，既契合社会发展的规律，也体现了期刊文化衍变的轨迹，由此勾勒了近二百年期刊变迁的清晰历史框架。

11 月 16 日 中国新闻社与法国桦榭菲力柏契出版集团合作在法国正式出版了法文版的《中国》杂志，这是首次由国外知名媒体集团独家出版专门介绍中国的期刊。

2007 年

2 月 1 日至 3 日 北京、天津、河北、山西、内蒙古、辽宁、吉林、黑龙江、宁夏、甘肃等十个北方省区市新闻出版局，在哈尔滨联合举办第二届中国北方优秀期刊评选活动。此次评选，从这十个省区市近两千种期刊中，评选出北方“十佳”社科期刊、北方“十佳”科技期刊，以及一百余种优秀期刊。

2 月 6 日 中国期刊协会第四届全国会员代表大会在北京召开。会议选举国家新闻出版总署原副署长石峰任会长，中国期刊协会第三届会长张伯海担任本届理事会顾问。

4 月 12 日 国家新闻出版总署依据《出版管理条例》《期刊出版管理

规定》等相关法规，制定发布《期刊出版形式规范》。

5月13日至15日 由国家新闻出版总署、北京市人民政府、国际期刊联盟主办，中国期刊协会和北京市新闻出版局承办的“第36届世界期刊大会”在北京举行。国务委员陈至立、北京市市长王岐山、国际期刊联盟总裁兼CEO唐纳德·D. 库墨菲尔德出席并致辞，国家新闻出版总署署长柳斌杰作“促进文化交流共建和谐世界”的主题发言，副署长李东东主持开幕大会。此届世界期刊大会的口号是“杂志丰富你的世界”，与会的中国知名期刊《读者》《知音》《故事会》《家庭》《时尚》《瑞丽》等社长和国内外嘉宾、专家作了演讲，来自全球一千多位期刊出版业人士参加了会议。

5月 读览天下平台正式上线。该网由广州华阅数码科技有限公司运营，读览天下网上游面向传媒业和出版业，为其提供数字化解决方案，搭建多元发行的数字出版发行平台；下游面向渠道、终端平台及用户，为其提供丰富、原版的杂志及图书内容。

8月16日 为配合国家新闻出版总署提出的“出版物质量管理年”的要求，提高出版物编校质量，改变出版物语言文字混乱的现象，中国期刊协会发布开展“期刊编校无差错承诺活动”的倡议。

9月24日 中国期刊协会会长石峰出席在布鲁塞尔召开的国际期刊联盟董事会，并正式成为国际期刊联盟董事会董事。

11月29日 中国期刊协会主办、国新出版物发行数据调查中心和搜狐网协办的2007数字出版引领期刊未来研讨会在北京举行。国家新闻出版总署署长柳斌杰致贺信，国家新闻出版总署副署长李东东、国家信息产业部副部长娄勤俭出席会议并讲话，石峰作了“创新传播手段引领期刊未来”的主题发言。

2008年

2月21日 国家新闻出版总署召开新闻发布会，正式公布首届中国出版政府奖评选结果，有图书奖、音像电子网络奖、印刷复制奖、装帧设计奖、先进出版单位奖、优秀出版人物奖，其中，先进出版单位获奖50个，期刊有 10 个；优秀出版人物获奖 50 名，期刊人有 6 名。

2 月 27 日 以“文明·跨越”为主题的首届中国出版政府奖颁奖典礼在北京举行。中华医学会杂志社社长兼总编辑游苏宁、《中华风湿病学杂志》编辑部主任董海原获得该奖的优秀出版人物奖。中国出版政府奖每 3 年评选一次，共设 6 个子奖项，奖励数量总计 200 个。

2 月 万方数据与中华医学会在北京签订战略合作协议，万方数据获得中华医学会旗下 115 种医学核心期刊的独家数字出版权，这是信息服务商与信息资源源头首次合作的范例。

3 月 《中国哲学社会科学学术期刊布局研究》由中国社会科学文献出版社出版，叶继元主撰。该书第一部分采用定性与定量相结合的研究方法，探讨了当代中国哲学社会科学学术期刊的概念和分类，针对目前学术期刊存在的主要问题提出了学术期刊布局要达到的目标和实施办法；第二与第三部分分别列出了 CSSCI 来源期刊的内容简介。

5 月 14 日 中国期刊协会与搜狐网联合发出倡议：全国期刊出版单位积极行动起来，为四川汶川大地震的抗震救灾贡献一份力量。

7 月 3 日 《求是》暨《红旗》创刊 50 周年之际，胡锦涛总书记发了贺信：“希望求是杂志社的同志们认真贯彻党的十七大精神，始终坚持正确的办刊方向，紧紧围绕用中国特色社会主义理论体系武装全党这一战略任务，下大气力创新思路、丰富内容、改进文风，进一步办出特色、办出水平，切实发挥党中央机关刊的重要作用，为夺取全面建设小康社会新胜利、开创中国特色社会主义事业新局面作出新的更大的贡献。”

7 月 11 日至 13 日 中国期刊协会应中共成都市委宣传部邀请，组织主流新闻类期刊人员赴地震灾区进行灾后重建考察。

7 月 23 日 依据《中国新闻出版报》7 月 17 日至 23 日连续刊登出版单位的捐助四川灾区明细表，经中国期刊协会统计：全国 2236 家期刊出版单位为地震灾区捐款共计五千多万元。

7 月 《纳米研究》（英文版）在北京创刊。由清华大学主办。该刊主要刊登纳米研究领域高质量、原创性的研究论文和评论性文章。2010 年 1 月被 SCI－E（科学引文索引扩展版，即网络版）收录。

9 月至 12 月 国家新闻出版总署新闻报刊司会同中宣部出版局、中国出版科学研究所，成立了“核心期刊异化情况及对策建议”课题组，对核心期刊的出现、发展及异化等情况进行全方位调研，并提交调研报告。

10 月 10 日　中国期刊协会与康泰纳仕公司合作的“2008 期刊经营与管理高级研修班”在北京召开，国家新闻出版总署副署长孙寿山出席并讲话，石峰致开幕辞并就“我国期刊业的现状和发展趋势”作专题演讲。

11 月 4 日　第七届全国综合类人文社会科学期刊高层论坛在武汉召开。论坛由中国社会科学杂志社发起，并联合江汉论坛杂志社等全国 50 家人文社会科学期刊共同发表了《关于坚决抵制学术不端行为的联合声明》，联合抵制一稿多投、抄袭剽窃、重复发表、虚假注释、不实参考文献等行为。

12 月 11 日　中国期刊协会在北京召开改革创新，科学发展——纪念中国期刊业改革开放 30 周年暨表彰大会。会议邀请有关领导和期刊社介绍我国期刊业 30 年来的改革发展变化，表彰了全国抗震救灾宣传报道先进期刊和先进个人、编校质量优秀期刊和“全国百家阅览室”活动——公益大使。

12 月 12 日　由国新出版物发行数据调查中心主办，中国广告主协会、中国期刊协会、中国报业协会联办的第四届中国媒体经营管理论坛暨 2008（首届）广告主广告商青睐的中国报刊评选颁奖典礼在北京举行。本次评选有 568 家媒体参与，最终在 8 个类别中获得特别大奖的 31 家媒体，因在广告价值方面得到了知名广告商的一致认可，成为最具价值的广告投放媒体。

2009 年

1 月 1 日　《中国近代科技期刊源流（1792—1949）》由山东教育出版社出版，姚远、王睿、姚树峰著。该书是中科院知识创新工程重点项目和中国高校自然科学学报研究会科技期刊学研究重点资助成果，全书运用文献考证方法，以个案分析为主，全面论述了 1792 年至 1949 年中国科技期刊的发源和发展。

1 月 12 日　国家新闻出版总署召开表彰大会，100 名出版工作者获得中国出版荣誉纪念章，其中何承伟等 15 名期刊人榜上有名。

△ 国际奥委会主席罗格致信《文明》杂志，对文明杂志社 7 年来为传扬体育运动的真谛和奥林匹克精神做出的不懈努力和卓越贡献表示了感谢和充分肯定。罗格在信中表示，《文明》杂志准确地理解和诠释了奥林匹克的理念与价值。

1 月 19 日 环境保护部发布《环境保护部部属期刊指导办法》，要求申办环保期刊，除须符合《期刊出版管理规定》的相关条件外，还应优先考虑我国环境领域的新兴、领先和重点学科，以及能填补某些空缺、空白或边缘专业的期刊；兼顾期刊的专业结构分布，相同学科、专业、内容和读者对象原则上不重复办刊。

2 月 4 日 湖北省新闻出版局在武汉召开报刊新品牌百万工程建设座谈会，围绕打造新的报刊品牌、实现报刊更快更好地发展进行了讨论和交流。湖北省新闻出版局副局长邵明义、巡视员黄国钧出席会议并讲话。《知音漫客》《打工》《情感读本》《大家文摘报》等二报六刊负责人及有关报刊主管单位负责人参加座谈。

2 月 6 日 国家新闻出版总署印发《关于进一步加强和改进报刊出版管理工作的通知》，部署各地新闻出版行政管理部门贯彻落实中央 27 号文件精神，采取切实措施，形成一整套科学有效的管理方式、管理手段和管理制度，建立一支敢于负责、严格执法的监管队伍，构建有序开放、有效管理的报刊监管机制。

2 月 9 日 国家新闻出版总署印发《报纸期刊审读暂行办法》，进一步规范报刊审读工作。自印发之日起执行。

2 月 17 日 国家工商总局商标局发出《关于在第 16 类“报纸、期刊、杂志（期刊）、新闻刊物”四种商品上申请注册商标注意事项的通知》指出，以上四种商品上申请注册的商标，其整体是国家出版行政部门批准的报纸、期刊、杂志名称的，可以初步审定。

2 月 23 日 国际期刊联盟（FIPP）总裁兼首席执行官唐纳德 · D. 库墨菲尔德一行来我国广州访问，并应邀到家庭期刊集团举办高端业务讲座。他们围绕传统杂志如何介入数字化出版、在金融危机中如何开展广告发行经营等期刊界关注的热点问题，与家庭期刊集团员工进行了互动探讨。

3月6日 《咬文嚼字》编辑部在2008年广泛收集社会语在生活使用中的高频词语，约请应用语言学界的专家、学者进行评议，确认“2008年十大流行语”是：山寨、雷、和、不抛弃不放弃、口红效应、拐点、宅男宅女、不折腾、非诚勿扰。

3月11日 《中国人文社会科学核心期刊要览（2008年版）》成果发布暨学术期刊发展研讨会在北京召开。会议由中国社科院文献信息中心、文献计量与科学评价研究中心和社会科学文献出版社主办。《中国人文社会科学核心期刊要览（2008年版）》通过对学术期刊发展规律和增长趋势的量化分析，经过定量筛选和专家论证之后，测定出期刊发展和应用中的核心部分，评选出我国人文社会科学23个学科和综合学科的核心期刊386种。

3月24日 第十届“韬奋出版奖”颁奖典礼在北京中央社会主义学院举行。王宇鸿等20人获奖，其中《人民文学》杂志主编韩作荣获此殊荣。

3月31日 瑞丽传媒集团全新打造的男性时尚杂志《男人风尚》在北京召开创刊新闻发布会。该刊是瑞丽传媒集团首次向男性期刊出版领域进军，以都市成熟商务男性人群为目标读者，致力于成为中国男人的形象顾问。

△ “走近世博——百年老期刊创刊号巡回展”在上海开幕。该展览规模和质量堪称上海图书公司历年之最，近三百种藏于“深闺”的老期刊和读者见面。

4月6日 国家新闻出版总署出台《关于进一步推进新闻出版体制改革的指导意见》，明确新闻出版体制改革时间表路线图。

4月15日 在当代贵州杂志社成立5周年座谈会上，国新出版物发行数据调查中心公布了该杂志的发行数据报告，最终认定：《当代贵州》平均期发行量为130573册。该刊是我国首家申请发行数据核查和认证的党刊。

4月27日 中央组织部在北京召开改革创新精神加强党的建设理论研究暨纪念《党建研究》创刊20周年座谈会。中共中央政治局原常委宋平出席会议，中组部部长李源潮出席并讲话。

5 月 5 日至 6 日 以石峰为团长的中国期刊协会代表团出席在英国伦敦举行的“第 37 届世界期刊大会”。会议以“期刊的魅力”为主题，来自全球八百多位期刊出版业人士参加了会议。本次会议决定：2010 年“第二届亚太数字杂志出版会议”在中国杭州举行。

6 月 11 日 亚洲出版业协会在香港举行“2009 年度卓越新闻奖”颁奖晚宴，近三百名亚太区传媒管理层、编辑、记者及业界精英出席。《中国新闻周刊》的《瓮安事件调查》获“卓越调查报道奖”，《大案律师的“罗生门”》获“卓越新闻特稿荣誉奖”。

6 月 11 日至 13 日 首届中国期刊质量与发展论坛在武汉大学召开。石峰担任期刊论坛主席，并作了“质量是期刊的生命”主旨讲话。

6 月 18 日 《特别关注》杂志举办“新世纪中国第一份 300 万大刊——《特别关注》”庆典活动，中宣部出版局、国家新闻出版总署新闻报刊司、中国期刊协会、湖北省新闻出版局致信祝贺《特别关注》单期发行量突破 300 万册。

7 月 1 日 《新西藏》（藏、汉文版）在拉萨创刊。由中共西藏区委主办。该刊是中共西藏自治区委员会机关刊、是西藏第一份省级党刊，它的出版旨在促进西藏自治区经济社会发展、民族团结和社会政治稳定。

7 月 4 日至 5 日 “学术期刊与走向世界的中国研究国际学术论坛”在上海召开。论坛由复旦大学社会科学高等研究院与复旦人文社科杂志社主办，联合国教科文组织国际社会科学委员会协办。

8 月 8 日至 9 日 2009 中国农业期刊发展研讨会在西宁召开。来自全国 72 家期刊杂志社的 90 名代表参加了会议。会议研究探讨了湖北省农业期刊业强势发展的调查报告，分析了湖北省农业期刊业在资源整合等方面的成功经验

8 月 9 日 中国广告协会报刊分会、清华大学新闻与传播学院、央视市场研究股份有限公司等单位联合在青岛发布“2008—2009 中国报刊广告投放价值百强排行榜”，30 家期刊进入百强榜单。

8 月 11 日 《时尚芭莎》携手百位明星、社会名流和企业家发起联名倡议，呼吁政府相关部门、各级慈善公益组织，以及社会大众一起，共同关注中国大病儿童这一弱势群体的生存和救助问题，希望各组织、团体及

个人都尽可能地伸出援手帮助大病儿童。

8月20日 《中华书画家》杂志创刊座谈会在北京召开。温家宝总理致信祝贺，希望《中华书画家》以“弘扬经典，推崇大家”为己任，广泛团结海内外书画艺术家，为中华民族的伟大复兴增光添彩。马凯出席座谈会并讲话。

△ 时尚传媒集团总裁、时尚杂志社社长兼总编辑吴泓在北京病逝，终年46岁。

8月24日 中国期刊协会，中国北方11省新闻出版局、期刊协会联合主办的“中国北方优秀期刊评选活动”在沈阳举行。经评委会最终审定，共有22种期刊获得“中国北方十佳期刊奖”，197种期刊获得“中国北方优秀期刊奖”。

8月30日 《中国科学》和《自然科学进展》宣布合并为《中国科学》。合刊后为了更好地适应期刊国际化要求，其系列杂志英文版名称将由 Science in China 改为 Science China，体现其立足中国、面向世界的崭新姿态。

9月1日 《行政管理改革》在北京创刊。温家宝总理题写刊名，马凯撰写《发刊词》。

9月3日 第十六届北京国际图书博览会开幕。中国期刊协会受国家新闻出版总署、中国图书进出口（集团）总公司委托，组织全国五百多种期刊参展。

△ 《演讲与口才》创始人、演讲与口才杂志社社长兼主编邵守义因病逝世，享年72岁。

9月22日 世界品牌实验室在上海发布2009年“亚洲品牌500强”排行榜，《瞭望》品牌再次入选亚洲品牌500强，名列第391位。

9月30日 《求是》（英文版）在北京创刊。该刊将办成中国共产党和中国政府执政理念、治国方略的权威解读平台，成为中国发展理论、发展道路、发展模式的高端传播渠道，成为国外政界、学界和民间了解研究中国事务的重要窗口。

9月 国内第一家杂志折扣订阅网站杂志铺在成都成立。该网由成都邮政天下信息技术有限公司运营和管理。

10 月 14 日　海南省期刊协会成立大会在海口召开。会议选举章小兰任会长。大会向全省从事期刊业人士发出了《海南省期刊业自律公约》。

10 月 15 日　经国家新闻出版总署修订后的《新闻记者证管理办法》今日起施行，共四章、四十条。

10 月 27 日至 28 日　“第五届中国科技期刊发展论坛暨 2009 上海国际科技期刊高峰论坛”在上海召开。论坛以“科技期刊出版体制改革与数字化建设”为主题，分设科技期刊管理体制与运营机制创新，科技期刊的评估体系与科技期刊发展，科技期刊的数字化、网络化和集团化发展，开放存取等出版新形式与科技期刊发展，大众期刊市场化、产业化运营战略，合作与创新——科技期刊的国际化发展等 6 个议题研讨。来自全国各地的四百三十多位专家学者和三十多位国外嘉宾出席了论坛。

△　《中国与非洲》创刊号暨第四届中非合作论坛部长级会议招待会在北京举行。国家主席胡锦涛为《〈中国与非洲〉创刊号暨第四届中非合作论坛部长级会议专刊》出版致辞。《中国与非洲》是中国唯一专门面向非洲读者的综合类月刊。

10 月 31 日　首次海峡两岸期刊交流与合作座谈会在福州举行。座谈会上，福建省期刊协会与台湾杂志事业协会签署《海峡两岸期刊交流合作备忘录》，并代表福建省 61 种期刊分别与台湾华艺数位股份有限公司及厦门对外图书交流中心签订了“期刊著作授权电子出版合同”“杂志出口合作合同”和“期刊出口销售合作合同”。

11 月 17 日　四川期刊传媒（集团）股份有限公司成立挂牌仪式在成都举行。国家新闻出版总署副署长阎晓宏、四川省副省长黄彦蓉出席讲话并授牌。会上还宣读了国家新闻出版总署的批复，以及中宣部改革办、出版局，中国期刊协会的贺信。

11 月 19 日　龙源期刊网和中国出版科学研究所联合主办的“期刊网络传播 TOP100 排行发布会”在北京召开，《青年文摘》《电脑爱好者》《收获》《南方人物周刊》等刊入榜。

11 月 19 日至 20 日　全国新闻报刊行政执法和审读业务培训工作会议在南宁举行。国家新闻出版总署新闻报刊司副司长张泽青、朱伟峰、丁以绣，广西壮族自治区新闻出版局副局长黄健出席会议。

11 月 26 日至 12 月 5 日　中国期刊协会组织大陆 30 家刊社赴台参加“第十届大陆图书期刊展”。

12 月 7 日　《农家书屋》杂志在北京创刊。由国家新闻出版总署主管，国家新闻出版总署农家书屋办公室、中国光华科技基金会主办。该刊以“指导农家书屋的建设和管理、推进农村文化发展、传递农民致富信息、丰富农民文化生活”为办刊宗旨，营造“农民自己的精神家园”，努力为农村和城市架起沟通的桥梁。

12 月 10 日　《时尚 Cosmopolian》杂志主办的“女性成就梦想——2009 时尚 Cosmopolian 年度时尚女性”盛典在北京举行。活动以“关爱女性心灵成长，引领女性精神风尚”为主旨，搭建一个精英女性与普通大众的沟通桥梁。

12 月 11 日　国家新闻出版总署新闻报刊司组织制定的《期刊编辑出版规程》，由中国期刊协会正式颁发施行。该规程涵括了期刊出版从整体策划到组稿、审稿、校对、样刊监制阶段的出版要求，以及市场反馈的监测与处理等内容。

12 月 22 日　“新中国 60 年有影响力的期刊和期刊人”评选结果在北京揭晓，并举行授牌、授杯的仪式。评选活动由中国期刊协会和中国出版科学研究所组织，共有 161 种期刊荣获“新中国 60 年有影响力的期刊”称号，其中社科类 101 种，科技类 60 种；101 名期刊工作者获得“新中国 60 年有影响力的期刊人”荣誉，其中社科类期刊人 48 名，科技类期刊人 53 名。

12 月 25 日　《中国期刊年鉴》2009 年卷增刊——《中国党刊 60 年》出版座谈会在北京举行。该卷增刊汇集了全国 47 家党刊的珍贵资料，对党史研究、对党在社会主义革命和建设时期历史经验的总结具有重要参考价值。

2010 年

1 月 13 日　中国期刊协会党刊分会成立大会在哈尔滨召开，会议选举当代贵州杂志社社长赵宇飞任会长。

2月26日 第十一届全国人大常委会第十三次会议通过《关于修改〈中华人民共和国著作权法〉的决定》，胡锦涛签署第26号主席令公布，自2010年4月1日起施行。

4月7日 全国报刊退出试点经验总结交流会在沈阳召开。国家新闻出版总署署长柳斌杰出席并讲话，他表示，2009年全国共有188种报刊以调整、兼并、重组、停办等方式退出；随着报刊等级评估和建立退出机制工作2009年在全国范围内推开，我国报刊业将打破长期以来“只进不出、只生不死”的格局。

6月11日 中国期刊协会在北京召开网络环境下期刊信息网络传播权问题研讨会。会议由石峰主持，国家新闻出版总署版权管理司司长王自强及部分期刊出版单位负责人参加。会议探讨了期刊数字化版权、权利人和使用人之间的利益平衡等问题，以推动网络环境下版权法规的完善和行业的健康发展。

7月12日 国家新闻出版总署印发《报纸期刊出版质量综合评估办法（试行）》，以促进报纸期刊业的健康发展，提升我国报纸期刊整体质量，完善报纸期刊出版优胜劣汰机制，调整报纸期刊结构，建立良好市场秩序。

7月30日至8月15日 “第十一届大陆图书期刊展”在台北举办。本次书展集展览、销售和版权贸易于一体，大陆75家出版单位参展，其中刊社及相关单位28家；共展出图书六万多种，期刊近千种。

8月16日 国家新闻出版总署公布《关于加快我国数字出版产业发展的若干意见》，指导转变出版业发展方式，发展数字出版产业。

9月8日 中国期刊协会和康泰纳仕国际集团共同举办的“2010年期刊经营与管理研修班”在美国举行。研修班旨在推进期刊业的转企改制和繁荣发展，提高期刊出版经营管理者应对新形势的管理决策能力，更多地了解美国期刊业的发展现状，营运及管理模式。

9月14日至17日 中国期刊协会党刊分会组织全国三十多家党刊赴四川灾区进行实地采访。采访团共同见证了汶川灾区大地震、大救援、大重建、大发展的动人场景和故事，撰写出《奇迹铸丰碑——四川地震灾区纪行》重点报道。

9月17日 “第六届海峡两岸图书交易会暨海峡两岸期刊交流与合作座谈会”在台北举行。

9月27日 中国期刊协会在长春召开“吉刊现象”研讨会。中宣部、国家新闻出版总署报刊司、吉林省政府、吉林省委宣传部等领导出席会议。吉林省新闻出版局局长胡宪武向大会介绍吉林省期刊业的改革发展情况，中国期刊协会石峰会长作了总结发言。

10月14日至15日 “第二届亚太数字期刊大会”在杭州举行。国家新闻出版总署副署长李东东，中共浙江省委宣传部长茅临生，杭州市副市长陈小平出席开幕式并致辞。本届大会主题为“数字革新，期刊未来”，国际期刊联盟主席阿让·普瑞、中国期刊协会会长石峰作大会主题演讲。来自中国、美国、英国、法国、日本、印度、韩国等15个国家和地区的近六百名期刊界、出版界、信息产业界嘉宾及相关产业从业者参会。

11月23日 国家新闻出版总署印发《关于进一步规范出版物文字使用的通知》指出，随着经济社会的发展，在报纸、期刊、图书、音像制品和电子书、互联网等各类出版物中，出现了在汉语言中随意夹杂英语等外来语、直接使用英文单词或字母缩写、生造一些非中非外、含义不清的词语等滥用语言文字的问题，严重损害了汉语言文字的规范性和纯洁性，各出版单位要规范出版物上文字的使用，构建和谐健康语言文化环境。

12月1日 《读者》繁体字版试刊号正式在台湾地区发行。该刊是第一本进入宝岛台湾的大陆期刊，开创了两岸文化交流的新纪录，翻开了两岸文化交流的新篇章。

12月25日 由中国期刊协会、北京印刷学院主办的“见证历史——《共和国期刊60年》新书发布暨中国期刊史编撰研讨会”在北京举行，该书以文摘为主，旨在汇总共和国期刊历史的研究成果，客观地叙述期刊的发展历程。

2011年

3月18日 “第二届中国出版政府奖”颁奖典礼在北京举行，本届中国出版政府奖首次增设期刊奖。《求是》等20种期刊获中国出版政府奖期刊奖，《细胞研究》（英文版）等 39 种期刊获得中国出版政府奖提名奖。

3 月 16 日 国务院第 147 次常务会议通过《国务院关于修改〈出版管理条例〉的决定》，本月 19 日公布并施行。

4 月 《中国科协科技期刊发展报告（2011）》由中国科学技术出版社出版，中国科技协会主编。该书全面总结并呈现 2006—2010 年五年间中国科协科技期刊总体发展状况及发展特点，重点反映中国科协科技期刊在精品科技期刊建设、学术质量、数字化建设、体制创新等方面的现状与发展，并对中国科协科技期刊未来转型与变革提出分析和建议。

5 月 9 日至 19 日 中国期刊协会和康泰纳仕集团共同举办的“2011 年期刊经营与管理研修班”分别在英国伦敦和法国巴黎举行。研修班旨在更好地了解欧洲期刊业的发展现状、运营及管理模式，特别关注其数字化发展盈利模式、竞争手段和提升期刊出版经营管理者应对新趋势的管理决策能力。

5 月 16 日至 24 日 中国期刊协会组织“大陆期刊代表团”赴台湾地区开展交流活动，举办“2011 年两岸数字出版创新研讨会”“2011 两岸精彩杂志展”，探讨了大陆期刊入台的可能性。

6 月 16 日至 21 日 庆祝中国共产党成立 90 周年全国党刊“重走长征路——走进红色贵州”联合调研采访活动在贵州举行。活动由中国期刊协会党刊分会主办、当代贵州杂志社承办，全国四十多家地方党刊的一百一十多名代表参加。活动组沿着红军当年在黔北行走路线考察，采访老红军及后代，专题调研“加强社会管理创新——四在农家”的经验和“基层党建工作创新——服务型党组织创建”的情况等。

6 月 24 日 中宣部部长刘云山主持召开非时政类报刊出版单位体制改革工作联席会议第一次全体会议，国务委员刘延东出席会议。会议通报了非时政类报刊出版单位体制改革工作联席会议人员名单和联席会议及其办公室工作职责，听取中宣部常务副部长雒树刚作的《关于非时政类报刊出版单位体制改革工作联席会议制度的说明》和国家新闻出版总署署长、联席会议办公室主任柳斌杰作的《关于非时政类报刊出版单位体制改革实施方案的说明》，讨论了《关于非时政类报刊出版单位体制改革工作联席会议制度（讨论稿）》。刘云山、刘延东分别作了讲话。

6 月 26 日 经中共贵州省委和国家新闻出版总署批准，当代贵州期刊传媒集团有限公司在贵阳挂牌成立。该集团主办《当代贵州》《孔学堂》《晚晴》《大众科学》《电影评介》《乡村地理》《环球美酒》《少年与法》等期刊。

7 月 3 日 中国期刊协会教育期刊分会成立大会在北京召开，会议选举中国教育报刊社社长史习江任会长。

7 月 29 日 非时政类报刊出版单位体制改革工作联席会议办公室向联席会议办公室各成员单位及各地新闻出版局印发了《关于印发〈关于非时政类报刊出版单位体制改革实施方案〉的通知》。非时政类报刊出版单位体制改革工作联席会议办公室向中央各部门各单位印发了《关于有关报刊列入中央各部门各单位首批转企改制的非时政类报刊出版单位的函》。

8 月 9 日 根据中宣部领导的指示和国家新闻出版总署的安排，中国期刊协会在北京组织部分新闻时政类期刊及有关单位，召开了“从窃听丑闻看西方新闻观的虚伪本质”座谈会。国家新闻出版总署新闻报刊司司长王国庆和中宣部出版局有关人员出席，《瞭望新闻周刊》《半月谈》《中国报道》等 32 家新闻时政类期刊共六十多人参会。中国期刊协会会长石峰主持会议并讲话。与会者围绕英国《世界新闻报》窃听丑闻，深刻揭露西方新闻观“自由、公正和人权”的本质，深刻认识坚持马克思主义新闻观的重要性和必要性，并结合工作实际，交流如何进一步提高媒体的公信力、影响力和传播力的经验。

9 月 15 日 中国期刊协会工业期刊分会在武汉成立，会议选举工业和信息化部电子情报所所长李颖任会长。

10 月 14 日 国家新闻出版总署印发《关于严防虚假新闻报道的若干规定》，从新闻记者采访基本规范、新闻机构内部管理规范、虚假失实报道的防范及处理规则，以及相关责任追究等方面提出明确要求。

10 月 21 日 中国期刊协会在北京举办《2011 世界期刊创新报告》中文版发布暨全球期刊创新三十余个经典案例品鉴活动。《2011 世界期刊创新报告》主编胡安·森纳（Juan Senor），代表版权方 INNOVATION 公司及国际期刊联盟宣布：《2011 世界期刊创新报告》中文版正式发布。该报告由国际期刊联盟和创新媒体咨询集团联合发布，中国期刊协会获独家授权引进。此后，中国期刊协会陆续引进了 2012、2013、2014、2015、2016 版。2014 年《中国期刊年鉴》以增刊形式出版了《2014 中国杂志媒体创新报告》。

2012 年

3 月 25 日 中国出版协会在北京举行第十一届韬奋出版奖颁奖大会，樊希安等 20 人获奖。其中妇女生活杂志社总编辑孟祥琴获此殊荣。

6 月 5 日 中国期刊协会在北京召开著作权法（修改草案）座谈会。国家新闻出版总署副署长、国家版权局副局长阎晓宏，国家新闻出版总署法规司司长王自强、版权管理司副司长汤兆志等出席会议。中国期刊协会会长石峰主持会议并作总结发言。会议对网络环境下的著作权保护问题进行了热烈的讨论和交流，提出意见和建议，同时反映了实际问题。

6 月 24 日至 7 月 5 日 中国期刊协会和台北市杂志商业同业公会共同举办的“第二届两岸期刊研讨会暨优秀期刊展”在台北举行。中国期刊协会组织大陆刊社代表团赴台，与台湾地区同业以论坛、展览、参访等多种形式深入交流，共同探讨和分享了两岸期刊从业者面临的现状、经验及困惑。

8 月 16 日 非时政类报刊出版单位体制改革工作联席会议办公室在北京举行工作座谈会，就加大地方非时政类报刊出版单位转企改制工作力度进行部署，要求各省、自治区、直辖市新闻出版局确保在党的十八大前完成改革阶段性任务。

8 月 21 日 中国期刊协会第五次会员代表大会在北京举行，会议选举石峰连任会长，张伯海继续担任本届理事会顾问。

9 月 25 日 读者杂志社在香港举行《读者》（香港版）创刊号首发仪式，由此《读者》杂志正式登陆香港发行。

11 月 4 日至 16 日 中国期刊协会和康泰纳仕国际集团共同举办的“2012 年期刊经营与管理高级研修班”在澳大利亚举行。

12 月 20 日 国家新闻出版总署人事司公示“全国新闻出版行业第三批领军人才名单”，入选名单共 258 人。

2013年

2月14日 第十二届全国人大一次全体会议通过决议，批准国务院组建国家新闻出版广电总局，不再保留国家广播电影电视总局、国家新闻出版总署。其主要职责是：统筹规划新闻出版广播电影电视事业产业发展，监督管理新闻出版广播影视机构和业务以及出版物、广播影视节目的内容和质量，负责著作权管理等。

蔡赴朝任国家新闻出版广电总局局长、国家版权局局长。

4月22日 国家新闻出版广电总局倡导，由中国期刊协会主办、中国少年儿童新闻出版总社承办的“寻找最爱阅读的中国孩子”全国幼儿阅读推广活动正式在北京启动。国家新闻出版广电总局新闻报刊司司长王国庆，中国期刊协会会长石峰，著名儿童文学作家高洪波、金波等出席启动仪式并发言。

6月20日 2012年度《期刊引用报告》公布的《分子植物》（Molecular Plant）的影响因子突破6分大关，上升为6.126，在195种国际植物科学领域期刊中排名第十位，并连续三年在亚洲同领域期刊中排名第一，标志着该期刊已得到国际植物科学界的认可和肯定，成为该领域的世界主流学术期刊之一。

6月25日 中国新闻社主办的《中国新闻周刊》正式在英国推出英语月刊《中国报道》，为英国和更多欧洲读者提供关于中国的多方位描述及权威的分析。

6月28日 原国家新闻出版总署科技与数字出版司公示“2013年数字出版转型示范单位名单”。其中北京卓众出版有限公司、人民论坛杂志社等20家期刊出版单位入选。

9月14日至16日 首届中国（武汉）期刊交易博览会在武汉国际博览中心举行。中国期刊协会会长石峰主持开幕式，国家新闻出版广电总局副局长邬书林、湖北省副省长甘荣坤等出席开幕式并致辞。国家新闻出版广电总局党组书记、副局长蒋建国在湖北省委宣传部部长尹汉宁等陪同下参观刊博会。本届刊博会共设八个展馆，展出面积近十万平方米，分为国内期刊馆、海外期刊图书音响综合展示馆、新媒体馆、国内图书展销馆等，来自四十多个国家和地区的一百五十多个国际知名出版机构、两千多海外嘉宾参会，共有三十万名读者前往观摩。本次会议有近千家图书、音像电子出版单位，一万三千余种海内外期刊集中展示，共达成各类交易意向三十多项，现场销售、订货额达 3.4 亿元。

在本届博览会上，国家新闻出版广电总局公布“2013 中国百强报刊”入选名单：《人民画报》等 100 种期刊入选“百强社科期刊”推荐名单；《地球物理学报》等 100 种期刊入选“百强科技期刊”推荐名单。

10 月　《紫光阁》杂志 20 周年刊庆之际，习近平总书记、李克强总理分别作出重要批示，就进一步办好《紫光阁》杂志提出殷切希望。

9 月 23 日至 25 日　国际期刊联盟（FIPP）主办的“第 39 届世界期刊大会”在意大利首都罗马拉开帷幕。我国时尚传媒集团战略及事业发展副总裁张扬正参会，并就“杂志品牌延伸”这一主题进行了小组主题式发言。

11 月 27 日　《科学画报》在上海举办纪念创刊 80 周年座谈会。杨雄里、叶叔华等 11 位著名科学家和学者、作者、读者代表二百多人与会，一起回顾了《科学画报》逐步成长为一流科普期刊的风雨历程。

2014 年

1 月 4 日　国家新闻出版广电总局在北京举行“第三届中国出版政府奖”颁奖大会。本届中国出版政府奖评出先进期刊出版单位 10 家，优秀期刊出版人物（编辑）奖 14 名，20 种期刊获期刊奖、40 种期刊获期刊奖提名奖。

1 月 8 日　中国期刊协会在北京举行“彭长城期刊编辑思想”研讨会。中宣部出版局副局长刘建生，中国期刊协会会长石峰、顾问张伯海，甘肃省新闻出版局副局长李玉政等出席并发言。与会者从彭长城期刊编辑思想的各个角度进行了广泛和深入的探讨，并认为：彭长城的期刊编辑思想是对《读者》发展历程的总结。

3月5日 第十二届全国人大二次会议在人民大会堂开幕，李克强总理代表国务院向大会作政府工作报告，报告中首次提到倡导全民阅读。“全民阅读”首次被列入国家层面的政府工作报告，提到了前所未有的国家高度。

4月3日 国家新闻出版广电总局印发《关于规范学术期刊出版秩序促进学术期刊繁荣发展的通知》，此项工作有利于净化优化学术期刊环境，建立起学术期刊发展的长效机制，促进中国学术期刊健康高水平发展，提升学术国际话语权和影响力。

4月24日 中宣部出版局在北京召开期刊“文化茶座”，并传达了中宣部部长刘奇葆近期关于期刊工作的批示。刘奇葆指出，期刊是主流舆论阵地，要充分发挥有能力做内容的优势，要在传播方式上及时创新；管理方面，一是要支持发展，二是要创新管理，使期刊跟上时代发展的步伐，坚持发挥传播正能量的作用。

5月25日 国家新闻出版广电总局开展向全国少年儿童推荐优秀少儿报刊活动。《儿童文学》《东方娃娃》等53种期刊入围优秀少儿报刊推荐名单。

6月13日 中国期刊协会在北京召开“改进期刊发行工作，促进期刊健康发展”座谈会。国家新闻出版广电总局印刷发行司司长王岩镔、中宣部出版局期刊处处长倪轶、国家税务总局政策法规司张洪建处长、中国邮政集团总公司报刊载行局局长刘绍权等出席会议，部分期刊社及期刊相关民营发行机构负责人参加了座谈。石峰主持座谈会。与会代表围绕期刊发行现状及如何改善期刊发行，各抒己见，共同为期刊业发展建言献策，取得许多重要共识。

6月26日 世界品牌实验室在北京发布2014年“中国500最具价值品牌排行榜”，《读者》杂志品牌价值由2013年的115.45亿元增值到2014年的127.28亿元，排名居第175位，稳居“中国第一期刊”的位置，也是连续11年荣登“中国500最具价值品牌排行榜”。

6月27日 辽宁北方期刊出版集团正式成立，集团是由原辽宁北方报刊出版中心转企改制注册成立的国有法人独资的出版企业集团。

7月3日 国家新闻出版广电总局印刷发行司、上海市新闻出版局和中国印刷技术协会指导主办的“中国（上海）国际印刷周”在上海开幕。博览会期间，中国期刊协会向全国期刊界发出“绿色、环保、节约、创新”的倡议：一、牢固树立“绿色、环保、节约、创新”的发展理念；二、全力配合推动绿色印刷的实施；三、切实加强与造纸企业、印刷企业的合作，实现互利共赢；四、大力宣传营造生态文明建设舆论。

7 月 16 日 中国期刊协会期刊民营发行（营销）分会在北京成立。会议选举徐建国为会长，段艳文为常务副会长；通过了“关于依法经营诚实守信的倡议书”，号召全体会员单位及全国民营发行代理机构要依法经营、诚实守信，在全国期刊业界树立良好形象。

8 月 18 日 中央全面深化改革领导小组第四次会议审议通过了《关于推动传统媒体和新兴媒体融合发展的指导意见》。《意见》对新形势下如何推动媒体融合发展提出了明确要求，做出了具体部署。

9 月 18 日至 21 日 第二届中国（武汉）期刊交易博览会在武汉国际会展中心举行。本届刊博会以“市场决定期刊业发展”“创新传播、融合发展”为主题，设立了七大展区，来自 43 个国家和地区、国内 31 个省区市及部分中直单位的一万二千多家报刊出版单位、四百多家图书音像出版机构参展，现场展出各类出版物和文化衍生品达四十多万种。

在博览会上，博览会执行委员会副主任、湖北省新闻出版广电局副局长邵明义发布了“2014 年中国最美期刊遴选活动”评选结果：经过单位自荐、择优申报、资格审核、网络投票、专家遴选 5 个环节，共遴选出文化品位高尚、艺术格调高雅、期刊整体设计艺术效果和制作工艺和谐统一的期刊 100 种。中国期刊协会会长石峰、中宣部出版局期刊处处长倪轶等领导为获奖期刊代表颁奖。

10 月 10 日 国家新闻出版广电总局出台《深化新闻出版体制改革实施方案》，就完善新闻出版管理体制、增强新闻出版单位发展活力、建立健全多层次出版产品和要素市场、推进出版公共服务体系标准化均等化、提高新闻出版开放水平等 5 个重点方面的改革任务，提出了政策措施。

10 月 国际奥委会主席巴赫致函《文明》杂志，信函中说：“文明杂志社成功开启了《奥林匹克宣言》全球文明传播第二阶段，‘《奥林匹克宣言》——美丽的奥林匹克文化长卷Ⅱ’首次将所有奥林匹克城市联合在一起，与世界共享奥林匹克文化之美。它不仅仅把一座座城市、一个个国家连接起来，同时也将成为各国人民特别是青年一代交流的桥梁和友谊的纽带。”

11 月 11 日至 12 日 国家新闻出版广电总局指导，国际期刊联盟（FIPP）和中国期刊协会共同主办的“第四届亚太数字期刊大会”在北京召开。大会以“今日趋势，明日现实”为主题，围绕从内容编辑、跨平台管理到原生广告、程序广告，从大数据、电子商务到社交媒体，从初创公司到商业模式，涵盖了数字媒体领域最热、最新的焦点话题，进行了深入探讨。来自亚太地区近二十个国家和地区的 450 位嘉宾与会。

11 月 13 至 14 日 第十届中国科技期刊发展论坛在广州市举行。本届论坛的主题为：“全面深化改革中的科技期刊发展路径”。中国科学技术协会党组书记尚勇出席会议并讲话。论坛围绕国内外科技期刊发展格局的变化，中国科技期刊转型的道路，科技期刊为科技创新服务的理论、方法与实践中的重点和热点问题，进行了广泛交流和探讨。

2015 年

1 月 20 日 《红藏：进步期刊总汇（1915—1949）》出版座谈会在长沙召开。《红藏》由湘潭大学出版社出版，全书共 428 册，计三亿多字。该典籍系统整理、影印了 1915 年至 1949 年间中国共产党中央及其各级机构、组织、团体主办，或在其领导下创办的进步期刊共 151 种，真实记录了中国共产党为民族独立、人民解放艰苦奋斗的历程，是这一时期中国政治、军事、经济、文化、社会等诸多方面的生动反映。

1 月 21 日 “为时代，为人民：文学记录中国——《当代》与中国新时期现实主义文学”主题活动在北京举行，活动包括“《当代》长篇小说 2014 年度论坛”和“《当代》创刊 35 周年”两部分。铁凝、王蒙、张胜友、阎晶明、刘心武、贾平凹、张炜、周大新、施战军、白烨等数十位作家、批评家莅临现场，分享了他们的创作历程及与《当代》杂志之间的故事。当代杂志社还授予冯骥才、王蒙等 35 位作家“《当代》荣誉作家”称号。

2 月 12 日 中国出版协会主办、韬奋基金会协办的第十二届韬奋出版奖颁奖典礼在京举行，20 位优秀出版工作者荣获本届韬奋出版奖。韬奋基金会聂震宁理事长宣读了获奖名单，并向获奖者颁发了荣誉证书和奖金。人民出版社社长黄书元等 20 人获奖，其中中国少年儿童新闻出版总社副总编辑、《幼儿画报》杂志社主编张晓楠获此殊荣。

3 月 2015 年全国“两会”召开之际，全国人大代表、读者出版传媒股份有限公司总经理彭长城提交了“关于对期刊发行机构减税免税”的提案。提案建议：“相关部门应尽快对免税范围重新界定，或做出新的条款解释，将期刊批发、零售纳入到免税范围内，提高发行机构的积极性，让期刊出版事业在推动我国文化事业大发展大繁荣，培育和践行社会主义核心价值观提高全民素质中发挥更大的作用。”

△ 2015 年全国“两会”召开之际，全国政协委员、央视主持人白岩松提交“将报刊亭升级为城市报刊文化亭”的提案，提案建议：“国家相关部门应该大力扶持，拓宽报刊亭经营范围，将其打造为一个城市的文化地标，他认为，报刊亭不该消失，反而应该升级发展。”

4 月 2 日 中国科学技术协会发布《关于组织申报中国科技期刊国际影响力提升计划 2015 年度 D 类项目的通知》指出，2015 年度继续组织 D 类项目新创办英文科技期刊申报工作，推进我国科技期刊国际化发展，提升英文科技期刊的国际影响力与核心竞争能力。

4 月 17 日 国家版权局印发《关于规范网络转载版权秩序的通知》规定：鼓励报刊单位和互联网媒体合法、诚信经营，推动建立健全版权合作机制，规范网络转载版权秩序。报刊单位与互联网媒体、互联网媒体之间相互转载已经发表的作品应当经过著作权人许可并支付报酬。《通知》从法规层面保护了作者的合法权益，期刊载表的原创作品被网络大量侵权的问题将有望得到解决。

4 月 24 日 《中华人民共和国广告法》经第十二届全国人大常委会第十四次会议修订通过，2015 年 9 月 1 日起施行。

4 月 27 日至 29 日 中国少儿报刊工作者协会在重庆召开第七届理事会第一次会长会议和第二次常务理事会议，围绕“创新·融合·发展——媒体融合背景下的少儿报刊数字化转型”的主题，展开学习、讨论和交流。

5 月 21 日 经国家新闻出版广电总局批复同意，广西期刊传媒集团同广西出版杂志社整合重组并更名为广西期刊传媒集团。12 月 29 日，广西期刊传媒集团在桂林挂牌成立。

5 月 29 日 国家新闻出版广电总局组织专家经过评选，向社会发布了 2015 年向全国少年儿童推荐的 60 种优秀少儿报刊。

6 月 3 日 中国期刊协会向业界印发《关于颁发“从事期刊出版工作 30 年”荣誉证书的通知》，为从事中国期刊出版工作 30 年以上（含 30 年），始终坚持正确舆论导向，且未出现过重大责任事故的人员颁发“从事期刊出版工作 30 年”荣誉证书和纪念章。

6 月 19 日 汤森路透集团发布的《2015 年科技期刊引证报告（JCR 2014）》显示，中科院长春光学精密机械与物理研究所主办的《光：科学与应用》影响因子大幅提升至 14.603，在我国位于 Q1 区期刊中名列第一，在 SCI 收录的 8618 种国际期刊中名列第 95 位，跻身世界百强。

6 月 30 日 湖北特别关注传媒股份有限公司在全国中小企业股份转让系统（新三板）挂牌上市。湖北特别关注传媒股份有限公司是以《特别关注》杂志为主体的期刊集团，包括《前卫》《特别健康》《楚天法制》和新媒体中心。湖北特别关注传媒股份有限公司成为华文期刊的第一股，开创了我国期刊进入资本市场的先河。

8 月 15 日至 21 日 “中国科协科技期刊展”在南非开普敦国际会议中心举办。本次展览由中国科技协会主办、中国图书馆学会承办，是中国图书馆学会第七次借助图联大会展览会平台集中展示中国科技期刊的整体实力和形象。

9 月 15 日 全国新闻出版广电系统 50 家行业社团的代表在北京签署《新闻出版广播影视从业人员职业道德自律公约》。《公约》要求全国新闻出版广电从业人员应践行社会主义核心价值观，自觉身体力行自律公约，在工作中牢固树立政治意识、大局意识、责任意识，坚定理想信念，遵纪守法、履行行规、坚持操守、正己化人，始终要树立精品意识，为人民奉献更多的精品力作。

9 月 17 日 中国科学技术协会常委会科技工作者道德与权益专门委员会发布《在国际学术期刊载表论文的“五不”行为守则》，约束国际学术期刊载表论文时存在不规范行为。

9 月 18 日 由国家新闻出版广电总局组织的“2015 年中国‘百强报刊’入选名单”揭晓，99 种报纸、100 种社科期刊、100 种科技期刊入选。经各省（区、市）新闻出版广电局、中央报刊主管单位认真组织推荐，共上报 694 种报刊参评（其中报纸 213 种、社科期刊 292 种、科技期刊 189 种）。总局专门成立了领导小组及工作机构，制定了严谨科学的评审规则、程序和标准，组织专家进行严格评审，推荐入围的百强报纸、百强社科期刊、百强科技期刊各 100 种，并于 2015 年 9 月 7 日至 13 日在《中国新闻出版广电报》、国家新闻出版广电总局政府网站上进行公示，最终确定了入选名单。

9 月 18 日至 20 日 2015 第三届中国（武汉）期刊交易博览会在武汉举行。展览会期间，国家新闻出版广电总局公布“2015 中国百强报刊”入选名单，中国邮政集团公司公布“2015 年中国邮政发行报刊百强排行榜”，博览会组委会发布“2015 中国最美期刊”“2015 期刊数字影响力 100 强”遴选结果。45 个国家和地区，国内 31 个省区市、42 家中直出版发行和新媒体单位组团参展，参观人数达 45 万人次，博览会签订、达成交易意向协议一百八十多项，现场销售和订货码洋达 4.1 亿元。

9 月 19 日 中国出版集团倡议发起的全国出版集团（社）办报刊联盟宣布成立。联盟是以全国出版传媒集团所属报刊单位为主体组建的公益性、学习型民间团体。第一届理事会选举中国出版集团、湖北长江报刊传媒集团为联盟轮值主席单位，读者出版传媒股份有限公司、北京出版集团等十几家出版传媒机构为副主席单位，《读者》等三十多家知名期刊社担任联盟常务理事单位。

9 月 23 日至 25 日 “互联网 +”党刊高峰论坛暨第六届全国党刊年会在北京召开。百余名党刊工作者通过专题讲座、高峰论坛、分组讨论的形式，探讨党刊如何有效运用“互联网 +”的手段，加快传统媒体和新媒体融合发展。

9 月 24 日 知音传媒集团和今日头条所属的北京字节跳动科技有限公司联合打造的“知音头条 APP”正式上线。“知音头条 APP”主打知音传媒的独家优质内容，有新锐新闻、纪实特稿、精彩视频、海量图库等，同时根据大数据分析技术为读者量身推荐最合适的阅读内容。在今日头条平台上，知音头条号每天的最高阅读量高达 336 万次，单篇文章最高点击量达280万次，总阅读量1.7亿次，订阅用户达到10万。

9月28日　中国高校科技期刊研究会医学期刊专业委员会代表二百多家医学会员期刊，就“关于在百度搜索网页中频繁出现假冒高校医学期刊网站置顶的事宜”特向百度公司致协调函，维护会员单位合法权益。函件称，百度“假冒高校医学期刊网站”置顶，不仅给广大的作者造成了经济损失，同时严重扰乱了我国期刊的健康发展，损害了期刊出版单位甚至高等学校和科研院所的声誉。

10月28日　国家新闻出版广电总局印发《关于开展报刊载行秩序专项整治的通知》，要求各省级新闻出版广电行政部门加强对所属报刊搞搭车摊派、违规发行等情况的监督、检查和管理，并对违规报刊主要负责人和有关当事人严肃追究责任，坚决纠正其缺位失责的问题。

11月3日　中国科学技术协会、教育部、国家新闻出版广电总局、中国科学院、中国工程院联合印发《关于准确把握科技期刊在学术评价中作用的若干意见》。《意见》指出，要充分认识科技期刊及其在学术评价中的独特作用，准确把握科技期刊在学术评价中的功能定位，大力营造科技期刊可持续发展的良好氛围。《意见》为期刊深化改革和产业发展提供了路径和政策遵循。

11月16日　科技部、国家保密局联合印发修订后的《科学技术保密规定》，公布之日起施行。

11月19日　由《中国学术期刊（光盘版）》电子杂志社有限公司主办的“数字时代的期刊国际化专题研讨会”在北京召开。与会者围绕新形势下学术期刊国际化的现状、发展定位和国际化措施，分别对中文期刊国际化和中国英文版期刊国际化问题展开探讨。

11月25日　中国社科院新媒体研究中心联合人民网舆情监测室共同发布“2015传媒集团‘两微一端’融合传播排行榜”。榜单显示，在“传媒集团下属杂志融合传播排行榜”中，前10位分别为《中国新闻周刊》《南都周刊》《瞭望》《智族GQ》《南都娱乐周刊》《财经国家周刊》《人民论坛》《半月谈》《新民周刊》《求是》。

12月2日　全国文学报刊联盟理事会在北京宣布成立。该联盟以“互信、互利、平等、协商，谋求联合发展”为基本准则，充分发挥信息沟通共享、资源整合协作、业务探讨培训、市场营销联手、人才升级培养、对外联合维权等作用，促进报刊传媒产业健康发展。

12 月 10 日 读者出版传媒股份有限公司在上海证券交易所成功挂牌上市。读者传媒旗下拥有读者杂志社、期刊出版中心、教材出版中心等单位，以及 12 家全资子公司、5 家控股子公司、2 家参股公司，员工五百多人。“读者传媒”是西北地区首家在国内主板上市的出版传媒类企业，也是 A 股中唯一拥有著名期刊品牌的概念股。资本将给传统期刊产业注入新的活力，提供新的产业发展机会。期刊业将借助上市探索完善现代企业治理结构，实现传统出版企业和新兴媒体在内容、渠道、平台、经营、管理等方面的深度融合。

12 月 12 日 《中华抗战期刊丛编》学术研讨会在南京民间抗战博物馆举行，来自各地的专家学者共同研讨这部丛书的价值。该丛书是国内首部大型档案文献彩色影印丛书，共 67 卷、四千多万字，集中收录了 1939 年至 1945 年间《解放》《永生》等抗战时期敌后抗日根据地和重庆、上海出版的抗战期刊 65 种 553 册。

12 月 18 日至 19 日 中国学术期刊未来论坛在北京举行。论坛以“数字化、国际化、知识服务化”为主题，深入探讨在当前“互联网 +”及创新驱动战略提出的大背景下，学术期刊面临的挑战与机遇，以及期刊未来发展创新模式与如何数字化转型升级与国际化。论坛发布了由《中国学术期刊（光盘版）》电子杂志社有限公司和清华大学图书馆共同研制的《2015 年中国学术期刊国际、国内影响力研究报告》，公布了“中国最具国际影响力学术期刊”和“中国国际影响力优秀学术期刊”的名单。

12 月 29 日 国务院办公厅印发《关于优化学术环境的指导意见》。《意见》呼吁净化学术环境，阻止学术不端行为，促进学术期刊和国际学术交流健康发展。

△ 为隆重庆祝《清华大学学报》的百年华诞，清华大学出版社、学报编辑部、校史馆、图书馆联合举办的“《清华大学学报》百年刊庆展览”在清华大学校史馆举行。《清华大学学报》自然科学版和英文版执行委员会主席致辞，一百多位社会各界人士出席刊庆展览开幕式。

附 录

第一届全国优秀科技期刊评比获奖名单

（1992 年，国家科委、中宣部、国家新闻出版署）

一等奖期刊（50 种）

1. 兵器知识；2. 北京师范大学学报（自然科学版）；3. 北京农业工程大学学报；4. 电子世界；5. 电工技术杂志；6. 大众医学；7. 地球物理学报；8. 地理学报；9. 地质学报；10. 地震学报；11. 工程机械；12. 国际航空；13. 航空知识；14. 航空学报；15. 红外与毫米波学报；16. 化学通报；17. 环境科学；18. 环境导报；19. 合成橡胶工业；20. 家庭医生；21. 金属学报；22. 金属热处理；23. 计算数学；24. 计算机世界（月刊）；25. 科学通报；26. 科技导报；27. 科技情报工作；28. 矿山机械；29. 力学学报；30. 农业机械；31. 清华大学学报（自然科学版）；32. 石油地球物理勘探；33. 石油勘探与开发；34. 上海环境科学；35. 铁道文摘；36. 图书情报工作；37. 天然气工业；38. 无线电；39. 橡胶工业；40. 现代化工；41. 中国石油文摘；42. 中华医学杂志；43. 中华医学杂志（英文版）；44. 中国科学；45. 中国药理学报；46. 中南矿冶学院学报；47. 中国科技论坛；48. 中国药学杂志；49. 中草药；50. 铸造。

注：按汉语拼音排序。

第二届全国优秀科技期刊评比获奖名单

（1997 年，国家科委、中宣部、国家新闻出版署）

一等奖期刊（61 种）

1. 北京大学学报（自然科学版）；2. 北京科技大学学报；3. 北京理工大学学报；4. 北京师范大学学报（自然科学版）；5. 兵器知识；6. 材料保护；7. 大连理工大学学报；8. 大众医学；9. 地球科学；10. 地球物理学报；11. 电子技术应用；12. 纺织导报；13. 高等学校化学学报；14. 工程塑料应用；15. 工业建筑；16. 国际航空；17. 航空知识；18. 合成橡胶工业；19. 红外与毫米波学报；20. 湖北农业科学；21. 湖南师范大学学报（自然科学版）；22. 华西医科大学学报；23. 华中理工大学学报；24. 环境导报；25. 机车电传动；26. 计算机应用；27. 家庭医生；28. 建筑技术；29. 金属学报；30. 科学通报；31. 科学学与科学技术管理；32. 煤炭学报；33. 农村百事通；34. 汽车与驾驶维修；35. 清华大学学报（自然科学版）；36. 上海环境科学；37. 少年科学画报；38. 生物化学与生物物理进展；39. 石油地球物理勘探；40. 石油炼制与化工；41. 特种铸造及有色金属；42. 天然气工业；43. 铁道文摘；44. 无线电；45. 稀有金属材料与工程；46. 现代化工；47. 新建筑；48. 新药与临床；49. 油气储运；50. 中国机械工程；51. 中国科技论坛；52. 中国科学；53. 中国人口；54. 资源与环境；55. 中国石油文摘；56. 中国兽医科技；57. 中国水利；58. 中国药理学报；59. 中国药学杂志；60. 中华医学杂志；61. 中南工业大学学报。

注：按汉语拼音排序。

首届国家期刊奖名单

（2000 年，国家新闻出版署，157 种）

国家期刊奖社科期刊（48 种）

1. 求是；2. 人民文学；3. 译林；4. 父母必读；5. 党建研究；6. 诗刊；7. 敦煌研究；8. 收藏家；9. 中共党史研究；10. 装饰；11. 读者；12. 散文；13. 经济研究；14. 中国青年；15. 西藏研究；16. 小说月报；17. 北京大学学报（哲学社会科学版）；18. 中学生；19. 共产党员；20. 知音；21. 人民教育；22. 辽宁青年；23. 妇女生活；24. 文物；25. 民主与法制；26. 党风；27. 名作欣赏；28. 中国社会科学；29. 新华文摘；30. 少男少女；31. 演讲与口才；32. 文艺研究；33. 青年文摘；34. 收获；35. 中国军事科学；36. 半月谈；37. 农民文摘；38. 故事会；39. 解放军生活；40. 世界知识；41. 文史哲；42. 上海服饰；43. 瞭望；44. 山东画报；45. 故事大王；46. 党建；47. 江海学刊；48. 十月。

国家期刊奖提名奖社科期刊（23 种）

1. 党的文献；2. 思想政治工作研究；3. 理论前沿；4. 法学研究；5. 时事报告；6. 啄木鸟；7. 新体育；8. 婚姻与家庭；9. 英语世界；10. 海外文摘；11. 乡镇论坛；12. 基层建设通讯；13. 老同志之友；14. 新少年；15. 家庭生活指南；16. 现代家庭；17. 山海经；18. 公安月刊；19. 小溪流；20. 广东支部生活；21. 海外星云；22. 科幻世界；23. 收藏。

国家期刊奖科技期刊（64 种）

1. 中国科学；2. 地球物理学报；3. 物理学报；4. 科学通报；5. 植物学报；6. 清华大学学报（自然科学版）；7. 高等学校化学学报；8. 分析化学；9. 金属学报；10. 地球科学——中国地质大学学报；11. 化学学报；12. 中华医学杂志；13. 中国药理学报；14. 机械工程学报；15. 电子学报；

16. 北京科技大学学报；17. 中南工业大学学报；18. 红外与毫米波学报；19. 材料保护；20. 北京师范大学学报（自然科学版）；21. 理论物理通讯（英文版）；22. 电池；23. 现代化工；24. 药学学报；25. 军事通信学术；26. 中国兽医科技；27. 中国农业科学；28. 第四军医大学学报；29. 新建筑；30. 力学学报；31. 航天医学与医学工程；32. 机车电传动；33. 北京大学学报（自然科学版）；34. 电力系统自动化；35. 特种铸造及有色合金；36. 石油地球物理勘探；37. 稀有金属材料与工程；38. 林业科学；39. 建筑技术；40. 中国新药与临床杂志；41. 中华外科杂志；42. 中国农村水利水电；43. 中华医学杂志（英文版）；44. 工业建筑；45. 上海环境科学；46. 煤炭学报；47. 石油炼制与化工；48. 生理学报；49. 中国药学杂志；50. 华中理工大学学报；51. 合成橡胶工业；52. 中国化学（英文版）；53. 中国机械工程；54. 中国物理快报（英文版）；55. 湖北农业科学；56. 工程塑料；57. 应用中医杂志；58. 家庭医生；59. 汽车与驾驶维修；60. 无线电；61. 农村百事通；62. 大众医学；63. 航空知识；64. 少年科学画报。

国家期刊奖提名奖科技期刊（22 种）

1. 华西医科大学学报；2. 地震学报；3. 大连理工大学学报；4. 中华肿瘤杂志；5. 生物化学与生物物理学报；6. 湖南师范大学学报（自然科学版）；7. 生物化学与生物物理进展；8. 北京理工大学学报；9. 自然科学进展；10. 中国人口·资源与环境；11. 环境导报；12. 科学学与科学技术管理；13. 中国科技论坛；14. 天然气工业；15. 油气储运；16. 计算机应用；17. 电子技术应用；18. 国际航空；19. 中国水利；20. 中国骨伤；21. 武警医学；22. 纺织导报。

第二届国家期刊奖获奖名单

（2002 年，国家新闻出版总署，157 种）

国家期刊奖社科期刊（30 种）

1. 中国社会科学；2. 经济研究；3. 北京大学学报（哲学社会科学

版)；4. 中国人民大学学报；5. 中共党史研究；6. 文物；7. 中国军事科学；8. 党建研究；9. 半月谈；10. 世界知识；11. 世界军事；12. 求是；13. 党建；14. 中国税务；15. 中国妇女；16. 中国青年；17. 人民画报(中文版)；18. 父母必读；19. 上海服饰；20. 少男少女；21. 女友；22. 解放军生活；23. 当代；24. 人民文学；25. 装饰；26. 十月；27. 故事会；28. 新华文摘；29. 小说月报；30. 读者。

国家期刊奖提名奖社科期刊（47 种）

1. 民族研究；2. 哲学研究；3. 南京大学学报（哲社版)；4. 文史哲；5. 党的文献；6. 理论前沿；7. 现代国际关系；8. 中国法学；9. 学术月刊；10. 学术研究；11. 改革；12. 瞭望；13. 时事报告；14. 长安；15. 警方；16. 财务与会计；17. 人民教育；18. 乡镇论坛；19. 共产党员；20. 党的生活；21. 销售与市场；22. 广东支部生活；23. 中国空军；24. 幼儿画报；25. 收藏家；26. 辽宁青年；27. 家庭生活指南；28. 妇女生活；29. 现代家庭；30. 故事大王；31. 家庭；32. 西藏旅游；33. 解放军画报；34. 啄木鸟；35. 诗刊；36. 散文；37. 名作欣赏；38. 收获；39. 少年文艺；40. 译林；41. 解放军文艺；42. 英语沙龙；43. 中学生阅读（初中版)；44. 少年科学（哈萨克文)；45. 海外文摘；46. 青年文摘；47. 中篇小说选刊。

国家期刊奖科技期刊（30 种）

1. 地球物理学报；2. 中国科学；3. 科学通报；4. 中华医学杂志；5. 物理学报；6. 高等学校化学学报；7. 金属学报；8. 分析化学；9. 地球科学—中国地质大学学报；10. 机械工程学报；11. 生理学报；12. 北京师范大学学报（自然科学版）13. 林业科学；14. 自动化学报；15. 中华外科杂志；16. 清华大学学报（自然科学版)；17. 中国物理快报（英文版)；18. 电力系统自动化；19. 金属热处理；20. 上海环境科学；21. 中国药学杂志；22. 特种铸造及有色合金；23. 中草药；24. 电子技术应用；25. 工程塑料应用；26. 中国蔬菜；27. 家庭医生；28. 无线电；29. 汽车与驾驶维修；30. 航空知识。

国家期刊奖提名奖科技期刊（50 种）

1. 中南工业大学学报（自然科学版）；2. 生物化学与生物物理学报；3. 海洋与湖沼；4. 稀有金属材料与工程；5. 中华内科杂志；6. 东北大学学报（自然科学版）；7. 电子科技大学学报；8. 北京林业大学学报；9. 电子学报；10. 林业科学研究；11. 中国机械工程；12. 中国农业科学；13. 化学学报；14. 高分子学报；15. 武汉大学学报（理学版）；16. 中华病理学杂志；17. 中国环境科学；18. 园艺学报；19. 华中科技大学学报（自然科学版）；20. 北京大学学报（自然科学版）；21. 地质学报；22. 第四军医大学学报；23. 天然气工业；24. 杂交水稻；25. 石油炼制与化工；26. 铸造；27. 推进技术；28. 电源技术；29. 工业建筑；30. 中国皮革；31. 植物保护；32. 中国实用内科杂志；33. 建筑技术；34. 临床耳鼻咽喉科杂志；35. 现代化工；36. 石油化工；37. 中国果树；38. 中国新药与临床杂志；39. 材料保护；40. 计算机应用；41. 大众医学；42. 电脑爱好者；43. 农业知识；44. 少年科学画报；45. 农村百事通；46. 农村电工；47. 中国水利；48. 环境导报；49. 纺织导报；50. 科技进步与对策。

第三届国家期刊奖名单

（2005 年，国家新闻出版总署，160 种）

国家期刊奖（60 种）

1. 中共党史研究；2. 北京大学学报——哲学社会科学版；3. 中国人民大学学报；4. 历史研究；5. 中国军事科学；6. 中国法学；7. 文物；8. 求是；9. 党建；10. 党建研究；11. 财务与会计；12. 金融研究；13. 中国工业经济；14. 半月谈；15. 人民画报（中文）；16. 读者；17. 农民文摘；18. 中国妇女；19. 解放军生活；20. 名作欣赏；21. 知音；22. 女友；23. 十月；24. 当代；25. 散文；26. 装饰；27. 故事会；28. 少男少女；29. 中学生百科；30. 小学生导读；31. 地球科学——中国地质大学学报；32. 中华医学杂志；33. 机械工程学报；34. 地质学报；35. 中华内科杂志；36.

自动化学报；37. 物理学报；38. 金属学报；39. 科学通报；40. 高等学校化学学报；41. 中国危重病急救医学；42. 高分子学报；43. 中国物理快报（英文版）；44. 园艺学报；45. 中国机械工程；46. 电力系统自动化；47. 中国电力；48. 电子技术应用；49. 低压电器；50. 现代化工；51. 中国药房；52. 中国药学杂志；53. 长江蔬菜；54. 铸造；55. 中国塑料；56. 暖通空调；57. 工程塑料应用；58. 健康娃娃；59. 电脑爱好者；60. 农村百事通。

国家期刊奖提名奖（100 种）

1. 学习与探索；2. 文史哲；3. 北京师范大学学报（社会科学版）；4. 南开学报（哲学社会科学版）；5. 南京政治学院学报；6. 天津社会科学；7. 社会科学战线；8. 改革；9. 学术研究；10. 学术月刊；11. 世界历史；12. 党的文献；13. 中国税务；14. 人民教育；15. 共产党员；16. 天津支部生活；17. 长安；18. 中国民兵；19. 宏观经济管理；20. 南开管理评论；21. 经济学动态；22. 瞭望；23. 世界军事；24. 世界知识；25. 青年文摘；26. 新华文摘；27. 小说月报；28. 咬文嚼字；29. 妇女生活；30. 上海服饰；31. 辽宁青年；32. 寻根；33. 西藏旅游；34. 中国青年；35. 家庭；36. 科幻世界；37. 人民文学；38. 收获；39. 散文诗；40. 译林；41. 名人传记；42. 美术观察；43. 东方娃娃；44. 故事大王；45. 世界儿童；46. 中学生阅读（初中版）；47. 英语世界；48. 花的原野（蒙文）；49. 中国民族（维吾尔文）；50. 人民中国（日文）；51. 林业科学；52. 遗传学报；53. 地质论评；54. 清华大学学报（自然科学版）；55. 新型炭材料；56. 催化学报；57. 化工学报；58. 生态学报；59. 计算机辅助设计与图形学学报；60. 中国农业科学；61. 武汉大学学报（信息科学版）；62. 武汉大学学报（理学版）；63. 第二军医大学学报；64. 作物学报；65. 中华心血管病杂志；66. 冰川冻土；67. 海洋与湖沼；68. 北京大学学报（自然科学版）；69. 植物学报（英文版）；70. 水土保持学报；71. 电子学报；72. 电子元件与材料；73. 特种铸造及有色合金；74. 中草药；75. 金属热处理；76. 工业建筑；77. 临床皮肤科杂志；78. 棉纺织技术；79. 施工技术；80. 石油炼制与化工；81. 中国实用内科杂志；82. 中国兽医科技；83. 材料保

护；84. 电力自动化设备；85. 江苏农业科学；86. 塑料工业；87. 中国血吸虫病防治杂志；88. 中国科技期刊研究；89. 图书情报工作；90. 管理科学；91. 科技进步与对策；92. 大众医学；93. 农业知识；94. 农村电工；95. 自我保健；96. 中国国家地理；97. 奥秘；98. 无线电；99. 中学生数理化（高中版）；100. 农家参谋。

首届中国出版政府奖先进出版单位获奖名单

（2008 年，国家新闻出版总署，10 家期刊出版单位）

十月杂志社
收获文学杂志社
湖北知音传媒集团
科幻世界杂志社
读者杂志社
党建研究杂志社
中国农村杂志社
《幼儿画报》编辑部
《金属学报》编辑部
政治指导员杂志社

第二届中国出版政府奖先进出版单位获奖名单

（2010 年，国家新闻出版总署，8 家期刊出版单位）

农村百事通杂志社
中国家庭医生杂志社
当代贵州杂志社
当代党员杂志社
中华医学会杂志社
北京瑞丽杂志社
《西北民族大学学报》编辑部
中国企业家杂志社

第二届中国出版政府奖期刊奖名单

（2010 年，国家新闻出版总署，60 种）

一、期刊奖（20 种）

社科类（10 种）

中国社会科学　求是

新华文摘　读者

收获　当代

文史哲　考古

三联生活周刊　瞭望

科技类（10 种）

科学通报　低压电器

中国国家地理　高等学校化学学报

中华结核和呼吸杂志　机械工程学报

舰船知识　物理学报

中草药　浙江大学学报（英文版）A 辑

二、提名奖（40 种）

社科类（20 种）

中国人民大学学报　前线

中国新闻周刊　小说月报

世界军事　党建研究

南方　北京师范大学学报（社会科学版）

社会科学战线　中共党史研究

农民文摘　课程·教材·教法

人民论坛　故事会

装饰
父母必读
小学生天地
社会
女友（家园版）
瑞丽

科技类（20种）

化学学报
细胞研究（英文版）
科学启蒙
药学学报
中国农业科学
中国电机工程学报
作物学报
IT经理世界
农村新技术
电子学报
中国科学：数学（英文版）
中医杂志
长江蔬菜
兵器知识
铸造
中国危重病急救医学
化工学报
清华大学学报（自然科学版）
北京大学学报（自然科学版）
天然气工业

首届全国百种重点社科期刊

（1997年，国家新闻出版署，102种）

1. 求是；2. 党的文献；3. 党建研究；4. 中国社会科学；5. 经济研究；6. 考古；7. 文艺研究；8. 理论前沿；9. 中国党政干部论坛；10. 北京大学学报（社会科学版）；11. 中国人民大学学报；12. 学习与探索；13. 文史哲；14. 敦煌研究；15. 西藏研究（汉文版）；16. 读书；17. 中国青年；18. 中国妇女；19. 中国金融；20. 乡镇论坛；21. 民族团结；22. 农村工作通讯；23. 中国税务；24. 人民教育；25. 财务与会计；26. 党建；27. 共产党员；28. 广东支部生活；29. 党的生活；30. 半月谈；31. 瞭望；32. 北京周报；33. 世界知识；34. 时事报告；35. 长安；36. 警方；37. 南风窗；38. 人民文学；39. 小说选刊；40. 诗刊；41. 当代；42. 十月；43. 收获；44. 译林；45. 小说月报；46. 散文；47. 名作欣赏；48. 故事会；

49. 中篇小说选刊；50. 微型小说选刊；51. 民间故事选刊；52. 名人传记；53. 今古传奇；54. 科幻世界；55. 大众电影；56. 中华儿女；57. 集邮；58. 英语世界；59. 新体育；60. 足球世界；61. 足球俱乐部；62. 世界博览；63. 父母必读；64. 辽宁青年；65. 老同志之友；66. 演讲与口才；67. 家庭生活指南；68. 青年一代；69. 现代家庭；70. 幽默大师；71. 涉世之初；72. 知音；73. 家庭；74. 女友；75. 妇女生活；76. 黄金时代；77. 小学生天地；78. 中学生天地；79. 初中生必读；80. 新华文摘；81. 读者；82. 青年文摘；83. 农民文摘；84. 党员文摘；85. 海外文摘；86. 海外星云；87. 青年博览；88. 小朋友；89. 故事大王；90. 巨人；91. 中国卡通；92. 少年文艺；93. 中学时代；94. 少男少女；95. 北京卡通；96. 儿童漫画；97. 中学生；98. 解放军文艺；99. 政治指导员；100. 解放军生活；101. 世界军事；102. 中国武警。

注：以上名单按期刊的学术理论类、业务指导类、时事政治类、文学艺术类、文化生活类、教育教学类、文摘类、少年儿童类、解放军类分别排序。

第二届全国百种重点社科期刊

(2000 年，国家新闻出版署，108 种)

1. 求是；2. 党建研究；3. 中共党史研究；4. 经济研究；5. 北京大学学报（哲社版）；6. 文物；7. 中国社会科学；8. 党的文献；9. 文艺研究；10. 思想政治工作研究；11. 理论前沿；12. 法学研究；13. 中国税务；14. 中国财政；15. 乡镇论坛；16. 长安；17. 民主与法制；18. 半月谈；19. 时事报告；20. 人民论坛；21. 瞭望；22. 世界知识；23. 党建；24. 人民文学；25. 当代；26. 诗刊；27. 啄木鸟；28. 新体育；29. 装饰；30. 世界博览；31. 婚姻与家庭；32. 民族画报；33. 中国青年；34. 人民教育；35. 课程·教材·教法；36. 英语世界；37. 农民文摘；38. 青年文摘；39. 海外文摘；40. 新华文摘；41. 中学生；42. 婴儿画报；43. 解放军生活；44. 中国军事科学；45. 基层建设通讯；46. 当代海军；47. 中国空军；48. 解放军画报；49. 十月；50. 父母必读；51. 收藏家；52. 大学生；53. 天津

社会科学；54. 散文；55. 小说月报；56. 民间故事选刊；57. 记者观察；58. 名作欣赏；59. 小学语文教学；60. 共产党员；61. 老同志之友；62. 新少年；63. 辽宁青年；64. 演讲与口才；65. 家庭生活指南；66. 党的生活；67. 收获；68. 故事会；69. 上海服饰；70. 现代家庭；71. 故事大王；72. 江海学刊；73. 警方；74. 译林；75. 钟山；76. 山海经；77. 幽默大师；78. 幼儿智力世界；79. 恋爱婚姻家庭；80. 中篇小说选刊；81. 足球俱乐部；82. 涉世之初；83. 文史哲；84. 山东画报；85. 公安月刊；86. 名人传记；87. 小小说选刊；88. 妇女生活；89. 今古传奇；90. 知音；91. 小溪流；92. 广东支部生活；93. 佛山文艺；94. 家庭；95. 深圳青年；96. 少男少女；97. 党风；98. 海外星云；99. 科幻世界；100. 大家；101. 奥秘；102. 西藏研究（汉文版）；103. 西藏旅游；104. 收藏；105. 女友；106. 新居室；107. 敦煌研究；108. 读者。

第三届全国百种重点期刊

（2002 年，国家新闻出版总署，189 种）

社科期刊（90 种）

1. 考古；2. 文艺研究；3. 中国图书馆学报；4. 电视研究；5. 出版发行研究；6. 新闻战线；7. 天津社会科学；8. 社会科学战线；9. 满语研究；10. 学习与探索；11. 江海学刊；12. 孔子研究；13. 史学月刊；14. 船山学刊；15. 湖南师范大学社会科学学报；16. 广西民族学院学报（哲学社会科学版）；17. 出版广角；18. 现代法学；19. 思想战线；20. 西藏研究（汉文版）；21. 宁夏社会科学；22. 环球；23. 民主与法制；24. 方圆；25. 人民中国（日文）；26. 法制与新闻；27. 人民论坛；28. 人民警察；29. 公安月刊；30. 国际贸易；31. 中国监察；32. 工商行政管理；33. 中国外汇管理；34. 中国武警；35. 中国民兵；36. 党风；37. 世界博览；38. 世界知识画报；39. 民族画报；40. 新体育；41. 中国老年；42. 集邮；43. 农村青年；44. 中华儿女；45. 学与玩；46. 儿童漫画；47. 中国烹饪；48. 北京卡通；49. 长寿；50. 老人世界；51. 花蕾（蒙文）；52. 老同志之友；53. 青年一代；54.

幼儿智力世界；55. 幽默大师；56. 恋爱婚姻家庭；57. 涉世之初；58. 山东画报；59. 寻根；60. 深圳青年；61. 看世界；62. 环球体育；63. 龙门阵；64. 收藏；65. 少年月刊；66. 雕塑；67. 大众摄影；68. 国画家；69. 苏州杂志；70. 清明；71. 今古传奇；72. 散文诗；73. 科幻世界；74. 星星；75. 边疆文学；76. 章恰尔（藏文）；77. 美拉斯（维吾尔文）；78. 课程·教材·教法；79. 外语教学与研究；80. 英语世界；81. 小学生时代；82. 家庭教育；83. 小学生导读；84. 初中生之友；85. 当代小学生；86. 小学生天地；87. 语文月刊；88. 中国经济信息；89. 民间故事选刊；90. 海外星云。

科技期刊（99 种）

1. 药学学报；2. 中华医学杂志（英文版）；3. 岩石学报；4. 西北植物学报；5. 力学学报；6. 理论物理通讯（英文版）；7. 北京科技大学学报；8. 中华耳鼻咽喉科杂志；9. 植物学报；10. 哈尔滨工业大学学报；11. 生态学报；12. 地震学报；13. 北京理工大学学报（自然科学版）；14. 南京农业大学学报；15. 第二军医大学学报；16. 解放军医学杂志；17. 高能物理与核物理；18. 卫生研究；19. 第三军医大学学报；20. 中山大学学报（自然科学版）；21. 华西医科大学学报；22. 遗传学报；23. 气象学报；24. 同济大学学报（自然科学版）；25. 石油大学学报（自然科学版）；26. 中国化学（英文版）；27. 浙江林学院学报；28. 自然科学进展；29. 湖南大学学报（自然科学版）；30. 大连理工大学学报；31. 华西口腔医学杂志；32. 上海交通大学学报；33. 江西农业大学学报；34. 湖南师范大学学报（自然科学版）；35. 北京航空航天大学学报；36. 厦门大学学报（自然科学版）；37. 世界胃肠病学杂志（英文版）；38. 海洋学报；39. 海洋地质与第四纪地质；40. 中国免疫学；41. 细胞研究（英文版）；42. 中国人兽共患病杂志；43. 甘肃工业大学学报；44. 山东农业科学；45. 中国药理学通报；46. 中国油脂；47. 电池；48. 系统工程与电子技术；49. 金属矿山；50. 施工技术；51. 水泥；52. 中国兽医科技；53. 冶金自动化；54. 湖北农业科学；55. 食品与发酵工业；56. 计算机应用研究；57. 现代电信科技；58. 石油地球物理勘探；59. 电子元件与材料；60. 印染；61. 水利水电技术；62. 稀土；63. 粮食与饲料工业；64. 江苏农业科学；65. 电工技

术杂志；66. 石油勘探与开发；67. 橡胶工业；68. 测绘通报；69. 低压电器；70. 工程机械；71. 广播与电视技术；72. 宇航材料工艺；73. 中国海上油气（地质）；74 汽车与安全；75. 种子；76. 热能动力工程；77. 湖南农业；78. 舰船知识；79. 南粤 119；80. 农家参谋；81. 家庭健康；82. 中学生数理化（高中版）；83. 山东消防；84. 微型计算机；85. 奥秘；86. 农村新技术；87. 青年科学；88. 中国国家地理；89. 河北农机；90. 中国科技产业；91. 劳动保护；92. 中国铁路；93. 中国煤炭；94. 中国人口·资源与环境；95. 世界农业；96. 中国计划生育学杂志；97. 决策借鉴；98. 中国计量；99. 中国药学文摘。

第四届全国百种重点期刊

（2005 年，国家新闻出版总署，197 种）

1. 敦煌研究；2. 史学月刊；3. 湖南师范大学社会科学学报；4. 外语教学与研究；5. 南京大学学报（哲学社会科学版）；6. 武汉大学学报（人文科学版）；7. 福建论坛——人文社会科学版；8. 电视研究；9. 贵州财经学院学报；10. 哈尔滨工业大学学报（社会科学版）；11. 课程·教材·教法；12. 社会科学辑刊；13. 求是学刊；14. 新闻战线；15. 社会科学；16. 文学评论；17. 俄罗斯中亚东欧研究；18. 中国语文；19. 毛泽东思想研究；20. 浙江社会科学；21. 现代法学；22. 探索；23. 出版发行研究；24. 北京支部生活；25. 人民公安；26. 中国海关；27. 中国社会保障；28. 中国监察；29. 人民司法；30. 人民检察；31. 中国外汇管理；32. 中国出版；33. 农村工作通讯；34. 政治指导员；35. 经理人；36. 涉外税务；37. 统计研究；38. 管理世界；39. 销售与市场；40. 当代财经；41. 当代经济科学；42. 中国企业家；43. 民族画报；44. 山东画报；45. 民主与法制；46. 青年博览；47. 海外星云；48. 视野；49. 海外文摘；50. 党员文摘；51. 民间故事选刊；52. 小小说选刊；53. 书摘；54. 恋爱·婚姻·家庭；55. 乡镇论坛；56. 新体育；57. 今古传奇（武侠版）；58. 军营文化天地；59. 老同志之友；60. 长寿；61. 集邮；62. 今日民族；63. 生态经济；64. 文

史知识；65. 中国收藏；66. 收藏；67. 父母必读；68. 看世界；69. 中国老年；70. 思维与智慧；71. 人生与伴侣；72. 清明；73. 啄木鸟；74. 莽原 75. 今古传奇；76. 作家；77. 苏州杂志；78. 朔方；79. 萌芽；80. 星星诗刊；81. 诗刊；82. 章回小说；83. 人像摄影；84. 红蜻蜓；85. 小聪仔；86. 当代小学生；87. 启蒙；88. 我们爱科学；89. 小学生时代；90. 幼儿智力世界；91. 语文月刊；92. 小学教学设计；93. 中小学心理健康教育；94. 长白山；95. 内蒙古大学学报（蒙古文）；96. 章恰尔（藏文）；97. 中国画报（英文版）；98. 上海交通大学学报；99. 地理学报；100. 地球物理学报；101. 分析化学；102. 中国环境科学；103. 东南大学学报（自然科学版）；104. 计算机学报；105. 中华神经科杂志；106. 北京林业大学学报；107. 化学学报；108. 中华耳鼻咽喉科杂志；109. 中山大学学报（自然科学版）；110. 中华妇产科杂志；111. 中国医学科学院学报；112. 石油学报；113. 中国科学 B 辑：化学；114. 华中科技大学学报（自然科学版）；115. 中华放射学杂志；116. 东北大学学报（自然科学版）；117. 中国水稻科学；118. 气象学报；119. 地震学报（中文版）；120. 北京师范大学学报（自然科学版）；121. 同济大学学报（自然科学版）；122. 第三军医大学学报；123. 中国电机工程学报；124. 应用数学和力学（英文版）；125. 华南农业大学学报（自然科学版）；126. 石油大学学报（自然科学版）；127. 中南工业大学学报（自然科学版）；128. 北京理工大学学报；129. 浙江大学学报（农业与生命科学版）；130. 中华病理学杂志；131. 中华外科杂志；132. 生理学报；133. 天津大学学报；134. 物理化学学报；135. 哈尔滨工业大学学报；136. 北京科技大学学报；137. 计算机集成制造系统；138. 世界胃肠病学杂志（英文版）；139. 营养学报；140. 计算机测量与控制；141. 水泥；142. 钢铁；143. 航空制造技术；144. 临床检验杂志；145. 公路；146. 金属矿山；147. 食品与发酵工业；148. 中国药理学通报；149. 石油与天然气地质；150. 石油地球物理勘探；151. 化工机械；152. 印染；153. 工程机械；154. 湖北农业科学；155. 煤炭科学技术；156. 中国中药杂志；157. 临床耳鼻咽喉科杂志；158. 山东农业科学；159. 天然气工业；160. 建筑技术；161. 中国乳品工业；162. 电视技术；163. 中国南方果树；164. 橡胶工业；165. 日用化学品科学；

166. 酿酒科技；167. 测绘通报；168. 冶金自动化；169. 合成树脂及塑料；170. 中国油脂；171. 电池；172. 新疆石油地质；173. 中兴通讯技术；174. 中国计划生育学杂志；175. 纺织导报；176. 中国铁路；177. 中国人口·资源与环境；178. 中国计量；179. 新医学；180. 中国科技产业；181. 车主之友；182. 农村新技术；183. 青年科学；184. 未来科学家；185. 家庭健康；186. 航空知识；187. 建筑工人；188. 科学启蒙；189. 微型计算机；190. 汽车与驾驶维修；191. 汽车族；192. 现代养生；193. 科学画报；194. 健康必读；195. 科学养鱼；196. 新农业；197. 大自然探索。

2006 年全国新闻出版系统先进集体名单

（国家人事部、国家新闻出版总署，3 家期刊出版单位）

咬文嚼字杂志社
广西出版杂志社
读者杂志社

2011 年全国新闻出版系统先进集体名单

（人力资源社会保障部、国家新闻出版总署，2 家期刊出版单位）

黑龙江格言杂志社有限公司
兵团建设杂志社

全国新闻出版行业服务社会主义新农村建设出版发行先进集体名单

（2006 年，国家新闻出版总署，10 家期刊出版单位）

吉林蔬菜杂志社

浙江省新农村杂志社

江西省农村百事通杂志社

四川省《四川党的建设（农村版）》编辑部

西藏人民出版社《半月谈》藏文版编辑室

金盾出版社《科学种养》杂志编辑部

半月谈杂志社

中国农业杂志社《农民文摘》

农村青年杂志社

农家女杂志社

中国期刊方阵

（2001 年，国家新闻出版总署，1518 种）

双高期刊（65 种）

1. 中国科学；2. 科学通报；3. 高等学校化学学报；4. 金属学报；5. 中华医学杂志；6. 机械工程学报；7. 地球物理学报；8. 植物学报；9. 分析化学；10. 地球科学——中国地质大学学报；11. 电子学报；12. 物理学报；13. 清华大学学报（自然科学版）；14. 化学学报；15. 中国药理学报；16. 北京科技大学学报；17. 中南工大学报；18. 北京师范大学学报（自然科学版）；19. 药学学报；20. 中国农业科学；21. 北京大学学报（自然科学版）；22. 中国化学（英文版）；23. 中国物理快报（英文版）；24. 理论物理通讯（英文版）；25. 中华医学杂志英文版；26. 电力系统自动化；

27. 石油地球物理勘探；28. 建筑技术；29. 中国农村水利水电；30. 工业建筑；31. 上海环境科学；32. 石油炼制与化工；33. 中国药学杂志；34. 合成橡胶工业；35. 中国机械工程；36. 湖北农业科学；37. 工程塑料应用；38. 材料保护；39. 电池；40. 家庭医生；41. 求是；42. 党建研究；43. 中国社会科学；44. 北京大学学报（社科版）；45. 经济研究；46. 中国军事科学；47. 敦煌研究；48. 西藏研究；49. 文物；50. 收藏家；51. 半月谈；52. 瞭望；53. 共产党员；54. 时事报告；55. 支部生活；56. 中国税务；57. 十月；58. 读者；59. 新华文摘；60. 青年文摘；61. 农民文摘；62. 知音；63. 故事会；64. 家庭；65. 女友。

双奖期刊（107 种）

1. 力学学报；2. 林业科学；3. 中华外科杂志；4. 煤炭学报；5. 生理学报；6. 华中理工大学学报（自然科学版）；7. 红外与毫米波学报；8. 现代化工；9. 中国兽医科技；10. 新建筑；11. 机车电传动；12. 特种铸造及有色合金；13. 稀有金属材料与工程；14. 中国新药与临床；15. 中医杂志；16. 汽车与驾驶维修；17. 无线电；18. 农村百事通；19. 大众医学；20. 航空知识；21. 少年科学画报；22. 地震学报；23. 大连理工大学学报；24. 中华肿瘤杂志；25. 生物化学与生物物理进展；26. 湖南师大学报（自然科学版）；27. 生物化学与生物物理学报；28. 自然科学进展；29. 中国人口．资源与环境；30. 环境导报；31. 基层建设通讯；32. 中国科技论坛；33. 天然气工业；34. 油气储运；35. 计算机应用；36. 电子技术应用；37. 国际航空；38. 中国水利；39. 中国骨伤；40. 纺织导报；41. 兵器知识；42. 中国石油文摘；43. 石油勘探与开发；44. 电工技术杂志；45. 电子世界；46. 金属热处理；47. 图书情报工作；48. 中草药；49. 地理学报；50. 地质学报；51. 环境科学；52. 工程机械；53. 化学通报；54. 计算数学；55. 科技导报；56. 农业机械；57. 橡胶工业；58. 数学学报；59. 中共党史研究；60. 文艺研究；61. 世界知识；62. 人民文学；63. 诗刊；64. 装饰；65. 中国青年；66. 中学生；67. 人民教育；68. 民主与法制；69. 文史哲；70. 山东画报；71. 江海学刊；72. 译林；73. 辽宁青年；74. 党风；75. 少男少女；76. 上海服饰；77. 故事大王；78. 父母必读；79. 散文；80. 小说月报；81. 妇女生活；82. 名作欣赏；83. 演讲与口才；84. 党建；85. 解放军生活；86. 党的文献；87. 思想政治工作研究；88. 理论前沿；89. 法学研究；90. 啄木鸟；91. 新体育；92. 婚姻与家庭；93. 英语世界；94. 海外文摘；95. 乡镇论坛；96. 家庭生活指南；97. 科幻世界；98. 山海经；99. 收藏；100. 现代家庭；101. 老同志之友；102. 新少年；103. 小溪流；104. 公安月刊；105. 海外星云；106. 第四军医大学学报；107. 航天医学与医学工程。

双百期刊（192 种）

1. 电视技术；2. 动物学报；3. 高能物理与核物理；4. 航空制造技术；5. 湖南农业；6. 吉林大学自然科学学报；7. 江西农业大学学报；8. 科技进步与对策；9. 科学画报；10. 炼油设计；11. 石油化工；12. 系统工程与电子技术；13. 中国果树；14. 中国海洋湖沼学报（英文版）；15. 中国科技产业；16. 中国蔬菜；17. 中学生数理化（初）；18. 中学生数理化（高）；19. 世界胃肠病学杂志（英文版）；20. 测控技术；21. 电声技术；22. 电子科技大学学报；23. 复旦学报（自然科学版）；24. 河南医科大学学报；25. 机械与电子；26. 舰船知识；27. 金属矿山；28. 临床皮肤科杂志；29. 煤炭科学技术；30. 山东农业科学；31. 水力发电；32. 微特电机；33. 中国航天；34. 中国医学科学院学报；35. 北京大学学报（医学版）；36. 长江蔬菜；37. 大众健康；38. 电镀与涂饰；39. 电脑爱好者；40. 东北大学学报（自然科学版）；41. 东南大学学报（自然科学版）；42. 感光科学与光化学；43. 广西水利水电；44. 河南石油；45. 湖南大学学报（自然科学版）；46. 湖南农业大学学报（自然科学版）；47. 华中农业大学学报；48. 机械制造；49. 建筑工人；50. 江西师范大学学报（自然科学版）；51. 解剖学报；52. 金属制品；53. 农业知识；54. 气象知识；55. 青少年科技博览；56. 热加工工艺；57. 人民长江；58. 上海建设科技；59. 上海交通大学学报；60. 上海针灸杂志；61. 同济大学学报（自然科学版）；62. 湘潭大学学报；63. 新农业；64. 新医学；65. 冶金自动化；66. 中国初级卫生保健；67. 中国空间科学技术；68. 中国农技推广；69. 中国兽医学报；70. 中国信息导报；71. 中国有色金属学报（英文版）；72. 钻井液

与完井液；73. 低压电器；74. 钢铁；75. 海洋与湖沼；76. 黑龙江畜牧兽医；77. 华西口腔医学杂志；78. 课堂内外（小学版）；79. 青年科学；80. 山西农机；81. 施工技术；82. 天文学报（英文版）；83. 微型机与应用；84. 植物保护；85. 中国地球化学；86. 中国水稻科学；87. 中国稀土学报；88. 中华妇产科杂志；89. 自动化仪表；90. 地质科学；91. 地质与勘探；92. 高分子学报；93. 机械工人（冷加工）；94. 金属学报（英文版）；95. 昆虫学报；96. 昆虫知识；97. 劳动保护；98. 力学与实践；99. 起重运输机械；100. 石油大学学报（自然科学版）；101. 石油学报；102. 水利水电技术；103. 天津医药；104. 土壤学报；105. 微生物学报；106. 植物分类学报；107. 中国国家地理；108. 中国海上油气（地质）；109. 中国激光；110. 中华内科杂志；111. 材料科学技术（英文版）；112. 地质学报（英文版）；113. 固体力学学报（英文版）；114. 软件学报；115. 数学年刊 A 辑；116. 遗传学报；117. 自动化学报；118. 大气科学进展（英文版）；119. 第四纪研究；120. 海洋学报；121. 力学学报（英文版）；122. 儿童漫画；123. 中国财政；124. 长安；125. 人民论坛；126. 当代；127. 世界博览；128. 民族画报；129. 课程教材教法；130. 婴儿画报；131. 中国大学生；132. 天津社会科学；133. 收获；134. 普方；135. 钟山；136. 名人传记；137. 小小说选刊；138. 记者观察；139. 小学语文教学；140. 佛山文艺；141. 深圳青年；142. 大家；143. 奥秘；144. 今古传奇；145. 幽默大师；146. 幼儿智力世界；147. 足球俱乐部；148. 涉世之初；149. 新居室；150. 党的生活；151. 恋爱婚姻家庭；152. 中篇小说选刊；153. 民间故事选刊；154. 西藏旅游；155. 当代海军；156. 中国空军；157. 解放军画报；158. 解放军文艺；159. 世界军事；160. 政治指导员；161. 中国武警；162. 考古；163. 中国党政干部论坛；164. 中国人民大学学报；165. 学习与探索；166. 读书；167. 中国妇女；168. 中国金融；169. 中国民族；170. 农村工作通讯；171. 财务与会计；172. 北京周报（英文版）；173. 南风窗；174. 小说选刊；175. 微型小说选刊；176. 大众电影；177. 中华儿女；178. 足球世界；179. 集邮；180. 青年一代；181. 黄金时代；182. 小学生天地；183. 中学生天地；184. 初中生必读；185. 党员文摘；186. 青年博览；187. 小朋友；188. 巨人；189. 中国卡通；190. 少年文艺；191. 中学时代；192. 北京卡通。

双效期刊（1154 种）

1. 半导体学报；2. 北京林业大学学报；3. 中德临床肿瘤学杂志（英文版）；4. 地震地质；5. 电气自动化；6. 湖南医科大学学报（自然科学版）；7. 湖南医学；8. 华东公路；9. 江苏中医药；10. 江西科学；11. 江西医学院学报；12. 今日科技；13. 决策借鉴；14. 农村新技术；15. 农业工程学报；16. 齐鲁渔业；17. 青海畜牧兽医杂志；18. 生态学杂志；19. 石油与天然气文摘；20. 水产科技情报；21. 四川烹饪；22. 饲料博览；23. 探矿工程；24. 武汉测绘科技大学学报；25. 西安医科大学学报；26. 西北植物学报；27. 现代电信科技；28. 压电与声光；29. 云南林业；30. 灾害学；31. 中国南方果树；32. 中国中西医结合杂志；33. 安徽农业大学学报（自然科学版）；34. 北京化工大学学报（自然科学版）；35. 北京邮电大学学报；36. 北京中医药大学学报；37. 传感器技术；38. 聪明泉（小学版）；39. 催化学报；40. 当代建设；41. 地质论评；42. 电力建设；43. 电气传动；44. 电网技术；45. 电信技术；46. 电信科学；47. 电源技术；48. 东北水利水电；49. 福建农业大学学报（自然科学版）；50. 福建医药杂志；51. 甘肃工业大学学报；52. 工程热物理学报；53. 工业卫生与职业病；54. 公路；55. 固体力学学报；56. 广播与电视技术；57. 硅酸盐学报；58. 海洋环境科学；59. 焊接技术；60. 河北农机；61. 河北师范大学学报；62. 河北消防；63. 河南农业大学学报；64. 黑龙江农业科学；65. 湖南地质；66. 湖南林业；67. 护士进修杂志；68. 华东电力；69. 华侨大学学报（自然科学版）；70. 机械工程学报（英文版）；71. 家用电器；72. 建筑安全；73. 江苏农业学报；74. 结构化学；75. 科技成果纵横；76. 科技管理研究；77. 科学；78. 课堂内外（初中版）；79. 课堂内外（高中版）；80. 林业科技通讯；81. 临床耳鼻咽喉科杂志；82. 临床检验杂志；83. 煤田地质与勘探；84. 摩托车技术；85. 内蒙古公路与运输；86. 南京林业大学学报；87. 南京农业大学学报；88. 宁夏医学杂志；89. 农家顾问；90. 暖通空调；91. 燃料化学学报；92. 热能动力工程；93. 人工晶体学报；94. 上海农业学报；95. 石油化工设备技术；96. 石油化工自动化；97. 石油与天然气地质；98. 实用癌症杂志；99. 实用老年医学；100. 实用美容整形外

科杂志；101. 食品与发酵工业；102. 首都医科大学学报；103. 数理化学习（高中版）；104. 水泥；105. 铁道车辆；106. 涂料工业；107. 武汉大学学报（自然科学版）；108. 厦门大学学报（自然科学版）；109. 新中医；110. 宇航计测技术；111. 云南植物研究；112. 杂交水稻；113. 植物生理学报；114. 植物资源与环境学报；115. 中国茶叶；116. 中国地震；117. 中国给水排水；118. 中国环境科学；119. 中国矿业大学学报；120. 中国煤炭；121. 中国乳品工业；122. 中国生化药物杂志；123. 中国实用儿科杂志；124. 中国实用内科杂志；125. 中国铁路；126. 中国心脏起搏与心电生理杂志；127. 中国医药工业杂志；128. 中国油脂；129. 中华病理学杂志；130. 中国耳鼻咽喉科杂志；131. 中华口腔医学杂志；132. 中华微生物学和免疫学杂志；133. 中学科技；134. 中学数学教学；135. 重型机械；136. 祝您健康；137. 编辑学报；138. 电镀与环保；139. 电工技术；140. 电气时代；141. 东北林业大学学报；142. 动物学杂志；143. 干旱地区农业研究；144. 钢铁研究学报；145. 国外金属矿山；146. 哈尔滨医科大学学报；147. 合成纤维工业；148. 化学试剂；149. 机械工艺师；150. 家用电器科技；151. 健康；152. 林产工业；153. 农村科学实验；154. 汽车电器；155. 强激光与粒子束；156. 燃料与化工；157. 热带作物学报；158. 人民珠江；159. 山东农业大学学报；160. 武警医学；161. 世界农业；162. 台湾海峡；163. 微生物学通报；164. 微型计算机；165. 西安电子科技大学学报；166. 西北大学学报；167. 现代生活用品；168. 岩矿测试；169. 应用生态学报；170. 应用数学学报；171. 营养学报；172. 园艺学报；173. 中国电机工程学报；174. 中国建材；175. 中国林业文摘；176. 中国食用菌；177. 中国养蜂；178. 中国医刊；179. 中华核医学杂志；180. 中华眼科杂志；181. 中医药学报；182. 种子；183. 种子世界；184. IT 经理世界；185. Pedosphere（土壤圈）；186. 安徽决策咨询；187. 宝鸡文理学院学报；188. 保健与生活；189. 北方交通大学学报；190. 北京工业大学学报；191. 北京农业；192. 变压器；193. 冰川冻土；194. 材料热处理学报；195. 材料研究学报；196. 测井技术；197. 车主之友；198. 城市规划；199. 城市环境与城市生态；200. 大气科学；201. 大庆石油地质与开发；202. 大众软件；203. 代数集刊（英文版）；204. 当代农业；205. 导弹与

航天运载技术；206. 地壳形变与地震；207. 地球化学；208. 地球科学进展；209. 地学前缘；210. 地震；211. 地震工程与工程振动；212. 电测与仪表；213. 电世界；214. 电子产品世界；215. 东北师大学报（自然科学版）；216. 动物学研究；217. 发光学报；218. 福建建设科技；219. 甘肃科技；220. 钢管；221. 钢结构；222. 高电压技术；223. 高分子材料科学与工程；224. 高校化学工程学报；225. 高压物理学报；226. 高原气象；227. 工业工程与管理；228. 工业水处理；229. 功能材料；230. 古脊椎动物学报；231. 固体电子学研究与进展；232. 光电子·激光；233. 广东电力；234. 广东农业科学；235. 广西科学；236. 广西农业生物科学；237. 广西师范大学学报（自然科学版）；238. 广西医科大学学报；239. 广西植物；240. 广州中医药大学学报；241. 国外医学－心血管疾病分册；242. 国外油田工程；243. 过程工程学报；244. 哈尔滨工程大学学报；245. 哈尔滨工业大学学报；246. 海河水利；247. 海南大学学报（自然科学版）；248. 海洋地质与第四纪地质；249. 合肥工业大学学报（自然科学版）；250. 合作经济与科技；251. 河北大学学报；252. 河海大学学报（自然科学版）；253. 河南农业科学；254. 核技术；255. 湖泊科学；256. 护理研究；257. 华北工学院学报；258. 华东理工大学学报；259. 华南理工大学学报（自然科学版）；260. 华西药学杂志；261. 华中科技大学学报；262. 华中师范大学学报（自然科学版）；263. 化工进展；264. 化工学报；265. 环境；266. 环境工程；267. 火警；268. 机电信息；269. 机械工程师；270. 机械工人（热加工）；271. 机械设计与制造；272. 激光杂志；273. 计量技术；274. 计算机辅助设计与制造；275. 计算机工程与应用；276. 计算机集成制造系统－CIMS；277. 计算机科学；278. 计算机学报；279. 计算机研究与发展；280. 计算机应用研究；281. 计算机与应用化学；282. 计算力学学报；283. 计算数学（英文版）；284. 继电器；285. 暨南大学学报（自然科学版）；286. 家具；287. 家庭美容健身；288. 建筑机械；289. 建筑技术通讯给水排水；290. 建筑结构；291. 建筑施工；292. 健康与美容；293. 舰船科学技术；294. 交通与运输；295. 科技潮；296. 科学世界；297. 空间科学学报；298. 矿冶工程；299. 昆虫分类学报；300. 理化检验—化学分册；301. 力学进展；302. 辽宁大学学报（自然科学版）；303.

辽宁师范大学学报（自然科学版）；304. 辽宁中医杂志；305. 林产化学与工业；306. 临床荟萃；307. 临床与实验病理学杂志；308. 落叶果树；309. 煤炭转化；310. 蜜蜂杂志；311. 棉纺织技术；312. 模具工业；313. 膜科学与技术；314. 内蒙古农业科技；315. 内蒙古畜牧科学；316. 南方金属（原《南方钢铁》）；317. 南京大学学报（自然科学版）；318. 南京化工大学学报（自然科学版）；319. 南京医科大学学报；320. 南粤119；321. 南开大学学报（自然科学版）；322. 酿酒科技；323. 宁夏大学学报（自然科学版）；324. 农村电气化；325. 农家参谋；326. 农业机械学报；327. 农友；328. 齐鲁石油化工；329. 汽车维护与修理；330. 汽车与安全；331. 青岛大学医学院学报；332. 曲阜师范大学学报（自然科学版）；333. 燃烧科学与技术；334. 人民黄河；335. 日用化学品科学；336. 山东科技大学学报（自然科学版）；337. 山东师大学报（自然科学版）；338. 山东消防；339. 山东冶金；340. 山东中医杂志；341. 陕西师范大学学报（自然科学版）；342. 上海大学学报（自然科学版）；343. 上海第二医科大学学报；344. 上海消防；345. 少年科学；346. 声学学报；347. 石材；348. 实用放射学杂志；349. 实用妇产科杂志；350. 实用护理杂志；351. 实用影音技术；352. 食品科学；353. 食用菌；354. 世界林业研究；355. 兽类学报；356. 数学物理学报（英文版）；357. 水动力学研究与进展；358. 水利发展研究；359. 水利科技；360. 水生生物学报；361. 水土保持学报；362. 水文工程地质工程；363. 水运工程；364. 丝网印刷；365. 四川大学学报（自然科学版）；366. 四川师范大学学报（自然科学版）；367. 饲料工业；368. 太空探索；369. 太阳能学报；370. 太原理工大学学报；371. 体育科学；372. 天津大学学报（自然科学与工程技术版）；373. 天津体育学院学报；374. 天文学报；375. 铁道经济研究；376. 铁道通信信号；377. 铁道学报；378. 通信世界；379. 通讯世界；380. 微电子学；381. 卫生职业教育；382. 无机材料学报；383. 无锡轻工大学学报；384. 物理；385. 物理学报（海外版）；386. 物探与化探；387. 西安公路交通大学学报；388. 西安建筑科技大学学报；389. 西安交通大学学报；390. 西北电力技术；391. 西北农林科技大学学报（自然科学版）；392. 西北轻工业学院学报；393. 西部皮革；394. 西南交通大学学报；395. 西南师范大学学

报（自然科学版）；396. 系统科学与数学；397. 细胞研究（英文版）；398. 现代舰船；399. 心肺血管病杂志；400. 新技术新工艺；401. 新农村；402. 新型建筑材料；403. 新型炭材料；404. 学会；405. 亚洲男性学杂志（英文版）；406. 烟台师范学院学报（自然科学版）；407. 研究与发展管理；408. 眼视光学杂志；409. 扬州大学学报（自然科学版）；410. 遥感学报；411. 冶金设备；412. 液压与气动；413. 医学美学美容；414. 移动通信；415. 饮料研究；416. 应用化学；417. 应用科学学报；418. 应用数学和力学；419. 应用数学与力学（英文版）；420. 应用与环境生物学报；421. 影视技术；422. 邮电设计技术；423. 有机化学；424. 园林；425. 云南农业；426. 云南消防；427. 浙江大学学报（工学版）；428. 浙江大学学报（农业与生命科学版）；429. 浙江农业科学；430. 浙江医学；431. 郑州工程学院学报；432. 植物生态学报；433. 植物学通报；434. 制造业自动化；435. 质量跟踪；436. 中国标准化；437. 中国表面工程；438. 中国电力；440. 中国电梯；441. 中国公路学报；442. 中国海上油气（工程）；443. 中国化工信息；444. 中国化学工程学报（英文版）；445 中国化妆品；446. 中国计算机用户；447. 中国科技期刊研究；448. 中国矿业；449. 中国临床医生；450. 中国临床医学影像杂志；451. 中国锰业；452. 中国免疫学杂志；453. 中国耐火材料（英文版）；454. 中国农业大学学报；455. 中国皮肤性病学杂志；456. 中国人兽共患病杂志；457. 中国软科学；458. 中国沙漠；459. 中国神经精神疾病杂志；460. 中国生态农业学报；461. 中国实用妇科与产科杂志；462. 中国实用外科杂志；463. 中国数学文摘；464. 中国塑料；465. 中国糖尿病杂志；466. 中国铁道科学；467. 中国消防；468. 中国新药杂志；469. 中国学校卫生；470. 中国岩溶；471. 中国药房；472. 中国仪器仪表；473. 中国有线电视；474. 中国质量技术监督；475. 中国综合临床；476. 中华创伤杂志；477. 中华儿科杂志；478. 中华放射学杂志；479. 中华肝脏病杂志；480. 中华骨科；481. 中华检验医学杂志；482. 中华结核和呼吸杂志；483 中华老年医学杂志；484. 中华实验和临床病毒学杂志；485. 中华心血管病杂志；486. 中华血液学杂志；487. 中华预防医学杂志；488. 中山大学学报；489. 肿瘤防治杂志；490. 重庆大学学报（自然科学版）；491. 作物学报；492. 水处理技术；493. 骨与关

节损伤杂志；494. 稀土学报（英文版）；495. 热带海洋学报；496. 干旱区地理（维文版）；497. 传染病信息；498. 海军工程大学学报；499. 海军总医院学报；500. 空军工程大学学报（自然科学版）；501. 国防科技大学学报；502. 解放军健康；503. 武警工程学院学报；504. 临床误诊误治；505. 中华男科学；506 上海服饰；507. 现代军事；508. 政工学刊；509. 东北后备军；510. 黄河民兵；511. 东海民兵；512. 基层生活；513. 民兵生活；514. 西南民兵；515. 橄榄绿；516. 前线；517. 支部生活；518. 学前教育；519. 首都师范大学学报（社科版）；520. 北京月讯；521. 东方少年；522. 大学英语；523. 北京观察；524. 中国特色社会主义研究；525. 北京社会科学；526. 资本市场；527. 北京房地产；528. 北京档案；529. 中小学管理；530. 体育博览；531. 职业女性；532. 北京电视；533. 宣传手册；534. 作文通讯；535. 长寿；536. 小学生作文；537. 中学生语数外；538. 八小时以外；539. 启蒙；540. 同学少年；541. 天津支部生活；542. 散文（海外版）；543. 中国漫画；544. 国画家；545. 大众投资指南；546. 天津中学生；547. 历史教学；548. 南开经济研究；549. 女士；550. 科学与生活；551. 家庭．育儿；552. 共产党员；553. 文史精华；554. 河北师范大学学报（哲社版）；555. 儿童大世界；556. 女子世界；557. 语文教学之友；558. 金融教学与研究；559. 老人世界；560. 河北党风；561. 21 世纪小学生作文；562. 河北教育；563. 河北税务；564. 河北财务；565. 小学生必读；566. 干部党员人才；567. 对联・民间对联故事；568. 语文教学通讯；569. 山西师大学报（社科版）；570. 前进；571. 编辑之友；572. 经济师；573. 今日山西；574. 童话大王；575. 法制博览；576. 小学生；577. 教学与管理；578. 影视圈；579. 民间传奇故事；580. 生活潮；581. 实践；582. 党的教育；583. 文物世界；584. 内蒙古社会科学（蒙文版）；585. 内蒙古大学学报；586. 中外妇女文摘；587. 婚姻与家庭（蒙文版）；588. 内蒙古妇女（蒙文版）；589. 潮洛蒙（蒙文版）；590. 花的原野（蒙文版）；591. 时代风纪；592. 理论与实践；593. 妇女；594. 北方经济；595. 社会科学辑刊；596. 党建文汇；597. 中国图书评论；598. 法制与文明；599. 当代作家评论；600. 当代工人；601. 辽宁教育；602. 党员特刊；603. 党政干部学刊；604. 党风月报；605. 美苑；606. 小学生优秀作文；

607. 财经问题研究；608. 大众生活；609. 精神文明建设；610. 电影世界；611. 党建经纬；612. 美术大观；613. 初中数语外辅导；614. 长白山（朝鲜文版）；615. 法制天地；616. 职业技术教育；617. 杂文选刊；618. 英语通；619. 党员之友；620. 浪淘沙；621. 社会科学战线；622. 幽默与笑话；623. 做人与处世；624. 新长征；625. 作家；626. 民间故事；627. 奋斗；628. 明鉴；629. 退休生活；630. 东西南北；631. 当代体育；632. 男生女生；633. 新青年；634. 妇女之友；635. 北方论丛；636. 当代歌坛；637. 外语天地；638. 西伯利亚研究；639. 书法赏评；640. 学理论；641. 生活月刊；642. 初中生学习；643. 学术交流；644. 中国医院管理；645. 章回小说；646. 北方文学；647. 剧作家；648. 求是学刊；649. 小学生作文向导；650. 百家作文指导；651. 满语研究；652. 理论探讨；653. 当代陕西；654. 北方人；655. 当代青年；656. 家庭之友；657. 考古与文物；658. 西北大学学报；659. 税收与社会；660. 体育世界；661. 机关党的工作；662. 党风与廉政；663. 人文杂志；664. 少年月刊；665. 唐都学刊；666. 党的建设；667. 西北师大学报；668. 党风通讯；669. 丝绸之路；670. 现代妇女；671. 视野；672. 读者（乡村版）；673. 宁夏社会科学；674. 宁夏教育；675. 回族研究；676. 宁夏大学学报（社科版）；677. 朔方；678. 章恰尔（藏文版）；679. 新疆支部生活（汉文版）；680. 兵团建设；681. 西域研究；682. 法治纵横（汉文版）；683. 当代传播（汉文版）；684. 新疆宣传（汉文版）；685. 伴侣；686. 新疆税务（汉文版）；687. 新疆文化（维文版）；688. 新疆大学学报（维文版）；689. 少年科学（哈文版）；690. 人与社会；691. 边防生活；692. 丝路游；693. 西部；694. 绿洲；695. 塔里木花朵（维文版）；696. 新疆青年（维文版）；697. 美拉斯（维文版）；698. 新疆社会科学（维文版）；699. 改革；700. 上海支部生活；701. 毛泽东邓小平理论研究；702. 高等学校文科学报文摘；703. 为了孩子；704. 社会科学；705. 儿童时代；706. 看图说话；707. 少女；708. 交际与口才；709. 好儿童画报；710. 人民警察；711. 上海宣传通讯；712. 新民周刊；713. 小学数学教师；714. 小学语文教师；715. 咬文嚼字；716. 萌芽；717. 上海故事；718. 东方剑；719. 书法；720. 艺术世界；721. 上海电视；722. 上海画报；723. 中外书摘；724. 世界时装之苑；

725. 娃娃画报；726. 班组工作与生活；727. 法苑；728. 检察风云；729. 清风月刊；730. 上海托幼；731. 图书馆杂志；732. 东南文化；733. 党的生活；734. 江苏经济；735. 苏州杂志；736. 全国中学优秀作文选；737. 南京社会科学；738. 南京师范大学学报；739. 扬州大学学报（社科版）；740. 早期教育；741. 江苏高教；742. 群众；743. 档案与建设；744. 雨花；745. 儿童故事画报；746. 东方娃娃；747. 书与人；748. 畅销书摘；749. 莫愁；750. 婚育之友；751. 唯实；752. 少年文艺；753. 清风苑；754. 浙江社会科学；755. 浙江金融；756. 情系中华；757. 农村经济导刊；758. 浙江经济；759. 江南警界；760. 家庭教育；761. 今日浙江；762. 风景名胜；763. 时代先锋；764. 今日青年；765. 婴儿世界；766. 小学生时代；767. 幼儿教育；768. 英语画刊（初中版）；769. 幼儿故事大王；770. 小学生导读；771. 党员生活；772. 少年博览；773. 警探；774. 江淮风纪；775. 课外生活；776. 安徽工商；777. 安徽税务；778. 法制导刊；779. 江淮论坛；780. 清明；781. 东南学术；782. 福建论坛（经济版）；783. 福建画报；784. 宣传半月刊；785. 文明大观；786. 台湾研究集刊；787. 生活创造；788. 福建文学；789. 海峡；790. 福建支部生活；791. 福建教育；792. 福建师范大学学报（哲社版）；793. 福建省委党校学报；794. 小星星；795. 大灰狼画报；796. 小猕猴智力画刊；797. 小猕猴学习画刊；798. 知识窗；799. 家庭百事通；800. 英语辅导；801. 房地产世界；802. 百姓之家；803. 江西社会科学；804. 当代财经；805. 南昌大学学报（社科版）；806. 江西通讯；807. 江西党建；808. 党风廉政月刊；809. 学习与宣传；810. 教师博览；811. 小学生之友；812. 支部生活；813. 孔子研究；814. 祝你幸福；815. 东岳论丛；816. 红蕾；817. 时代文学；818. 大众法制；819. 明镜月刊；820. 读报参考；821. 走向世界；822. 少年天地；823. 当代小学生；824. 销售与市场；825. 领导科学；826. 人生与伴侣；827. 党的生活；828. 散文选刊；829. 法制世界；830. 中州学刊；831. 漫画月刊；832. 小学生作文选刊；833. 郑州大学学报；834. 史学月刊；835. 莽原；836. 寻根；837. 幼儿智力开发画报；838. 华夏考古；839. 小学青年教师；840. 故事家；841. 中学生阅读（高中版）；842. 中学生阅读（初中版）；843. 时代青年；844. 作文；845. 流行歌曲；846. 中学英语天

地（高中版）；847. 故事世界；848. 美与时代；849. 党员生活；850. 学习与实践；851. 江汉论坛；852. 湖北大学学报（哲社版）；853. 湖北教育；854. 长江文艺；855. 爱情婚姻家庭；856. 幸福；857. 武汉宣传；858. 班主任之友；859. 湖北财税；860. 读与写；861. 领导工作研究；862. 湖北社会科学；863. 少年世界；864. 警笛；865. 纳税人；866. 理论月刊；867. 财会月刊；868. 当代老年；869. 党史天地；870. 世纪行；871. 政策；872. 楚天主人；873. 楚天风纪；874. 少儿书画；875. 成功；876. 英语广场；877. 学习导报；878. 求索；879. 湖南师大学报（社科版）；880. 湘潭大学学报（社科版）；881. 当代警察；882. 散文诗；883. 初中生；884. 中学生百科；885. 小学生导刊；886. 创作；887. 人之初；888. 学术研究；889. 特区理论与实践；890. 花城；891. 作品；892. 特区文学；893. 语文月刊；894. 少先队员；895. 香港风情；896. 法制；897. 涉外税务；898. 证券市场导报；899. 华南师范大学学报；900. 文明导报；901. 广州党的生活；902. 广东第二课堂；903. 潇洒；904. 女报；905. 希望；906. 新周刊；907. 红树林；908. 现代外语；909. 经理人；910. 看世界；911. 广西支部生活；912. 广西党建；913. 广西理论学习；914. 领导广角；915. 中外少年；916. 广西工作；917. 学术论坛；918. 出版广角；919. 广西画报；920. 金色年华；921. 儿童创造；922. 桂海论坛；923. 广西民族学院学报（哲社版）；924. 西南航空；；925. 广西大学学报（哲社版）；926. 南方文坛；927. 广西师范大学学报（哲学社会科学版）；928. 改革与战略；929. 广西经济；930. 服饰文化；931. 天涯；932. 环球体育；933. 海南师范学院学报；934. 今日海南；935. 当代党员；936. 公民导刊；937. 党风廉政；938. 商界；939. 企业文明；940. 探索；941. 重庆商学院学报；942. 社会科学研究；943. 经济学家；944. 四川党的建设（农村版）；945. 党风党纪月刊；946. 四川文学；947. 四川教育；948. 先锋；949. 四川画报；950. 生活之友；951. 警苑；952. 星星；953. 分忧；954. 红领巾；955. 少年时代；956. 西部旅游；957. 金税；958. 今日中学生；959. 中国西部；960. 西南金融；961. 新闻界；962. 课堂内外（小学版）963. 电视研究；964. 文史杂志；965. 晚霞；966. 花溪；967. 电影评介；968. 音乐时空；969. 山花；970. 贵州党的生活；971. 党建交流；972. 当

代贵州；973. 云南教育；974. 今日民族；975. 云南师范大学学报（哲社版）；976. 经济问题探索；977. 思想战线；978. 云南社会科学；979. 云南支部生活；980. 时代风采；981. 女性大世界；982. 车与人；983. 边疆文学；984. 西藏民俗；985. 宏观经济管理；986. 宏观经济研究；987. 中国投资；988. 人生；989. 世界知识画报；990. 英语沙龙；991. 人民公安；992. 国家安全通讯；993. 现代国际关系；994. 中国监察；995. 中国人才；996. 中国审计；997. 法律与生活；998. 金剑；999. 中国律师；1000. 中国司法；1001. 中国社会保障；1002. 建筑；1003. 城乡建设；1004. 学电脑；1005. 中国土地；1006. 中国图书馆学报；1007. 中国京剧；1008. 文艺理论与批评；1009. 中外文化交流；1010. 中国道路运输；1011. 中国公路；1012. 工商行政管理；1013. 现代广告；1014. 中国消费者；1015. 中国电视；1016. 当代电影；1017. 中国广播；1018. 中国档案；1019. 历史档案；1020. 中国烹饪；1021. 中国机电工业；1022. 环球；1023. 中国记者；1024. 东欧中亚研究；1025. 文学遗产；1026. 中国语文；1027. 今日中国（英文版）；1028. 人民画报（中文版）；1029. 当代世界；1030. 当代世界与社会主义；1031. 中国统一战线；1032. 中国西藏；1033. 群言；1034. 中国机构；1035. 书摘；1036. 三月风；1037. 中国残疾人；1038. 农村青年；1039. 青年文学；1040. 追求；1041. 中国青年政治学院学报；1042. 中国对外贸易；1043. 国际石油经济；1044. 当代电视；1045. 环球银幕画刊；1046. 中国摄影；1047. 大众摄影；1048. 学与玩；1049. 父母世界；1050. 农家女；1051. 世界妇女博览；1052. 中华家教；1053. 中国供销合作经济；1054. 围棋天地；1055. 中国钓鱼；1056. 健与美；1057. 中国质量认证；1058. 中国海关；1059. 新华月报；1060. 三联生活周刊；1061. 爱乐；1062. 小百科；1063. 连环画报；1064. 漫画大王；1065. 少年漫画；1066. 荣宝斋；1067. 文史知识；1068. 中华活页文选（高中版）；1069. 全球教育展望；1070. 中国出版；1071. 中国宗教；1072. 中国花卉园艺；1073. 紫光阁；1074. 国际人才交流；1075. 中国社会导刊；1076. 保密工作；1077. 中外生活广场；1078. 中国高等教育；1079. 学位与研究生教育；1080. 思想理论教育导刊；1081. 语言文字应用；1082. 高校理论战线；1083. 中国远程教育；1084. 中国考试；1085. 国外文学；1086. 经

济科学；1087. 中外法学；1088. 法学家；1089. 清史研究；1090. 人口研究；1091. 北京师范大学学报（社会科学版）；1092. 思想政治课教学；1093. 中小学外语教学；1094. 史学史研究；1095. 外语教学与研究；1096. 著作权；1097. 世界美术；1098. 国际贸易问题；1099. 语言教学与研究；1100. 周易研究；1101. 复旦学报（哲社版）；1102. 外国语；1103. 财经研究；1104. 俄罗斯研究；1105. 南京大学学报（哲社版）；1106. 厦门大学学报（哲社版）；1107. 吉林大学社会科学学报；1108. 中小学教师培训；1109. 当代经济科学；1110. 经济学家；1111. 四川大学学报（哲社版）；1112. 武汉大学学报（哲社版）；1113. 经济评论；1114. 写作；1115. 法学评论；1116. 华中师范大学学报（哲社版）；1117. 南开学报；1118. 当代社会主义；1119. 东北亚论坛；1120. 陕西师范大学学报（哲社版）；1121. 哲学研究；1122. 中国法学；1123. 中国广播电视学刊；1124. 幼儿画报；1125. 中国翻译；1126. 纵横；1127. 人民司法；1128. 中山大学学报社会（科学版）；1129. 华东师范大学学报（哲学社科版）；1130. 东北师大学报哲学（社科版）；1131. 西南师大学报哲学（社科版）；1132. 浙江大学学报人文（社科版）；1133. 教育研究；1134. 中国高教研究；1135. 军营文化天地；1136. 中国民兵；1137. 军事记者；1138. 军事史林；1139. 南京政治学院学报；1140. 军事历史研究；1141. 政工导刊；1142. 政工研究文摘；1143. 幼教博览；1144. 神剑；1145 语文研究；1146. 理论导刊；1147. 江苏社会科学；1148. 舞台与人生；1149. 人民中国（日文版）；1150. 百事通；1151. 中国船检；1152. 内蒙古师大学报；1153. 中学英语天地（初中版）；1154. 教学与研究。

新中国60年有影响力的期刊名单

（2009年，中国期刊协会、中国出版科学研究所，161种）

社科期刊（101种）

1. 求是；2. VOGUE服饰与美容；3. 人民文学；4. 人民画报；5. 人民

音乐；6. 人民教育；7. 儿童漫画；8. 八小时以外；9. 十月；10. 三联生活周刊；11. 大众电影；12. 女友；13. 小学生之友；14. 小朋友；15. 小说月报；16. 山东画报；17. 山海经；18. 中共党史研究；19. 中国人民大学学报；20. 中国妇女；21. 中国国家地理；22. 中国青年；23. 中国摄影；24. 中国新闻周刊；25. 中学生；26. 中篇小说选刊；27. 今古传奇；28. 历史研究；29. 少年文艺；30. 文史知识；31. 文史哲；32. 文学评论；33. 文物；34. 父母必读；；35. 世界时装之苑；36. 世界知识；37. 北京大学学报（哲学社会科学版）；38. 北京周报；39. 半月谈；40. 幼儿画报；41. 龙门阵；42. 共产党员；43. 农民文摘；44. 妇女生活；45. 当代；46. 当代贵州；47. 收获；48. 收藏；49. 江海学刊；50. 百科知识；51. 老人世界；52. 考古；53. 西藏研究；54. 时尚芭莎；55. 译林；56. 足球俱乐部；57. 连环画报；58. 学术月刊；59. 知音；60. 经济研究；61. 英语世界；62. 诗刊；63. 青年文摘；64. 前线；65. 南方；66. 南风窗；67. 南京大学学报（哲学·人文科学·社会科学）；68. 咬文嚼字；69. 复旦学报（社会科学版）；70. 故事会；71. 神州学人；72. 科幻世界；73. 美术；74. 草原；75. 荣宝斋；76. 党员文摘；77. 党建；78. 党建研究；79. 家庭；80. 海峡通讯；81. 朔方；82. 格言；83. 特别关注；84. 读书；85. 读者；86. 商界；87. 理论动态；88. 章恰尔（藏文）；89. 萌芽；90. 散文；91. 编辑之友；92. 装饰；93. 销售与市场；94. 新华文摘；95. 新华月报；96. 新体育；97. 瑞丽；98. 解放军文艺；99. 解放军画报；100. 演讲与口才；101. 瞭望。

科技类期刊（60 种）

1. 奥秘；2. Cell Research；3. 人民军医；4. 大众医学；5. 工业建筑；6. 工程塑料应用；7. 中华外科杂志；8. 中华医学杂志；9. 中华医学杂志（英文版）；10. 中医杂志；11. 中国农业科学；12. 中国有色金属学报；13. 中国机械工程；14. 中国物理快报（英文版）；15. 中国科学；16. 中国药学杂志；17. 中国药理学报（英文版）；18. 中草药；19. 分析化学；20. 少年科学画报；21. 水利学报；22. 北京大学学报（自然科学版）；23. 北京师范大学学报（自然科学版）；24. 生态学报；25. 生理学报；26. 电

力系统自动化；27. 电子技术应用；28. 石油地球物理勘探；29. 石油炼制与化工；30. 农村百事通；31. 地质学报（英文版）；32. 地球物理学报；33. 地球科学—中国地质大学学报；34. 机械工程学报；35. 自动化学报；36. 作物学报；37. 兵器知识；38. 园艺学报；39. 材料保护；40. 汽车与驾驶维修；41. 林业科学；42. 物理学报；43. 环境科学；44. 现代化工；45. 知识就是力量；46. 金属学报；47. 科学；48. 科学画报；49. 科学通报；50. 家庭医生；51. 海洋与湖沼；52. 特种铸造及有色合金；53. 航空知识；54. 舰船知识；55. 高等学校化学学报；56. 清华大学学报（自然科学版）；57. 第四军医大学学报；58. 植物学报（英文版）；59. 数学学报（英文版）；60. 煤炭学报。

注：上述名单排序，除注明之外则按公布为序。

2013 年百强期刊名单

（2013 年，国家新闻出版广电总局，200 种）

社科期刊（100 种）

1. 装饰；2. 文物；3. 考古；4. 党建研究；5. 党的文献；6. 时事报告；7. 人民画报；8. 中共党史研究；9. 中国政协；10. 人民司法；11. 中国法学；12. 中国妇女；13. 中国监察；14. 长安；15. 人民论坛；16. 瞭望；17. 半月谈；18. 中国新闻周刊；19. 青年文摘；20. 地图；21. 乡镇论坛；22. 能源评论；23. 美术；24. 民族画报；25. 中国税务；26. 中国金融；27. 中国社会保障；28. 今日中国（西文版）；29. 中国社会科学；30. 经济研究；31. 清华大学学报（哲学社会科学版）；32. 历史研究；33. 中国人民大学学报；34. 法学研究；35. 北京师范大学学报（社会科学版）；36. 文学评论；37. 北京大学学报（哲学社会科学版）；38. 管理世界；39. 哲学研究；40. 中国语文；41. 马克思主义研究；42. 民族研究；43. 幼儿画报；44. 三联生活周刊；45. 人民文学；46. 新华文摘；47. 大众摄影；48. 当代；49. 财经国家周刊；50. 中国企业家；51. 农民文摘；52. 中国书法；53. 环球人物；54. 瑞丽；55. 时尚；56. 父母必读；57. 天

津社会科学；58. 南开管理评论；59. 小说月报；60. 共产党员；61. 吉林大学社会科学学报；62. 社会科学战线；63. 意林；64. 党的生活（黑龙江）；65. 学习与探索；66. 格言；67. 复旦学报（社会科学版）；68. 学术月刊；69. 社会；70. 故事会；71. 收获；72. 咬文嚼字；73. 南京大学学报（人文社科版）；74. 江苏社会科学；75. 浙江大学学报（人文社会科学版）；76. 当代财经；77. 文史哲；78. 老人春秋；79. 华中师范大学学报（人文社会科学版）；80. 湖北大学学报（哲学社会科学版）；81. 妇女生活；82. 知音漫客；83. 特别关注；84. 湖南大学学报（社科版）；85. 新湘评论；86. 南方；87. 学术研究；88. 中山大学学报（社科版）；89. 党员文摘；90. 广西民族大学学报（哲学社会科学版）；91. 少年文摘；92. 改革；93. 社会科学研究；94. 当代贵州；95. 漫画派对；96. 甘肃社会科学；97. 读者；98. 当代海军；99. 中国军事科学；100. 世界军事。

科技期刊（100 种）

1. 科学通报；2. 植物学报（英文版）；3. 物理学报；4. 遗传学报（英文版）；5. 地球物理学报；6. 自动化学报；7. 天文和天体物理学研究（英文版）；8. 软件学报；9. 环境科学学报（英文版）；10. 计算数学（英文版）；11. 中国科学：化学（英文版）；12. 中国物理 B（英文版）；13. 中华医学杂志（英文版）；14. 地质学报（英文版）；15. 作物学报；16. 机械工程学报；17. 中华儿科杂志；18. 化工学报；19. 药学学报；20. 林业科学；21. 地震学报；22. 中国中药杂志；23. 仪器仪表学报；24. 纳米研究（英文版）；25. 清华大学学报（自然科学版）；26. 中国农业科学；27. 矿物冶金与材料学报（英文版）；28. 中医杂志；29. 食品科学；30. 中国艾滋病性病；31. 生物医学与环境科学；32. 中国水产科学；33. 气象学报；34. IT 经理世界；35. 煤炭科学技术；36. 金属热处理；37. 现代制造；38. 中国蔬菜；39. 交通建设与管理；40. 暖通空调；41. 中国皮革；42. 中国标准化；43. 工业建筑；44. 中国地质；45. 计算机工程与应用；46. 中国科学基金；47. 劳动保护；48. 稀有金属（英文版）；49. 中国煤炭；50. 环境保护；51. 电视技术；52. 中国国家地理；53. 车主之友；54. 舰船知识；55. 中草药；56. 中国危重病急救医学；57. 中国给水排水；

58. 石油地球物理勘探；59. 新型炭材料；60. 日用化学品科学；61. 金属学报；62. 新农业；63. 中国实用外科杂志；64. 铸造；65. 高等学校化学学报；66. 管理科学；67. 中国药理学报（英文版）；68. 化学学报；69. 细胞研究（Cell Research）；70. 无机材料学报；71. 同济大学学报（自然科学版）；72. 低压电器；73. 分子植物（Molecular Plant）；74. 印染；75. 中国激光；76. 大众医学；77. 家庭用药；78. 土壤圈（英文版）；79. 电力系统自动化；80. 中国天然药物；81. 浙江大学学报（英文版）A 辑；82. 中国水稻科学；83. 中国药理学通报；84. 金属矿山；85. 保健与生活；86. 农村百事通；87. 地球科学－中国地质大学学报；88. 中国机械工程；89. 数学物理学报（英文版）；90. 岩石力学与工程学报；91. 长江蔬菜；92. 中国有色金属学报；93. 科学启蒙；94. 农村新技术；95. 国际口腔科学杂志（英文版）；96. 天然气工业；97. 稀有金属材料与工程；98. 西北植物学报；99. 中国公路学报；100. 解放军医学杂志。

注：名单排序不分先后。

2015 年百强期刊名单

（2015 年，国家新闻出版广电总局，200 种）

社科期刊（100 种）

1. 求是；2. 时事报告；3. 党建；4. 党建研究；5. 半月谈；6. 瞭望；7. 党的文献；8. 中国纪检监察；9. 紫光阁；10. 中共党史研究；11. 中国政协；12. 中国人民大学学报；13. 幼儿画报；14. 儿童文学；15. 青年文摘；16. 军队党的生活；17. 民族文学；18. 大众摄影；19. 美术；20. 中国书法；21. 中国审判；22. 中国社会保障；23. 乡镇论坛；24. 农村工作通讯；25. 中国审计；26. 北京周报（英文版）；27. 中国金融；28. 瑞丽；29. 啄木鸟；30. 集邮；31. 三联生活周刊；32. 当代；33. 文史知识；34. 中国新闻周刊；35. 中国税务；36. 时尚；37. 党员文摘；38. 共产党员（辽宁）；39. 党的生活（黑龙江）；40. 当代贵州；41. 南方；42. 领导文

萃；43. 小说月报；44. 收获；45. 故事会；46. 咬文嚼字；47. 第一财经周刊；48. 女友（家园版）；49. 党员干部之友；50. 山东画报；51. 少年文摘；52. 足球周刊；53. 新湘评论；54. 知音；55. 特别关注；56. 政治指导员；57. 家庭；58. 东方娃娃；59. 读者；60. 父母必读；61. 文艺研究；62. 思想理论教育导刊；63. 重庆大学学报（社会科学版）；64. 复旦学报（社会科学版）；65. 华中师范大学学报（人文社会科学版）；66. 财经研究；67. 浙江大学学报（人文社会科学版）；68. 文史哲；69. 南京大学学报（哲学·人文科学·社会科学）；70. 法商研究；71. 吉林大学社会科学学报；72. 武汉大学学报（哲学社会科学版）；73. 中山大学学报（社会科学版）；74. 中国社会科学；75. 考古；76. 经济研究；77. 历史研究；78. 社会学研究；79. 世界经济与政治；80. 马克思主义研究；81. 新闻与传播研究；82. 哲学研究；83. 世界宗教研究；84. 中国法学；85. 管理世界；86. 新华文摘；87. 统计研究；88. 天津社会科学；89. 社会科学研究；90. 学术月刊；91. 社会；92. 编辑之友；93. 江苏社会科学；94. 江海学刊；95. 社会科学战线；96. 史学月刊；97. 广西民族大学学报（哲学社会科学版）；98. 学术研究；99. 敦煌研究；100. 改革。

科技期刊（100 种）

1. 细胞研究（英文版）；2. 中国物理 B（英文版）；3. 科学通报；4. 化学学报；5. 自动化学报；6. 冰川冻土；7. 中国科学：数学（英文版）；8. 软件学报；9. 大气科学进展（英文版）；10. 中国激光；11. 无机材料学报；12. 土壤圈（英文版）；13. 天文和天体物理学研究；14. 植物学报（英文版）；15. 分子植物（英文版）；16. 整合动物学（英文版）；17. 动物学研究（英文版）；18. 环境科学学报（英文版）；19. 光：科学与应用（英文版）；20. 中国国家地理；21. 科学世界；22. 家庭用药；23. 稀有金属材料与工程；24. 农业工程学报；25. 化工学报；26. 金属学报；27. 中华耳鼻咽喉头颈外科杂志；28. 物理化学学报；29. 中华皮肤科杂志；30. 中华肝脏病杂志；31. 中国中西医结合杂志；32. 水产学报；33. 水利学报；34. 中国机械工程；35. 中国药理学通报；36. 作物学报；37. 中国药理学报（英文版）；38. 中国公路学报；39. 力学学报（英文版）；40. 地

质学报（英文版）；41. 草业学报；42. 纳米研究（英文版）；43. 清华大学学报（自然科学版）；44. 航空知识；45. 浙江大学学报（英文版）A辑；46. 西北植物学报；47. 山东大学学报（理学版）；48. 国际口腔科学杂志（英文版）；49. 矿物冶金与材料学报（英文版）；50. 石油科学（英文版）；51. 蛋白质与细胞（英文版）；52. 中国医刊；53. 华中科技大学学报（自然科学版）；54. 城市规划；55. 中国矿业大学学报（自然科学版）；56. 暖通空调；57. 中国天然药物（英文）；58. 劳动保护；59. 中国医学科学院学报；60. 建筑经济；61. 中国神经再生研究（英文版）；62. 土木工程学报；63. 中华危重病急救医学；64. 中国水利；65. 中国计划生育学杂志；66. 中国水稻科学；67. 中国交通信息化；68. 环境保护；69. 中国计量；70. 中国检验检疫；71. 中国发明与专利；72. 中国新药杂志；73. 电力系统自动化；74. 电网技术；75. 保密科学技术；76. 我们爱科学；77. 中国有色金属；78. 石油地球物理勘探；79. 天然气工业；80. 日用化学工业；81. 气象学报；82. 金属加工（冷加工）；83. 金属热处理；84. 推进技术；85. 工业建筑；86. 纺织导报；87. 土木建筑与环境工程；88. 舰船知识；89. 农村百事通；90. 长江蔬菜；91. 运动与健康科学（英文版）；92. 铸造；93. 应用数学和力学（英文版）；94. 科学画报；95. 印染；96. 新疆农垦科技；97. 建筑技术；98. 少年科学画报；99. 保健与生活；100. 科学启蒙。

注：名单排序不分先后。

首届“韬奋出版奖”获奖名单

（1987 年 9 月，中国出版工作者协会，1 名期刊工作者）

沈肇熙　人民邮电出版社编审（创办并主编《无线电》杂志，任《电信科学》主编）

第二届“韬奋出版奖”获奖名单

（1990 年 11 月，中国出版工作者协会，1 名期刊工作者）

申　非　农业出版社编审（先后参加编辑《世界农业》《农村画报》等期刊）

第三届“韬奋出版奖”获奖名单

（1993 年 5 月，中国出版工作者协会，1 名期刊工作者）

曹辛之　人民美术出版社编审（曾与人合办《平话》《中国新诗》等期刊）

第四届“韬奋出版奖”获奖名单

（1995 年 11 月，中国出版工作者协会，4 名期刊工作者）

黎章民　人民音乐出版社原社长兼总编辑（曾编辑《人民音乐》等刊，任《音乐译文》主编）

马守良 浙江省出版工作者协会主席（曾负责《浙江学刊》，创办《政工师》）

蔡盛林 农业出版社社长兼总编辑（曾任《中国农业科学》编辑室副主任）

徐柏容 百花文艺出版社原副社长（曾创办《散文》《小说月报》）

第五届“韬奋出版奖”获奖名单

（1997 年，中国出版工作者协会，3 名期刊工作者）

丁乃刚 中国科学杂志社社长

丁光生 上海药物杂志社主编

彭圣浩 建筑技术杂志社社长

第六届“韬奋出版奖”获奖名单

（2000 年 1 月，中国出版工作者协会，1 名期刊工作者）

徐春莲 家庭杂志社社长、总编辑

第七届“韬奋出版奖”获奖名单

（2002 年 1 月，中国出版工作者协会，1 名期刊工作者）

何承伟 上海文艺出版总社《故事会》编辑部主编

第八届“韬奋出版奖”获奖名单

（2003 年 12 月，中国出版工作者协会，2 名期刊工作者）

杨　潇　科幻世界杂志社社长兼总编辑

刘硕良　《人与自然》主编

第九届“韬奋出版奖”获奖名单

（2005 年 12 月，中国出版工作者协会，2 名期刊工作者）

彭长城　读者出版集团有限公司

游苏宁　中华医学会杂志社

第十届“韬奋出版奖”获奖名单

（2009 年 3 月，中国出版工作者协会，1 名期刊工作者）

韩作荣　《人民文学》杂志主编

第十一届“韬奋出版奖”获奖名单

（2011 年 12 月，中国出版协会，1 名期刊工作者）

孟祥琴　妇女生活杂志社总编辑

第十二届“韬奋出版奖”获奖名单

（2014 年 10 月，中国出版协会，1 名期刊工作者）

张晓楠　中国少年儿童新闻出版总社副总编辑、《幼儿画报》杂志社主编

首届中国出版政府奖优秀出版人物奖获奖名单

（2008 年 2 月，国家新闻出版总署，7 名期刊工作者）

韩湘景　中国妇女杂志社
胡文龙　军事学术杂志社
李栓科　中国国家地理杂志社
游苏宁　中华医学会杂志社
李小娟　黑龙江大学《求是学刊》
董海原　山西医药杂志社
何承伟　上海文艺出版总社

第二届中国出版政府奖优秀出版人物奖获奖名单

（2011 年 3 月，国家新闻出版总署，15 名期刊工作者）

王明亮　中国学术期刊（光盘版）电子杂志社、同方知网技术有限公司
胡勋璧　湖北知音传媒集团
朱玉祥　特别关注杂志社
赵宇飞　当代贵州杂志社

袁桂清 中华医学会杂志社
杨亚政 中国科学院力学研究所中国力学学会期刊社
任胜利 国家自然科学基金委员会杂志社、中国科学杂志社
刘东华 中国企业家杂志社
林建法 当代作家评论杂志社
李 彤 黑龙江格言杂志社有限公司
郭常英 河南大学《史学月刊》编辑部
王 晴 四川大学华西口腔医学院编辑部
张君颖 中国林学会《林业科学》编辑部
潘 伟 中华医学会《中华妇产科杂志》编辑部
罗 佳 北京瑞丽杂志社

中国出版荣誉纪念章

（2009 年 1 月，国家新闻出版总署，16 名期刊工作者）

何承伟 上海文艺出版总社
田振山 内蒙古教育杂志社
关秉达 老同志之友杂志社
刘成信 杂文选刊杂志社
李洪德 吉林科技出版社大众汽车杂志社
陈 明 哈尔滨文艺杂志社
郑俊海 温州医学院期刊社
胡宏文 湖南教育报刊社
赖济煌 黄金时代杂志社
陶文正 青年时代杂志社
胡亚权 读者出版集团有限公司
陈维养 中国中医科学院中国中西医结合杂志社
熊 伟 航空知识杂志社

钱寿初 中华医学杂志（英文版）
王茂华 求是杂志社
王 复 今日中国杂志社

新闻出版系统获全国劳动模范和先进工作者称号人员名单

（人事部、国家新闻出版总署，2 名期刊工作者）

2005 年

彭长城 甘肃人民出版社读者杂志社主编

2010 年

盛大泉 中国人事报刊社《转业军官杂志》编辑部主任

首届“全国百佳出版工作者”名单

（1996 年，中国出版工作者协会，17 名期刊工作者）

于有海 半月谈杂志社
崔道怡 人民文学杂志社
成晓明 中国青年杂志社
丁乃刚 中国科学杂志社
郭毅青 中国出版杂志社
谢 础 航空知识杂志社
温明荣 考古杂志社
杨焕章 《中国人民大学学报》编辑部
陈浩元 《北京师范大学学报》编辑部
陈湘安 世界军事杂志社

赵　萌　《少年科学画报》编辑部
龙　戈　辽宁青年杂志社
杨贵方　党的生活杂志社
黄　明　警方杂志社
孙佩锦　海洋与湖沼杂志社
胡勋璧　知音杂志社
余学军　青年时代杂志社

第二届“全国百佳出版工作者”名单

（1998 年，中国出版工作者协会，17 名期刊工作者）

龙协涛　《北京大学学报》编辑部
刘堂江　中国教育报刊社
米有录　乡镇论坛杂志社
陈安钰　中国青年出版社青年文摘杂志社
方正辉　半月谈杂志社
田　颖　求是杂志社
田翠华　中华医学会杂志社
刘泽林　中国农业机械学会农业机械杂志社
李　毅　政治指导员杂志社
王宝庆　中国科学杂志社《科学通报》编辑部
刘若琴　中国化工信息中心《现代化工》编辑部
石玉亮　经济工作导刊杂志社
房德胜　学习与探索杂志社
徐春莲　家庭杂志社
邵守义　演讲与口才杂志社
杨　潇　科幻世界杂志社
熊开银　湖北教育报刊社

第三届“全国百佳出版工作者”名单

（2000 年，中国出版工作者协会，21 名期刊工作者）

介　挺　海外文摘杂志社
姬　斌　瞭望周刊杂志社
潘国琪　《北京师范大学学报》编辑部
傅聚安　党建杂志社
尚绍华　中国妇女杂志社
阎　兵　电子技术应用杂志社
孙晓旭　电脑爱好者杂志社
李福臣　《金属热处理》编辑部
张道远　电子世界杂志社
卞海军　《中国农业科学》编辑部
竺祖慈　《译林》编辑部
高凯明　党风杂志社
傅庭政　家庭生活指南杂志社
郑允钦　微型小说选刊杂志社
张仁健　名作欣赏杂志社
王伟海　大众医学杂志社
王亨君　《地球科学》编辑部
卜庆华　湖南师范大学学报
曾从军　奥秘画报社
邓晓宝　军事学术杂志社
黄纯信　军事通信学术杂志社

第四届“全国百佳出版工作者”名单

（2003年，中国出版工作者协会，16名期刊工作者）

陈　实　人民画报社
樊爱国　婚姻与家庭杂志社
白云翔　考古杂志社
程希有　《理论物理通讯》编辑部
叶延滨　中国作家协会诗刊杂志社
张品纯　中国农机化科研所期刊社
游苏宁　中华医学会杂志社
马　劲　中国药房杂志社
王　罡　东海民兵杂志社
赵书友　解放军健康杂志社
吴根范　电力系统自动化杂志社
王自立　江西教育期刊社
关勋添　家庭医生杂志社
胡炎福　《农村新技术》编辑部
宋　愚　重庆市委当代党员杂志社
王维钧　陕西省妇联女友杂志社

第五届“全国百佳出版工作者”名单

（2005年，中国出版工作者协会，16名期刊工作者）

王淑芹　《机械工程学报》编辑部
胡亚权　《读者欣赏》编辑部
韩湘景　中国妇女杂志社

张洪溪 青年文摘杂志社
蔡玉明 广东《少男少女》杂志
彭金良 中国农业机械化科学研究院报刊社
郝梓国 《地质学报》编辑部
王占君 十月杂志社
雷一大 知音杂志社
张振弘 中山大学《新医学》杂志
舒少华 今古传奇杂志社
张爱兰 中国科学院上海生命科学研究所《Cell Research》
张海赴 《政工学刊》编辑部
马津海 《小说月报》编辑部
苏 放 海外星云杂志社
胡宏文 湖南教育报刊社

全国新闻出版系统先进工作者名单

(2006 年，国家新闻出版总署，4 名期刊工作者)

杜西芳 北京出版社出版集团父母必读杂志社
任绍伟 幽默与笑话杂志社
李颖生 销售与市场杂志社
牛永刚 新疆生产建设兵团兵团建设杂志社

国家新闻出版总署先进工作者

(2006 年，国家人事部、国家新闻出版总署，5 名期刊工作者)

杜廼芳 北京出版社出版集团父母必读杂志社
任绍伟 吉林省幽默与笑话杂志社

战继发　黑龙江省报刊出版中心
李颖生　河南出版集团销售与市场杂志社
牛永刚　新疆生产建设兵团兵团建设杂志社

全国新闻出版行业服务社会主义新农村建设出版发行先进个人名单

（2006 年，国家新闻出版总署，7 名期刊工作者）

杨理健　山东农业知识杂志社
翁贞林　《江西农业大学学报》编辑部
范正国　湖南农业杂志社
胡炎福　广西《农村新技术》编辑部
张教立　金盾出版社《科学种养》杂志编辑部
傅小燕　中国农村杂志社
李文学　中国农村杂志社

中国百名优秀出版企业家名单

（2010 年，国家新闻出版总署，7 名期刊工作者）

刘泽林　北京卓众出版有限公司
何承伟　上海文艺出版（集团）有限公司
李颖生　河南省销售与市场杂志社有限公司
胡勋璧　湖北知音传媒集团公司
彭长城　读者出版集团有限公司
王明亮　中国学术期刊电子杂志社
李栓科　国家地理杂志社

新中国60年有影响力的期刊人名单

(2009年,中国期刊协会、中国出版科学研究所,101名)

社科期刊(48名)

序号	姓名	工作单位	职　务
1	牛　汉	人民文学出版社	《新文学史料》主编
2	王占君	十月杂志社	主编
3	朱　伟	三联书店	《三联生活周刊》主编
4	刘　江	时尚传媒集团	总裁
5	杜迺芳	父母必读杂志社	主编
6	沈昌文	三联书店《读书》编辑部	主编
7	徐式谷	商务印书馆英语世界杂志社	社长、主编
8	秦兆阳	人民文学出版社	《当代》主编
9	沈宝祥	《理论动态》编辑部	主编
10	邓　锟	出版广角杂志社	社长、主编
11	任　火	《河北理工大学学报》编辑部	编辑部主任
12	方腊全	湖北教育报刊社	社长、总编辑
13	李德复	爱情婚姻家庭杂志社	编委会主任
14	朱玉祥	特别关注杂志社	社长
15	胡勋璧	知音出版传媒集团	总经理、总编辑
16	舒少华	今古传奇杂志社	社长、总编辑
17	关秉达	《老同志之友》编辑部	总编辑
18	汤光伍	共产党员杂志社	原总编辑
19	宋　愚	重庆市期刊协会	会长
20	刘旗辉	商界杂志社	社长、总编辑
21	孟祥琴	妇女生活杂志社	总编辑
22	刘　枫	老人春秋杂志社	社长
23	郝铭鉴	《咬文嚼字》编辑部	主编
24	何承伟	《故事会》编辑部	总编辑、主编
25	李　彤	《格言》编辑部	主编

续表

序号	姓名	工作单位	职　　务
26	李小娟	《求是学刊》编辑部	执行主编
27	李云峰	课程教材教学研究杂志社	原社长兼主编，现编委会副总编
28	杜　务	意林杂志社	总编辑、常务副社长
29	邵守义	演讲与口才杂志社	原社长兼主编
30	陈　中	南风窗杂志社	社长
31	赖济煌	黄金时代杂志社	原社长，总编辑
32	徐春莲	家庭杂志社	社长兼主编
33	李家骏	家庭杂志社	原主编
34	季　宇	清明杂志社	主编
35	郑允钦	《微型小说选刊》编辑部	名誉主编
36	金紫紫	环球市场杂志社 灌篮杂志社 环球首映杂志社	社长、主编
37	赵本夫	《钟山》编辑部	主编
38	赵宇飞	当代贵州杂志社	社长
39	袁　敏	江南杂志社	主编
40	马津海	《小说月报》编辑部	原主编
41	龙协涛	《北京大学学报（社会科学版）》	原主编
42	刘硕良	出版广角杂志社	原主编
43	宋应离	《河南大学学报》编辑部	原编辑部主任
44	张守仁	十月杂志社	原副主任、副主编
45	杨焕章	《中国人民大学学报》编辑部	原主编
46	崔道怡	《人民文学》编辑部	原编辑部副主任，副主编； 常务副主编
47	章仲锷	《中国作家》编辑部 《文学四季》编辑部 《当代》编辑部	副主编
48	潘国琪	《北京师范大学学报（社会科学版）》编辑部	原主编

科技期刊（53 名）

序号	姓名	工作单位	职　务
1	王淑芹	《机械工程学报》编辑部	常务副主编/编审
2	朱作言	《中国科学》编辑部 《科学通报》编辑部	主编/院士
3	丁乃刚	《中国科学》编辑部 《科学通报》编辑部	主编/编审
4	徐光宪	《中国科学》编辑部 《科学通报》编辑部	主编/院士
5	王鼎盛	《中国物理快报（英文版）》编辑部	副主编/院士
6	陈新谦	《中国药学杂志》编辑部	常务副主编/编审
7	陈浩元	《北京师范大学学报》编辑部	主编
8	刘少华	《地球物理学报》编辑部	编辑部主任/编审
9	余　莲	《电子技术应用》编辑部	总编辑/高级工程师
10	谢　础	《航空知识》编辑部	教授/编审
11	张君颖	《林业科学》编辑部	编辑部主任
12	刘泽林	汽车与驾驶维修杂志社	社长/研究员
13	李　林	《环境科学》编辑部	编辑部主任
14	张立萍	《现代化工》编辑部	主编
15	杨子明	《中华外科杂志》编辑部	副总编
16	陈进元	《北京大学学报》编辑部	主编/编审
17	郝梓国	《地质学报（英文版）》编辑部	编辑部主任
18	刘春明	《植物学报（英文版）》编辑部	主编/研究员
19	路文如	《中国农业科学》编辑部	编辑部主任/编审
20	费开扬	《中医杂志》编辑部	编审
21	万琳琛	《少年科学画报》编辑部	副编审
22	程维红	《作物学报》编辑部	副主编/编审
23	赵　华	《园艺学报》编辑部	副主编/编审
24	高雪梅	《煤炭学报》编辑部	执行主编/编审
25	孔红梅	《生态学报》编辑部	编辑部主任/编审
26	陈炳新	《水利学报》编辑部	主编/教授级高工
27	颜　帅	《北京林业大学学报》编辑部	编辑部主任/编审

续表

序号	姓名	工作单位	职　　务
28	瞿雁冰	《兵器知识》编辑部	主编/编审
29	彭圣浩	建筑技术杂志社	原社长兼总编辑
30	章志英	《物理学报》编辑部	编辑部主任/编审
31	游苏宁	《中华医学杂志》编辑部	主编/编审
32	李栓科	中国国家地理杂志社	总编
33	孙云志	《数学学报（英文版）》编辑部	编辑部主任
34	翁永庆	中华医学杂志杂志社	原主编
35	陈跃龙	家庭医生杂志社	社长/副研究员
36	王亨君	《地球科学》编辑部	主编
37	袁振国	《特种铸造及有色合金》编辑部	主编/教授级高工
38	周佑启	《中国机械工程》编辑部	主编/编审
39	彭超群	《中国有色金属学报》编辑部	副社长兼编辑部主任/教授
40	陈杭亭	《分析化学》编辑部	常务副主编/研究员
41	吴根范	《电力系统自动化》编辑部	杂志社社长、常务副主编
42	谢思和	《农村百事通》编辑部	副主编
43	师昌绪	《金属学报》编辑部	名誉主编/院士
44	孙安垣	《工程塑料应用》编辑部	主编/编审
45	陈溥远	《海洋与湖沼》编辑部	编辑部主任/副编审
46	黄良田	《第四军医大学学报》编辑部	副主编/编审
47	魏　彬	《生理学报》编辑部	编辑部主任/副编审
48	裘法祖	《大众医学》编辑部	主编/院士
49	姚　鑫	《Cell Research》编辑部	创刊人
50	刘永新	《高等学校化学学报》编辑部	总编辑
51	陈常青	《中草药》编辑部	执行主编/研究员
52	董海原	山西医药杂志杂志社	社长兼总编
53	马　劲	中国药房杂志社	党支部书记兼社长、总编辑

注：以上人员名单的排序及其单位依据公布的文件。

编者按 为了激励为我国期刊事业发展倾注毕生精力并对期刊事业发展作出贡献的期刊工作者，经国家新闻出版广电总局批准，2015 年中国期刊协会给予从事中国期刊出版工作满 30 年的 914 名期刊工作者颁发“从事期刊出版工作 30 年”荣誉证书及纪念章。

荣获“从事期刊工作 30 年”荣誉证书和纪念章人员名单

（2015 年，中国期刊协会，914 名）

序号	姓名	工作单位
中央单位、北京市（261 名）		
1	王京忠	半月谈杂志社
2	龙协涛	《北京大学学报》编辑部
3	程广环	北京电视电声杂志社
4	刘泽林	北京卓众出版有限公司
5	郑家声	中国地图出版社（测绘出版社）《测绘通报》编辑部
6	赖春生	《电子技术应用》编辑部、《微型机与应用》编辑部
7	闫　兵	《电子技术应用》编辑部、《微型机与应用》编辑部
8	徐德霞	中国少年儿童新闻出版总社
9	吕　山	法律与生活杂志社
10	王云亭	环球中医药杂志社有限公司
11	保冬妮	婚姻与家庭杂志社
12	姚建国	婚姻与家庭杂志社
13	宋守中	健康指南杂志社
14	高宝立	教育研究杂志社
15	张君颖	《林业科学》编辑部
16	许升阳	《煤炭科学技术》编辑部
17	巴义尔	民族画报社
18	包　杰	民族画报社
19	达尔吉	民族画报社
20	马殿云	民族画报社

续表

序号	姓名	工作单位
21	平 娜	民族画报社
22	萨共旗	民族画报社
23	从永泉	民族画报社
24	程明贵	民族画报社
25	车文龙	民族画报社
26	达哈甫	民族画报社
27	金成基	民族画报社
28	郝纯一	民族画报社
29	韩锽准	民族画报社
30	丁卫国	民族画报社
31	苏俊慧	民族画报社
32	马鼐辉	民族画报社
33	林国志	民族画报社
34	李仲魁	民族画报社
35	李东日	民族画报社
36	金持元	民族画报社
37	高国镕	民族画报社
38	扎西尼玛	民族画报社
39	刘鸿孝	民族画报社
40	孙宗欣	民族画报社
41	舒仁托娅	民族画报社
42	李师东	青年文学杂志社
43	崔友利	青年文摘杂志社
44	高海军	青年文摘杂志社
45	张 安	青年文摘杂志社
46	张 冰	青年文摘杂志社
47	颜 帅	清华大学出版社期刊中心
48	朱铁志	求是杂志社
49	刘彦华	求是杂志社
50	赵 光	求是杂志社
51	王 俊	求是杂志社
52	蔡燕燕	求是杂志社
53	孙 珉	求是杂志社
54	张 静	求是杂志社

续表

序号	姓名	工作单位
55	荀春荣	求是杂志社
56	王茂华	求是杂志社
57	李明三	求是杂志社
58	李建军	求是杂志社
59	陆荣椿	求是杂志社
60	姜品宜	求是杂志社
61	王爱玉	求是杂志社
62	苗作斌	求是杂志社
63	李京华	人民出版社
64	刘晋庆	人民画报社
65	王永强	人民画报社
66	邹　毅	人民画报社
67	李　霞	人民画报社
68	王继雨	人民画报社
69	王振党	人民画报社
70	李振廷	人民画报社
71	沙人文	人民画报社
72	刘慧兰	人民画报社
73	郑于铭	人民画报社
74	赵清慎	人民画报社
75	张治强	人民画报社
76	张兆仙	人民画报社
77	张世选	人民画报社
78	张金星	人民画报社
79	张金明	人民画报社
80	张春生	人民画报社
81	张宝义	人民画报社
82	于　彬	人民画报社
83	尹钟海	人民画报社
84	叶詠芬	人民画报社
85	杨忠宽	人民画报社
86	杨　军	人民画报社
87	薛世华	人民画报社

续表

序号	姓名	工作单位
88	徐慎六	人民画报社
89	谢淑敏	人民画报社
90	吴孚堃	人民画报社
91	文庆梓	人民画报社
92	温炳文	人民画报社
93	王　郁	人民画报社
94	王秀英	人民画报社
95	王善谋	人民画报社
96	王寄萍	人民画报社
97	孙宪阳	人民画报社
98	孙文华	人民画报社
99	任义英	人民画报社
100	黄少仙	人民画报社
101	朱章潭	人民画报社
102	毛细文	人民画报社
103	毛兰亭	人民画报社
104	路丕忠	人民画报社
105	刘淑珍	人民画报社
106	刘大勇	人民画报社
107	林福集	人民画报社
108	李之义	人民画报社
109	李佩云	人民画报社
110	李克礼	人民画报社
111	李华英	人民画报社
112	金振千	人民画报社
113	金昌南	人民画报社
114	贾宝生	人民画报社
115	何学昭	人民画报社
116	郭子富	人民画报社
117	郭书安	人民画报社
118	崔玉实	人民画报社

续表

序号	姓名	工作单位
119	程建安	人民画报社
120	曹辛查	人民画报社
121	边幽芬	人民画报社
122	巴　达	人民画报社
123	杜健予	人民画报社
124	李银妹	人民画报社
125	鲁宗慧	人民画报社
126	崔思淦	人民画报社
127	朱翠荣	人民画报社
128	黄兴中	人民画报社
129	王大荣	人民画报社
130	孙桂琴	人民画报社
131	李茂合	人民画报社
132	董景济	人民画报社
133	张宗炽	人民画报社
134	刘　志	人民画报社
135	张元亮	人民画报社
136	张淑琴	人民画报社
137	张家骅	人民画报社
138	张长江	人民画报社
139	曾湘敏	人民画报社
140	曾丽君	人民画报社
141	余鹏飞	人民画报社
142	于　洋	人民画报社
143	苏　飞	人民画报社
144	茹遂初	人民画报社
145	曲岳华	人民画报社
146	彭继亮	人民画报社
147	毛之均	人民画报社
148	马厚义	人民画报社
149	罗文发	人民画报社

续表

序号	姓名	工作单位
150	卢　山	人民画报社
151	刘素臣	人民画报社
152	刘启俊	人民画报社
153	刘　宁	人民画报社
154	李栓德	人民画报社
155	李兰英	人民画报社
156	李慧明	人民画报社
157	李贵卿	人民画报社
158	李崇义	人民画报社
159	李长捷	人民画报社
160	姜景余	人民画报社
161	黄韬鹏	人民画报社
162	黄谷冰	人民画报社
163	杜泽泉	人民画报社
164	王德英	人民画报社
165	孙志江	人民画报社
166	孙毅夫	人民画报社
167	孙树清	人民画报社
168	杨秀云	人民画报社
169	信继光	人民画报社
170	王尊印	人民画报社
171	王一海	人民画报社
172	王景堂	人民画报社
173	胡公锡	人民画报社
174	侯　刚	人民画报社
175	何世尧	人民画报社
176	韩　光	人民画报社
177	古　进	人民画报社
178	高振达	人民画报社
179	常素琴	人民画报社
180	常连台	人民画报社

续表

序号	姓名	工作单位
181	邓永庆	人民画报社
182	高明义	人民画报社
183	柳福华	人民司法杂志社
184	朱 伟	生活·读书·新知三联书店有限公司
185	刘建湖	商业经济研究杂志社
186	赵爱云	《湿地科学与管理》编辑部
187	周 杰	《水利学报》编辑部
188	王洪生	中国体育报业总社
189	蔡建华	中国体育报业总社
190	曹 炎	中国体育报业总社
191	胡友鸣	文史知识杂志社
192	李 力	文物出版社《文物》编辑部
193	李缙云	文物出版社《文物》编辑部
194	张昌倬	文物出版社《文物》编辑部
195	张耀铭	新华文摘社
196	周涛勇	新华文摘社
197	邵明明	《新体育》编辑部
198	于宝珠	《药物分析杂志》编辑部
199	刘桂蕊	医学综述杂志社
200	孙洪芳	医学综述杂志社
201	马 智	疑难病杂志社
202	孙治安	疑难病杂志社
203	徐式谷	英语世界杂志社有限公司
204	金克勇	中国发明与专利杂志社
205	张东涛	中国骨与关节损伤杂志社
206	郭林新	中国骨与关节损伤杂志社
207	刘堂江	中国教育报刊社人民教育杂志社
208	翟福英	中国教育报刊社人民教育杂志社
209	刘 然	中国教育报刊社人民教育杂志社
210	李石纯	中国教育报刊社中国高等教育杂志社
211	华婉君	中国科学杂志社

续表

序号	姓名	工作单位
212	朱全娥	中国科学杂志社
213	李战英	中国科学杂志社
214	李文范	中国科学杂志社
215	单爱莲	《中国临床药学杂志》编辑部
216	潘巧珍	中国绿色时报社森林与人类杂志社
217	王兮之	中国绿色时报社森林与人类杂志社
218	张 英	中国绿色时报社中国林业杂志社
219	成小明	中国青年杂志社
220	王 琳	中国青年杂志社
221	王桂芸	中国青年杂志社
222	刘新平	中国青年杂志社
223	李 军	中国青年杂志社
224	刘朱婴	中国青年杂志社
225	李薛伟	中国青年杂志社
226	江 涵	中国青年杂志社
227	王庆兰	中国青年杂志社
228	张世明	中国青年杂志社
229	栾孟霞	中国青年杂志社
230	赵 青	中国青年杂志社
231	郭秀龄	中国青年杂志社
232	程恩瑞	中国青年杂志社
233	王婉琴	中国青年杂志社
234	夏岱岱	中国青年杂志社
235	舒红鹰	中国青年杂志社
236	李学昆	中国社会科学杂志社
237	孙 辉	中国社会科学杂志社
238	冯小双	中国社会科学杂志社
239	张 怡	中国石油学会《石油学报》编辑部
240	刘 峡	中国水利学会《泥沙研究》编辑部
241	王家力	中国体育杂志社
242	张荣泉	中国体育杂志社

续表

序号	姓名	工作单位
243	杨婉华	中国体育杂志社
244	宋亿太	中国体育杂志社
245	郑晓南	《中国天然药物》编辑部
246	孙　高	《中国卫生统计杂志》编辑部
247	吴瑞芳	中国新药杂志有限公司
248	陈新谦	中国药学杂志社有限公司
249	岳来发	中国药学杂志社有限公司
250	韩　风	中国药学杂志社有限公司
251	李　禾	中国药学杂志社有限公司
252	郝秀兰	中国医院杂志社
253	赵　儒	中国预防医学杂志社有限责任公司
254	陈维养	中国中西医结合杂志社
255	刘根泉	《中国种业》编辑部、《植物遗传资源学报》编辑部
256	王跃春	中华儿女报刊社
257	陈安钰	中华儿女报刊社
258	王志翔	《中华航空航天医学杂志》编辑部
259	赵红梅	中华医学会杂志社
260	燕　鸣	中华医学会杂志社
261	郑元绪	中外文摘杂志社
解放军系统（38名）		
262	王　红	《第三军医大学学报》编辑部
263	仇学平	《国防参考》编辑部
264	张　慧	《国防大学学报》编辑部
265	钟　华	《国防科技》编辑部
266	林聪榕	《国防科技》编辑部
267	徐志伟	《国外坦克》编辑部
268	郭正祥	《国外坦克》编辑部
269	孟隰生	总后勤部后勤杂志社
270	肖思科	总后勤部后勤杂志社
271	林元洪	《华南国防医学杂志》编辑部
272	张维城	解放军画报社

续表

序号	姓名	工作单位
273	颜志鸿	解放军画报社
274	吴寿庄	解放军画报社
275	王良元	解放军画报社
276	孙　牛	解放军画报社
277	孙　亮	解放军画报社
278	贾明祖	解放军画报社
279	肖　明	解放军卫勤杂志社
280	王　瑛	解放军出版社《解放军文艺》编辑部
281	邓海乾	《军队基建营房杂志》编辑部
282	肖旭光	军事杂志社
283	李相奎	军事杂志社
284	崔伯颖	军事杂志社
285	高沂滨	军事杂志社
286	朱健利	《免疫学杂志》编辑部
287	赵小石	《南京政治学院学报》编辑部
288	董翰卿	现代军事杂志社
289	李恩善	《心脏杂志》编辑部
290	孙长生	《心脏杂志》编辑部
291	朱玉萍	《信息对抗学术》编辑部
292	姚春芳	药学服务与研究杂志社
293	赵其斌	医疗卫生装备杂志社
294	黄良田	《医学争鸣》编辑部
295	辛素贤	《营养学报》编辑部
296	高燕华	《中国微侵袭神经外科杂志》编辑部
297	高仲恬	《中国消毒学杂志》编辑部
298	魏　华	《中华医院感染学杂志》编辑部
299	郝方玲	《中华医院感染学杂志》编辑部

续表

序号	姓名	工作单位
各省、自治区、直辖区		
天津市（20名）		
300	陈　浮	《天津师范大学（基础教育版）》编辑部
301	纪翠荣	《天津师范大学学报（自然科学版）》编辑部
302	王如青	《天津师范大学学报（社会科学版）》编辑部
303	汪　丹	《天津师范大学学报（社会科学版）》编辑部
304	高　衡	工程机械杂志社
305	马海燕	《国际妇产科学杂志》编辑部
306	杨在良	《职业教育研究杂志》编辑部
307	刘　英	《电气传动》编辑部
308	丁堂堂	中国给水排水杂志社有限公司
309	王金盾	天津医学高等专科学校《继续医学教育》编辑部
310	朱慧娟	《天津商业大学学报》编辑部
311	董兆林	百花文艺出版社（天津）有限公司
312	任芙康	《文学自由谈》编辑部
313	王力平	《石油工程建设》编辑部
314	张玉萍	天津再生资源杂志社
315	李银平	中国危重病急救医学杂志社
316	李树华	《水道港口》编辑部
317	郭　鹏	《天津法学》编辑部
318	李　捷	旭杂志社
319	殷观亮	《口岸卫生控制》编辑部
河北省（13名）		
320	刘红健	河北教育报刊社
321	晋朝阳	河北教育报刊社
322	马振行	河北教育报刊社
323	宗树兴	河北教育报刊社
324	孟素兰	河北大学期刊社
325	苗　莉	散文百家杂志社
326	王聚敏	散文百家杂志社
327	王文智	《河北中医药学报》编辑部

续表

序号	姓名	工作单位
328	路　辉	经济论坛杂志社
329	夏明芳	经济论坛杂志社
330	张增强	《河北经贸大学学报》编辑部
331	李金霞	《河北经贸大学学报》编辑部
332	秦学诗	《河北经贸大学学报》编辑部
山西省（46名）		
333	杨才敏	山西水利出版传媒中心
334	薛培荣	《科技情报开发与经济》编辑部
335	白尚平	《科技情报开发与经济》编辑部
336	畅建康	太原文学院《都市》编辑部
337	郭宇一	太原文学院《都市》编辑部
338	刘亚瑜	太原文学院《都市》编辑部
339	孙志坚	太原文学院《都市》编辑部
340	杨新雨	太原文学院《都市》编辑部
341	郑泽永	山西教育杂志社有限责任公司
342	闫继宁	山西教育杂志社有限责任公司
343	李红云	小学语文教学杂志社有限责任公司
344	赵建功	《语文报》社有限责任公司
345	桑建中	《语文报》社有限责任公司
346	蔡智敏	《语文报》社有限责任公司
347	韩潮峰	《太原城市职业技术学院学报》编辑部
348	刘　宁	中共山西省委党校学报编辑部
349	李笑白	会计之友杂志社
350	廉钢生	经济师杂志社
351	韩克勇	《经济问题》编辑部
352	郭玉奇	先锋队杂志社
353	程　鸿	先锋队杂志社
354	李伟年	《日用化学品科学》编辑部
355	朱彦良	《电脑开发与应用》编辑部
356	刘义平	《火力与指挥控制》编辑部
357	彭希京	《太原理工大学学报（社会科学版）》编辑部

续表

序号	姓名	工作单位
358	刘振民	《煤炭转化》编辑部
359	庞富祥	《太原理工大学学报》编辑部
360	原荣立	山西林业杂志社
361	荣明礼	科学之友杂志社有限责任公司
362	樊亮云	当代农机杂志社
363	韩晋生	当代农机杂志社
364	董海原	山西医药杂志社
365	葛　虹	山西医药杂志社
366	罗文琴	山西画报社有限责任公司
367	吴　杰	山西画报社有限责任公司
368	王小军	山西画报社有限责任公司
369	汪原生	山西画报社有限责任公司
370	焦石峰	山西画报社有限责任公司
371	武　涛	山西画报社有限责任公司
372	田建宁	山西画报社有限责任公司
373	张　沛	山西画报社有限责任公司
374	关燕云	《教学与管理》编辑部
375	畅引婷	《山西师大学报》编辑部
376	史晓红	《新闻采编》编辑部
377	贺来星	《山西农业大学学报》编辑部
378	冯自变	《太原师范学院学报》编辑部
内蒙古自治区（7名）		
379	宝敏捷	《内蒙古科技与经济》编辑部
380	李　伟	内蒙古环境与发展杂志社
381	王晓娟	《内蒙古党校》编辑部
382	齐秀华	《内蒙古党校》编辑部
383	包建刚	内蒙古工人杂志社
384	包梅花	《内蒙古科技》（蒙古文）编辑部
385	布仁巴雅尔	《内蒙古科技》（蒙古文）编辑部

续表

序号	姓名	工作单位
辽宁省（86 名）		
386	宁珍志	鸭绿江杂志社
387	李宁江	《环境保护科学》编辑部
388	张　练	《环境保护科学》编辑部
389	王建成	《节能》编辑部
390	张　颖	《艺术广角》编辑部
391	张兰政	侨园杂志社
392	孙俊志	大连海燕文学月刊有限公司
393	高起元	《沈阳大学学报》编辑部
394	杨丽君	《沈阳建筑大学学报》编辑部
395	原　昌	芒种杂志社
396	王莉莎	中国组织工程研究杂志社
397	夏志平	中国实用医学杂志社
398	韩索林	饮食科学杂志社
399	高科光	风机技术杂志社
400	曹　霞	《沈阳药科大学学报》编辑部
401	朱　诚	《大连理工大学学报》编辑部
402	冯　颖	《大连理工大学计算力学学报》编辑部
403	何晓芳	《满族研究》编辑部
404	张佳生	《满族研究》编辑部
405	关秉达	老同志之友杂志社
406	邹本仁	老同志之友杂志社
407	党福江	《水土保持应用技术》编辑部
408	徐家成	辽宁新少年杂志社
409	张仁斌	辽宁新少年杂志社
410	耿　光	辽宁新少年杂志社
411	陈景杰	《大连海事大学学报》编辑部
412	高　翔	《社会科学辑刊》编辑部
413	薛雪妮	当代工人杂志社
414	李凤琴	《应用生态学报》编辑部
415	王　伟	《生态学杂志》编辑部

续表

序号	姓名	工作单位
416	赵丽杰	妇女杂志社
417	董永冰	妇女杂志社
418	陈　宁	《鞍钢技术》编辑部
419	袁晓青	《鞍钢技术》编辑部
420	孙继国	《沈阳师范大学学报》编辑部
421	胡广振	《辽宁科技大学学报》编辑部
422	杨爱民	《辽宁科技大学学报》编辑部
423	王庆厚	《辽宁科技大学学报》编辑部
424	王雪丽	当代化工杂志社
425	鞠仁昌	当代化工杂志社
426	高振庆	理论界杂志社
427	杨　奇	新农业杂志社
428	朱四光	新农业杂志社
429	于洪飞	《沈阳农业大学学报》编辑部
430	冯有为	《金属学报》编辑部
431	张国富	《燃料与化工》编辑部
432	叶晓林	辽宁青年杂志社
433	穆　青	辽宁青年杂志社
434	王志多	辽宁青年杂志社
435	王　玮	辽宁青年杂志社
436	吴　竞	《小学数学教育》编辑部
437	王秋萍	《初中生学习指导》编辑部
438	黄海延	辽宁教育杂志社
439	王宝贵	辽宁教育杂志社
440	张国祥	辽宁教育杂志社
441	赵凤玲	辽宁教育杂志社
442	王奉安	《气象与环境学报》编辑部
443	都　媛	《辽宁师范大学学报》编辑部
444	裴鸿池	《辽宁大学学报》编辑部
445	孙　琰	《辽宁大学学报》编辑部
446	李　钢	党建文汇杂志社

续表

序号	姓名	工作单位
447	王大雁	党建文汇杂志社
448	侯成路	党建文汇杂志社
449	陈乃举	党支部书记杂志社
450	宋国正	共产党员杂志社
451	郭忠江	共产党员杂志社
452	蔡云龙	共产党员杂志社
453	雷光宇	共产党员杂志社
454	田　杰	共产党员杂志社
455	汤光伍	共产党员杂志社
456	刘述贤	共产党员杂志社
457	王国庆	共产党员杂志社
458	贺　虎	共产党员杂志社
459	潘胜奎	共产党员杂志社
460	燕鹏远	共产党员杂志社
461	肖益民	共产党员杂志社
462	姜耀中	共产党员杂志社
463	纪连富	共产党员杂志社
464	苏　波	《刊授党校》编辑部
465	潘丽娟	《刊授党校》编辑部
466	李英敏	《理论与实践》编辑部
467	李光天	《理论与实践》编辑部
468	范凤杰	辽宁党刊集团
469	艾广明	辽宁党刊集团
470	魏子扬	《党政干部学刊》编辑部
471	姚黎君	《党政干部学刊》编辑部
吉林省（31名）		
472	刘宝仲	吉林科技报刊社
473	战晓书	做人与处世杂志社
474	邵天声	做人与处世杂志社
475	高　慧	《长春工业大学学报》编辑部
476	姜　燕	《净月学刊》编辑部

续表

序号	姓名	工作单位
477	孙　里	作家杂志社
478	宗仁发	作家杂志社
479	许国良	东北师范大学学术期刊社
480	张树武	东北师范大学学术期刊社
481	任绍伟	吉林省幽默与笑话杂志社有限责任公司
482	耿玉春	经济纵横杂志社
483	李如天	长白山杂志社
484	于志晶	职业技术教育杂志社
485	陈新国	《吉林水利》编辑部
486	胡珍珍	《吉林艺术学院学报》编辑部
487	柳　克	《长春大学学报》编辑部
488	武　振	《税务与经济》编辑部
489	李凤翔	《数学研究通讯》编辑部
490	刘春光	夕阳红杂志社
491	王长元	意林杂志社
492	胡国义	吉林省医学期刊社
493	吴秀丽	《光学精密工程》编辑部
494	马　莉	吉林省《经济管理干部学院学报》编辑部
495	孙镜明	《吉林林业科技》编辑部
496	阎　琪	《吉林中医药》编辑部
497	王雪威	《吉林中医药》编辑部
498	赵玉芝	《吉林中医药》编辑部
499	向　政	《高等学校化学学报》编辑部
500	张学东	《中国兽医学报》编辑部
501	田宏志	《吉林大学学报（信息科学版）》编辑部
502	曲　莉	《中国卫生工程学》编辑部
黑龙江省（18名）		
503	林贵忠	现代化农业杂志社
504	王　岳	《林业科技》编辑部
505	吴艾君	《黑龙江金融》编辑部
506	于建华	《北方文物》编辑部

续表

序号	姓名	工作单位
507	魏　莉	黑龙江党的生活杂志社
508	纪　萍	《中国林副特产》编辑部
509	司徒琳莉	《牡丹江师范学院学报》编辑部
510	苏锐华	中共黑龙江省委奋斗杂志社
511	张吉晔	中共黑龙江省委奋斗杂志社
512	于安祥	中共黑龙江省委奋斗杂志社
513	赵　波	中共黑龙江省委奋斗杂志社
514	周　岩	中共黑龙江省委奋斗杂志社
515	王晓燕	中共黑龙江省委奋斗杂志社
516	倪军仓	黑龙江教育杂志社
517	康丽君	《地震工程与工程振动》编辑部
518	董　莹	《世界地震工程》编辑部
519	孙显辉	《热能动力工程》编辑部
520	李克柏	《数理化解题研究》编辑部
上海市（79名）		
521	张文华	《生物学教学》编辑部
522	胡范铸	《华东师范大学学报（哲学社会科学版）》编辑部
523	唐子芸	《财经研究》编辑部
524	林　云	《财经研究》编辑部
525	马尚龙	现代家庭杂志社
526	任雪蕊	现代家庭杂志社
527	洪登永	《外国经济与管理》编辑部
528	沈国华	《外国经济与管理》编辑部
529	唐功儒	大江南北杂志社
530	江　南	园林杂志社
531	钟红明	《收获》文学杂志社
532	肖元敏	《收获》文学杂志社
533	程永新	《收获》文学杂志社
534	任哥舒	《少年文艺》编辑部
535	单德昌	《少年文艺》编辑部
536	沈安京	《印染》编辑部

续表

序号	姓名	工作单位
537	朱　华	《印染》编辑部
538	谢　峥	《印染》编辑部
539	沈秀敏	《上海纺织科技》编辑部
540	黄琴峰	《上海针灸杂志》编辑部
541	曹鸿新	《建筑施工》编辑部
542	胡　军	《机械工程材料》编辑部
543	吴　诚	《理化检验—化学分册》编辑部
544	董鸿琳	《理化检验—物理分册》编辑部
545	徐　洁	《时代建筑》编辑部
546	谢宇静	《微特电机》编辑部
547	钱俊龙	《文物保护与考古科学》编辑部
548	韩伯顺	《运筹学学报》编辑部
549	王永炳	《档案春秋》编辑部
550	徐祖友	《辞书研究》编辑部
551	丁建斌	《住宅科技》编辑部
552	李海生	《党政论坛》编辑部
553	谭　力	《党政论坛》编辑部
554	张　敏	《党政论坛》编辑部
555	沈　玲	《复旦学报（医学版）》编辑部
556	王泰龙	《儿童时代》编辑部
557	陈　苏	《儿童时代》编辑部
558	盛如梅	《儿童时代》编辑部
559	王　珏	《儿童时代》编辑部
560	郝天航	《儿童时代》编辑部
561	姚毅华	《大众医学》编辑部
562	丁又双	《高等学校文科学术文摘》编辑部
563	瞿永玲	《高等学校文科学术文摘》编辑部
564	董淮平	《高等学校文科学术文摘》编辑部
565	邹国慰	《高等学校文科学术文摘》编辑部
566	袁　康	《高等学校文科学术文摘》编辑部
567	姚　申	《高等学校文科学术文摘》编辑部

续表

序号	姓名	工作单位
568	王俊龙	《高等学校文科学术文摘》编辑部
569	金正扬	《上海教育》编辑部
570	项秉健	上海教育报刊总社
571	李北宏	上海教育报刊总社
572	宋旭辉	上海教育报刊总社
573	何承伟	《故事会》编辑部
574	樊均幼	《自然杂志》编辑部
575	张甫安	《食用菌》编辑部
576	陶雪娟	《上海农业科技》编辑部
577	杨秀琼	《中国医疗器械杂志》编辑部
578	周建民	《集成电路应用》编辑部
579	郑宗培	《小说界》编辑部
580	肖庆平	《犯罪研究》编辑部
581	陆际平	《中国男科学杂志》编辑部
582	龚汉忠	《上海交通大学学报》编辑部
583	沈连康	《生命科学》编辑部
584	虞同文	《交通与运输》编辑部
585	晏克非	《交通与运输》编辑部
586	陈运帷	《城市规划学刊》编辑部
587	董鉴泓	《城市规划学刊》编辑部
588	薛显华	《印刷杂志》编辑部
589	潘亮泉	《印刷杂志》编辑部
590	黄平治	《中国男科学杂志》编辑部
591	蔡承骅	上海市医学科学技术情报研究所期刊部
592	杜建国	上海教育报刊总社
593	韩晓民	上海教育报刊总社
594	陆汝浩	上海教育报刊总社
595	黄修纪	《好儿童画报》编辑部
596	张秋生	《好儿童画报》编辑部
597	毛用坤	《好儿童画报》编辑部
598	徐　奋	上海教育报刊总社
599	冯维泰	上海电世界杂志社有限公司

续表

序号	姓名	工作单位
江苏省（30名）		
600	陈纫芷	江苏教育报刊社
601	曹连观	江苏教育报刊社
602	朱爱华	江苏教育报刊社
603	邱梅生	江苏教育报刊社
604	王丽珍	江苏教育报刊社
605	顾冠华	江苏教育报刊社
606	杨朝平	江苏教育报刊社
607	姚　亮	江苏教育报刊社
608	王利民	中国农机化杂志社
609	贾慧鸣	《扬州大学学报》编辑部
610	钱　澄	《扬州大学学报》编辑部
611	肖正春	《中国野生植物资源》编辑部
612	程志理	《体育与科学》编辑部
613	马敏峰	河海大学期刊部
614	汪小农	江苏莫愁杂志社
615	詹庚申	《地质学刊》编辑部
616	刘顺发	铁军杂志社
617	朱伟卿	中华医学杂志社有限责任公司
618	杭邦华	群众杂志社
619	刘　忠	群众杂志社
620	戈尚达	群众杂志社
621	李　剑	《江苏建筑》编辑部
622	林启祯	三角洲杂志有限公司
623	吴晓初	《中华皮肤科杂志》编辑部
624	张　超	《淮阴师范学院学报》编辑部
625	卜承志	《档案与建设》编辑部
626	吴兆金	《分析，理论与应用》编辑部
627	冯健民	《艺术百家》编辑部
628	王沁凯	《江苏中医药》编辑部
629	黄亚博	《江苏中医药》编辑部

续表

序号	姓名	工作单位
浙江省（23 名）		
630	张钧煜	杭州英语画刊有限公司
631	郑俊海	温州医科大学期刊社
632	方秀菊	《浙江科技学院学报》编辑部
633	张婴音	家庭教育杂志社
634	秦丽柏	《兵器材料科学与工程》编辑部
635	陈　星	杭州师范大学美育学刊杂志社
636	寿建英	《浙江林业科技》编辑部
637	戚连忠	《浙江林业科技》编辑部
638	胡金标	《幼儿教育》编辑部
639	杨东赴	浙江教育报刊总社
640	宗宏亮	浙江教育报刊总社
641	贾仁亨	浙江教育报刊总社
642	陈宁一	浙江教育报刊总社
643	袁中庆	浙江教育报刊总社
644	薛东方	浙江教育报刊总社
645	邵晓峰	浙江教育报刊总社
646	吴伟根	《浙江农林大学学报》编辑部
647	吴赣英	《温州职业技术学院学报》编辑部
648	吴志慧	《湖州师范学院学报》编辑部
649	张荣连	《浙江大学学报（理学版）》编辑部
650	黄晓花	《浙江大学学报（理学版）》编辑部
651	张　明	《浙江大学学报（工学版）》编辑部
652	方集理	《浙江大学学报（人文社会科学版）》编辑部
安徽省（6 名）		
653	龙　琳	《安徽林业科技》编辑部
654	汪涓涓	《低温与超导》编辑部
655	凤文学	《安徽师范大学学报》编辑部
656	陆广品	《安徽师范大学学报》编辑部
657	马乃玉	《安徽师范大学学报》编辑部
658	马　启	《蚌埠医学院学报》编辑部

续表

序号	姓名	工作单位
福建省（26名）		
659	黄文山	福建文学杂志社
660	陈　健	福建文学杂志社
661	宋　瑜	台港文学选刊杂志社
662	季　仲	台港文学选刊杂志社
663	杨际岚	台港文学选刊杂志社
664	张　耿	福建画报社有限责任公司
665	吴寿华	福建画报社有限责任公司
666	王鲁闽	福建画报社有限责任公司
667	黄典钟	福建支部生活杂志社
668	李鸿光	福建支部生活杂志社
669	王榕春	福建支部生活杂志社
670	李奇民	福建支部生活杂志社
671	陈忠航	福建支部生活杂志社
672	郑卫真	福建支部生活杂志社
673	苗健青	《福州大学学报（哲学社会科学版）》编辑部
674	顾泉佩	《福州大学学报（自然科学版）》编辑部
675	狄　松	《中共福建省委党校学报》编辑部
676	刘伏宝	福建中篇小说选刊杂志社有限责任公司
677	陈　颖	《福建师范大学学报》编辑部
678	林　敏	《福建师范大学学报》编辑部
679	汪梅田	故事林杂志社
680	林宜承	生活·创造杂志社
681	黄　虹	生活·创造杂志社
682	刘晓露	福建青年杂志社有限公司
683	陈若晖	福建青年杂志社有限公司
684	陈　苇	东南学术杂志社
江西省（6名）		
685	楼浙辉	《南方林业科学》编辑部
686	柳志慎	江西农业大学期刊社
687	翁贞林	江西农业大学期刊社

续表

序号	姓名	工作单位
688	刘雪斌	南昌大学期刊社
689	王能昌	南昌大学期刊社
690	徐　鸣	《当代财经》编辑部
山东省（4名）		
691	尹玉吉	《山东理工大学学报（社会科学版）》编辑部
692	高　昕	《国际肿瘤学杂志》编辑部
693	皋永利	《山东中医药大学学报》编辑部、《山东中医杂志》编辑部
694	丁兆平	《山东中医杂志》编辑部
河南省（34名）		
695	唐泽仓	河南教育报刊社
696	王　源	河南教育报刊社
697	张保健	河南教育报刊社
698	陈　锋	河南教育报刊社
699	姜明长	河南教育报刊社
700	高　杨	河南教育报刊社
701	孙　平	河南教育报刊社
702	韩可立	河南教育报刊社
703	杨清莲	河南教育报刊社
704	吴泽永	河南教育报刊社
705	张建农	河南教育报刊社
706	张勤学	河南教育报刊社
707	侯秀姣	河南教育报刊社
708	关　薇	河南教育报刊社
709	吴东水	河南教育报刊社
710	陈新平	《果农之友》编辑部
711	孟祥琴	妇女生活杂志社
712	许建平	妇女生活杂志社
713	徐雪明	河南科学杂志社
714	张松林	河南科学杂志社
715	曾志平	中国棉花杂志社
716	陈　杰	河南文艺出版社有限公司名人传记杂志社

续表

序号	姓名	工作单位
717	王幅明	河南文艺出版社有限公司名人传记杂志社
718	寇　丹	河南文艺出版社有限公司名人传记杂志社
719	杜天俊	河南文艺出版社有限公司名人传记杂志社
720	蒋士卿	河南中医学院《中医学报》编辑部
721	宋云奇	河南省南阳市文联《躬耕》编辑部
722	高　峰	中国农业科学院农田灌溉研究所《灌溉排水学报》编辑部
723	徐明忠	《商丘师范学院学报》编辑部
724	胡雪勤	中共河南省委党的生活杂志社
725	张锴生	河南博物院《中原文物》编辑部
726	汤建伟	《磷肥与复肥》编辑部
727	许秀成	《磷肥与复肥》编辑部
728	刘西琳	《郑州轻工业学院学报》编辑部
湖北省（39名）		
729	王亨君	《地球科学》编辑部
730	钱文霖	《华中科技大学学报》编辑部
731	胡勋璧	湖北知音集团传媒有限公司
732	荣开明	江汉论坛杂志社
733	雷一大	湖北知音集团传媒有限公司
734	狄宗禄	《武汉轻工大学学报》编辑部
735	陈文宝	《资源环境与工程》编辑部
736	柳建乔	《大地测量与地球动力学》编辑部
737	王　平	《中南民族大学学报》编辑部
738	彭文博	《写作》编辑部
739	邱飞廉	《写作》编辑部
740	王啟和	《武汉交通职业学院学报》编辑部
741	张学明	物流工程与管理杂志社
742	王豫鄂	《植物科学学报》编辑部
743	钱鹏喜	芳草杂志社
744	胡良清	芳草杂志社
745	黄　俊	《波普学杂志》编辑部
746	王有登	《华中科技大学学报》编辑部

续表

序号	姓名	工作单位
747	陈训杰	《华中科技大学学报》编辑部
748	李文川	《华中科技大学学报》编辑部
749	谭石初	《华中科技大学学报》编辑部
750	晏　飞	湖北党员生活杂志社
751	周传普	湖北党员生活杂志社
752	方逢仁	湖北党员生活杂志社
753	罗先锋	湖北党员生活杂志社
754	朱建堂	《湖北大学学报》编辑部
755	孙德华	交通科技杂志社
756	王自刚	《交通信息与安全》编辑部
757	何梅华	《中国油料作物学报》编辑部
758	黄润泽	《中国油料作物学报》编辑部
759	胡春华	《环境科学与技术》编辑部
760	周未水	湖北知音集团传媒有限公司
761	郑学群	《数学通讯》编辑部
762	赵　蕴	《武汉体育学院学报》编辑部
763	沈有桥	湖北知音传媒股份有限公司
764	杨小复	新建筑杂志社
765	李新民	《华中师范大学学报》编辑部
766	张春强	科技进步与对策杂志社
767	袁德启	临床放射学杂志社
湖南省（28名）		
768	周　勇	湖南社会科学杂志社
769	尹晓波	实验教学与仪器杂志社
770	胡德池	中共湖南省委新湘评论杂志社
771	蒋方才	中共湖南省委新湘评论杂志社
772	周利纯	中共湖南省委新湘评论杂志社
773	黄亦鸣	小溪流杂志社
774	陈丽春	株洲南车时代出版有限公司
775	张文茂	株洲南车时代出版有限公司
776	魏　晓	经济地理杂志社

续表

序号	姓名	工作单位
777	范正国	湖南农业杂志社
778	肖秀华	湖南农业杂志社
779	赵一凡	湖南农业杂志社
780	尹正良	湖南农业杂志社
781	文　力	电池杂志社
782	朱泌生	大众用电杂志社
783	汪　晓	中南大学出版社《中南大学学报（社会科学版）》编辑部
784	章育良	湘潭大学期刊社
785	成凤明	《中南林业科技大学学报》编辑部
786	胡宏文	湖南教育报刊社
787	任理勇	《初中生》编辑部
788	任晓锋	湖南教育报刊社
789	龚维忠	科学启蒙杂志社
790	周彰军	《林业与生态》编辑部
791	戴开钧	《林业与生态》编辑部
792	谭兴贵	东方药膳杂志社
793	陈烈臣	湖南农业大学期刊社
794	俞　涛	湖南大学期刊社
795	余三定	《湖南理工学院学报》编辑部
广东省（18 名）		
796	卢锡铭	收藏·拍卖杂志社
797	陈湘年	广东教育杂志社
798	翁　廉	《人民珠江》编辑部
799	张林婴	作品杂志社
800	佟群英	《汕头大学学报》编辑部
801	郭德龙	人民之声杂志社
802	王焰安	《韶关学院学报》编辑部
803	李明山	《广东工商学术探索》编辑部
804	刘燕玲	广州年鉴社
805	梁南生	《岭南师范学院学报》编辑部
806	何以平	《中国职业医学》编辑部

续表

序号	姓名	工作单位
807	陈 静	《肇庆学院学报》编辑部
808	邢海萍	《甘蔗糖业》编辑部
809	朱燕玲	花城杂志社
810	颜志森	《韶关学院学报》编辑部
811	杨贤智	《广东农业科学》编辑部
812	林宇定	南方航空报社
813	谭政生	《广东造船》编辑部
广西壮族自治区（6 名）		
814	廖智宏	《广西民族大学学报》编辑部
815	王启勇	《广西广播电视大学学报》编辑部
816	李和平	《模具工业》编辑部
817	邵志忠	《广西经济管理干部学院学报》编辑部
818	陆石海	广西农业机械化杂志社
819	韦挥德	《中国临床新医学》编辑部
海南省（1 名）		
820	李 莉	《海南师范大学学报》编辑部
重庆市（16 名）		
821	胡君德	《自动化与仪器仪表》编辑部
822	刘凌云	《激光杂志》编辑部
823	路小明	《外国语文》编辑部
824	刘志刚	重庆市卫生信息中心《国际检验医学杂志》编辑部
825	朱子祥	中国重庆市委当代党员杂志社
826	肖华智	中国重庆市委当代党员杂志社
827	李学光	中国重庆市委当代党员杂志社
828	章 瑾	《中国南方果树》编辑部
829	林士平	《西南政法大学期刊》编辑部
830	李郁平	《西南政法大学期刊》编辑部
831	宋双明	《中华创伤杂志（英文版）》编辑部
832	吴承平	《应用数学和力学》编辑部
833	韦凌德	《应用数学和力学》编辑部
834	杨 砚	《应用数学和力学》编辑部
835	黄绍红	《应用数学和力学》编辑部
836	马 劲	中国药房杂志社

续表

序号	姓名	工作单位
四川省（20名）		
837	孙光成	中国西部科技杂志社
838	夏位平	四川党的建设杂志社
839	冯　苹	四川党的建设杂志社
840	黄晓川	《钻采工艺》编辑部
841	刘跃明	《现代审计》编辑部
842	王晓霞	《天然气与石油》编辑部
843	陈　明	《少年时代》编辑部
844	刘多成	《少年时代》编辑部
845	刘威理	《少年时代》编辑部
846	史　梅	《少年时代》编辑部
847	谢可新	《少年时代》编辑部
848	刘晓苹	四川教育报刊社《今日中学生》编辑部
849	张荣弟	四川教育报刊社《四川教育》编辑部
850	王庆跃	《成都工业学院学报》编辑部
851	韩　川	《实用妇产科杂志》编辑部
852	赵　虹	四川劳动保障杂志出版有限公司
853	张明军	《核动力工程》编辑部
854	王旭东	四川烹饪杂志社
855	文　敏	《天然气勘探与开发》编辑部
856	闫月勤	《西南交通大学学报（社会科学版）》编辑部
贵州省（4名）		
857	叶晓军	《贵州财经大学学报》编辑部
858	高红卫	《贵州农业科学》编辑部
859	黄　平	酿酒科技杂志社
860	郭丽莎	《贵州师范大学学报》编辑部
云南省（10名）		
861	赵昆艳	《云南师范大学学报》编辑部
862	高　云	《云南师范大学学报》编辑部
863	杨开达	《云南师范大学学报》编辑部
864	张黎玲	《云南师范大学学报》编辑部

续表

序号	姓名	工作单位
865	丁立平	《云南民族大学学报（哲社版）》编辑部
866	杨国才	《云南民族大学学报（哲社版）》编辑部
867	黄　淳	《云南社会科学》编辑部
868	岳胜难	《云南中医学院学报》编辑部
869	简云江	《云南医药》编辑部
870	谭　昆	《曲靖师范学院学报》编辑部
西藏自治区（3名）		
871	嘉　措	西藏人文地理杂志社
872	康桂芳	《西藏民族大学学报》编辑部
873	夏　阳	《西藏民族大学学报》编辑部
陕西省（19名）		
874	李俊莉	《陕西煤炭》编辑部
875	周桂莲	《麦类作物学报》编辑部
876	白亚宁	《西北园艺》编辑部
877	张湜涓	《当代青年研究》编辑部
878	李　耘	《当代青年研究》编辑部
879	邵可众	《陕西中医学院学报》编辑部
880	王益平	《陕西中医学院学报》编辑部
881	李国平	小说评论杂志社
882	段养民	陕西师范大学出版总社有限公司《中学数学教学参考》编辑部
883	郎根栋	陕西师范大学出版总社有限公司《中学地理教学参考》编辑部
884	杨发展	陕西师范大学出版总社有限公司《中学政治教学参考》编辑部
885	张吉武	陕西师范大学出版总社有限公司《中学语文教学参考》编辑部
886	张积玉	《陕西师范大学学报》编辑部
887	张惠民	《陕西师范大学学报》编辑部
888	张忠智	《现代电子技术》编辑部
889	翟惠平	《干旱地区农业研究》编辑部
890	何柏生	西北政法大学《法律科学》编辑部
891	吴小桃	陕西儿童与健康杂志社
892	胡爱玲	《西安交通大学学报》编辑部

续表

序号	姓名	工作单位
甘肃省（16 名）		
893	王安钧	《摩擦学学报》编辑部
894	梁尉英	《敦煌研究》编辑部
895	赵声良	《敦煌研究》编辑部
896	李　峰	《甘肃教育》编辑部
897	郝苏民	《西北民族研究》编辑部
898	胡亚权	读者出版传媒股份有限公司
899	彭长城	读者出版传媒股份有限公司
900	袁勤怀	读者出版传媒股份有限公司
901	赵　璋	《电子工业专用设备》编辑部
902	申为中	《膜科学与技术》编辑部
903	李树国	《膜科学与技术》编辑部
904	胡小鹏	《西北师范大学学报》编辑部
905	刘传坤	《飞天》编辑部
906	李学艺	《飞天》编辑部
907	黎　明	中共甘肃省委党的建设杂志社
908	程亚军	《甘肃农业科技》编辑部
新疆维吾尔自治区（6 名）		
909	娜迪亚·卓勒得拜	《新疆畜牧业》编辑部
910	吐尔洪·吐尔地	《新疆畜牧业》编辑部
911	哈斯巴依尔	《新疆畜牧业》编辑部
912	李奇渊	新疆妇女杂志社
913	阿孜古丽·热西提	新疆妇女杂志社
914	马纳提别克·哈力	《哈萨克医药》编辑部

注：上述名单由中国期刊协会秘书处提供。

参考文献

［1］宋木文．中国版协二十年 1979—1999［M］．北京：高等教育出版社，1999.

［2］李永璞，林治理编．中国共产党历史报刊名录（1919—1949）［M］．济南：山东人民出版社，1991.

［3］《中国报刊发行史料》编写组．中国报刊发行史料［M］．北京：光明日报出版社，1987.

［4］《山西期刊史》编纂委员会编．山西期刊史 1900—2008［M］．太原：山西人民出版社，2010.

［5］姜长喜，严学勤，谌纪平主编．辽宁期刊史 1905—2010［M］．沈阳：辽宁人民出版社，2011.

［6］中国科学技术协会主编．中国科协科技期刊发展报告（2008）［M］．北京：中国科学技术出版社，2008.

［7］《新中国出版 50 年》编委会编．新中国出版 50 年［M］．北京：人民美术出版社，1999.

［8］刘杲，石峰主编．新中国出版五十年纪事［M］．北京：新华出版社，1999.

［9］宋应离主编．中国期刊发展史［M］．开封：河南大学出版社，2000.

［10］北京市地方志编纂委员会编著．北京志·新闻出版广播电视卷·期刊志［M］．北京：北京出版社，2000.

［11］沈伟东．中医往事：1910—1949，民国中医期刊研究［M］．北京：商务印书馆，2012.

［12］陈矩弘．新中国出版史研究：1949—1966［M］．上海：上海交通

大学出版社，2012.

［13］上海出版志编纂委员会编．上海出版志［M］．上海：上海社会科学院出版社，2001.

［14］北京出版志编纂委员会编．北京出版史志第一辑［M］．北京：北京出版社，1993.

［15］北京出版志编纂委员会编．北京出版史志第三辑［M］．北京：北京出版社，1994.

［16］北京出版志编纂委员会编．北京出版史志第四辑［M］．北京：北京出版社，1994.

［17］北京出版志编纂委员会编．北京出版史志第五辑［M］．北京：北京出版社，1995.

［18］北京出版志编纂委员会编．北京出版史志第六辑［M］．北京：北京出版社，1995.

［19］北京出版志编纂委员会编．北京出版史志第八辑［M］．北京：北京出版社，1996.

［20］北京出版志编纂委员会编．北京出版史志第十辑［M］．北京：北京出版社，1997.

［21］北京出版志编纂委员会编．北京出版史志第十一辑［M］．北京：北京出版社，1998.

［22］北京出版志编纂委员会编．北京出版史志第十二辑［M］．北京：北京出版社，1998.

［23］北京出版志编纂委员会编．北京出版史志第十三辑［M］．北京：北京出版社，1999.

［24］北京出版志编纂委员会编．北京出版史志第十四辑［M］．北京：北京出版社，1999.

［25］方汉奇，史媛媛．中国新闻事业图史［M］．福州：福建人民出版社，1999.

［26］李永璞，林治理编．中国共产党历史报刊名录［M］．济南：山东人民出版社，1991.

［27］《商务印书馆110年大事记》编写组．商务印书馆110年大事记

1897—2009［M］. 北京：商务印书馆，2007.

［28］李频. 共和国期刊60年（1949—2000）［M］. 北京：中国大百科全书出版社，2010.

［29］宋原放. 出版纵横［M］. 上海：上海人民出版社，1998.

［30］生活·读书·新知三联书店编. 生活·读书·新知三联书店大事记. 上册，1932—1951［M］. 北京：生活·读书·新知三联书店，2011.

［31］戴延年，陈日浓编. 中国外文局五十年大事记. 上册［M］. 北京：新星出版社，1999.

［32］方汉奇主编. 中国新闻传播史［M］. 北京：中国人民大学出版社，2009.

［33］方厚枢编. 中国出版史话［M］. 北京：东方出版社，1996.

［34］中共中央马克思恩格斯列宁斯大林著作编译局研究室编. 五四时期期刊介绍，第一集上册［M］. 北京：生活·读书·新知三联书店，1978.

［35］叶再生编. 出版史研究. 第一辑［M］. 北京：中国书籍出版社，1993.

［36］叶再生编. 出版史研究. 第二辑［M］. 北京：中国书籍出版社，1994.

［37］叶再生编. 出版史研究. 第六辑［M］. 北京：中国书籍出版社，1998.

［38］周葱秀，涂明. 中国近现代文化期刊史［M］. 太原：山西教育出版社，1999.

［39］湖南地方志编纂委员会编. 湖南志·出版志［M］. 长沙：湖南人民出版社，2006.

［40］中国人民大学新闻系，黄河，张之华编著. 中国人民军队报刊史［M］. 北京：解放军出版社，1986.

［41］白润生编著. 中国少数民族文字报刊史纲［M］. 北京：中央民族大学出版社，1994.

［42］生活书店史稿编辑委员会编. 生活书店史稿［M］. 北京：生活·读书·新知三联书店，1995.

［43］刘代焰，靳思源主编. 科技期刊编辑系统工程［M］. 成都：电子

科技大学出版社，1995.

［44］丁淦林等．中国新闻事业史新编［M］．成都：四川人民出版社，1998.

［45］曹正文，张国瀛．旧上海报刊史话［M］．上海：华东师范大学出版社，1991.

［46］张召奎．中国出版史概要［M］．太原：山西人民出版社，1985.

［47］丁淦林等．中国新闻事业史新编［M］．成都：四川人民出版社，1998.

［48］姚远，王睿，姚树峰．中国近代科技期刊源流（上中下）（1792—1949）［M］．济南：山东教育出版社，2008.

［49］齐峰，李雪枫．山西革命根据地出版史［M］．太原：山西教育出版社，2010.

［50］严帆著，中央革命根据地新闻出版史［M］．南昌：江西高校出版社，1991.

［51］新闻出版总署办公厅著．新闻出版总署大事记（2000—2001）［Z］．北京：新闻出版总署．2001.

［52］新闻出版总署办公厅编．新闻出版总署大事记（2002—2003）［Z］．北京：新闻出版总署办公厅．2003.

［53］新闻出版总署办公厅编．新闻出版总署大事记（2004—2005）［Z］．北京：新闻出版总署．2005.

［54］国家新闻出版总署办公厅编．新闻出版总署大事记（2006）［Z］．北京：新闻出版总署．2006.

［55］新闻出版总署办公厅编．新闻出版总署大事记（2007）［Z］．北京：新闻出版总署．2007.

［56］新闻出版总署办公厅编．新闻出版总署大事记（2008）［Z］．北京：新闻出版总署．2008.

［57］新闻出版总署办公厅编．新闻出版总署大事记（2009）［Z］．北京：新闻出版总署．2009.

［58］新闻出版总署办公厅编．新闻出版总署大事记（2010）［Z］．北京：新闻出版总署．2010.

［59］新闻出版总署办公厅编．新闻出版总署大事记（2011）［Z］．北京：新闻出版总署．2011.

［60］童兵，陈绚主编．新闻传播学大辞典［M］．北京：中国大百科全书出版社，2014.

［61］中国科学院近代史研究所中华民史组编．中华民国史资料丛稿——大事记［M］．北京：中华书局，1973.

［62］金延锋，曾林平编．新民主主义革命时期浙江出版大事记（1919 年 5 月—1949 年 9 月）［Z］．杭州：浙江出版史编委会，1995.

［63］人民出版社办公室编．人民出版社 1950—2000 年大事记［Z］．北京：人民出版社，2000.

［64］武志勇．中国报刊发行体制变迁研究［M］．北京：中华书局，2013.

［65］许力以主编．中国出版百科全书［M］．北京：书海出版社，1998. 12.

［66］中国科学院近代史研究所中华民史组编．中华民国史资料丛稿——大事记［M］．北京：中华书局，1973.

［67］张静庐辑注．中国近代出版史料（二编）［M］．上海：群联出版社，1954.

［68］马光仁．上海新闻史（1850—1949）（修订版）［M］．上海：复旦大学出版社有限公司，2014.

［69］中国人民大学新闻系，黄河，张之华编著．中国人民军队报刊史［M］．北京：解放军出版社，1986.

［70］倪延年，吴强．中国现代报刊发展史［M］．南京：南京大学出版社，1993.

［71］马洪林，郭续印．中国近现代史大事记［M］．上海：知识出版社，1984.

［72］中华人民共和国新闻出版署政策法规司编．中华人民共和国现行新闻出版法规汇编（1949—1990）［M］．北京：人民出版社，1991.

［73］国家新闻出版总署教育培训中心编．期刊出版工作法律法规选编（第三版）［M］．北京：中国大百科全书出版社，2012.

［74］许志浩．中国美术期刊过眼录（1911—1949）［M］．上海：上海书画出版社，1992.

［75］史和，姚福申，叶翠娣．中国近代报刊名录［M］．福州：福建人民出版社，1991.

［76］李龙牧．中国新闻事业史稿［M］．上海：上海人民出版社，1985.

［77］姚福申．中国编辑史［M］．上海：复旦大学出版社，1990.

［78］方汉奇，陈业劭，张之华．中国新闻事业简史［M］．北京：中国人民大学出版社，1983.

［79］应国靖．现代文学期刊漫话［M］．广州：花城出版社，1986.

［80］王亚夫，章恒忠．中国学术界大事记（1919—1985）［M］．上海：上海社会科学院出版社，1988.

［81］《当代中国》丛书编辑委员会．当代中国的出版事业（下）［M］．北京：当代中国出版社，1993.

［82］周利成．上海老画报［M］．天津：天津古籍出版社，2011.

［83］周利成．天津老画报［M］．天津：天津古籍出版社，2011.

［84］周利成．北京老画报［M］．天津：天津古籍出版社，2011.

［85］宋应离．中国大学学报简史［M］．郑州：中州古籍出版社，1988.

［86］中共一大会址纪念馆．馆藏报刊创刊号精粹［M］．上海：上海文化出版社，2014.

［87］方汉奇．中国新闻学之最［M］．北京：新华出版社，2005.

［88］李秀云．中国新闻学术史（1834—1949）［M］．北京：新华出版社，2004.

责任编辑：邵永忠　王　萍
封面设计：王红卫　赵　晖
责任校对：吕　飞

图书在版编目（CIP）数据

中国期刊史：纪事．第五卷，1815—2015／石峰 主编；段艳文 编著．
—北京：人民出版社，2016
ISBN 978-7-01-017246-0

Ⅰ．①中…　Ⅱ．①石…　②段…　Ⅲ．①期刊—新闻事业史—中国—
1815—2015　Ⅳ．①G239．29

中国版本图书馆 CIP 数据核字（2016）第 319611 号

中国期刊史　第五卷·纪事（1815—2015）
ZHONGGUO QIKANSHI

石　峰　主编　段艳文　编著
人　民　出　版　社出版发行
（100706　北京市东城区隆福寺街 99 号）

北京墨阁印刷有限公司印刷　新华书店经销

2017 年 12 月第 1 版　2017 年 12 月北京第 1 次印刷
开本：710 毫米×1000 毫米 1/16　印张：22
字数：350 千字

ISBN 978-7-01-017246-0　定价：70.00 元

邮购地址　100706　北京市东城区隆福寺街 99 号
人民东方图书销售中心　电话（010）65250042　65289539